U0541914

经以济世
继往开来
贺教育部
重大攻关项目
成果出版

季羡林
时年九十有八

教育部哲学社會科学研究重大課題攻關項目

中国能源安全若干法律与政策问题研究

ON SOME LEGAL AND POLICY ISSUES OF CHINA'S ENERGY SECURITY

黄 进
等著

图书在版编目（CIP）数据

中国能源安全若干法律与政策问题研究/黄进等著.—北京：经济科学出版社，2013.1

（教育部哲学社会科学研究重大课题攻关项目）

ISBN 978-7-5141-2822-2

Ⅰ.①中… Ⅱ.①黄… Ⅲ.①能源法-研究-中国②能源政策-研究-中国 Ⅳ.①D922.674②F426.2

中国版本图书馆CIP数据核字（2012）第312733号

责任编辑：黄双蓉
责任校对：杨晓莹
版式设计：代小卫
责任印制：邱　天

中国能源安全若干法律与政策问题研究

黄　进　等著

经济科学出版社出版、发行　新华书店经销

社址：北京市海淀区阜成路甲28号　邮编：100142

总编部电话：88191217　发行部电话：88191537

网址：www.esp.com.cn

电子邮件：esp@esp.com.cn

北京季蜂印刷有限公司印装

787×1092　16开　21.5印张　400000字

2013年1月第1版　2013年1月第1次印刷

ISBN 978-7-5141-2822-2　定价：53.00元

（图书出现印装问题，本社负责调换。电话：88191502）

首席专家和课题组主要成员名单

（按姓氏笔画为序）

首 席 专 家： 黄 进

课题组主要成员： 石 磊 白中红 吕国民 肖兴利 肖乾刚 杨泽伟 余敏友 张庆麟 郭玉军 秦天宝

编审委员会成员

总　序

哲学社会科学是人们认识世界、改造世界的重要工具，是推动历史发展和社会进步的重要力量。哲学社会科学的研究能力和成果，是综合国力的重要组成部分，哲学社会科学的发展水平，体现着一个国家和民族的思维能力、精神状态和文明素质。一个民族要屹立于世界民族之林，不能没有哲学社会科学的熏陶和滋养；一个国家要在国际综合国力竞争中赢得优势，不能没有包括哲学社会科学在内的“软实力”的强大和支撑。

近年来，党和国家高度重视哲学社会科学的繁荣发展。江泽民同志多次强调哲学社会科学在建设中国特色社会主义事业中的重要作用，提出哲学社会科学与自然科学“四个同样重要”、“五个高度重视”、“两个不可替代”等重要思想论断。自党的十六大以来，以胡锦涛同志为总书记的党中央始终坚持把哲学社会科学放在十分重要的战略位置，就繁荣发展哲学社会科学做出了一系列重大部署，采取了一系列重大举措。2004 年，中共中央下发了《关于进一步繁荣发展哲学社会科学的意见》，明确了新世纪繁荣发展哲学社会科学的指导方针、总体目标和主要任务。党的十七大报告明确指出：“繁荣发展哲学社会科学，推进学科体系、学术观点、科研方法创新，鼓励哲学社会科学界为党和人民事业发挥思想库作用，推动我国哲学社会科学优秀成果和优秀人才走向世界。”这是党中央在新的历史时期、新的历史阶段为全面建设小康社会，加快推进社会主义现代化建设，实现中华民族伟大复兴提出的重大战略目标和任务，为进一步繁荣发展哲学社会科学指明了方向，提供了根本保证和强大动力。

高校是我国哲学社会科学事业的主力军。改革开放以来，在党中央的坚强领导下，高校哲学社会科学抓住前所未有的发展机遇，紧紧围绕党和国家工作大局，坚持正确的政治方向，贯彻"双百"方针，以发展为主题，以改革为动力，以理论创新为主导，以方法创新为突破口，发扬理论联系实际学风，弘扬求真务实精神，立足创新、提高质量，高校哲学社会科学事业实现了跨越式发展，呈现空前繁荣的发展局面。广大高校哲学社会科学工作者以饱满的热情积极参与马克思主义理论研究和建设工程，大力推进具有中国特色、中国风格、中国气派的哲学社会科学学科体系和教材体系建设，为推进马克思主义中国化，推动理论创新，服务党和国家的政策决策，为弘扬优秀传统文化，培育民族精神，为培养社会主义合格建设者和可靠接班人，做出了不可磨灭的重要贡献。

自2003年始，教育部正式启动了哲学社会科学研究重大课题攻关项目计划。这是教育部促进高校哲学社会科学繁荣发展的一项重大举措，也是教育部实施"高校哲学社会科学繁荣计划"的一项重要内容。重大攻关项目采取招投标的组织方式，按照"公平竞争，择优立项，严格管理，铸造精品"的要求进行，每年评审立项约40个项目，每个项目资助30万～80万元。项目研究实行首席专家负责制，鼓励跨学科、跨学校、跨地区的联合研究，鼓励吸收国内外专家共同参加课题组研究工作。几年来，重大攻关项目以解决国家经济建设和社会发展过程中具有前瞻性、战略性、全局性的重大理论和实际问题为主攻方向，以提升为党和政府咨询决策服务能力和推动哲学社会科学发展为战略目标，集合高校优秀研究团队和顶尖人才，团结协作，联合攻关，产出了一批标志性研究成果，壮大了科研人才队伍，有效地提升了高校哲学社会科学整体实力。国务委员刘延东同志为此做出重要批示，指出重大攻关项目有效调动各方面的积极性，产生了一批重要成果，影响广泛，成效显著；要总结经验，再接再厉，紧密服务国家需求，更好地优化资源，突出重点，多出精品，多出人才，为经济社会发展做出新的贡献。这个重要批示，既充分肯定了重大攻关项目取得的优异成绩，又对重大攻关项目提出了明确的指导意见和殷切希望。

作为教育部社科研究项目的重中之重，我们始终秉持以管理创新服务学术创新的理念，坚持科学管理、民主管理、依法管理，切实增强服务意识，不断创新管理模式，健全管理制度，加强对重大攻关项目的选题遴选、评审立项、组织开题、中期检查到最终成果鉴定的全过程管理，逐渐探索并形成一套成熟的、符合学术研究规律的管理办法，努力将重大攻关项目打造成学术精品工程。我们将项目最终成果汇编成“教育部哲学社会科学研究重大课题攻关项目成果文库”统一组织出版。经济科学出版社倾全社之力，精心组织编辑力量，努力铸造出版精品。国学大师季羡林先生欣然题词：“经时济世　继往开来——贺教育部重大攻关项目成果出版”；欧阳中石先生题写了“教育部哲学社会科学研究重大课题攻关项目”的书名，充分体现了他们对繁荣发展高校哲学社会科学的深切勉励和由衷的期望。

创新是哲学社会科学研究的灵魂，是推动高校哲学社会科学研究不断深化的不竭动力。我们正处在一个伟大的时代，建设有中国特色的哲学社会科学是历史的呼唤，时代的强音，是推进中国特色社会主义事业的迫切要求。我们要不断增强使命感和责任感，立足新实践，适应新要求，始终坚持以马克思主义为指导，深入贯彻落实科学发展观，以构建具有中国特色社会主义哲学社会科学为己任，振奋精神，开拓进取，以改革创新精神，大力推进高校哲学社会科学繁荣发展，为全面建设小康社会，构建社会主义和谐社会，促进社会主义文化大发展大繁荣贡献更大的力量。

教育部社会科学司

前 言

近年来，随着中国石油进口量的增加，中国能源结构正在进行重大调整，能源安全的形态正在发生质变，这给中国的政治、经济、外交、军事和科技等提出了一个全新的课题——如何保障中国能源安全。

为了促进对中国能源安全问题的研究，2005年12月我作为首席专家，以武汉大学国际法研究所为依托，组织国内外一些研究中国能源安全问题的学者和实务部门的专家，成功申报了教育部哲学社会科学研究重大课题攻关项目“中国能源安全问题研究——法律与政策分析”，并获准立项（项目批准号：05JZD0003）。经过近四年的精心准备和深入研究，课题组成员相继取得了一些重要的研究成果，如在国内外学术刊物上发表了一系列论文，向政府有关部门提交了一组重要的咨询报告等。《中国能源安全若干法律与政策问题研究》是该课题的最终研究成果。

《中国能源安全若干法律与政策问题研究》从中国能源安全的现状分析入手，运用法律和政策相结合的研究方法，阐述了国际能源机构、OPEC对维护中国能源安全的作用，探讨了能源贸易、投资与能源公司治理的若干法律问题，讨论了欧盟能源法律与政策及其对中国的启示，研究了中国能源战略储备制度和中国能源安全危机预警与应急机制的构建等问题。

我们认为，《中国能源安全若干法律与政策问题研究》至少具有以下五个方面的学术价值和现实意义：

第一，能源安全问题既是中国当前面临的现实问题，也是影响中国长远发展的战略问题，同时还是实现“中国和平发展”战略的基础和重要保障。能源的保障程度直接关系到国民经济的发展和国家的安全，确保能源安全也是各国维护国家安全的重要的政治与外交政策的目标。因此，研究中国能源安全问题，探讨相关的国际合作机制，并提出法律对策，无疑具有重要的现实意义。

第二，国际经验表明，健全的法律、法规是能源安全可持续发展战略的基石。目前中国能源安全体系的一个最大缺陷就是法制建设非常滞后，法律、法规不配套，很多重要的法律、法规亟待确立，如《能源法》、《石油天然气法》以及《节约石油管理办法》等。因此，通过研究，《中国能源安全若干法律与政策问题研究》试图在分析中国有关能源安全方面的立法及其缺陷的基础上，提出进一步完善中国能源安全法律制度的具体措施。

第三，《中国能源安全若干法律与政策问题研究》将在中国能源安全这一重大理论与实践问题研究方面，填补国内法学研究的空白。中国能源安全问题，需要包括法学在内的多学科的系统研究，甚至需要多学科的交叉研究。而在法学领域，现今中国国内法学界尤其是国际法学界还没有系统研究这一领域，因此，《中国能源安全若干法律与政策问题研究》的研究具有填补学术空白的理论价值。

第四，《中国能源安全若干法律与政策问题研究》将拓宽中国国际法学研究的思路，开辟国际法研究的新领域，开阔国际法学研究的新视野。长期以来，中国国际法学研究的重点主要集中在一些传统的领域，没有同国家的整体发展战略紧密地结合起来，或者说，理论与实践脱节的现象比较明显。然而，随着“中国和平发展”战略的提出和国际形势的变化，出现了包括能源安全在内的许多新问题。对这些新问题，法学界特别是国际法学界应予以密切关注，提供法律对策。因此，《中国能源安全若干法律与政策问题研究》研究中国能源安全的法律保障问题，不仅具有很强的现实性和前瞻性，而且将极大地丰富国际法的理论，还可能推动“国际能源法”（International Energy Law）和“国际原子能法”（International Atomic Energy Law）等国际法新分支学科的产生和发展，促进国际能源新秩序的建立。

第五，《中国能源安全若干法律与政策问题研究》是一项具有较强应用性的研究成果，它将为中国国家领导人、国家机关、政府部门、企事业单位在制定和实施中国能源安全战略过程中，提供法律与政策方面，特别是国际法方面的信息、资料、实例、学术观点和建议，从而在中国能源安全法律与政策方面发挥智库的作用。

《中国能源安全若干法律与政策问题研究》的撰稿人分别为（以章节先后为序）：

黄进教授、博士（本课题首席专家、中国政法大学校长）：前言、第七章（并负责本项目的筹划、设计、论证、分工、协调以及最终成果的统稿和定稿工作）；

杨泽伟教授、博士（武汉大学珞珈特聘教授）：第一章、第四章、第七章；

肖兴利博士（湖南省高级人民法院）：第二章；

余敏友教授、博士（武汉大学国际法研究所）：第三章；

唐旗副教授、博士（电子科技大学管理学院）：第三章；

石磊副教授（武汉大学国际法研究所）：第五章；

段希硕士（中国保险监督管理委员会湖南监管局法制处）：第五章；

郭玉军教授、博士（武汉大学国际法研究所）：第六章；

张琼硕士（武汉大学国际交流部）：第六章；

白中红讲师、博士（暨南大学珠海分校法学院）：第八章；

张庆麟教授、博士（武汉大学国际法研究所）：第九章；

马迅讲师、硕士（重庆工商大学法学院、武汉大学国际法研究所博士研究生）：第九章；

吕国民副教授、博士（暨南大学法学院）：第十章；

伍锡锋硕士（天津壳牌石油有限公司）：第十章；

肖乾刚教授（郑州大学法学院）：第十一章；

桑东莉副教授、博士（郑州大学法学院）：第十一章；

秦天宝教授、博士（武汉大学环境法研究所）：第十二章。

中国能源安全的法律与政策问题是一个全新的课题，它涉及的范围广，内容多，对之进行研究的难度也比较大。因此，《中国能源安全若干法律与政策问题研究》必然会存在这样或那样的不足。我们恳请专家批评指正，以便更加完善该课题的研究，从而进一步推动中国能源安全法律制度的发展。

2005 年教育部哲学社会科学研究重大课题攻关项目
——“中国能源安全问题研究——法律与政策分析”
首席专家　黄进
2010 年 9 月于北京蓟门桥小月河畔

摘　要

《中国能源安全若干法律与政策问题研究》共分为十二章。其基本内容如下：

第一章中国能源安全问题：挑战与应对。中国能源安全观经历了一个演变过程。目前中国能源安全主要面临以下两大挑战：一是结构性危机，二是管理性制度困境。为了解决能源安全所面临的重大挑战，中国政府正在采取一系列对策措施。从宏观上看，未来几年中国政府可以着重考虑采取以下战略，来维护中国的能源安全：第一，以多边合作为依托，重点加入国际能源机构。第二，以区域合作为基础，推动建立"东北亚能源共同体"。第三，以建立国际能源新秩序为目标，参与国际能源贸易价格定价机制。

第二章国际能源机构与中国能源安全的法律保障。国际能源机构在应对石油供应危机、协调能源政策、管理能源相关问题上的成功经验，为中国构建能源安全法律制度提供了宝贵的资源。同时，中国巨大的消费需求及对国际能源市场的影响力，在一定程度上改变了国际能源领域的均衡态势，因此，国际能源机构也迫切希望将中国纳入组织框架，以增强其集体能源安全体系的行动效能。

第三章 WTO 构建能源贸易规则及其对中国能源安全的影响。在 WTO 框架下构建有效的能源贸易规则，不失为建设全球性整体能源安全体系的有益探索，对于中国参与能源国际规则的建设亦是一个良好的契机，总体上有利于中国这样一个能源大国。中国应把握这一机会，争取使之成为中国能源安全保障途径之一。

第四章"东北亚能源共同体"：希望还是幻想？中国、日本、韩国三国，在能源共同开发的基础上，可以参考《欧洲煤钢共同体条约》和《欧洲能源宪章条约》，签订类似的《东北亚能源共同体宪章》，建立“东北亚能源共同体”。目前“东北亚能源共同体”的构想尚处于探索阶段。

第五章 OPEC 的法律制度以及对国际石油定价的影响和作用。OPEC 在过去几十年里取得了巨大的成功。虽然目前 OPEC 对市场的控制力已不如以前，但它仍是决定石油价格的重要因素。因此，加强与 OPEC 的合作，对维护中国的能源安全颇为重要。

第六章欧盟能源安全法律与政策及中国的战略选择。欧盟能源安全法律与政策包括两个层面的内容：第一层面是欧盟所制定的一致的能源安全法律与政策；第二层面是欧盟内部各成员国根据各自情况所自主采取的能源安全法律与政策。中国在健全与完善相关能源法律与政策时，可从欧盟的实践中获得有益启示。

第七章跨国能源管道运输的环境保护。目前，与跨国能源管道运输有关的环境法律制度，既包括国际法的因素，也含有国内法的成分。事实上，国际环境法律制度对跨国能源管道运输产生了深远的影响。

第八章《能源宪章条约》的争端解决机制及中国的对策。《能源宪章条约》是各国合作对能源问题进行国际法规制的重要成就，在整个国际能源法律体系中占有重要的地位。中国虽然目前还不是能源宪章条约组织的成员国，但是在中国大规模开展国际能源合作的今天，中国参与的许多国际能源合作活动都受到了条约的影响。《能源宪章条约》的争端解决机制为中国在进行国际能源合作过程中出现的各种争端的解决提供了借鉴和参考，具有重要的现实意义。

第九章中国能源企业对外直接投资中的政治风险及其法律防范。中国政府防范能源企业对外投资政治风险，可以采取以下法律措施：从立法层面建立健全政治风险评估和预警机制；进一步完善我国的海外投资保险制度；完善我国投资保护条约群等。

第十章中国国有能源公司的治理与改革问题。中国国有能源公司的法人治理结构还存在许多亟须改进的问题，如能源管理体制不健全，公司治理的法制环境有待完善等。因此，中国国有能源公司要建立和完善产权清晰、权责明确、政企分开、管理科学的现代企业制度和法人治理结构。

第十一章中国能源战略储备制度研究。中国应以当前能源立法为契机，对能源战略储备制度作出明确的法律规定，如明确能源战略储备制度的基本定位等。

第十二章中国能源安全预警与应急法律机制的构建。中国要建立健全的能源安全预警与应急制度体系，应包括能源应急预案制度、能源安全预警制度、信息沟通制度、应急保障制度和交流与合作制度。

Abstract

This book, *Legal and Policy Issues on China's Energy Security*, includes twelve chapters. Its content overview is as follow:

Chapter 1 China's Energy Security: Challenges and Responses. China's Concept of energy security has undergone an evolution process. Now, China's energy security is facing two challenges: structural crisis and institutional dilemma. Against these significant challenges, China must take a series of countermeasures. From the macro viewpoint, in the next few years, Chinese government should focus on the following strategies to ensure China's energy security: Firstly, rely on multilateral cooperation, especially by joining the International Energy Agency. Secondly, on the basis of regional cooperation, promote the establishment of *Northeast Asian Energy Community*. Thirdly, for the goal of building a new international energy order, take part in pricing mechanism of international energy trade.

Chapter 2 the International Energy Agency and Legal Support of China's Energy Security. The successful experience of the International Energy Agency on response to oil supply crisis, coordination of energy policy, and management of energy-related issues provides valuable materials for the construction of Chinese legal system on energy security. Meanwhile, China's huge consumer demand and influence on international energy market, to some extent change the balanced situation in international energy field. Therefore, the International Energy Agency is also eager to integrate China into its framework, so that enhance its operational effectiveness of the collective energy security system.

Chapter 3 The Establishment of WTO Energy Trade Rules and Its Impact on China's Energy Security. To establish an efficient energy trade rules in WTO framework is not only a helpful exploration for construction of global integrated energy security system, but also a good opportunity to share international energy legislation, which will benefit for China energy power's status. China should seize the opportunity to make it one of means to ensure China's energy security.

Chapter 4 *Northeast Asian Energy Community*: Hope or Illusion? On the basis of joint energy development, China, Japan and Korea three countries can draw on *European Coal and Steel Community Treaty and European Energy Charter Treaty*, sign such as *Northeast Asian Energy Community Charter*, and establish *Northeast Asian Energy Community*. Now, the concept of *Northeast Asian Energy Community* is still at the exploration stage.

Chapter 5 The OPEC's Legal System and Its Impact on International Oil Prices. In the past few decades, the OPEC has made great progress. Now although the OPEC has controlled over market less than before, it is still important factor to determine the prices of oil. Therefore, it is important for maintaining China's energy security by strengthening cooperation with the OPEC.

Chapter 6 The European Union Energy Security Laws and Policies and China's Strategic Choice. The European Union energy security laws and policies includes two levels of content: first level is The European Union uniform energy security laws and policies; second level is within the European Union, Member State's respective energy security laws and policies according to their own circumstances. China can from the experience of the European Union get exemplary character to improve related energy laws and policies.

Chapter 7 Environmental Protection on Cross-Border Energy Pipelines. Now, cross-border energy pipelines related environmental legal system includes the factors of international law and domestic law. In fact, international environmental legal system has generated a far-reaching influence on cross-border energy pipelines.

Chapter 8 The Dispute Settlement Mechanism of *Energy Charter Treaty* and China's Response. In international law field, *Energy Charter Treaty* has a significant achievement for states co-operation on energy issues. It plays an important role in the entire international energy legal system. Although currently China is not member state of *Energy Charter Treaty*, much China-related international energy cooperation is affected by the treaty due to China's large-scale international energy cooperation. The dispute settlement mechanism of *Energy Charter Treaty* dealing with all kinds of disputes provides a useful reference in the course of China's international energy cooperation. Therefore, it has an important realistic meaning.

Chapter 9 Political Risk and Legal Protection on Foreign Direct Investment of Chinese Energy Companies. Chinese government should take the following legal measures against political risk of Chinese companies to invest overseas: from the legislative level, establish sound political risk assessment and early warning mechanism; further improve China's overseas investment insurance system; improve China's investment protection treaty-groups, etc.

Chapter 10 Governance and Reform Issues on China's State-Owned Energy Companies. The corporate governance structure of China's state-owned energy companies need to further be improved, such as the unsound energy management system, legal environment of corporate governance to be improved, etc. Therefore, China's state-owned companies should establish and improve corporate governance structure and modern enterprise system on the basis of clearly-established ownership, well defined rights and responsibility, separation of enterprise from administration and scientific management.

Chapter 11 China's Energy Strategic Reserve System. China should be based on current energy legislation as an opportunity, make clearly legal provisions on energy strategic reserve, such as making clearly the basic position of energy strategic reserve system, etc.

Chapter 12 China's Energy Security Warning and Emergency Legal Mechanism. China should establish sound energy security warning and emergency mechanism system, including energy emergency plan system, energy security warning system, communication system, and emergency support system and exchange-cooperation system.

目录

Contents

Contents

第一章

中国能源安全问题：挑战与应对

近年来，随着中国石油进口量的增加，中国能源结构正在进行重大调整，能源安全的形态正在发生质变，这给中国的政治、外交、军事、科技和产业结构等提出了一个全新的课题——如何保障中国能源安全。能源安全问题既是中国当前面临的现实问题，也是影响中国长远发展的战略问题，解决好这个问题，对于实现“中国和平发展”战略和完成“十一五”规划具有十分重要的意义。

一、中国能源安全观的演变

中华人民共和国成立以来，中国能源安全观经历了一个演变过程：从最初的“自给自足”安全观、“供应”安全观到“开源节流”安全观，再到目前的“全球能源安全观”。具体而言，它可以分为以下四个阶段。

（一）“自给自足”（the Energy Self-Sufficiency）安全观阶段（1949~1992年）

虽然中国于1939年就在甘肃玉门建立了第一个石油工业基地，但是直至1949年新中国成立时，中国原油年产量只有12万吨。[①] 在20世纪50年代，中

① 资料来源：中国石油天然气集团公司官方网站 http：//www.cnpc.com.cn/CNPC/gsjs/fzlc/，最后访问日期2007年12月7日。

国主要油品的自给率仅为40%，50%左右的石油依赖从前苏联进口。①

中苏关系破裂后，中国采取了自力更生的方针，逐步实施了“自给自足”的能源安全战略。随着1959年9月、1962年9月大庆油田和胜利油田的发现，中国石油工业的发展历史揭开了新的一页。随后，大港、江汉、辽河、长庆、河南、华北、中原等一大批油田也相继被发现并投入开发，中国石油产量迅速攀升。1963年，中国实现了石油产品基本自给。②

从1973年开始，中国逐步向日本、菲律宾、泰国、罗马尼亚等国家和香港地区出口原油。到1985年，中国原油出口量达到历史最高水平，外贸统计的出口量为3 003万吨，实际出口量为3 115万吨。③ 此后，由于国内经济发展对石油需求的增加、石油产量的增速趋缓，中国原油出口也开始下降。到1993年，中国从石油净出口国变成了石油净进口国。

（二）“供应”（the Energy Supply-oriented）安全观阶段（1993～2002年）

1993年，中国政府提出了能源安全政策的目标是“保障长期、稳定的石油供应”④。这一阶段中国的能源政策都是围绕这一目标来制订的。为此，中国能源企业实施了“走出去”（Going Out）的战略。

1993年3月，中国石油天然气总公司在泰国邦亚区块获得石油开发作业权。这不但是中国石油公司首次在海外获得油田开采权益，而且也拉开了中国石油公司进军海外市场、实施“走出去”战略的帷幕。1993年7月，中国石油天然气总公司获得加拿大阿尔伯达省北湍宁油田的部分股权，并生产出中国历史上第一桶海外原油。⑤

不过，从1993～1996年，中国能源公司在国外投资的是一些小项目，如油田的勘探、提高老油田的复产率、产品分成、服务等石油合作项目。⑥ 通过这些活动，中国能源企业逐步熟悉了能源国际投资环境，掌握了海外能源项目竞标的技巧，积累了宝贵的经验。

---

① See Christian Constantin, *China's Conception of Energy Security: Sources and International Impacts*, Working Paper, No. 43, March 2005, P. 8.

② 参见查道炯：《中国石油安全的国际政治经济学分析》，当代世界出版社2005年版，第16页。

③ 参见王家枢：《石油与国家安全》，地震出版社2001年版，第157页。

④ Felix K. Chang, Chinese Energy and Asian Security, *Orbis*, Vol. 45, No. 2, 2001, P. 233.

⑤ 资料来源：中国石油天然气集团公司官方网站 http://www.cnpc.com.cn/CNPC/gsjs/fzlc/，最后访问日期2007年12月8日。

⑥ Xiao Liu, China's Overseas Oil Business: Current Situation, Challenges and Opportunities, *International Oil and Gas Finance Review*, Vol. 6, 2006, P. 41.

从1997年开始，中国能源企业在海外的业务进入了稳步发展阶段，相继同苏丹、哈萨克斯坦和委内瑞拉等国签订了油气开发协议，并在加拿大、泰国、缅甸、土库曼斯坦、阿塞拜疆、阿曼、伊拉克等国签署了关于产品分成、合资、租让等方面的协议，内容涉及油气勘探开发、地面建设、长输管道、石油炼制、石油化工和油品销售等领域。[①] 其中，中国石油天然气总公司在苏丹的石油开采项目和在哈萨克斯坦的石油管道运输项目，都是比较成功的例子。

（三）“开源节流”安全观阶段（2003~2008年）

“9·11”事件后，鉴于中国能源安全形势的变化以及俄罗斯在“安大线”问题上的摇摆不定等因素，从2003年开始，中国政府调整“走出去”的能源安全战略，并逐步形成新的能源安全观——“开源节流”安全观。[②] 这主要表现在以下两个方面：

1. 在中国共产党的有关会议上逐步明确了“开源节流”能源安全观。例如，2003年10月，中国共产党第十六届中央委员会第三次全体会议明确提出了“坚持以人为本，树立全面、协调、可持续的发展观，促进经济社会和人的全面发展”，强调“统筹人与自然和谐发展”。这样就完整地提出了科学发展观。科学发展观，是立足社会主义初级阶段基本国情，总结中国发展实践，借鉴国外发展经验，适应新的发展要求提出来的。科学发展观，第一要义是发展，核心是以人为本，基本要求是全面协调可持续，根本方法是统筹兼顾。因此，中国能源安全发展战略的制订及其实施，必须以科学发展观为指导。

2005年10月，中国共产党第十六届中央委员会第五次全体会议审议通过了《中共中央关于制定国民经济和社会发展第十一个五年规划的建议》。会议指出，要“全面落实科学发展观”，“要坚定不移地以科学发展观统领经济社会发展全局，坚持以人为本，转变发展观念、创新发展模式、提高发展质量，把经济社会发展切实转入全面协调可持续发展的轨道”。这次会议，还提出了“十一五”时期经济社会发展的主要目标：“……资源利用效率显著提高，单位国内生产总值能源消耗比‘十五’期末降低20%左右；要加快建设资源节约型、环境友好型社会，大力发展循环经济，加大环境保护力度，切实保护好自然生态，认真解决影响经济社会发展特别是严重危害人民健康的突出的环境问题，在全社会形成资

---

① 参见查道炯：《中国石油安全的国际政治经济学分析》，当代世界出版社2005年版，第19页。

② See Caye Christoffersen, The Dilemmas of China's Energy Governance: Recentralization and Regional Cooperation, *The China and Eurasia Forum Quarterly*, Vol. 3, No. 3, 2005, P. 64; Christian Constantin, *China's Conception of Energy Security: Sources and International Impacts*, Working Paper, No. 43, March 2005, P. 6-7.

源节约的增长方式和健康文明的消费模式”。

2007 年 10 月，中国共产党第十七次全国代表大会提出：“深入贯彻落实科学发展观”；“必须坚持全面协调可持续发展……建设资源节约型、环境友好型社会”；“建设生态文明，基本形成节约能源资源和保护生态环境的产业结构、增长方式、消费模式”；“加强能源资源节约和生态环境保护，增强可持续发展能力”。

2. 在中国政府制订的有关发展规划中也体现了“开源节流”能源安全观。例如，2004 年 6 月，国务院常务会议讨论并原则通过的《中国能源中长期发展规划纲要（2004～2020）》确立了中国的能源发展的战略和政策目标，提出了以“节能优先、效率为本；煤为基础，多元发展；立足国内①，开拓海外；统筹城乡，合理布局；依靠科技，创新体制；保护环境，保障安全”的方针。

2006 年 3 月，第十届全国人民代表大会第四次会议通过的《中华人民共和国国民经济和社会发展第十一个五年规划纲要》设立了“优化发展能源”的专章，明确了“坚持节约优先、立足国内、煤为基础、多元发展，优化生产和消费结构，构筑稳定、经济、清洁、安全的能源供应体系”的目标。此外，该纲要的第六篇以“建设资源节约型、环境友好型社会”为题，进一步强调了“落实节约资源和保护环境基本国策，建设低投入、高产出，低消耗、少排放，能循环、可持续的国民经济体系和资源节约型、环境友好型社会”。

2007 年 4 月，国家发展和改革委员会（以下简称“国家发改委”）制订的《能源发展“十一五”规划》，确立了“用科学发展观和构建社会主义和谐社会两大战略思想统领能源工作，贯彻落实节约优先、立足国内、多元发展、保护环境，加强国际互利合作的能源战略，努力构筑稳定、经济、清洁的能源体系，以能源的可持续发展支持中国经济社会可持续发展”的指导方针。

（四）“全球能源安全观”阶段（2008 年至今）

2008 年 6 月，中国国家副主席习近平在沙特阿拉伯吉达出席国际能源会议上，首次全面阐述了中国新的能源安全观——“全球能源安全观”。习近平指出，能源问题是全球性问题，促进世界能源供求平衡、维护世界能源安全，是世界各国共同面临的紧迫任务；为保障全球能源安全，国际社会应该树立和落实“互利合作、多元发展、协同保障”的新能源安全观。为此，各国应在以下三个

① 有学者认为，从总体上看中国一直实行自给自足的内向型能源发展战略。从 1978～2004 年，中国能源需求的 97.4% 是依靠国内解决的。See Bo Kong, *An Anatomy of China's Energy Insecurity and Its Strategies*, Pacific Northwest National Laboratory 2005, P. 1.

方面进行努力：第一，深入开展能源开发领域的协商和合作，加强能源出口国和消费国的对话和沟通，强化能源政策磋商和协调，促进石油天然气资源开发，维护合理的国际能源价格，满足各国发展对能源的正常需求。第二，全面加强先进能源技术的研发推广，促进各国提高能源节约能力、利用水平、使用效率，推动洁净能源、新能源、可再生能源等领域技术合作，建立清洁、经济、安全可靠的世界能源供应体系。第三，共同营造能源发展的良好国际环境，携手维护能源生产国的局势稳定，保持国际能源市场正常秩序，抑制市场过度投机，确保国际能源通道安全和畅通，推动形成长期稳定的能源生产、运输、消费格局。① 同年7月，中国国家主席胡锦涛在八国集团与发展中国家领导人对话会上再次重申了中国的“全球能源安全观”。

中国的“全球能源安全观”是根据国际能源形势的巨大变化，并在继承和发展之前的“开源节流”能源安全观的基础上提出来的。它超越了一国能源安全的局限性，着眼于人类的共同利益，强调的是国际能源安全，把国家间的互利合作、先进能源技术的研发推广体系的建立以及创建能源安全的和谐国际政治环境有机地结合起来，为实现全球能源安全和最终解决能源问题指出了方向。

二、中国能源安全的现状

2005年12月，美国约翰·霍普金斯大学高级国际问题研究员孔博（Bo Kong）在西北太平洋国家实验室全球安全研究中心发表了题为《中国能源不安全及其战略剖析》（*An Anatomy of China's Energy Insecurity and Its Strategies*）的报告。他把中国能源安全问题归纳为周期性不安全（Cyclical Insecurity）、结构性不安全（Structural Insecurity）和体制性不安全（Institutional Insecurity）三个方面。② 他的报告，不但分析了中国能源不安全的原因，而且对中国能源战略的制定具有一定的启示。笔者认为，他把“周期性不安全”和“结构性不安全”严格加以区分的意义并不大。笔者在适当借鉴其成果的基础上，认为目前中国能源安全主要面临以下两大挑战：

（一）结构性危机

1. 能源结构不合理，依然是以煤为主。中国是世界上唯一以煤为主的能源

① 参见《中国倡新能源安全观：各国携手创建清洁、经济、安全可靠的世界能源供应体系》，载于新华网2008年6月23日，最后访问日期2009年7月16日。

② See Bo Kong, *An Anatomy of China's Energy Insecurity and Its Strategies*, Pacific Northwest National Laboratory 2005, P. 1–57.

消费大国，也是世界上煤使用比例最高的国家，占世界煤消费总量的27%。在中国现有的能源消费结构中，煤占68%、石油占22%、天然气占3%、一次电力占7%，而煤层气、风能和太阳能等清洁能源和可再生能源开发利用则刚刚起步。与世界平均水平（煤17.8%，石油40.1%，天然气22.9%，水电和核电19.2%）相比，差距是十分明显的。[①] 在未来20年内，煤仍将是中国的主要能源。根据国际能源机构的预测，2030年煤仍占中国能源消费总量的60%。[②]

2. 能源人均占有量低，能源资源分布不均匀。虽然中国能源总量生产居世界第三位，但人均拥有量远低于世界平均水平。中国人均能源探明储量只有世界平均水平的33%，人均煤炭可采储量90.7吨，人均石油可采储量2.6吨，人均天然气可采储量1 408立方米，分别为世界平均水平的57%、7.69%和5%。[③]

中国能源资源总体分布不均匀。其特点是北多南少，西富东贫；品种分布是北煤、南水和西油气，因而形成了北煤南运、西气东输和西电东送等长距离输送的基本格局。煤炭的保有储量将近有80%集中分布在华北和西北，其中86%分布在干旱缺水的中西部地区；可以利用的水能资源68%集中在西南；塔里木盆地和四川盆地天然气约占全国的1/2。[④] 东部地区能源消费占全国的67%，能源储量仅占全国的13%。随着石油勘探开发工作的深入开展，未来中国国内的油气勘探开发对象主要集中在深层、深海和自然地理位置十分恶劣的沙漠、高山和高寒之地，新增储量的75%来自老油区的复杂或隐蔽油藏。[⑤] 中国国内能源的勘探程度低，开发利用的难度很大。

3. 能源供需矛盾日益突出。自20世纪90年代以来，随着中国经济的快速增长，能源供应不足成为了制约中国国民经济发展的瓶颈。从1992年开始，中国能源生产的增长幅度小于能源消费的增长幅度，能源生产与消费总量缺口逐渐拉大，能源消费与供应不足的矛盾日益突出。例如，中国的石油消费量1990年是1.15亿吨，2002年增加到2.393亿吨，年均增长6.7%。而中国原油产量1990年是1.38亿吨，2002年却只增加到1.675亿吨，年均增长1.62%。为弥补缺口，中国石油进口量从1993年的988万吨增加到2002年的7 000多万吨，年均增长近25%，对外依存度也从6.4%上升到30%。[⑥] 有专家估计，2030年中国

---

① 参见倪健民主编：《国家能源安全报告》，人民出版社2005年版，第27页。

② See International Energy Agency, *World Energy Outlook* 2002, Paris 2002, P. 249.

③ 资料来源：世界银行2004年7月《世界发展报告》；B. P., 2004 Statistical Review of World Energy, available at http://www.bp.com.

④ 参见郑明：《中国能源发展现状与面临的挑战》，载于《领导文萃》2007年第6期。

⑤ 参见陆锦程、黄峥：《中国能源发展面临的挑战及应对措施探讨》，载于《建筑节能》2007年第5期。

⑥ 参见倪健民主编：《国家能源安全报告》，人民出版社2005年版，第27～28页。

能源供需缺口量约为 2.5 亿吨标准煤，到 2050 年将增至为 4.6 亿吨标准煤。[①]

4. 石油对外依存度过大，储备体制不健全。当前石油安全已成为中国能源安全的核心。由于中国原油产量的增长大大低于石油消费量的增长，造成中国石油供应短缺、进口依存度飙升。按照国际能源机构的预测，到 2020 年中国每天进口石油达 690 万桶，占中国石油消费总量的 70%；2010 年中国石油对外依存度是 55%、2020 年是 68%、2030 年将达到 74%。[②]“美国能源信息局”（United States Energy Information Administration）也预言，2010 年中国石油对外依存度是 44.6%、2020 年是 62.8%、2025 年将达到 68.8%。[③] 此外，目前中国原油进口的 60% 以上来自于局势动荡的中东和北非，中国进口石油主要采取海上集中运输，原油运输约 4/5 通过马六甲海峡，形成了制约中国能源安全的“马六甲困局”（the Malacca Dilemma）。同时，中国的石油战略储备还刚刚起步，石油储备体制很不完善。

5. 能源利用率低，能源环境问题突出。中国的能源利用率长期偏低，单位产值的能耗是发达国家的 3～4 倍，主要工业产品单耗比国外平均高 40%，能源平均利用率只有 30% 左右。[④] 另外，中国以煤为主的能源结构也不利于环境保护。况且，中国的煤炭资源又存在着固有的质地差、运输距离长、污染严重、热量不足等问题，更使中国能源消费的不利结构方面雪上加霜。这种长时期内以煤为主的能源结构，将使中国区域性污染日益加重，生态环境持续遭到破坏。因此，能源生产和利用对环境的损害，是中国环境问题的核心，受到国际社会的高度关注。据世界银行的统计报告，全球有 20 个污染最严重的城市，中国就占了 16 个。[⑤]

（二）管理性制度困境

从 20 世纪 80 年代末开始，中国能源管理机构分分合合、不断调整。首先，1988 年第七届全国人民代表大会第一次会议决定撤销煤炭部、石油部、水利电力部和核工业部，成立能源部。其次，1993 年第八届全国人民代表大会第一次会议决定撤销能源部，重组煤炭部、电力部。再次，1998 年第九届全国人民代

---

① 参见马维野等：《中国能源安全的若干问题及对策思考》，载于《国际经济技术研究》2001 年第 4 期。

② See International Energy Agency, *World Energy Outlook* 2004, Paris 2004, P. 92, P. 96, P. 117.

③ See United States Energy Information Administration, *International Energy Outlook* 2003, May 2003, P. 184.

④ 参见倪健民主编：《国家能源安全报告》，人民出版社 2005 年版，第 29 页。

⑤ See Bo Kong, *An Anatomy of China's Energy Insecurity and Its Strategies*, Pacific Northwest National Laboratory 2005, P. 6.

表大会第一次会议决定撤销煤炭部、电力部。再其次，2004 年成立了国家发展和改革委员会能源局。最后，2005 年成立了国家能源领导小组。目前，中国缺乏有效的能源安全的政府管理体制，暴露了能源安全的制度性危机。这体现在以下两个方面：

1. 权限不明、职责不清。当前中国缺少对能源安全的统一管理部门。与能源相关的管理、开发和研究职能，分散在国家发改委、国土资源部、水利部、建设部、农业部、科技部、国防科工委、环境保护部和电监会等部门。此外，国有能源公司、相关的地方机构，也参与能源政策的制定。① 中国在这样的管理体制下，一方面难以出台统一协调的政策措施；另一方面即使出台宏观能源政策，也无专门机构贯彻实施，更无法实现长远的政策目标。例如，目前中国石油管理权分散在数个部委、十余家司局级单位。仅发改委就有七个司局级单位分别管理石油投资、运输、价格、炼油、进出口、成品油和勘探开发。② 其中，勘探开发又分散在两个部委的三个司局级单位管理。而成品油管理则分散在三个部委，分别分管成品油进出口、市场流通和储备问题。在地域上，石油产业又被分割成西北与东南、陆地与海洋。可见，中国能源安全的制度缺陷十分明显：管理混乱、机构重叠、缺乏协调。③

2. 能源市场的垄断行为。目前中国能源行业改革与发展的最大障碍是行业内的垄断经营和区域市场分割等违反市场经济规律的行为。例如，虽然成立了国家电网公司、华能集团等电力部门的"七姊妹"，但是电力行业的市场竞争格局并未完全形成。又如，石油领域的垄断行为也非常明显，只有三大国有石油公司才有权从国外进口石油。

总之，现今中国能源安全存在的问题是多方面的，但其根源是能源的结构性危机和管理方面的制度性困境。这二者相互联系、交互影响，其中最根本的是管理和制度方面的危机。

三、中国能源安全的应对措施

为了解决能源安全所面临的重大挑战，中国政府正在采取一系列对策措施，

---

① See Erica Strecker Downs, The Chinese Energy Security Debate, *The China Quarterly*, No. 177, 2004, P. 25 - 29.

② 然而，作为负责研究提出能源发展战略、拟订能源发展规划和年度指导性计划等的能源局，只是发改委下属的 30 多个机构之一，其行政级别明显低于三大国有石油公司，况且能源局的人数也比较少。而美国能源部大约有 14 000 人，其中有 600 人左右专门负责分析研究美国和国际能源市场。See Bo Kong, *An Anatomy of China's Energy Insecurity and Its Strategies*, Pacific Northwest National Laboratory 2005, P. 23.

③ See Bo Kong, *An Anatomy of China's Energy Insecurity and Its Strategies*, Pacific Northwest National Laboratory 2005, P. 21.

如在2004年和2007年分别制订了《中国能源中长期发展规划纲要（2004～2020）》和《能源发展“十一五”规划》等。具体而言，它包括以下几个方面：

（一）从供需入手，充分利用国内外两种资源、两个市场，应对结构性危机

1. 立足于国内（包括陆地和海洋）能源的勘探、开发和建设。例如，随着大庆等老油田产量的下降，近年来，新疆已逐渐成为国内第三大石油基地，石油产量占全国的12.7%；新疆的石油和天然气储量分别占全国的30%和40%；预计到2010年新疆每年的石油产量将达到5 000万吨。[①] 又如，2007年5月，中国石油天然气集团公司在河北省唐山市境内（曹妃甸港区）发现了储量规模达10亿吨的大油田——冀东南堡油田，这是40多年来中国石油勘探的最大发现。这一探明储量占到了中国目前已探明原油储量的20%，而预计年产量则超过1 000万吨，将占到全国产量的5.45%。南堡油田的发现将极大地增强国内能源安全供应保障能力。[②]

此外，中国的海底石油资源量有200多亿吨、天然气资源量有10几万亿立方米。从目前来看，海洋石油天然气工业是中国成长最快、发展潜力巨大的新兴海洋产业，其年均增长率高达32.3%；国内目前已有25个海上油气田投入开发，年产石油2 000多万吨。[③] 2003年6月，国务院批准实施了《全国海洋经济发展规划纲要》，为海洋能源的开发提供了政策指导。

2. 积极参与能源安全的国际合作，实现能源供应多元化。过分依赖中东和非洲地区的石油供应和单一的海上运输路线，使得中国石油进口的脆弱性比较明显。为此，中国政府采取多种途径实施多元化的能源战略，突破原来的单一的能源外交模式，走多边合作的道路，以联合的力量提高中国在国际能源格局中的地位，全面维护中国的能源安全。中国政府已参与了多个多边能源合作机制，是国际能源论坛、世界能源大会、亚太经合组织、东盟“10+3”等机制的正式成员，是《能源宪章条约》的观察员，与国际能源机构等国际能源组织保持着较为密切的联系。同时，中国与美国、英国、俄罗斯、日本、OPEC等建立了双边或多边的能源对话机制。此外，中国还参与了东亚地区的清洁排放贸易、亚太清洁发展和气候伙伴计划、“碳收集领导人论坛”、“甲烷市场化伙伴计划”和“氢

---

① See Bo Kong, *An Anatomy of China's Energy Insecurity and Its Strategies*, Pacific Northwest National Laboratory 2005, P. 34.

② 参见《中石油发现10亿吨储量大油田》，载于《中国经营报》2007年5月8日。

③ 参见《海洋经济发展纲要实施　中国全面提升海洋实力》，中国文化社区网 http://www.sinoct.com/news/view_content.asp?id=8546，最后访问日期2007年12月13日。

能经济伙伴计划”等。

3. 加快石油战略储备建设，健全能源安全预警应急机制。目前中国已制定了石油储备规划：逐步建立能够保障国内石油供应安全、应对石油突发事件、稳定石油市场的国家石油储备体系；逐步建立政府储备与企业储备合理分工，储备品种适应市场需要，石油生产、加工、销售、进口和储备密切衔接的运行机制；逐步建立健全石油储备法律制度；逐步建立稳定的石油储备资金来源保障体制。2003 年 5 月，中国正式成立了国家发改委石油储备办，专门负责协调石油储备。2003 年，中国开始规划建设首批四个战略石油储备基地，分别位于大连、青岛和浙江省的宁波、舟山。2007 年，位于浙江宁波的镇海石油储备基地已经建成注油。[①] 中国石油战略储备计划正在有序推进中。[②] 到 2010 年，中国已建成相当于 30 天进口量的石油战略储备规模。

4. 落实科学发展观，加强环境保护。树立和落实科学发展观，坚持经济、社会与环境协调的可持续发展道路，以人为本，加强环境保护和生态建设，是中国实现全面小康目标的重要组成部分。为此，中国政府坚持能源生产、消费和环境保护并重的方针，把清洁能源技术的开发应用作为一项重要战略任务，采取多种有效措施，降低能源开发利用对环境的负面影响，减轻能源消费增长对环境保护带来的巨大压力，促进人与自然的和谐发展。

5. 加快可再生能源的开发利用。可再生能源是指风能、太阳能、水能、生物质能、地热能、海洋能等非化石能源。长期以来，由于缺乏政策引导和财政支持，中国可再生能源的利用率一直比较低，目前仅占能源消费总量的 3%。2005 年 2 月，第十届全国人民代表大会常务委员会第十四次会议通过了《中华人民共和国可再生能源法》，从而为可再生能源的开发利用提供了法律依据。同时，按照中国政府制定的可再生能源长期发展战略的规定，到 2010 年可再生能源将占能源消费总量的 10%，2020 年达到 18%，2030 年达到 30%，2100 年达到

---

① 2007 年 12 月 18 日，中国首个国家石油储备基地——镇海国家石油储备基地已满仓储油，并通过国家验收。这标志着中国石油储备工作进入了新的阶段。参见中国石油商务网 http：//www.oilchina.com/syxw/20071220/news2007122007143415005.htm，最后访问日期 2007 年 12 月 20 日。

② 经国务院批准，国家石油储备中心于 2007 年 12 月 18 日正式成立。建立石油储备是应对突发事件，防范石油供给风险，保障国家能源安全的重要手段。国家石油储备中心是中国石油储备管理体系中的执行层，宗旨是为了维护国家经济安全提供石油储备保障，职责是行使出资人权利，负责国家石油储备基地建设和管理。国家石油储备中心的成立，意味着中国从此有了独立于石油企业的石油储备机构，或许可以将企业利益和国家战略利益分开，通过石油储备中心直接落实战略石油储备的任务。参见《国家石油储备中心的管理面临着挑战》，载于《新京报》2007 年 12 月 19 日，http：//www.chinanews.com.cn/cj/plgd/news/2007/12-19/1108376.shtml，最后访问日期 2007 年 12 月 20 日。

50%。[①] 为此，中国政府对外资予以积极引导。例如，2005 年 6 月，世界银行执行局批准一项 8 700 万美元的贷款，以支持中国的可再生能源规模扩大项目（the Renewable Energy Scale-Up Program）。[②]

此外，中国政府采取扩大核电供应的战略。2003 年以前，中国官方一直强调要"有限"发展核电产业。但自 2003 年以后，国内关于大力发展核电产业的呼声日益强烈，中国核电发电量逐年增长。2004 年，中国核电发电量累计为 5 072 321.67 万千瓦时，比上年同期增长了 14.18%；2005 年，中国核电发电量累计为 5 303 604.00 万千瓦时，比上年同期增长了 5.19%；2006 年，中国核电发电量累计为 5 343 957.38 万千瓦时，比上年同期增长了 0.66%。中国目前建成和在建的核电站总装机容量为 870 万千瓦，预计到 2010 年中国核电装机容量约为 2 000 万千瓦，2020 年约为 4 000 万千瓦。[③] 2007 年 12 月，国务院正式批准了《国家核电发展专题规划（2005～2020）》，这标志着中国核电发展进入了新的阶段。按照该规划规定的发展目标，到 2020 年，核电运行装机容量争取达到 4 000 万千瓦，并有 1 800 万千瓦在建项目结转到 2020 年以后续建。核电占全部电力装机容量的比重从现在的不到 2% 提高到 4%，核电年发电量达到 2 600 亿～2 800 亿千瓦时。

6. 通过法律政策措施和市场手段，鼓励节能、合理用能、提高能源利用率。2007 年 10 月，第十届全国人大常委会第三十次会议通过了《中华人民共和国节约能源法》修订草案。[④] 新的节能法在法律层面将节约资源确定为中国的基本国策，明确规定："国家实行节约资源的基本国策，实施节约与开发并举、把节约放在首位的能源发展战略。"新的节能法更加完善和强化了政府在节能管理方面的职责，同时也明确国家实行财政、税收、价格、信贷和政府采购等政策促进企业节能和产业升级，并明确了一系列强制性措施限制发展高耗能、高污染行业，包括制定强制性能效标识和实行淘汰制度等。另外，《中华人民共和国国民经济和社会发展第十一个五年规划纲要》进一步把"十一五"时期单位 GDP 能耗降低 20% 左右作为约束性指标。

---

① See Bo Kong, *An Anatomy of China's Energy Insecurity and Its Strategies*, Pacific Northwest National Laboratory 2005, P. 30.

② See "China: World Bank to Help Scale up Use of Renewable Energy", The World Bank, available at http://www.worldbank.org, last visited on December 11, 2007.

③ 参见《2007 年中国核电行业分析及投资咨询报告》，中国投资咨询网 http://www.ocn.com.cn/reports/2006119hedian.htm，最后访问日期 2007 年 12 月 12 日。

④ 新的《节约能源法》自 2008 年 4 月 1 日起施行。

（二）改革和完善能源管理体制，应对制度性危机

1. 组建了国家能源委员会和国家能源局。2008 年 3 月，第十一届全国人民代表大会第一次会议决定设立国家能源委员会和国家能源局。国家能源委员会作为高层次的议事协调机构，负责研究拟订国家能源发展战略，审议能源安全和能源发展中的重大问题；国家能源局主要负责拟订并组织实施能源行业规划、产业政策和标准，发展新能源，促进能源节约等。国家能源委员会办公室的工作，由国家能源局承担；国家能源局由国家发改委管理。同时，为加强能源行业管理，将国家发改委的能源行业管理有关职责及机构，与国家能源领导小组办公室的职责、国防科学技术工业委员会的核电管理职责进行整合，划入国家能源局，不再保留国家能源领导小组及其办事机构。

2. 加强能源法制建设，起草了《能源法》。2006 年 1 月，跨部门的《能源法》起草组成立，中国正式启动《能源法》立法起草工作。2007 年 12 月，国家能源办正式对外公布《能源法》（征求意见稿），向社会各界征集修改、完善的意见和建议。作为中国能源领域的基础性法律，《能源法》（征求意见稿）包含总则、能源综合管理、能源战略与规划、能源开发与加工转换等 15 章，共 140 条。

3. 制定了《反垄断法》，鼓励市场竞争。2007 年 8 月，第十届全国人民代表大会常务委员会第二十九次会议通过了《中华人民共和国反垄断法》。反垄断法的出台，有助于预防和制止能源领域的垄断行为，保护市场公平竞争，提高经济的运行效率，维护消费者利益和社会公共利益，促进社会主义市场经济健康发展。

另外，为了创造市场竞争环境，中国政府一方面对能源工业进行了改革，明确了三大石油公司之间的分工，并在它们之间推行竞争机制；另一方面，开放国内能源市场，允许外国石油公司在中国设立加油站，经营零售业务。例如，荷兰皇家壳牌集团、英国石油公司和埃克森—美孚公司等在中国华南地区，分别建立了 500 个、1 000 个和 1 100 个加油站。[①] 此外，中国政府还决定向私人资本开放石油、天然气领域的上游业务。例如，2002 年中国政府首次允许非国有石油公司进口 828 万吨石油和 460 万吨石油产品；又如，2005 年“中国长城联合石油公司”（the Great Wall United Petroleum Company）正式成立，其主要业务将围绕成品油销售展开。

---

① See Bo Kong, *An Anatomy of China's Energy Insecurity and Its Strategies*, Pacific Northwest National Laboratory 2005, P. 47.

总之，面对当前的能源挑战，中国应采取综合的、全方位的能源战略，包括能源开发、能源节约、能源环境和能源安全战略，从管理、市场和立法入手，全面改革现有能源体制，制定优惠政策，加强信息收集与调研，建立完整的服务保障体系，全面整合外交、外贸等各方力量，协调一致建立能源保障机制。

四、中国能源安全的战略选择

从宏观上看，未来几年中国政府可以着重考虑采取以下战略，来维护中国的能源安全。

（一）以多边合作为依托，重点加入国际能源机构

目前中国政府已参与了多个多边能源合作机制，是国际能源论坛、世界能源大会、亚太经合组织、东盟 10 + 3 等机制的正式成员，是能源宪章条约的观察员，与国际能源机构等国际能源组织保持着较为密切的联系。同时，中国与美国、英国、俄罗斯、日本、OPEC、“八国集团”[①] 等建立了双边或多边的能源对话机制。此外，中国还参与了东亚地区的清洁排放贸易、亚太清洁发展和气候伙伴计划、“碳收集领导人论坛”、“甲烷市场化伙伴计划” 和 “氢能经济伙伴计划” 等。因此，今后中国政府一方面要在现已参加的多边能源合作机制中争取发挥更大的作用，另一方面还要想方设法加入国际能源机构。

国际能源机构是 1974 年成立的、与经济合作与发展组织相联系的石油消费国政府间的国际经济组织。1996 年 10 月，国际能源机构执行主任罗伯特·普里德尔（Robert Priddle）访华，并与中国政府签署了《关于在能源领域里进行合作的政策性谅解备忘录》。该备忘录规定，加强双方在能源节约与效率、能源开发与利用、能源行业的外围投资和贸易、能源供应保障、环境保护等方面的合作。现在中国还不是国际能源机构的成员国。一旦中国加入国际能源机构，国际能源机构将在加强中国与其他能源消费国的合作、应对突发性的能源危机、维护中国的能源安全利益以及逐步化解国际社会对中国的无端猜疑等方面，发挥重要作用。[②] 然而，目前中国加入国际能源机构仍有一定的困难，主要有：

1. 成员资格问题。国际能源机构的基本文件——《国际能源纲领协议》，对那些不是该协议签署国但符合加入国际能源机构条件的国家作了如下规定：“此

① 近年来“八国集团”逐渐成为世界能源外交的全球中心之一。

② 参见杨泽伟：《国际能源机构法律制度初探——兼论国际能源机构对维护中国能源安全的作用》，载于《法学评论》2006 年第 6 期。

协议应对能够并愿意满足本纲领要求的经济合作与发展组织任何成员国开放加入。理事会应依多数决定任何加入申请。”[①] 可见，加入国际能源机构的一个首要条件是经合组织的成员国。而中国至今还不是经合组织的成员。

2. 紧急石油储备义务。国际能源机构要求各成员国保持不低于其 90 天石油进口量的石油存量。而中国当前的紧急石油储备不到 30 天。这与国际能源机构的规定有很大的差距。

3. 信息通报义务。按照《国际能源纲领协议》的规定，成员国应定期地向秘书处报告该国石油公司的财务、资本投资、原油成本等所有情况，以供国际能源机构理事会决策时作参考。而在供应中断期间，国际能源机构还要求石油公司直接向其提供有关的信息。由于一国的石油情报是构建该国国家发展战略的重要依据之一，它涉及国家的经济安全和国家主权，因此，国际能源机构的“信息通报义务”对中国来说有一定的挑战性和一个适应过程。

尽管如此，随着中国和平发展战略的提出、经济地位和金融实力的不断增强、政治影响的不断扩大，中国与国际组织的接触也一直在不断深化。值得一提的是，2004 年 10 月中国首次派代表出席七国集团财长会议，中国财政部长和人民银行行长以观察员身份应邀与会，被美国财政部高官称之为“历史性”事件[②]。特别是，近年来国际社会也迫切希望中国政府能够承担更多的国际责任，充分发挥大国的作用。因此，为了加入国际能源机构，中国政府一方面应尽快增加战略石油储备；另一方面可以与国际能源机构及其重要成员国协商，采取特别协定的方式[③]，建立特定的中国—国际能源机构合作协调机制，并给予中国以特定待遇，如成为“联系国”享受准成员国待遇等。这种做法与国际能源机构的一些成员国希望中国加入该机构的愿望是一致的。

（二）以区域合作为基础，推动建立“东北亚能源共同体”

东北亚是当今与美国、欧洲并列的世界三大能源市场之一。随着东北亚经济的持续高速增长，能源安全成为了东北亚国家共同面临的问题。作为能源消费与进口大国的中、日、韩，在能源问题上存在着尖锐的利益冲突和激烈竞争，但合作领域也十分广泛。中、日、韩三国在能源领域各具优势、并有互补性。例如，日本不仅资金和技术优势明显，并早就建立了石油和天然气储备，而且还在储备煤炭，在能源外交上也积累了丰富经验，在能源使用方面如核电、节能、环保、

① 《国际能源纲领协议》第 71 条第 1 款。

② 参见法国《回声报》2005 年 12 月 21 日题为《北京在国际机构中的地位问题引发讨论》的文章，转引自《参考消息》2005 年 12 月 23 日第 4 版。

③ 挪威就是以特别协定的方式加入国际能源机构的。

开发新能源等也有很多可供中国学习的地方；韩国在石油储备上的经验比较丰富，炼制能力比较强，在节约能源、市场运作等方面也有诸多可供借鉴之处；而中国在劳动力、地理位置和油气勘探技术等方面拥有自己的优势，同时也是能源生产大国，而且目前依然是日本、韩国重要的煤炭供应国，且对先进的新能源和节能技术需求大。可见，中、日、韩三国能源合作基础广泛，潜力巨大。具体而言，中、日、韩三国可在能源供应安全、能源运输安全、能源使用安全、可再生能源利用等领域开展合作。

目前“东北亚能源共同体”的构想尚处于探索阶段。在当今国际关系的背景下，要想建立这样一个区域性国际经济组织，还面临着不少困难。例如，冷战安全结构的消极影响，历史问题和领土争端区域意识薄弱、缺乏地区认同，美国因素以及领导权问题等。因此，“东北亚能源共同体”的形成可能尚需时日。尽管如此，有关国家应转变观念，本着相互尊重、循序渐进、开放包容的精神，增进相互信任，扩大共同利益，在此基础上，逐步形成体现地区多样性特征、与多层次的区域经济合作相协调，并为各方都能接受的地区能源安全合作的法律框架。为此，东北亚各国可采取以下步骤：

1. 签订《东北亚能源共同体宪章》。中、日、韩三国，在能源共同开发的基础上，可以参考《欧洲煤钢共同体条约》和《欧洲能源宪章条约》，签订类似的《东北亚能源共同体宪章》（Charter of the Northeast Asian Energy Community），建立“东北亚能源共同体”。《东北亚能源共同体宪章》作为“东北亚能源共同体”的组织法，内容可以包括序文、宗旨与原则、成员的资格及其权利与义务、组织结构、职权范围、活动程序、决议的履行方式及监督机制、贸易条款（包括国际市场、与贸易有关的投资措施、竞争政策、技术转让等）、投资的促进与保护条款、争端解决以及其他杂项条款等。①

2. 树立“合作安全”的观念。“合作安全”是“以国家之间的相互依存而非对抗作为其政策的基点，其实质是建立在互信互利基础上的国家间相互合作的安全关系”②。欧盟通过区域合作安全途径解决法德双边难题的成功经验，尤其值得东北亚各国借鉴。东北亚各国应摒弃以实力抗衡谋求安全优势的旧式思维，通过加强各领域合作扩大共同利益，提高应对威胁和挑战的能力与效率。因此，通过合作安全建立“东北亚能源共同体”，是实现东北亚和平与繁荣的有效途径。令人鼓舞的是，中共十六大提出了“与邻为善、以邻为伴”的周边外交方针，这实际上也是对新时期中国周边安全政策的根本指南。

---

① 参见杨泽伟：《“东北亚能源共同体”法律框架初探》，载于《法学》2006 年第 4 期。

② 赵怀普：《欧洲一体化对东亚合作的若干启示》，载于《外交学院学报》2005 年第 2 期。

3. 加强“东北亚意识”。韩国庆熙大学前校长赵正源教授在题为《地区认同在东北亚地区合作体制形成中的作用》的讲演中建议：“韩、中、日三国应以信赖为基础，营造‘东北亚意识’或思想；在东北亚多元文化中寻找共同性，建立东北亚文化圈；树立地区内共同文化价值观，即创造基于共同文化之上的‘东北亚价值观’；加强各国的交流，促进东北亚一体化观念深入人心，进一步推动地区经济合作和安全合作向前发展。同时形成开放性而非排他性的东北亚地区合作特征。”①

4. 坚持循序渐进原则。由于东北亚国际关系的复杂性，东北亚多边能源合作的发展应分阶段进行。从成员来讲，目前应以中、日、韩在能源领域的合作为主，从而推动三国关系的进一步发展；在此基础上，应逐渐向俄罗斯、朝鲜和蒙古开放，建立真正的东北亚能源共同体。就合作领域而言，先由油气合作逐渐扩展到电力、煤炭、核能、可再生能源等“大能源”领域。

总之，如果中、日、韩等东北亚国家能够在能源这个关系到国家发展命脉的战略性问题上加强合作，在建立“东北亚能源共同体”上迈出积极的一步，那么，这将可能为实现东北亚乃至整个东亚地区的全面合作提供一个非常重要的示范。

（三）以建立国际能源新秩序为目标，参与国际能源贸易价格定价机制

众所周知，目前国际原油价格体系主要有两种：一是在欧洲，交易原油基本上参照英国北海布伦特（Brent）轻质原油定价，其主要交易方式为伦敦国际石油交易所（International Petroleum Exchange）交易；二是在北美，原油定价主要参照美国西德克萨斯中间基原油 WTI（West Texas Inter-medium）定价，其主要交易方式为 NYMEX 交易所交易。② 然而，作为世界第二大石油消费国和第三大石油进口国的中国，在国际石油定价中的话语权还很弱，一般只能被动地接受国际油价。因此，从长远来看，中国应积极参与国际石油贸易价格定价机制，形成自己的石油报价系统，以增强对国际油价的调控能力，从而影响国际石油市场和国际油价。③

此外，2009 年 4 月，举世瞩目的 20 国集团（G20）伦敦金融峰会的圆满结束，标志着在全球金融危机蔓延之际，由主要发展中国家和发达国家共同组成的

① 王屏：《东亚合作，寻求共赢》，载于《参考消息》2004 年 11 月 4 日。

② 参见查道炯：《中国石油安全的国际政治经济学分析》，当代世界出版社 2005 年版，第 252 ~ 253 页。

③ 参见程伟力：《影响国际石油价格因素的定量分析》，载于《国际石油经济》2005 年第 8 期。

20 国集团取代了 8 国集团。与此同时，国际能源格局也将发生深刻的变化：OPEC 和美国对能源的影响力将逐渐走弱，非 OPEC 能源输出国和新兴经济体对能源的影响日益凸显；国际能源格局由两极结构——生产国集团和消费国集团向多极结构转变。[①] 因此，改革国际能源秩序的时机开始显现。中国应该利用这一历史机遇，积极推动国际能源新秩序的早日建立。

五、结论

综上可见，中国能源安全观经历了从最初的“自给自足”安全观、“供应”安全观到“开源节流”安全观再到现今的“全球能源安全观”的演变过程。当今中国能源安全主要面临结构性危机和制度性困境两大挑战，存在能源结构以煤为主、能源供需矛盾日益突出以及能源管理部门权限不明和职责不清等问题。为此，中国政府采取了一系列的应对措施。从微观上讲，中国政府制订了《中国能源中长期发展规划纲要（2004～2020）》和《能源发展“十一五”规划》等；并从供需入手，充分利用国内外两种资源、两个市场，应对结构性危机；改革和完善能源管理体制，应对制度性危机。而就宏观战略而言，中国政府应克服困难，实施以多边合作为依托重点加入国际能源机构、以区域合作为基础推动建立“东北亚能源共同体”、以国际能源新秩序为目标积极参与国际能源贸易价格定价机制等战略。

① 参见世界风力发电网信息中心：《G20 时代开创国际能源新秩序》（2009 年 6 月 8 日），载于世界风力发电网 http：//www. 86wind. com/info/detail/2 - 9826. html，最后访问日期 2009 年 7 月 17 日。

第二章

国际能源机构与中国能源安全的法律保障

随着中国的能源需求急剧增长，能源安全问题被提升到国家战略的高度。为了保障能源安全，中国正在积极参与和推进各层次、各区域的能源合作。在双边层面，中国与美国、欧盟等主要消费国和组织及沙特、俄罗斯等产油国都建立了能源合作机制。在多边层面，中国积极参加能源宪章条约组织[①]、世界能源理事会、国际能源论坛等全球合作机制，参与亚太经合组织、东盟等区域能源对话机制，并与国际能源机构（International Energy Agency，IEA）、石油输出国组织都建立了良好的合作关系。其中，与 IEA 的能源合作是中国能源安全战略的重要一环。IEA 是发达石油消费国在经济合作与发展组织（Organization for Economic Cooperation and Development，OECD）框架内成立的一个独立自治的国际组织。经过三十多年的发展，它已经成为世界上最重要的三大能源组织之一[②]。作为发达国家协调能源政策、推动能源合作的制度工具，IEA 在促进能源市场的竞争与透明、加强国家之间的合作与协调、维护及改善成员国与非成员国能源安全等方面取得了不俗成绩。

---

① 中国于 2001 年成为能源宪章条约组织代表大会的观察员。

② 当前，世界上最重要的处理广泛的能源政策问题的政府间国际组织主要是国际能源机构、石油输出国组织和能源宪章条约组织。除此之外，还有国际原子能机构是专门处理核能问题的政府间国际组织。

一、IEA 能源安全法律制度的主要内容

IEA 能源安全法律制度主要由石油安全应急法律制度、石油市场信息法律制度、能源合作与研发法律制度和能源争端解决制度四部分组成，其主要目标是维护并改善成员国的短期石油安全和长期能源安全。

（一）石油安全应急法律制度

在 IEA 能源法律制度体系中，石油安全应急法律制度处于核心地位。它主要包括两个部分：一是《IEP 协定》第 1～4 章确立的石油紧急共享制度，适用于石油供应量减少 7% 或以上的重大石油供应危机。它要求成员国应当建立和维持应急石油储备，制订和实施短期抑制石油需求的计划，收集和交流石油数据信息，在发生危机时与 IEA 负责处理紧急问题的相关机构开展合作，必要时按照 IEA 的要求动用储备、限制需求、转换燃料、增加国内生产或者共享可获得石油。二是理事会决议确立的协调应急反应制度，主要用于应对石油供应中断水平低于 7% 的小型石油危机。它包括储备动用、需求抑制及其他措施，是 IEA 理事会在实践中发展而成的一种快速灵活的应急体系。在发生重大石油危机时，IEA 理事会可以视情况决定在启动紧急共享制度之前先实施协调应急反应制度。

根据《IEP 协定》，每个成员国在紧急共享制度下都应当承担石油储备义务、需求抑制义务和石油分配义务。如果成员国整体或单个成员国遭受石油供应中断，IEA 秘书处根据《IEP 协定》第 19 条的规定完成触发调查并得到理事会的确认，紧急共享制度就正式开始运转。IEA 执行干事、秘书处及产业供应咨询小组将组成应急工作组，负责管理和指导共享制度的运行。通常，秘书处要确定每个成员国的分配权利和分配义务。享有分配权的国家可以从其他国家获得石油，承担分配义务的国家则必须向上述国家提供额外的石油，这些石油来自于后者的石油储备、国内生产或者执行需求抑制措施所节约的石油。与 IEA 合作的跨国石油公司、成员国国内的紧急共享组织及国内石油公司都应就共享制度的运行与 IEA 合作，包括提交必要的信息、自愿发盘或按照本国政府的要求执行强制性的供应行动。

协调应急反应制度建立在四个重要的理事会决议的基础上，包括 1981 年的《预备未来的供应中断的决议》、1984 年的《关于储备和供应中断的决议》、1988 年的《协调应急反应措施行动指南》和 1995 年的《关于应急政策的决议》。如果石油供应减少没有达到或不可能达到启动紧急共享制度的水平，理事会应当迅速召开会议，确定可以采取的协调应急措施，与成员国进行应急协商，根据协

商结果制定并执行应急决议。即使供应减少达到了启动紧急共享制度的水平，理事会也可以根据具体情况，决定在启动共享制度之前使用协调应急措施或者将协调应急措施与紧急共享制度一起实施。紧急共享制度与协调应急反应制度相互补充，为 IEA 全面有效地应对各种类型、规模、范围的石油供应危机提供了系统方法和程序。IEA 在处理海湾危机、卡特里娜飓风事件等引发的国际能源危机时的成功表现，向国际社会展现了它灵活有效地预防、管理和应对石油危机的能力。

（二）石油市场信息法律制度

除了确立石油危机应急机制外，IEA 还建立了世界上最权威的石油市场信息系统。IEA 早期建立的综合信息系统包括原油进口价格信息系统、石油产品进口价格信息系统、石油产品价格登记、原油成本信息系统、财务信息系统、原油进口登记。至今仍在运作的只有原油进口登记，其他信息系统都已经被终止或废弃。应急信息系统主要包括应急调查表 A 和 B，它要求成员国提供每月实际石油供应和消费情况、每季度全球石油供应和消费预测、每月应急石油供应数据、石油公司向秘书处提出的建议以及其他信息。

除了依靠信息系统外，IEA 还通过产业工作组、产业咨询委员会等机构与许多石油公司开展正式协商、建立非正式联系，以全面收集所有成员国和部分非成员国的石油数据信息，及时监测和分析国际石油市场的发展变化，并定期向各国政府、石油公司及社会公众发布权威的石油市场信息。这种信息收集、分析和传播制度，促使国际石油市场更加透明高效。IEA 每月发布的《石油市场报告》已经成为有关短期石油市场信息的最权威来源。

此外，IEA 还定期或不定期地对所有成员国及部分非成员国进行能源政策审查和应急潜力评估，出版《世界能源展望》、《IEA 国家的能源政策》、《石油供应安全——IEA 成员国的应急潜力》等权威能源政策报告以及《石油信息》、《天然气信息》、《煤炭信息》、《电力信息》、《可再生能源信息》等能源统计数据和信息。

IEA 发布的能源市场信息，不仅为成员国及非成员国制定能源政策提供了决策依据，还为这些国家进行能源市场改革提供了重要的政策指导；而且，在发生石油供应中断危机时，这些信息能够帮助 IEA 及时了解当时的市场形势，精确评估供应危机的程度、规模和范围，并采取有针对性的应急措施。在一定程度上可以说，石油市场信息法律制度对于 IEA 成功应对石油供应危机，也发挥着极为重要的作用。

（三）能源合作与研发法律制度

从宏观上看，石油安全应急法律制度主要着眼于维护成员国的短期石油供应安全，旨在为成员国提供应对突发性供应中断危机的制度框架；而能源合作与研发法律制度则着眼于改善成员国的长期能源安全，其目标是通过成员国之间以及成员国与非成员国之间的能源合作和技术研发，实现能源供应安全与使用安全的协调统一，并在促进成员国能源安全的同时改善非成员国的能源安全状况。

成员国的长期能源合作主要集中在节能与能效、降低石油进口依赖、实现能源多样化、促进能源贸易和投资、协调能源与环境政策等五个领域。IEA 理事会通过的《长期合作计划》、《能源政策原则》、《IEA 共同目标》等决议，为成员国开展长期能源合作提供了制度框架和政策指导。除了成员国之间的能源合作外，IEA 还积极推动成员国与石油生产国及其他消费国的广泛合作。成员国早在筹备建立 IEA 时，就在“华盛顿能源会议公报”中达成共识：与生产国的关系应当是合作而不是对抗，必须与石油生产国和其他消费国建立合作性的多边关系，以适当考虑所有国家的长期利益。① IEA 早期的非成员国政策工作主要是与石油生产国开展能源对话与信息交流，由于这些对话没有取得任何实质性进展，IEA 开始加强与发展中国家的能源政策合作。自 20 世纪 90 年代初以来，其能源政策视角逐步全球化。IEA 不仅与世界银行、欧洲复兴开发银行等国际组织加强了对新独立国家的能源援助合作，积极推动《欧洲能源宪章》及《能源宪章条约》的签署和批准，还与拉美、亚太、非洲等地区的国家就能源分析与评估、能源数据获取等领域开展广泛合作。随着经济全球化进程的持续推进，能源问题以及能源政策越来越具有全球性，IEA 恢复了与石油生产国的对话机制，通过各种双边及多边会议或组织机制积极与其他能源消费国开展接触与合作，为非成员国提供管理能源政策的成功经验，使全球更多的能源生产国和消费国都加入国际能源管理进程。

在能源研发领域，IEA 设立了专门的研发管理机构，制定了团体研发战略和政策，对能源技术政策开展专题研究，鼓励成员国加强研发示范投资和研发合作，成立了“分析与传播示范能源技术中心”等四个信息传播和交换机制。IEA 创立了执行协议作为建立、管理研发计划以及传播研发成果的主要工具。成员国与非成员国及其国内机构、公共组织、私营公司或其他实体都可以作为“缔约当事人”或“发起人”参与执行协议。一项研发计划经理事会批准后，参加国将成立研发计划执行委员会，制订实施研发计划的具体方案，规定各方的权利义务。参加国可以实际参与研发计划的实施和管理，也可以指定“操作代理”负责。据统计，成员国迄今已经缔结了 80 余个执行协议，范围涉及能源技术信息中心、化石燃料技术、可再生能源技术、能源终端利用技术、核能技术等。

① See Washington Energy Conference Communique, 13 February 1974, paragraph 14.

（四）能源争端解决制度

IEA 争端解决制度实际上包括两个部分——正式的争端解决中心仲裁和非正式的政治协商方法。仲裁主要用于解决石油公司在执行应急石油交易时产生的各种法律争端，然而，由于 IEA 迄今从未启动过紧急共享制度，从未进行应急石油分配，仲裁机制也就从未得到实际应用。对于 IEA 与成员国之间以及成员国相互之间因适用《IEP 协定》可能产生的争端，如协定的解释、内部机构的行为能力、秘书处采取的行动的效力以及成员国对新增义务的履行等，《IEP 协定》和理事会决议都没有规定明确的争端解决方法，也没有授权成员国将这些争端提交仲裁或其他法律性质的争端解决机制。从实践看，这类争端除了由成员国进行政治协商外，在 IEA 体制外没有任何其他适宜的程序可以援用。IEA 及成员国都无权请求国际法院发表咨询意见①，成员国也没有缔结将上述争端提交仲裁或诉讼的任何协议②，甚至争端解决中心也明确排除了对此类争端的管辖权。因此，根据现有安排，因适用《IEP 协定》引发的各种争端只能在理事会框架内通过政治或外交方法解决。在实践中，IEA 也注重运用非正式的政治协商程序来预防和解决这些争端，成员国与 IEA 之间或成员国相互之间的许多争端都是由理事会通过谈判协商来解决。

二、中国与 IEA 的合作现状

IEA 作为世界上最重要的能源消费国合作机制，其保障能源安全的各项法律制度，对于中国构建能源安全框架、深化国际能源合作、完善能源法制建设，无疑具有非常重要的借鉴意义。当前，中国与 IEA 及其成员国在能源领域已经并正在开展广泛而深远的合作。

（一）中国与 IEA 的合作

中国与 IEA 的正式合作始于 20 世纪 90 年代中期。1996 年，IEA 执行干事罗

---

① 即使假设国际法院对 IEA 具有管辖权，利用其诉讼程序来解决《IEP 协定》下的各种争端在实践上也是不现实的。因为国际法院的诉讼程序一般耗时较长，而《IEP 协定》中产生的各种争端，尤其是紧急共享制度下的各类争端，都要求能够迅速得到解决，这是国际法院冗长拖沓的诉讼程序无法实现的。See Richard F. Scott, Settlement of Disputes within the IEA Oil Emergency Sharing System, *Saint Mary's Law Journal*, Vol. 19, 1988, P. 904.

② 英国国际法学者布朗利（Browlie）认为，一般国际法上并不存在以具体程序解决国际争端的义务，通过正式法律程序解决争端取决于当事各方的同意。参见［英］伊恩·布朗利著：《国际公法原理》，曾令良、余敏友等译，法律出版社 2003 年版，第 780 页。

伯特·普里德尔（Robert Priddle）访华，与中国政府签署《能源领域政策谅解备忘录》，为双方加强合作确立了正式机制。[①] 此后，中国与 IEA 就能源统计、能源投资、能源技术合作、电力市场改革、东北亚能源安全与合作等重要的能源政策问题联合举行了研讨会。中国还参加了 IEA 框架内的 5 个能源研发执行协议[②]，并多次参与 IEA 的“联合石油数据行动”（The Joint Oil Data Initiative）和“应急演习”（Emergency Response Exercise）。自 2000 年以来，IEA 对中国的能源状况及发展前景进行了深入广泛的研究，研究主题涉及能源效率、煤炭供应、能源投资、天然气市场、能源技术合作以及清洁能源与可持续发展等。随着中国与 IEA 的合作关系日益密切，合作领域也不断扩展，从节能与能效到能源开发与利用，从战略石油储备建设到能源投资和贸易，从能源供应保障到气候变化与环境保护，几乎涉及了所有重要的能源政策问题。

在 IEA 与中国的能源合作中，增强石油危机的应对能力和发展更清洁、更高效的能源技术一直是双方关注的重点问题。[③] 中国正式提出战略石油储备计划后，IEA 多次与中国联合召开有关石油安全问题的研讨会，就国际石油市场形势、石油储备政策、石油储备建设和石油储备动用等问题与中国进行交流和探讨，帮助中国建立应急石油数据系统、培训石油统计人员，并向中国提供战略储备建设和管理方面的先进经验。[④] 2005 年，IEA 首次邀请中国以观察员身份出席其理事会部长级会议。此后，IEA 明确将中国、印度、俄罗斯一起作为其非成员国政策的重点国家，通过全球能源对话机制与中国就供应安全及能源政策问题展开对话，还多次邀请中国参加 IEA 紧急问题常设小组和石油市场常设小组的会议。2007 年，IEA 专门研究了中国的能源发展前景及其对全球能源安全和环境的影响，并以此作为当年《世界能源展望》报告的主题。近几年来，在美国的极力倡导下，IEA 开始将中国作为其增员扩容的重点对象，积极吸引中国加入该组织。

（二）中国与 IEA 成员国的合作

中国与 IEA 的许多成员国都建立了能源合作或对话机制，其中与美国、欧盟及日本、韩国的能源合作较为典型。

---

① See IEA, *China's Worldwide Quest for Energy Security*, 2000, P. 3.

② 这 5 个研发执行协议分别涉及改良运输原料、改良发动机燃料、核原料、水力发电及多相流动科学。See http: //www. iea. org/Textbase/country/n_country. asp? COUNTRY_CODE = CN&Submit = Submit, last visit on November 18, 2008.

③ See IEA, *World Energy Outlook* 2007: *China and India Insights*, 2007, P. 68.

④ See IEA, *Findings of Recent IEA Work* 2007, 2007, P. 68.

1. 中美能源合作。美国是IEA最大的成员国，中美之间的能源合作始于20世纪70年代末。近30年来，中美在能源和环境领域签署了近40个双边合作协议，包括《化石能源研究与发展合作议定书》、《能源和环境合作倡议书》、《城市空气质量监测项目合作意向书》、《能源效率和可再生能源科技合作协定》、《和平利用核能合作协定》以及《和平利用核技术合作协定》等。这些协议和声明为两国的能源合作奠定了法律基础，使双方在煤炭、石油、天然气、可再生能源以及能源效率等方面开展了富有成效的合作与交流。总体来看，中美能源合作主要集中在提高中国的能源利用效率，合作方式包括技术援助、培训、政策分析、资源和市场评价及信息交流等。① 近年来，能源问题在中美关系中的战略地位有所上升。2004年5月，中美签署《双边能源政策对话谅解备忘录》，同意加强双边能源政策对话，加深在能源问题和能源政策上的相互了解，促进能源领域的信息交流。2005年7月，中美两国政府在华盛顿举行首次能源政策对话。2006年，中美建立战略经济对话机制，将能源问题作为战略经济对话的重要内容。中美战略经济对话迄今已举行五次，双方签署了《关于工业能效合作的谅解备忘录》、《关于合作开发生物燃料的谅解备忘录》、《能源环境十年合作框架》及《绿色合作伙伴计划框架》等重要文件。此外，在中国战略石油储备建设和管理方面，双方也同意加强信息交流、人员培训和技术交流。② 在2008年12月举行的第五次战略经济对话上，双方同意就环境可持续性、气候变化以及应对能源安全挑战等问题继续加强沟通与合作，并确立了未来能源合作的五大目标③，提高能源效率和发展新能源与可再生能源将是未来两国能源合作的重点。2009年9月，中美举行第四次能源政策对话，双方签署了关于清洁燃料、页岩气开发及二氧化碳捕获和封存等技术问题的3项能源合作协议④。中美作为世界排名前两位的能源消费大国，在保障石油供应安全、维护国际石油市场稳定方面，具有共同的利益和责任。中美加强能源合作不仅符合两国的共同利益，而且有利于保障全球能源安全，促进世界可持续发展。

2. 中欧能源合作。中欧能源合作起步相对较晚。1994年，中国与欧盟确立

---

① 参见查道炯：《中美能源合作：挑战与机遇并存》，载于《国际石油经济》2005年第11期，第53～55页。

② 参见滕晓萌：《中美首次达成合作意向 战略石油储备协调机制破冰》，载于《21世纪经济报道》2007年12月15日。http://finance1.jrj.com.cn/news/2007-12-15/000003060097.html，最后访问日期2008年10月15日。

③ 《中美能源环境十年合作框架》下的五大目标是：清洁、高效和有保障的电力生产和传输，清洁的水，清洁的大气，清洁和高效的交通，森林和湿地生态系统保护。

④ 参见《中美举行第四次能源政策对话》，人民网，http://finance.people.com.cn/GB/10128547.html，最后访问日期2009年10月8日。

能源领域的对话与合作机制。同年召开第一次中国—欧盟能源合作会议。1996年成立中欧能源工作组，作为双方开展能源合作的指导、协调和监督机制。工作组每年召开一次会议。中欧能源合作大会则每两到三年在中国和欧盟轮流举办，是中国与欧盟在能源领域最大规模、最高层次的会议。截至2008年11月，双方已经举行七次中欧能源合作大会。讨论的问题涉及可再生能源技术、生物燃料技术、氢能与燃料电池技术、煤和气水化合物技术、碳捕获和储存技术、先进核能技术以及能源政策、能源安全、能源管理、能源可持续发展等。中欧能源合作经过多年的发展，取得了丰硕的成果。双方签署了《关于中欧能源合作与交流的联合声明》、《二氧化碳捕捉与埋存技术的研发合作备忘录》、《欧盟—中国气候变化战略伙伴协议》以及《中国和欧盟气候变化联合宣言》等重要协议。中欧在能源效率、可再生能源、洁净煤技术等重要领域开展了多项能源技术合作，双方还建立了气候变化双边伙伴关系，制定了气候变化合作的具体目标、合作框架及未来的合作规划。此外，中国与欧盟还发起了旨在保障能源供应、提高可持续的能源利用、改善环境质量和健康状况的能源和环境项目。在气候变化方面，双方开展了广泛的清洁发展机制项目合作。中国已经批准的1 200多个清洁发展机制项目中，有很大部分是欧盟国家参与的。[①] 近几年来，能源已经上升为中欧合作的优先领域之一。欧洲国家在节约能源、提高能效、发展可再生能源方面处于世界领先地位，拥有比较成熟的技术，也积累了较为丰富的经验，中欧加强能源合作有利于推进双方优势互补，实现维护世界能源安全与环境保护的目标。

3. 中、日、韩能源合作。中国、日本、韩国是亚洲地区最主要的三个能源消费国，其石油进口依赖程度都比较高，如何确保充足、可靠、环保和价格合理的能源供给，提高能源利用效率是三国面临的共同挑战。近年来，随着国际油价的不断飙升，全球气候变化引起的环境问题日益严峻，三国在能源问题上的共同利益促使其加强了能源合作。

中、日、韩之间的能源合作最初是在地区性组织架构中展开。2004年，东盟与中日韩“10+3”能源合作机制正式建立。同年6月召开第一届东盟与中日韩能源部长会议，商讨了本地区能源供应安全和加强能源领域合作等问题。东盟与中日韩能源部长会议迄今已举行六届，会议讨论的主题涉及能源安全、天然气开发、石油市场研究、石油储备建设、提高能源利用效率及可再生能源利用等问题，为中国、日本、韩国加强能源对话与协作提供了重要渠道和平台。2006年，

① 参见李俊：《中国—欧盟可持续发展领域合作现状与前景》，载于《国际经济合作》2008年第5期，第28~31页。

在中国的倡议下，成立了中美印韩日“五国能源部长会议”机制。同年12月26日，中、印、日、韩、美五国能源部长首次举行五方会谈，并签署《中国、印度、日本、韩国、美国五国能源部长联合声明》。声明提出，五国将就能源安全和战略石油储备、能源结构多样化和替代能源、节能和提高能效、投资和能源市场、国际合作的主要挑战和优先领域等五个方面展开广泛合作，共同促进五国和全球的能源安全和市场稳定。[①] 2008年6月，第二届五国能源部长会议与八国集团能源部长会议同时召开，与会国围绕全球能源安全保障、能源应急准备、完善能源投资环境、节约能源、提高能效、创新能源技术及能源多样化等议题进行了交流与讨论。这次会议发表了《五国能源部长声明》、《G8 +3 能源部长声明》和《国际能效合作伙伴关系声明》,[②] 标志着世界主要能源消费大国之间的能源合作进入新的阶段。

除了通过各种区域组织或机制开展多边合作之外，中国与日本、韩国也加强了双边能源对话及合作。2006年5月，第一届中日节能环保综合论坛在东京举办，签署了《关于推进中日两国在节能领域合作的意向书》，同意加强双方在节能领域的交流与合作，建立节能政策对话机制，开展节能人才培训。同年12月17日，中日双方在北京签署《关于建立双边部长级能源政策对话机制的谅解备忘录》，将中日能源合作提升到更高的政策层面。2007年12月28日，中日发表《关于推动环境能源领域合作的联合公报》，提出通过以中日节能环保综合论坛为平台的中日官民一体化合作体制，推动节能环保方面的示范项目，对节能环保领域的知识产权保护问题交流信息、加强合作。[③] 目前，能源合作已经成为中日经贸关系的重要组成部分。两国不仅在政府层面频频开展能源政策对话，还积极推动两国企业在煤炭、电力、石油、新能源和节能环保等领域开展合作。例如，中日两国最大的石油公司——中国石油天然气集团公司与新日本石油公司已经签署合作协议，合资组建石油精炼公司，并就开采海外石油和天然气资源以及炼油、石油化工等能源相关领域展开合作。[④] 与此同时，中韩能源合作也不断升级。2008年5月，韩国最大的石化企业SK能源株式会社与中国石油化工股份有限公司签署武汉乙烯项目框架协议，双方将合资建设和运营武汉年产80万吨的

① 参见《中国、印度、日本、韩国、美国五国能源部长联合声明》，中国网，http://www.china.com.cn/policy/txt/2006-12/18/content_9234144.htm，最后访问日期2008年11月22日。

② 参见中国国家发展和改革委员会网站，http://zhangguobao.ndrc.gov.cn/zyjh/t20080613_217135.htm，最后访问日期2008年11月22日。

③ 参见《中日关于推动环境能源领域合作的联合公报》，新华网，http://news.xinhuanet.com/newscenter/2007-12/28/content_7331137.htm，最后访问日期2008年11月22日。

④ 参见《中石油将与新日本石油合资建厂》，人民网，http://energy.people.com.cn/GB/71895/7214364.html，最后访问日期2008年12月16日。

大型乙烯项目。[1] 2008 年 7 月，中、日、韩三国首次召开“可再生能源与新能源科技合作论坛”，来自各国政府部门、科研机构、大学及企业界的代表，围绕可再生能源和新能源的政策交流与管理实践、科技交流与合作以及产业化合作三大主题进行了交流讨论。会议还通过了《关于加强中日韩可再生能源和新能源科技合作的共同倡议》，建议将可再生能源和新能源作为中、日、韩政府间科技合作的优先领域，推动太阳能、风能、生物质能、地热能的科技合作，鼓励建立联合实验室和产业基地，开展多种形式的交流与合作，推进三国科学家、工程技术人员、企业人士和政府官员间的互访和交流。[2] 中、日、韩三国能源合作不断加强，标志着东北亚地区能源合作在新形势下迈出了新的步伐，也“预示着东北亚能源合作体系建设正在萌动”[3]。作为亚洲的主要国家，中、日、韩在能源领域加强合作不仅符合三国的共同利益，对整个亚洲地区的能源安全也将具有建设性影响。

（三）中国与 IEA 合作前景展望

目前，“中国已经成为世界能源市场不可或缺的重要组成部分，对维护全球能源安全，正在发挥着越来越重要的积极作用”[4]。中国作为全球重要的能源消费大国和进口大国，在世界石油市场上占有举足轻重的地位，IEA 这个石油消费国组织越来越不能忽视中国在能源领域的影响力。对中国而言，要保障本国能源安全，也必须与其他能源消费国及包括 IEA 在内的国际能源组织加强合作。在 2007 年国务院发布的《中国的能源状况与政策》白皮书中，“以平等互惠和互利双赢为原则，加强与国际能源组织和世界各国的能源合作”[5] 被作为中国能源战略的一项基本内容。中国与 IEA 成员在能源问题上所具有的共同立场与共同利益，决定了无论在双边层面还是多边框架内，未来中国与 IEA 及其成员国之间的合作只会加强，而不会削弱。

随着中国战略石油储备建设取得重大进展，中国的应急保障能力将大幅提高。与此同时，发达石油消费国尤其是美国、欧盟等 IEA 成员对中国的石油储备忧心忡忡。由于中国不是 IEA 成员国，中国决定何时增加储备、何时动用储备不需要向 IEA 通报或者协调。“IEA 官员曾多次表示，如果 IEA 决定在市场上

---

① 参见《李明博访华翻开新一页　中韩能源合作升级》，商务部网站，http：//oilsyggs. mofcom. gov. cn/article/gjztbg/200805/33399_1. html，2008 年 12 月 6 日访问。

② 参见《中、日、韩可再生能源和新能源科技合作论坛在京召开》，中央政府门户网站，http：//www. gov. cn/gzdt/2008 – 08/06/content_1065352. htm，最后访问日期 2008 年 11 月 22 日。

③ 《中日韩合作加强　能源连线东北亚》，新华网，http：//news. xinhuanet. com/energy/2008 – 06/23/content_8422745. htm，最后访问日期 2008 年 11 月 15 日。

④⑤ 中国国务院新闻办公室：《中国的能源状况与政策》，2007 年 12 月 26 日。

抛售石油，但同时中国却吸纳石油，IEA 的行动就将失去意义。”① 因此，美国及其主导的 IEA 迫切希望将中国纳入其集体能源安全体系②，或者至少与中国建立战略石油储备协调机制，在石油储备的建设、管理和使用等方面加强合作。事实上，从 2006 年第一次中美战略经济对话起，美国就一直要求中国在战略石油储备方面提高透明度和加强国际合作。如果中美就战略石油储备协调问题达成协议，中国与 IEA 的合作也很可能取得突破。例如，中国可以与 IEA 建立定期对话机制，互相通报石油供需情况，协调石油储备政策，共同应对政治动荡、自然灾害、投机炒作、恐怖主义等影响国际能源安全的重大问题。随着中国石油储备体系逐步完善，能源体制改革不断深化，中国加入 IEA 的条件也越来越成熟，不排除中国将会在适当时加入 IEA 的可能性。

三、中国加入 IEA 所涉及的法律和政策问题

在 2008 年 12 月举行的第五次中美战略经济对话上，美国再次提出支持中国以“非 OECD 国家”的身份加入 IEA，而中国只是希望维持与 IEA 的良好合作关系，并进一步加强对话与合作。③ 虽然从目前来看，中国短期内不太可能成为 IEA 成员国，但中国与 IEA 的合作领域将进一步拓展，合作水平将不断提高，合作程度将更加深入，则是大势所趋。中国作为石油进口和消费大国，与 IEA 成员国具有共同的利益基础，与 IEA 建立正式合作机制、提升合作水平，符合双方的能源利益。在条件成熟时，中国可以考虑加入 IEA 组织，以增强国际能源合作的广度和深度，并在国际能源法律制度的构建中发挥自身优势，推动国际社会建立更加公正合理的国际能源新秩序。

（一）加入 IEA 的利弊分析

1. 置身其外的利与弊。根据国家能源局 2008 年 8 月发布的信息，中国已经

① 滕晓萌：《中美首次达成合作意向　战略石油储备协调机制破冰》，载于《21 世纪经济报道》2007 年 12 月 15 日。http：//finance1. jrj. com. cn/news/2007 - 12 - 15/000003060097. html，最后访问日期 2008 年 10 月 18 日。

② 参见陶治：《美国力邀中国加入国际能源机构　称有利于稳定油价》，中国经济网，http：//intl. ce. cn/specials/zxxx/200805/21/t20080521_15565838. shtml，最后访问日期 2008 年 10 月 18 日。

③ See *Fifth U. S. -China Strategic Economic Dialogue*：*Talks support bilateral economic relationships*，*energy security and trade*，available at http：//www. america. gov/st/texttrans-english/2008/December/20081205140029xjsnommis0. 7136804. html，lasy visit on January 6，2009.

成为全球第二大能源生产国和消费国。[①] 为了保障国家能源安全，中国开展了全方位、多领域的国际能源合作。国家能源局已经参与了22个能源国际组织和国际会议机制，并与36个国家建立了双边能源合作机制，合作领域也已从最初的以石油和天然气为主，逐步扩展到天然铀、煤炭、电力、风能、生物燃料、节能、能源科技装备等多个方面。[②] 从目前来看，中国正在努力构建全方位的能源合作体系。游离于IEA组织之外，既有好处也有弊端。

不加入IEA的好处，主要有以下几点：一是可以继续保持中立立场，成为影响国际能源市场的一股独立力量，在生产国集团与消费国集团的对抗中坐收渔利。二是可以保持较大的政策灵活性，在与消费国及生产国的谈判中具有较大的政策回旋空间。IEA是美国主导的消费国合作机制，中国不加入IEA，就可以利用自己在能源市场上的影响力作为筹码，在生产国与消费国之间周旋。三是有利于中国与产油国开展更密切的合作。事实上，与能源生产国的合作也是中国能源安全战略的重要内容。IEA虽然声称与OPEC不是"对抗"关系，但其能源政策不可避免地会与产油国的利益存在冲突。中国如果加入IEA，势必招致产油国的反对。四是可以避免国家能源自主权受到约束，也不需要承担过多的国际义务。加入IEA组织必然要付出一定的代价，例如，接受IEA对国内政策的审查，按照IEA的要求进一步推进能源市场化和自由化等，这将使中国能源政策的自主性受到一定的制约。

中国游离于IEA组织之外，也存在一些弊端。一是不利于提升中国的国际能源合作水平。从当前参与全球能源合作的情况看，中国与最主要的两个国际能源组织IEA及OPEC的合作程度都比较低，基本上停留于一般性的对话与合作。中国不具备加入OPEC的条件，如果中国不加入IEA，那么"在全球层面的能源合作中，中国基本被排斥于主要能源组织之外"[③]。这种状况显然不利于中国利用国际组织平台深入开展能源合作，也制约了中国在国际能源领域的发言权和影响力。二是不利于拓展中国能源安全的国际空间。近几年来，中国经济持续快速增长带来的能源需求增加引起西方国家的极大不安。一些学者和媒体格外关注中国在全球范围内寻求油气资源的举措，更有一些人甚至抛出"中国能源威胁论"，认为中国日益扩张的能源需求是推动油价飙升的主要因素，认为中国巨大

---

① 参见《国家能源局：中国已成为全球第二大能源生产国》，中国政府网，http://www.gov.cn/jrzg/2008-08/20/content_1075206.htm，最后访问日期2008年11月25日。中国国务院新闻办公室2007年发布的《中国的能源状况与政策》白皮书也提出"中国是世界上第二位能源生产国和消费国。"

② 参见《60年来中国能源供应从"自给自足"走向国际合作》，中央政府门户网站，http://www.gov.cn/jrzg/2009-08/20/content_1397508.htm，最后访问日期2009年10月11日。

③ 管清友、何帆：《中国的能源安全与国际能源合作》，载于《世界经济与政治》2007年第11期，第45~53页。

的能源需求及寻求能源安全的举措可能对地区乃至国际安全造成影响，甚至会威胁美国主导的国际秩序。[①] 这表明，中国加入全球能源竞争确实在一定程度上改变了原有的国际石油分配格局。美国现在的能源政策是积极谋求将中国纳入其主导的能源合作体系，如果中国一直坚持拒绝加入 IEA，西方国家对中国“能源威胁”的担忧就难以消除，势必会继续挤压中国的能源利益空间。三是不利于中国积极参与国际能源决策。现有的国际能源规则是在美国为首的发达石油消费国主导下建立的，主要维护的是 IEA 国家的利益。由于中国在国际能源机构中没有发言权，在国际能源市场上的谈判能力和议价能力也相当弱小，因此基本上只能被动地接受和适应既有规则，而不能利用自身的需求优势改变这些规则。

2. 加入 IEA 的利与弊。“国际能源机构在共同抵御石油供应中断、协调消费国的利益、促进消费国的合作、维护世界能源安全中起着非常重要的作用。”[②] 中国加入 IEA 有利于从以下几个方面更好地维护国家能源安全。第一，可以更深入广泛地参与 IEA 体制内的石油安全应急合作，进一步完善中国能源安全应急机制。众所周知，IEA 在应对石油供应中断方面建立了比较完善的机制，积累了相当丰富的经验，非常值得中国借鉴和学习。从目前来看，中国以观察员身份参加了 IEA 的一些会议及应急反应演习，IEA 也向中国提供了关于石油储备建设、管理及利用等方面的建议[③]，但双方在应急机制方面的实质性合作并不多，尤其是一些核心技术和重要信息中国还很难获取。成为 IEA 成员国后，中国与其他消费国的应急合作将大大加强。第二，可以提升中国的多边能源合作水平，更好地利用国际组织平台与其他消费国协调能源政策、共享石油市场信息、联合开展能源技术研发。IEA 为成员国在各个能源领域开展合作提供了组织框架，加入该组织可以改变“中国参与全球层面能源合作的程度弱于参与区域层面能源合作的程度”[④] 的不利现状，多层次、全方位地构建中国的全球能源外交体系。第三，融入这个由发达石油消费国组成的“能源俱乐部”，既可以通过合作减少与其他国家在能源问题上的冲突，还将有助于消除西方国家对中国能源需求快速增长所产生的担忧，为中国获得稳定充足的海外石油供应创造有利的国际环境。2008 年 5 月 20 日，美国助理国务卿丹尼尔·沙利文（Daniel Sullivan）曾公开表

---

① See Adla Massoud, *Oil May Fuel Sino-US Conflict*, at Global Policy Forum, June 29, 2006, available at http://www.globalpolicy.org/security/natres/oil/2006/0629massoud.htm, last visit on November 25, 2008.

② 罗晓云：《21 世纪初中国的能源安全与中外能源合作》，暨南大学 2003 年博士学位论文，第 87 页。

③ 参见闻希：《中国地下储油设施建设将与 IEA 合作》，载于《石油商报》2006 年 11 月 8 日第 2 版。

④ 管清友、何帆：《中国的能源安全与国际能源合作》，载于《世界经济与政治》2007 年第 11 期，第 45～53 页。

示：中国应该考虑宣布有意加入 IEA，因为随着中国寻求获得进一步的能源安全，有些人开始担心中国究竟意图何在，他们不仅担心中国在非洲和中亚地区的石油政策，也担心中国会如何利用其不断增加的燃料库存。若是中国宣布有意加入 IEA，或许能在一定程度上消除他们的顾虑。[①] 第四，中国加入 IEA 可以增强该组织的危机应对能力，提高其集体能源安全机制的有效性和权威性，进而巩固中国自身以及区域和全球的能源安全。同时，加入 IEA 也有利于中国更加积极地发挥对国际能源事务的影响力，在能源问题上争取更大的发言权，成为国际能源市场的重要参与者和决策者。

当然，任何事物都有它的两面性，加入 IEA 也并非只有好处没有弊端。有的学者认为，IEA 是一个多边主义的典型形式，其严格的核查制度要求成员国在主权问题上做出妥协和让步。[②] 成为 IEA 成员国后，中国必须遵循该组织先前确立的一整套原则、规则和程序，包括接受 IEA 对国内能源政策的审查、向 IEA 提交机密的能源信息数据、按照 IEA 的要求进一步推进能源市场化和自由化等，这将使中国能源政策的自主性和独立性受到一定的制约。中国加入 IEA 后，固然可以行使相应的决策权，影响国际机制的建立和能源规则的制定，但同时也将在国际能源问题上承担更多的国际义务。例如，在发生供应中断时与其他成员国一起协调动用石油储备，促进能源节约、提高能源效率、降低对进口石油的长期依赖、协调能源与环境政策以及与其他国家共同应对全球气候变化问题等。IEA 是美国主导的国际组织，主要反映的是西方发达国家尤其是美国的战略利益，而中国现有的政治经济体制与 IEA 成员国有显著差异，加入 IEA 后也可能会给中国能源安全利益造成一定的损失。此外，IEA 与 OPEC 一直是相互制衡的关系，加入 IEA 势必影响中国与其他发展中国家尤其是产油国的合作。

3. 中国加入 IEA 是实现能源安全的必然选择。上述分析表明，无论是加入 IEA 还是置身其外，都各有利弊。笔者认为，从长远来看，中国加入 IEA 将是利大于弊的选择。因为中国与世界能源的联系正在不断加强，并已基本形成“中国离不开世界、世界离不开中国”的能源市场格局。中国加入 IEA 既符合双方利益，也有利于促进全球能源安全。中国正成长为一个负责任的世界性大国，在实现经济发展、维护能源安全时，必然要考虑国际社会对中国举措的解读。目前，为了保障国家石油安全，稳定世界石油价格，中国使用传统的活跃的“能源外交”手段抵御外部能源供应中断的威胁，由此受到全球的瞩目。一些西方

---

① 参见《美国呼吁中国加入国际能源署》，商务部网站，http：//fr. mofcom. gov. cn/aarticle/e/200805/20080505550035. html，最后访问日期 2008 年 11 月 25 日。

② 参见秦亚青：《多边主义研究：理论与方法》，载于《世界经济与政治》2001 年第 10 期，第 12 页。

国家将中国视为影响世界能源安全的潜在威胁因素，要缓解这种国际压力，必须增强能源政策和信息的透明度，加入 IEA 体制是消除西方国家担忧的最佳方法。同时，中国要维护国家能源安全，必然离不开与其他进口国和消费国的合作。在当前形势下，中国还不具备另起炉灶组建其他新的国际机构的能力，中国首先要做的是成为国际能源制度的参与者而不是挑战者。因此，中国开展国际能源合作的现实选择是：在既有的国际能源规则框架内与美国等西方大国一起协调利益分歧，通过加强合作实现共赢，而不是直接挑战现有的国际能源格局。[①] 国际社会已经发出强烈的声音：让中国融入到现存的主要的多边能源机制——如 IEA 和八国集团中。中国逐步融入国际石油多边协调机制是大势所趋，要实现自身的能源安全利益，中国必须积极参与其中，掌握主动权。

有学者认为，鉴于 IEA 的强约束性将影响中国的能源自主权，加之其固有的西方利益属性不可避免地会与中国的能源安全利益产生冲突，中国在目前还不宜加入 IEA。[②] 笔者认为，这种观点值得商榷。第一，IEA 的能源安全法律制度具有比较明显的“软法性色彩”。成员国在紧急共享制度下的义务首先是为了避免成员国自身在供应中断时遭受损失，其次才是为其他成员国提供帮助，因此这种义务主要是鼓励性的。成员国遵守义务可以达到共赢的结果，而不遵守义务的制裁也是软性的，即由不履行义务的国家自行承担损失。第二，中国的能源安全不可能脱离于世界能源安全的整体局势。因为能源安全不是独立存在的事物，它是国家间相互关系模式的一部分。在一个日益全球化的时代里，无论怎样强调能源的独立性，都无法回避世界只有一个全球石油市场的事实，而中国是这个全球市场的一部分。因此，中国的能源安全也只能通过双边或多边的合作或竞争下的合作，在彼此相容、交融和整体利益的平衡中实现。第三，尽管 IEA 是美国主导建立的国际能源组织，但中国加入 IEA 也不一定必然会遭受利益损失。因为根据自由制度主义的观点，国际机制一旦建立，就成为相对独立的变量，成为国际关系中不可或缺的公共物品。第四，从目前来看，IEA 的组织制度还远未发展成熟，中国加入的时间越早，付出的代价相对就越小，也有利于中国尽早参与国际能源规则的制定和国际能源秩序的构建。

当然，加入 IEA 只是中国维护能源安全的一种途径，而不是唯一的途径。应该看到，IEA 在管理和应对能源问题方面也具有一定的局限性，特别是它对近几年的国际石油市场波动显得无能为力。IEA 对自身的定位是成员国的“能源政

① 参见管清友：《国际能源合作：适应规则还是改变规则？》载于《中国经济时报》2006 年 6 月 19 日第 4 版。

② 参见罗晓云：《21 世纪初中国的能源安全与中外能源合作》，暨南大学 2003 年博士学位论文，第 87 页。

策顾问"[1]（Energy Policy Advisor），其职能主要是促使成员国采取共同措施应对供应危机，协调成员国的能源政策，为其提供合作框架和平台。它广泛运用非正式协调、缺乏约束力的执行和制裁措施，决定了它在维护国际能源安全上的作用是相对有限的。因此，即使加入 IEA，也不应对其寄予不切实际的过高期望。

（二）中国加入 IEA 的可行性与必要性

中国加入 IEA 组织具有一定的现实基础，其可行性主要体现在以下三个方面：

第一，中国与 IEA 成员国具有共同的利益基础。作为世界能源进口和消费大国，抵御能源供应中断危机、促进国际能源市场稳定、保障能源供应和使用安全，是中国维护能源安全的一项重要内容。在这一点上，中国与其他能源消费国特别是 IEA 成员国具有共同的利益。加强与 IEA 国家的合作，通过合作来实现共同的能源安全目标，是中国能源安全战略的必然选择。作为国际能源市场上的一个重要买方，中国虽然与 IEA 国家之间存在不可避免的竞争关系，但是双方之间也有着许多共同利益和巨大的合作潜力。上海国际问题研究所中东研究室主任李伟建认为，在保障能源安全方面，消费国之间其实是一种非竞争性的互利关系。"如果一个国家能够去投资未开发地区的石油和天然气，就将增加世界能源市场的供应；如果一个国家能增加从新渠道进口能源的数量，那么它就会相应减少从其他能源供应渠道的进口，这反过来将会使其他能源进口国受益。"[2] 因此，在能源问题上，一国所得并非他国所失。美国能源部也曾发表评估报告称，中国在美国公司不愿意或不能投资的国家进行投资，其好处是扩大了全球整体的石油供应。

中国与 IEA 成员国不仅具有共同的利益关系，也面临着相同的能源安全挑战。全球急剧增长的能源需求、日益加剧的资源竞争、有增无减的政治动荡和恐怖活动以及不断恶化的自然环境，都使得未来的能源前景不容乐观。尤其是在促进国际能源市场稳定、应对新型石油危机、降低对进口石油的长期依赖、解决全球气候变化所产生的环境问题等方面，中国与 IEA 成员国面临着共同挑战。要有效地应对这些挑战，国际社会必须加强能源合作和政治协调。中国要与石油消费国开展有效的国际合作，就不可能绕开 IEA。同时，IEA 要想在应对未来的能源安全威胁中发挥更加积极的作用，也亟待加强与中国等新兴能源消费大国的

① See http://www.iea.org/about/index.asp, last visit on December 6, 2008.

② 李伟建：《"中国能源威胁论"之谬》，新华网，http://news.xinhuanet.com/world/2006-07/15/content_4836523.htm，最后访问日期 2008 年 11 月 25 日。

合作。

第二，IEA 主要成员国美国的积极推动。在一个日益全球化的时代里，能源安全并不是指能源的“独立”或“自足”。相反，能源问题已经成为世界各国面临的共同挑战。任何一个国家的能源安全都取决于世界整体的能源安全。美国著名国际政治学者丹尼尔·耶金（Daniel Yergin）早就指出，美国能源安全是国际能源安全的一部分。世界石油市场只有一个，美国及其他所有石油消费国的能源安全与这个世界市场的稳定密不可分，美国的能源前景不仅仅受华盛顿的决策影响，还受到其他主要消费国和生产国政策的影响。[①] 随着中国、印度等新兴能源消费国的崛起，国际能源领域的均衡态势已经发生改变，以美国为首的西方大国在国际能源领域中的谈判能力和对国际能源市场的控制能力相对下降。[②] 特别是近几年来，美国主导的 IEA 堪称“无所作为”，在面对高油价时束手无策，这迫使成员国开始重新审视该组织在接纳新成员上的政策。对美国而言，将中国这个全球第二大石油消费国纳入 IEA 集体能源安全体系，显然是符合其能源战略利益的。尤其是随着中国石油储备体系逐步建立，中国如果能和 IEA 国家一起协调动用应急储备，将大大增强 IEA 国家应对供应危机的能力。因此，美国不仅多次公开呼吁中国加入 IEA，还将该议题纳入中美战略经济对话框架内，积极推动中国与美国及 IEA 的能源合作。近年来，IEA 官员也多次提出要将中国、印度等新兴能源消费大国纳入 IEA 体制。2007 年 1 月，IEA 候任执行干事田中伸男（Nobuo Tanaka）公开表示，IEA 这个代表石油消费国的机构若要保持其相关性，就必须更积极地吸引中国和印度的加入。否则，没有这些大国的参与，能源安全的意义就可能被削弱。[③]

第三，中国加入 IEA 的条件日趋成熟。随着中国能源安全战略和能源法制建设逐步完善，能源市场改革和能源管理体制改革不断深化，中国加入 IEA 的条件将日趋成熟。

首先，中国的石油储备建设已经取得重大进展。2001 年 3 月，中国《国民经济和社会发展第十个五年计划纲要》明确提出要“建立国家石油战略储备，维护国家能源安全”。2004 年，中国战略石油储备计划正式启动。中央政府在国家发改委下面成立能源局，下设石油储备办公室，专门负责制订和执行国家石油储备计划，并拨出 60 亿元专款在浙江镇海、舟山和山东黄岛、辽宁大连建设四

① See Erica S. Downs, *National Energy Security Depends on International Energy Security*, The Brookings Institution, available at http://www.brookings.edu/opinions/2006/0317china_downs.aspx, last visit on November 26, 2008.

② 参见管清友：《国际能源合作：适应规则还是改变规则?》，载于《中国经济时报》2006 年 6 月 19 日第 4 版。

③ 参见朱贤佳：《IEA 必须吸引中国和印度参与》，载于《上海证券报》2007 年 1 月 9 日第 A08 版。

个石油储备基地，设计储备 30 天的石油进口量。目前，中国首期四个战略石油储备基地已全部建成并投入使用。这四个石油储备基地预计可以储存相当于十余天的原油进口量，再加上全国石油系统内部 21 天进口量的商用石油储备能力，中国总的石油储备能力已经超过 30 天原油进口量。2009 年，中国还将继续启动黄岛、锦州等 8 个石油储备基地的建设。一旦国家石油储备基地建设全部完成，中国的石油储备能力将大幅提高，从而能够达到加入 IEA 所要求的 90 天储备水平。

其次，中国能源法制建设日益完善。目前，中国能源领域已经出台了《电力法》、《煤炭法》、《节约能源法》和《可再生能源法》四部单行法。关于能源问题的基本法——《能源法》正在起草之中。此外，《国家石油储备法》、《清洁生产促进法》、《循环经济法》、《石油天然气管道保护法》及《建筑节能条例》等配套法律法规也已经或即将陆续出台。① 随着各项法律规范的逐步健全，中国的能源储备制度、价格管理制度以及能源研发制度都将进一步完善。

再次，中国的能源改革成绩显著。自 20 世纪 90 年代以来，中国能源体制改革不断深化，能源市场逐步发育，企业自主经营、市场合理竞争、政府宏观调控的能源体制正在形成。石油和天然气行业实行战略性重组，建立了上下游、内外贸一体化的新型工业管理体制。电力体制改革取得重要突破，基本实现政企分开、厂网分开。煤炭生产和销售已经放开，价格初步实现市场化。更多的社会资本开始进入能源领域，以公有制为主体、多种所有制经济并存的能源企业格局初步形成。② 总体而言，中国能源改革已经取得重大进展：能源供给能力不断提高，能源市场结构更加合理，能源消费结构有所优化，能源节约和环保取得进展。

最后，中国具有与 IEA 及其成员国进一步加强合作的现实基础。中国已经与 IEA 及美国、欧盟、日本、英国、韩国等 IEA 成员确立了双边合作机制，中国还参与了 14 个多边能源合作机制，是国际能源论坛、世界能源大会、亚太经合组织、东盟 10 + 3、亚太伙伴关系等国际机制的正式成员，是能源宪章条约组织的观察员。与这些国家及国际组织开展能源合作的经验，可以为中国加强与 IEA 合作提供帮助。

中国加入 IEA 的必要性，也体现在以下三个方面：

第一，有利于促进和维护中国能源安全。加入 IEA 这个当前最重要的消费国能源合作组织，对于保障中国能源的稳定安全供应以及经济的可持续发展具有现实性和必要性。中国作为新兴的能源消费国，虽然具有广阔的市场，但却没有

---

① 参见中国国务院新闻办公室：《中国的能源状况与政策》，2007 年 12 月 26 日。

② 参见《当前中国能源形势与能源安全问题》，能源局网站，http://nyj.ndrc.gov.cn/zywx/t20060123_57786.htm，2008 年 11 月 28 日访问。

任何定价权。由于能源议价能力比较弱小，中国在国际能源市场的博弈中处于劣势，在石油方面甚至还要支付“亚洲溢价”，而且常常在国际能源价格的狂飙中蒙受惨重损失。要改变这种局面，必须借助能源领域的国际合作，与其他消费国一起赢取能源问题上的控制权。从某种程度上说，只有参加国际能源组织才有真正实质意义上的国际能源合作。虽然中国一直在积极探索与 IEA、OPEC 等国际能源组织开展合作的有效形式，但由于中国不是这些国际组织的成员国，不能参与国际石油价格协调机制的研究、制订与实施，这造成了中国虽与国际能源组织几乎都有合作关系，但是实质性合作不多，主要是一般性合作和对话性合作的不利局面。[①] 中国只有加入 IEA 才能扭转这种不利局面。因此，加深与全球层面国际能源组织的合作程度，是中国的当务之急。加入 IEA 后，中国将能够充分利用国际组织平台，为维护中国能源安全提供制度保障。届时，中国不仅可以与其他石油消费大国共同分享能源市场信息、合作开展能源研发、加强能源政策协调以及共同应对能源供应中断危机，还可以减少中国与其他能源消费国之间因能源问题出现的冲突，利用国际组织的制度化力量推动国际能源市场的稳定。总之，有了 IEA 的组织平台，中国维护能源安全的能力将大大提高。

第二，有利于中国参与国际能源决策。“一国参与国际组织的状况和在国际组织中的角色、地位决定着该国进行国际能源合作的能力和程度，也决定了该国在国际能源领域的发言权和影响力。”[②] 从全球层面来看，中国基本上被排斥于主要能源组织之外，还只是国际能源市场上的“小伙伴”，缺乏足够的发言权。中国虽然是全球第二大石油消费国，但它对国际石油价格的影响还不到 0.1%。[③] 中国拥有如此巨大的市场需求却不能参与和影响国际原油市场价格，究其原因主要是中国没有参与国际规则的制定。中国加入 IEA 能源合作体系，将大大提升对国际能源市场的影响力，并在国际能源问题上争取到更大的发言权和决策权。而且，还可以利用 IEA 组织机制充分参与能源问题的国际决策，影响国际规则的制定和发展，推动国际社会建立公正合理、互利合作的国际能源新秩序。

第三，有利于增强 IEA 的代表性和有效性。随着中国经济发展带动能源需求日益增加，中国在国际能源领域的地位和作用日益凸显。国际性研究机构世界观察研究所在 2008 年发表的《世界报告》中预言：“中国将在今后几年内成为

① 参见管清友、何帆：《中国的能源安全与国际能源合作》，载于《世界经济与政治》2007 年第 11 期，第 52 页。

② 管清友、何帆：《中国的能源安全与国际能源合作》，载于《世界经济与政治》2007 年第 11 期，第 50 页。

③ 参见管清友：《国际能源合作：适应规则还是改变规则?》，载于《中国经济时报》2006 年 6 月 19 日第 4 版。

全球可再生能源领域的领导者”[①]。IEA 这个石油消费国组织越来越不能忽视中国在能源领域的影响力。英国石油公司（BP）首席经济学家彼特·戴维斯就认为，IEA 的组织结构相对于今天的全球化市场已经过时，把中国排除在外的国际能源合作是不可能取得任何成效的，因此，应该改变 IEA 现有的规则吸收中国成为成员。[②] 美国及 IEA 官员多次呼吁中国加入 IEA，证明该组织已经意识到没有中国的参与，它将难以发挥更加重要的作用。中国既是能源消费大国，也是世界上最大的发展中国家，将中国纳入 IEA 组织框架内，既可以增强该组织的代表性，还有利于提高其集体能源安全机制的权威性和有效性。国际社会的实践表明，西方国家为了改变自己对世界经济及全球事务议程控制力相对下降的局面，会积极扩展决策参与者的范围以加强其决策的合法性。正如“八国集团”通过“8 +5”对话机制将中国、印度等发展中国家纳入决策框架一样，西方国家主导的能源合作制度也需要吸引中国这样的发展中能源大国参与。

（三）加入 IEA 面临的主要困难

对中国来说，加入 IEA 既能够享受应有的权益，也应当承担相应的国际义务。从现阶段来看，中国无论是行使权利还是履行义务的能力都有待提高，尤其是在履行《IEP 协定》的条约义务方面，还面临着以下几点困难。

第一，应急石油储备水平有待提高。中国自 2004 年开始建立战略石油储备，目前战略石油储备可用天数为 21 天，在二期储备建设完成后可增加至 30 天左右。[③] 而 IEA 要求其成员国保持不低于 90 天石油进口量的石油储备。可见，中国的储备水平与 IEA 的规定有很大的差距，90 天的石油储备成为中国加入 IEA 的“硬门槛”。中国政府应当加快石油储备建设，并借鉴美国、日本、德国等 IEA 国家的有益经验，实行战略石油储备与一般商业周转库存相结合、国家储备与民间储备相结合的多元化石油储备战略。可以预见，一旦建立起 90 天的石油储备，中国加入 IEA 的一大障碍就将消除。

第二，能源信息透明机制尚待建立。按照《IEP 协定》的规定，成员国应定期向秘书处报告有关石油生产、销售、进出口、库存等方面的统计数据，以及该国石油公司的财务、资本投资、原油成本等所有情况，以供 IEA 理事会决策时作为参考。在发生石油供应中断时，IEA 还要求各国石油公司直接向其提供有关

---

① 王辉：《中国将成为可再生能源领域全球领袖》，人民网，http://finance.people.com.cn/GB/6764866.html，最后访问日期 2008 年 12 月 9 日。

② 参见何帆、管清友：《中国能源安全的新思路》，载于《中国经营报》2006 年 10 月 23 日第 A11 版。

③ 参见曹新：《加快建立现代石油储备制度》，载于《中国经济时报》2009 年 2 月 16 日第 4 版。

的信息。目前，中国要完全履行这一信息通报义务还面临着一定的困难。一方面，由于石油情报是构建国家发展战略的重要依据之一，涉及国家的经济安全和国家主权[①]，因此，如何在履行 IEA 义务与维护国际经济安全上实现平衡，对中国来说具有一定的挑战性。另一方面，中国的能源信息统计制度还不够完善，能源统计范围不够全面，能源统计基础比较薄弱，统计数据质量有待提高，特别是石油统计数据还不能满足建立国家能源数据库的需要。如果中国不能建立科学、规范的能源信息透明机制，将难以履行好 IEA 的信息通报义务。因此，在建立中国石油储备体系的过程中，应当建立石油信息的报告制度，完善石油统计体系，使政府能够及时跟踪和监测石油供需形势与市场变化，从而对石油储备应当保持多大规模、应急情况下的石油投放数量等问题进行科学决策。[②]

第三，能源立法需要进一步完善。中国一直缺少一部能够全面体现能源战略和政策导向的能源基本法，现有的能源法主要是一些单行法律以及一大批行政法规和地方法规，这就使得诸如能源结构、能源效率、安全保障、能源开发、能源与环境的协调等综合性问题缺乏法律依据和法律保障。[③] 除能源基本法外，有关能源安全、石油储备、能源公用事业等相关法律也基本处于空白状态。自 2006 年以来，中国石油储备建设逐步取得重大进展，但至今都没有一部规范和保障石油储备的相关法律法规，这无疑不利于维护中国的能源安全。当务之急是要尽快完成《能源法》的起草工作，使这部基本法早日出台。同时，加紧制定《石油天然气法》、《石油储备法》等配套法律，及时修订一些已经不适应形势需要的单行法律，以规范政府储备、企业法定储备及商业储备建设，克服石油工业监管中存在的各种弊端，确立有关国内紧急共享组织及石油公司参与 IEA 活动等方面的机制。

第四，中国不具备 OECD 成员资格。根据《IEP 协定》和 IEA 理事会决议，一国申请加入 IEA 必须先取得 OECD 的成员资格。中国目前不是 OECD 成员国，在短期甚至中长期内也不太可能成为 OECD 成员国。中国现代国际关系研究所世界经济研究所所长陈凤英认为：目前 IEA 的成员国均为 OECD 的成员国，由于中国不具备 OECD 成员资格，中国不可能成为 IEA 的正式成员。[④] 笔者认为，《IEP 协定》将具备 OECD 成员资格作为加入 IEA 的先决条件，是 IEA 成立时的特定历史背景决定的。而现在的国际能源局势已经发生了深刻的变化，IEA 没有

---

① 参见杨泽伟：《国际能源机构法律制度初探》，载于《法学评论》2006 年第 6 期，第 77～83 页。

② 参见金三林：《从五个方面完善中国石油储备体系建设》，载于《上海证券报》2007 年 8 月 20 日第 A08 版。

③ 参见张剑虹：《进一步加强中国能源立法的思考》，载于《中国矿业》2008 年第 4 期，第 6 页。

④ 参见朱贤佳：《IEA 必须吸引中国和印度参与》，载于《上海证券报》2007 年 1 月 9 日第 A08 版。

必要继续固守这一陈规。对于中国不是OECD成员国的问题，美国白宫前国家安全会议亚洲事务资深主任、现任密歇根大学国际经济及国家政治教授李侃如认为，IEA正在把自己重新定位为一个关注国际能源局势变化的机构，而不仅仅是OECD部分成员国的集合体。美国会带头向IEA其他成员陈述中国积极加入合作的特殊重要性，并积极探讨可行的合作类型。① 可见，IEA及其重要成员国美国都已经认识到了发展中能源消费大国参加IEA机制的重要性。在第五次中美战略经济对话上，美国正式提出支持中国以"非OECD国家"的身份加入IEA。因此，在美国的大力推动下，IEA成员国认可中国以"非OECD国家"身份加入该组织也是有可能实现的。

除此之外，中国的能源管理体制还很不完善。现行的能源管理体制过于分散，煤炭、石油、电力等能源行业分体运行，各自为政；能源管理方式比较落后，政府对能源管理"缺位"、"越位"、"不到位"的问题依然存在；能源监管体系不够健全，能源监管仅覆盖电力行业，对煤炭、石油、天然气产业还缺乏有效的监管，电力监管体制也存在监管不透明、效率低等问题；能源领域的市场化改革相对滞后，有关竞争主体、市场秩序、市场功能、定价机制等方面的改革与经济社会的发展要求还不相适应。② 这些问题也都将影响中国加入IEA的进程。

（四）加入IEA的可选方案

中国如果加入IEA，主要有三种方案可供选择：一是先加入OECD再加入IEA，或者同时申请加入OECD和IEA；二是修改《IEP协定》，取消加入OECD的规定，从而绕开OECD直接申请加入IEA；三是效仿挪威的加入方式，由中国与IEA订立特别协定，成为IEA事实上的成员国。

1. 同时加入OECD与IEA。根据《IEP协定》第71条，加入IEA必须具备以下两个条件：一是成为OECD成员国，二是能够并且愿意履行国际能源合作计划的要求。由于中国目前不是OECD成员国，因此，在申请加入IEA之前必须先加入OECD，或者同时申请加入OECD与IEA。按照IEA的现有规则，中国只能选择该种方案，即必须同时成为OECD与IEA的成员国。但是，OECD是"富国俱乐部"，成为其成员国还必须符合开放型市场经济和多元化民主的条件。从目前的GDP看，中国还不能算是经济强国，而且中国现有的政治经济体制与

① 参见何帆、管清友：《中国能源安全的新思路》，载于《中国经营报》2006年10月23日第A11版。

② 参见清华大学环境资源与能源法研究中心课题组编著：《中国能源法（草案）专家建议稿与说明》，清华大学出版社2008年版，第57～75页。

OECD 成员国也存在差异，因此加入 OECD 的条件暂时还不具备。然而从长远来看，按照中国经济的发展势头，中国加入 OECD 并且成为 IEA 成员的条件将在未来逐渐具备。随着中国在全球经济中的影响力日益加强，中国越来越受到 OECD 的关注。2005 年 9 月，OECD 首次对中国整体经济状况进行调查并发布《中国经济调查》专题报告。[①] 这一事件当时被认为是中国要加入 OECD 的信息。2008 年 3 月，OECD 秘书长安赫尔·古里亚（Angel Gurria）公开对媒体表示，经合组织将扩大与中国的合作，甚至建议正式吸收中国加入该组织。[②] 可见，至少 OECD 方面已经具有吸收中国加入的明确意向。

2. 绕开 OECD 直接加入 IEA。中国加入 IEA 的第二种方案是修改《IEP 协定》，取消 OECD 成员资格的先决条件要求。美国已经多次公开表示，IEA 可以修改组织章程以吸纳中国和印度，承认它们虽是发展中国家，但却有着极其重要的影响。美国认为，中国的加入能够增强 IEA 集体能源应急体系的危机应对能力，进而巩固美国、中国以及全球能源安全。一些西方学者也认为，美国帮助中国获得 IEA 成员资格或发展新的区域性能源安全制度[③]符合美国的利益。在 2008 年 12 月举行的第五次中美战略经济对话上，美国再次提出支持中国以“非 OECD 国家”的身份加入 IEA。同年 7 月，IEA 执行干事田中伸男（Nobuo Tanaka）在“国际能源政策展望论坛”上也提出，IEA 非常欢迎中国成为其成员国，可以为了中国的加入修改缔约国协议。[④] 可见，在 IEA 方面，认可中国绕过 OECD 直接加入 IEA 的方案，至少得到了 IEA 及部分成员国的接受。根据《IEP 协定》第 73 条，修订《IEP 协定》必须由理事会经全体表决通过，可见要修订《IEP 协定》绝非易事。从 IEA 的表决实践看，理事会在决策时极少适用正式表决规则，而是倾向于通过协商一致达成决议。因此，要想取消 OECD 成员资格对中国加入 IEA 造成的限制，仅有美国一家的推动是不够的，它还必须说服其他成员国承认，中国加入 IEA 组织对于增强组织整体实力、完善集体能源安全体系具有特殊的重要性。

3. 效仿挪威缔结特别协定。近年来，要求中国和印度加入 IEA 的呼声越来越高。这表明，以美国为首的发达能源消费国已经认识到，如果没有中国和印度

---

① 参见《OECD 展开经济调查　中国加入富国俱乐部为期不远》，新华网，http：//news. xinhuanet. com/fortune/2005 -09/25/content_3540076. htm，最后访问日期 2008 年 12 月 10 日。

② 参见《经合组织秘书长公开表示：希望中国加入 OECD》，商务部网站，http：//undg. mofcom. gov. cn/aarticle/ddfg/waimao/200803/20080305450563. html，最后访问日期 2008 年 12 月 10 日。

③ See Jan Kallicki & David Goldwyn eds. , *Energy and Security*：*Toward a New Foreign Policy Strategy*, The Johns Hopkins University Press，2005，P. 90.

④ 参见《IEA：希望中国入伙，须达 90 天战略油储目标》，环球网，http：//finance. huanqiu. com/china/2008 -07/173430. html，最后访问日期 2008 年 12 月 10 日。

的参与，IEA 集体能源安全机制的有效性将受到影响。由于中国是发展中国家，要正式加入 IEA 还受到 OECD 成员资格的限制，要想在这个问题上取得突破，需要双方充分发挥政治智慧，以务实的态度推动合作。国内已有学者提出，中国可以与 IEA 及其重要成员国协商，通过缔结特别协定的方式，建立中国与 IEA 的合作协调机制，使中国成为 IEA 的“联系国”享受准成员国待遇。[①] 笔者认为，这不失为一个两全之策。从程序上看，缔结特别协定比正式修订《IEP 协定》更加简便易行，也更容易实现。中国与 IEA 缔结特别协定后，可以由理事会通过一份决议，对中国加入后的法律地位及与其他成员国权限分配等问题做出适当的安排。如此，中国作为 IEA 准成员国的实体权利也能够得到保障。

综合比较上述三种方案可以看出：采用第一种方案对 IEA 来说基本上没有什么障碍，但中国面临的挑战或者说要克服的困难相对比较大。虽然 OECD 愿意向中国敞开大门，但中国离 OECD 的成员资格还有差距，目前中国还没有被普遍承认为市场经济国家，而且加入 OECD 也要承担相应的国际义务和责任。因此，第一种方案对中国而言不具有可行性。如果采用第二种方案，对中国来说面临的障碍相对较小，但对 IEA 而言修订《IEP 协定》绝非易事，不可能一蹴而就。只有第三种方案相对而言最具有现实性和可行性。它既可以达到使中国成为 IEA 成员的目标，又相对减少了中国与 IEA 方面为实现该目标所付出的代价。因此，以缔结特别协定的方式加入 IEA，对中国来说是既有利又可行的选择。

四、中国在 IEA 体制内的作用

加入 IEA 对于中国参与国际能源合作、维护国家能源安全具有非常重要的意义。与此同时，中国的加入也将推动 IEA 为促进全球能源安全做出更加积极的贡献。

首先，中国可以发挥既是能源消费大国又是发展中国家这种双重身份的优势，推动其他发展中国家与 IEA 成员国开展能源合作。由于现有的 IEA 成员国基本上都是经济发达国家，该组织在解决国际能源问题时主要代表发达国家的立场，往往不能从全球的视角出发兼顾发展中国家的利益。中国加入 IEA 后将能够推动 IEA 在确立能源政策、制定能源规则时更多地考虑发展中国家的立场和利益，从而改变其单纯从发达国家利益出发解决问题的片面性。长期以来，作为 IEA 成员的发达国家与非成员的发展中国家之间一直缺乏有效的能源合作平台，

① 参见杨泽伟：《中国能源安全问题：挑战与应对》，载于《世界经济与政治》2008 年第 8 期，第 52～60 页。

这往往导致双方之间对能源的争夺上升为政治或经济冲突。中国加入 IEA 将在一定程度上改变这种局面。因为中国可以继续发挥其在发展中国家中的影响力，推动 IEA 成员国与发展中国家加强合作与协调。

其次，中国的加入将增加 IEA 体制的活力。近几年来，中国以开放、积极、负责的姿态参与处理国际事务，赢得了国际社会的一致赞许，中国的国际地位和影响力不断提升。中国加入 IEA 后，必将给这个国际能源组织带来一股“清新之风”。IEA 认为，目前全球能源供应和消费的发展趋势从环境、经济、社会等方面来看，都具有很明显的不可持续性。[①] 改变这种状况需要全球所有国家，包括能源生产国与消费国、发达国家与发展中国家一起付出努力。中国加入 IEA 后，无疑将在改进石油安全应急系统、改善全球能源供需结构、应对全球气候变化以及维持能源安全与环境保护、经济增长之间的合理平衡等方面承担更多的国际义务。可以毫不夸张地说，中国加入 IEA 将是该组织在今后几十年里有所作为的一个重要条件。

最后，中国可以积极发挥在国际能源事务上的决策权，推动国际社会构建更加公正合理的国际能源新秩序。随着能源市场的全球化，各国的能源安全关系日益密切，确保稳定、充足、可持续的石油供应，维持合理的、有利于经济增长的石油价格，以及创造稳定的国际环境，是中国与其他消费国的共同目标。如果没有一个安全、稳定、有序的国际能源市场，中国也很难独善其身地保障自身的安全。中国加入 IEA 既有利于维护自身参与制定国际能源规则的权利，也有利于推动国际社会构建更加公正合理的国际能源秩序。笔者坚信，中国完全有能力也有优势在倡导建立国际能源新秩序方面发挥更加积极的作用。

五、结语

在一个日益全球化的能源市场里，无论发达国家还是发展中国家，亦或能源生产国还是消费国，其能源安全利益都息息相关。中国要维护自身能源安全，必须确立全方位、多层次的能源合作框架。加强与 IEA 及其所代表的发达能源消费国的合作与协调，是中国开展国际能源合作的重要内容，也是中国努力构建的能源合作框架的重要组成部分。IEA 在应对石油供应危机、协调能源政策、管理能源相关问题上的成功经验，为中国构建能源安全法律制度提供了宝贵的资源。同时，中国巨大的消费需求及对国际能源市场的影响力，在一定程度上改变了国际能源领域的均衡态势，因此，IEA 也迫切希望将中国纳入组织框架，以增强其

① See IEA, *World Energy Outlook* 2008, 2008, P. 13.

集体能源安全体系的行动效能。2009 年 10 月，IEA 再次邀请中国、印度和俄罗斯参加其理事会部长级会议，并与这三个非成员国分别达成有关信息交流、能源效率、能源安全等问题的合作协议。[①] 而且，IEA 还期望与中、印、俄三国建立更长久的合作机制。这表明，中国与 IEA 的合作关系正在不断深化。然而，目前中国要加入 IEA 还面临着一定的制度障碍。确定中国以何种方式、以什么身份加入 IEA，需要双方充分发挥政治智慧，平衡协调各方利益，以寻求最可行、最务实的答案。加入 IEA 后，中国如何协调与其他成员国的利益冲突，如何参与国际能源问题的决策，如何利用其集体能源安全机制维护自身安全，如何推动国际社会构建更加公正合理的能源新秩序，也将是一个讨价还价、充满冲突和妥协的过程。

---

① See IEA Press Releases, *IEA Ministers confirm commitment to stabilise CO_2 emissions and ensure transition to low-carbon economy, welcome closer co-operation with China*, India and Russia, http: //www. iea. org/press/pressdetail. asp? PRESS_REL_ID = 291, last visit on 15 October 2009.

第三章

WTO构建能源贸易规则及其对中国能源安全的影响

长期以来，WTO虽是最具影响力的全球性经济组织，但与当今最大宗的国际间商品交易——能源贸易之间并无密切联系。近些年来，国际上已经开始呼吁将WTO与“能源”和“能源安全”联系起来。通过WTO构建能源贸易规则正成为建设国际能源新秩序的重要组成部分，被称为“另一场石油战争”①。WTO成立前后，国外一些学者已经关注到这一课题，(近年来伴随能源安全问题日益受到全球瞩目和多哈回合中能源贸易谈判的进展,) 一些能源法律政策分析机构纷纷就此开展专题研究，并力图通过学术成果影响国际“立法”进程。对于这一进程，中国绝对不能置身事外，必须充分关注、认真研究、深入参与。

一、从能源安全视角看能源国际机制的演进——兼论WTO的作用

(一) 能源国际机制的演进

国际社会正是在不断发展的能源安全观的直接指引或驱动之下，先后形成了不同类型的能源合作机制。20世纪六七十年代出现的以OPEC为代表的能源输

① See Victor Menotti, *The Other Oil War: Halliburton's Agenda at the WTO*, available at http://www.ifg.org/reports/WTO-energy-services.htm, last visit on July 8, 2009.

出国机制和以国际能源机构为标志的能源进口国机制，实际上都是片面能源安全观的反映。OPEC 成立的首要任务是加强输出国的团结，以维护其石油利益，实施限产保价，确保能源主权以及持续稳定的获得能源出口利益。能源消费国则联手成立 IEA，实施各类石油进口替代措施以制衡、抑制 OPEC 在石油国际贸易中的比较优势，对 OPEC 出口国构成需求安全的威胁。

实践表明，OPEC 与 IEA 所形成的对峙状态，对供应与需求双方带来的利益都只是暂时的。OPEC 虽在第一次石油危机后成功掌握国际市场和油价的主导权，但是排他性和对抗性的能源政策也带来了消极后果，两次石油危机之后，西方国家削减能源消费和推进市场多元化战略，导致 20 世纪 80 年代国际能源市场结构的变化和油价的不断下跌，OPEC 市场控制力大大下降。另外，西方发达国家为降低对中东产油国的依赖而采取的石油来源多元化战略，虽然降低了自身的能源安全风险，但在一定程度上忽视了石油输出国的利益，抑制了石油生产能力的提高，结果导致国际能源市场在需求大幅度增长的情况下，剩余产能却大幅下降，供求出现结构性失衡，反过来又使西方国家的能源安全问题再度凸显。①

20 世纪八九十年代之后，在合作的能源安全观的指引之下，除原有的能源生产国合作机制与能源消费国合作机制悄然转型②以外，有关能源的区域性制度安排亦纷纷出现，能源宪章协定、北美自由贸易协定中的能源专章成为其中的翘楚。比之贯穿着片面能源安全观的单方面的能源合作机制，以合作、双赢为特征的区域性能源合作机制显然向前迈进了一大步，从总体上提高了能源安全的保障效率。一时之间，能源宪章协定、北美自由贸易协定之类的区域安排似乎成为解决能源安全问题的范式与潮流。区域能源机制固然有着相对紧凑灵活、决策便捷等优势，但终竟只能是权宜之计——其最大局限在于缺乏全局性，制度安排缺乏通盘考虑及整体设计——仅凭其“歧视性”的基础及成员的有限性，便决定了它难以成为全球经济一体化时代的主导力量。

纵观 21 世纪以来的世界能源形势，能源安全问题越来越明显地呈现出全球性特点。一方面，能源安全保障也逐渐由国别保障、集团合作、区域保障向全球性能源安全对话与合作方向转变。另一方面，能源消费国、输出国及运输枢纽国的相互依赖进一步加深，在有关国家、组织间展开的多层次能源合作，也为推进全球能源安全对话与合作奠定了基础。③ 当此之时，能源安全保障观念的更新，

---

① 参见赵宏图：《全球能源安全对话与合作——能源相互依赖时代的战略选择》，载于《现代国际关系》2006 年第 5 期。

② 随着全球化时代的到来，片面能源安全观逐渐式微，合作能源安全观蓬勃兴起，OPEC 与 IEA 寻求转型，加强能源输出国与输入国间的“对话与合作”。

③ 参见《世界能源形势的总体特点》，载于《福建日报》2007 年 1 月 10 日第 10 版。

世界能源安全体系的构建，“正处于新一轮完善调整期的初级阶段”①。

中国倡导的“互利合作、多元发展、协同保障”的新能源安全观与中国的“和平发展”、“构建和谐世界”的对外政策理论无疑是一脉相承的。诚然，新能源安全观是一种带有浓郁理想主义色彩的国际能源战略理念。它能否得以贯彻实施，取决于国际社会对于全球能源问题能否达成共识，进而形成相应的全球性能源合作机制，完成全球性能源安全保障体系的构建。换言之，新能源安全观对能源合作机制提出了新要求，呼唤新型的全球性能源合作机制。

当今国际社会，虽然存在着八国集团会议、能源消费国与生产国之间的全球性定期对话、世界能源论坛以及联合国的一系列针对能源的全球性协作机制，但是这些机制要么成员数量有限，要么呈现出早期性与松散性，其约束力与影响力都极为有限。国际社会尚未从总体上建立协调解决能源问题的适当制度框架。

（二）WTO能否以多边贸易平台打造全球性能源机制

全球性国际能源机制的缺位，不仅是国家决策者们需要正视的现实，也是学术界面临的新课题。对于中国学者而言，从理论上提供解决国际机制与新能源安全观匹配的新思路，更是一种责任与使命。率先提出新能源安全观的中国，不能止步于一种理念的倡导，而应当贡献出完善的实用方案。早前，已经有学者探讨过可供选择的几种构想：

第一，改革现有的能源合作机制，如国际能源机构、能源宪章协定等，淡化其单方性或区域性，使之发展成为真正具有国际性的能源合作机制；

第二，另起炉灶，打造全新的“包括统一的法律规则框架、相应的制度体系、国际经济法属性以及争端解决机制”的世界能源组织（World Energy Agency，WEA）。至于其管制框架、制度体系以及争端解决机制，则基本上是世界贸易组织（WTO）的翻版，相关安排如出一辙，② 或可称为“能源版的WTO”。

这两种设想都有合理之处，也都有难以逾越的障碍。第一种想法的优势是现有的能源机制已经具备了一定的存在与发展基础，而最大的问题则是受制于原有制度框架的局限，很难拓展为具有广泛参与性的全球性机制。第二种方案则过于理想化而带有乌托邦的色彩，在当今复杂的国际能源关系现实环境下，无异如海市蜃楼，远水难解近渴。

我们因而尝试探讨第三种路径，即在全球性的经济组织——WTO框架下构建全球能源贸易规则。作为引领经济全球化时代的成效卓著的多边贸易体制，至

---

① 陈玉强：《国际能源安全机制尚待新突破》，载于《中国石油报》2007年1月11日第4版。

② 参见岳树梅：《国际能源合作法律问题研究》，西南政法大学博士学位论文，2007年3月。

少在成员的构成方面，WTO具有前两种方案难以企及的优势。这种想法并非空穴来风，如果说WTO第一案因能源而起，第一轮多边谈判回合于卡塔尔（同时为OPEC与WTO成员）首都多哈发动仅仅是巧合的话，近年来建立WTO能源新规则的呼吁时有所闻则是不争的事实。

在全球层面，国与国之间的经济互动更多地是以贸易的形式表现出来。能源贸易一方面把世界范围内形形色色的能源安全问题汇集到一起，另一方面又将其影响力辐射到各个国家的能源政策。讨论全球能源安全问题，必然涉及将全球能源安全联结在一起的纽带——贸易，也就不能无视多边贸易体制这个平台。近年被证明在区域范围内行之有效的能源安全保障机制《能源宪章条约》（简称ECT）与《北美自由贸易协定》（简称NAFTA），无不将贸易制度作为其核心法律制度，尤其是NAFTA的能源制度安排，本身就建立在区域自由贸易协定的平台之上。因此，在WTO框架内讨论解决全球能源安全之策，不仅具有现实意义，而且也顺应能源安全机制的发展趋势。

二、WTO能源贸易规则的构建方略

（一）多边贸易体制与能源贸易问题概述

1947年关贸总协定（简称GATT）缔结之际，谈判各方之间有一种默契，试图尽量保持关贸总协定规范的“技术”特质，而不愿使之蒙上政治色彩，因而有意无意地回避了对于一些国际大宗商品如石油、谷物等的调整，目的是减少摩擦，促成共识。

GATT并未明文排除对能源贸易的适用，但GATT早期，为回避能源产品政治敏感性，多边贸易体制将能源产品作为特殊商品处理，基本上对国家过度干预国际能源贸易听之任之，使之“游离于多边贸易体制自由化原则之外”[①]。在GATT勉强支撑国际贸易秩序的数十年间，一边是多边贸易体制成长壮大，另一边是国际能源市场风云跌宕。GATT中后期，一些缔约方开展了将能源与多边贸易体制联系起来的种种努力，GATT争端解决机制受理了第一起能源贸易争端“超级基金案”，正式拉开了多边贸易体制与能源贸易之间互动的帷幕。东京回合谈判之时，能源危机正在全球蔓延，以美国为代表的一些工业化国家旧话重提，试图将能源贸易规则纳入谈判议题，以限制能源出口壁垒，结果仍是安全考

① 孙法柏、刘明明：《论国际能源贸易中自由化原则之违反》，载于《资源节约型、环境友好型社会建设与环境资源法的热点问题研究——2006年全国环境资源法学研讨会论文集（二）》。

虑压倒了多边纪律，提议遭到众多国家的反对而没有下文。乌拉圭回合谈判期间，与能源相关的事项再度成为多边贸易体制内的热门话题，焦点是能源出口国的限制性实践，被提议讨论的内容包括：出口国能源政策、双轨定价实践、补贴、反向倾销、出口限制与出口税、自然资源产品的替代问题等，均无实质进展。由于牵涉国家对自然资源的永久主权，能源与资源问题向来敏感而饱受争议。直至 WTO 成立，仍未建立起强有力的能源贸易纪律。

在主导国际货物贸易秩序四十余年后，GATT 于 1995 年被更新升级为 WTO。如果说在 GATT 时代，在缔约方共识或君子协定基础上，多边贸易体制刻意回避能源贸易，而实际上 WTO 对于这个问题更是“心有余而力不足”。随着能源市场的逐步开放以及能源安全观的转变，WTO 成员要求 WTO 规范能源贸易措施的呼声不绝于耳，将能源贸易纳入多边贸易体制观念上已无多大障碍，然而 WTO 在这方面的表现依然是乏善可陈，能源贸易保护措施还是大行其道。实践表明，现行 WTO 框架虽然为能源贸易建立了一些可资遵循的规则，但在调整能源贸易关系方面存在着较大的局限性，难以适应当前国际能源贸易的发展。究其原因，以下几点尤其值得注意：

1. 能源贸易的特殊性。能源贸易与普通商品贸易有多方面的区别：第一，能源贸易往往是国家战略的组成部分，政府为实现其政策目标，通常对能源贸易施加更多的干预；第二，能源资源分布不均，需求则遍布全球，不平衡的贸易基础决定了能源出口贸易壁垒较进口贸易限制更为突出；第三，能源贸易严重依赖传输网络；第四，能源与环境联系紧密，能源贸易也不可避免地受到国际国内气候与环境政策的影响；第五，能源市场有很强的垄断特征。因此，一般性的贸易规则难以有效地调整能源贸易。

2. 历史条件。最初议定国际贸易组织（ITO）与 GATT 之际，没有一家主要石油出口国参与其中。更重要的是，其时国际石油体系仍由英、美、荷的 7 大石油卡特尔（“石油七姊妹”）控制，可以说，石油资源在西方工业国的掌控之中，缔约方没有“能源安全”之虞，在设计 GATT 规范时也没能预见到日后国际石油市场的大变局，进而忽略了对于石油供需矛盾这一当今世界经济存续关键事项的调整。

3. 多边贸易体制的设计理念。贸易自由化的最初动力源自于解决缔约方过剩产品的输出问题，着眼点是进口贸易壁垒而非出口贸易壁垒，因而市场准入才是制定规范的主要关切，对供应准入虽有涉及，但远远不是关注的重点。同时，最初的主要缔约方几乎都是石油净进口国，因此即使在设计“市场准入”规则时也未考虑能源贸易的特点。

4. GATT/WTO 体制未能及时跟进国际能源贸易的变局。GATT 最初设计固然是立足当初成员的情况及当时的石油市场格局，但之后国际能源市场历经系列变迁，主要能源出口国亦争相融入多边贸易体制，而 GATT/WTO 与能源贸易相关的规则体系仍原地踏步，以致基本与现实脱节。①

总之，一方面现行 WTO 体系在规范能源贸易上力不从心；另一方面国际能源贸易的发展形势以及各国对于能源安全的关注，彰显 WTO 加强调整能源贸易关系的意义。多边贸易体现制的基石——自由贸易原则，实际代表了能源贸易未来发展的应有方向。若能将能源纳入世界自由贸易的范畴，让市场充分发挥资源配置作用，则有望实现能源在世界范围内的最优配置和能源可持续发展的目标；同时，规则导向的多边贸易体制，强而有力的争端解决机制，将为能源贸易有序发展以及全球能源安全提供有力保障。

WTO 究竟能否在能源贸易国际机制的未来发展中，扮演一个更为积极与重要的角色，引导国际能源贸易健康有序地发展，实际上取决于 WTO 体制能否纳入能源贸易，真正构建起能够有效地调整国际能源贸易关系的法律规则。

（二）影响 WTO 构建能源贸易规则的主要因素

1. 推动因素。WTO 是成员驱动的国际组织，谈判日程安排是由各成员基于其经济和政治的优先需要并达成明确共识而决定的。因此构建能源贸易规则的议题能否纳于 WTO 议程，完全取决于 WTO 成员的意愿。现在，这样一种动力正日益积聚，表现为：

第一，近一时期能源安全举世瞩目，“能源焦虑”全球蔓延，合作与对话的呼声高涨，作为当今世界最有力的全球性经济组织，不能不对此有所回应；

第二，气候变暖深刻影响各国政策，不少成员国采取能源效率标准、能源税或补贴、环境友好技术、生态标志以及政府采购政策等手段履行《京都议定书》的义务，而与现有 WTO 规则有着潜在冲突，碳减排交易也可能制造新的能源服务贸易机会，现行规则的相应调整（包括澄清 WTO 与 MEAs 的关系）势在必行；

第三，能源大国如 OPEC 各成员国、俄罗斯等相继加入或正在加入 WTO，使得 WTO 框架下的能源问题更加突出；

第四，十多年的能源自由化与全球化进程，逐步侵蚀了早前笼罩能源部门的政治铁幕，国内管制逐渐放松并形成了一些全球通行的规则，为全球性谈判的开展奠定了现实基础；

---

① 余敏友、唐旗：《略论石油贸易与 WTO 体制》，载于《武汉大学学报》（哲学社会科学版）2008 年第 5 期。

第五，能源安全理念在世界范围内朝着合作与对话、可持续安全的方向发展，同时多哈回合以来的能源贸易谈判以及多边贸易体制处理的能源争端加深了世人对 WTO 规范能源贸易的认同度，这些都增加了 WTO 成员形成共识的机会。

来自发达国家方面的谈判愿望尤为迫切，前欧共体贸易委员曼德尔森自 2006 年 6 月起已三度呼吁建立 WTO 能源新规则，将“能源贸易和投资纳入世界贸易组织的规则及执行程序”之中。因为“能源交易处在国际法真空状态，可能导致其成为地缘政治紧张的原因”，而“更加清晰的双边、区域或国际规则将改善能源输送和供应的可预见性，为生产国和消费国相互在对方投资敞开门户，从而加深彼此依存和稳定，并有助于引导国内外资本投向开采和提炼产业”①。

现任 WTO 总干事拉米亦呼吁成员国推动“WTO 为复杂的能源棋局做出重要贡献”，因为“更具可预见性与透明度的贸易规则将使能源进口国、出口国、从事能源贸易的公司、消费者等所有人获益”。2007 年 11 月 15 日，拉米在罗马第 20 届世界能源大会上强调：“一个强有力的世贸组织将在规划一个可持续的、公正的能源未来中发挥积极作用”，在 WTO 框架中“确定专门的能源贸易规则越来越重要”②。

2. 制约因素。一是能源贸易性质的桎梏，能源贸易不是单纯的贸易事务，而是国家政策的组成部分，集“战略资源、领土主权、国家安全”于一身。在国内政治考虑的重压之下，各国往往对于建设全球性规则谨慎有加，进而裹足不前。

二是多边贸易体制的发展瓶颈，WTO 多哈回合的曲折多舛，“或许确实是时机不当，但本质上是它遭遇了全球贸易自由化的限度约束”③。伴随一轮又一轮谈判的结束和发动，部分成员对谈判可能带来的贸易自由化程度的期望值越来越高，谈判越来越向纵深发展，以往谈判遗留和有待新谈判处理的问题越来越敏感。在这种情况下，要达成共识，困难可想而知。

（三）WTO 构建能源贸易规则的现实基础与基本思路

WTO 构建能源贸易规则，实质上是在协调 WTO 成员能源贸易利益的基础上，对现有规则更新换代，使之能够反映出现阶段能源贸易活动的现实。

1. WTO 成员的不同利益诉求。WTO 多边贸易体制成员众多、结构复杂、矛

---

① 中国驻英国使馆：《曼德尔森呼吁为能源贸易制订国际规则和对绿色产品实施零关税》，载于中国贸易救济信息网，最后访问日期 2009 年 6 月 3 日。

② Pascal Lamy, *Doha round will benefit energy trade*, available at http://www.wto.org/english/news_e/sppl_e/sppl80_e.htm, last visit on July 6, 2008.

③ 宋国友：《自由贸易的边界》，载于《东方早报》2008 年 7 月 31 日电子版。

盾尖锐。要真正构建能源贸易制度安排，首先必须正视 WTO 成员间能源贸易利益诉求迥异的现实。

有学者将 WTO 的 150 多个成员大体分为四个能源贸易利益群体：能源矿物资源丰富的发展中国家、能源技术先进的发达国家、能源矿物资源的进口国、欲发展国内可再生能源的国家。[①] 这样的分类固然有欠严谨或不够全面，但确实与多边贸易体制历史上能源相关谈判的实际情况相吻合。迄今为止的 WTO 相关谈判与讨论，规则改革的推动力量基本上都是来自这样的四个方向。其表达的立场与主张大致为：

能源矿物资源丰富的发展中国家关心的是确保能源矿物资源主权以及持续稳定的获得能源矿物资源出口利益，包括确保初级能源产品（如原油、煤）以及加工产品在其他国家的市场准入机会；扶植国内能源加工业的发展，以避免国民经济对于初级产品的出口依赖；引进必要的资金与技术，进行资源开采与实现产业升级。其利益主张往往针对：能源进口国边境措施，主要是进口关税与数量限制措施；国内措施，如石油替代产品支持措施；国内税，主要是进口国开征的高额燃油税与环境税。[②]

能源矿物资源的进口国所追求的是能源供应的稳定性，以及由此目标衍生出来的能源来源多样化与多元化、能源运输过程中的安全与过境自由等。其利益主张往往针对能源出口国的以下措施，希望在 WTO 框架下努力消除或限制这些措施：

（1）能源生产配额制度。最为突出的当属 OPEC 的限产保价措施，历来使得能源进口国如鲠在喉。虽然“终结卡特尔：对 OPEC 提起 WTO 诉讼”[③] 一类的呼声时有耳闻，终归是雷声大雨点小，迄今为止，WTO 未曾受理过此类案件，其中固然有当事国政治上的考虑，但 WTO/GATT 规则的内在缺陷不能不说是一个更为直接的原因。修改 WTO 规则以抑制这类措施成为能源进口国所追求的重要目标之一。

（2）双轨定价。石油出口国政府往往采取价格控制措施，促使石油及其制品以低价供应国内市场，而以高价出口。由于有 GATT 第 20 条第 9 项的保障，此做法一直通行无阻，只要内外双重价格措施是“政府稳定计划的一部分”，且未用作为保护国内工业的手段，双重定价就不为 GATT/WTO 所制止。

---

① 参见施文真：《能源安全、GATT/WTO 与区域/自由贸易协定》，载于《政大法学评论》2007 年第 88 期。

② 能源出口国在 WTO/GATT 框架下提起的两起争端，皆因此而起，尽管两起都胜诉，仍然难以挥去能源出口国的隐忧。

③ 2004 年美国一参议员办公室发布了名为“终结卡特尔：对 OPEC 提起 WTO 诉讼”的报告，主张美国应在 WTO 内对 OPEC 成员提起违反之诉。印度等国亦有类似呼声。

(3) 投入品补贴。石油等能源资源是很多工业制成品的投入品，当其以低价投入下游产品生产领域，就构成了投入品补贴。如果石油出口国对燃料意义上的石油实行国内补贴，但是并不局限于某些企业，便难以援用供应链管理(SCM)挑战其合法性。

(4) 国内税。在国内税方面，出口国拥有更大的选择余地，攻守自如。

(5) 出口关税。目前大都是非约束性的，能源出口国可以随心所欲地运用这种政策工具。

技术先进的发达国家希望将自己在技术方面的领先优势转化为国际市场上的竞争力，因此并不满足于能源产业链终端产品的贸易活动，而是希望以服务提供的方式进入技术欠发达国家的国内能源市场，广泛参与其能源产业链上的各种能源活动，将能源贸易延伸到能源生产、运输、转换、储存、分配的各个环节。这些国家力促 WTO 成员间能源服务贸易市场的自由化与开放。同时，这类国家更重视能源生产使用中的生态环境安全性，希望在贸易中引入可持续发展标准。

欲发展国内可再生能源的国家既有欧美等发达国家，也有巴西、东南亚各国等发展中国家，要么在可再生能源的开发中先行一步，在技术、经验等方面夺得先机，要么可再生能源资源富有，因而在贸易中具有比较优势。这些国家希望减少进口能源，实现供应多元化；提升相关技术的研发，扶植或者保护国内相关产业，以开发其国内的再生资源为重点；进入其他成员的可再生能源市场，参与其生产活动。不仅要求削减生物燃料的关税以获得更好的市场准入条件，而且主张规范生物燃料补贴与可持续发展标准。

2. 基本思路。WTO 能源贸易制度安排关系到 WTO 成员内部的战略部门，需顾及经济、安全、环境等方方面面，谈判的难度与复杂性高。理想的能源贸易规则，既要总体上站在全球性可持续发展的高度，又必须在具体条文上平衡各个利益群体的利益诉求，显然不可能一蹴而就，应遵循以下一些主要的思路：

首先，在节奏上，不能急于求成，应以渐进方式逐步推进。第一步主要针对能源服务贸易构建切实可行的规范，实现突破；下一步则考虑将 WTO 成员普遍关注的生物燃料等可再生能源问题切实纳入谈判议题，并产生行之有效的规则。最终则是单独就能源部门议定更全面更连贯的整套规则，既能体现 WTO 多边贸易体制核心的自由化原则，又能兼顾能源部门的特殊性，使能源这一长期徘徊于多边贸易体制之外的特殊部门真正融入 WTO 体制。

其次，应将新能源安全观贯穿在相关规则的谈判之中，并以之作为新规则的指导思想。WTO 现行规则框架的宗旨之中，并未考虑能源安全。但是，既然是探讨构建有效调整当代能源关系的法律规则，则不能不将能源安全的要义融入其中。从某种意义上讲，保障能源安全是 WTO 构建能源贸易规则最直接的动力与要义。新能源安全观摒弃了片面能源安全观的狭隘，超越了合作能源安全观的局限，把开展全球能源对话与合作作为实现全球能源安全的根本措施。一方面，只有谈判各方都能以新能源安全观的全新视角来看待能源安全问题，跨越狭窄的能源生产国与消费国的界限，着眼于人类的共同利益，将能源视为国际市场中自由流动的要素，才有可能在错综复杂的能源问题上取得一致。另一方面，新的能源贸易规则或协定只有以新能源安全观为指导，才能以能源贸易关系为切入点，真正达成全方位、多层次、宽领域的能源安全合作机制。

最后，在规则的具体改进或构建上，不妨借鉴区域能源安全的一些成功经验。NAFTA 与 ECT 被认为是区域能源安全保障机制的代表者与佼佼者。耐人寻味的是，NAFTA 与 ECT 的贸易制度安排，都脱胎于 WTO/GATT 多边贸易体制。无论是 NAFTA 的第六章“能源与基本石化制品”中的能源产品贸易规范，还是 ECT 中有关能源物资、产品和设备的贸易与过境的规范，都是一方面移植 WTO/GATT 规则为基本的贸易规范；另一方面却对其做了修正或发展，使之在适用时具有更多的弹性，以更符合能源贸易的法律特征。对于 WTO/GATT 规则体系在调整能源贸易关系方面力不从心的一些问题，如能源的界定、出口管制纪律弱化、例外宽泛以及过境纪律乏力等，NAFTA 或 ECT 的处理方式，体现了立法技术上的建设性，WTO 在构建能源贸易规则时，不妨予以借鉴。而 ECT 与 NAFTA 当中与能源贸易有关的其他制度，也为日后构建全面的 WTO 能源贸易机制提供了一些有益的参考。

三、正在进行中的多哈发展议程能源贸易谈判

（一）概述

WTO 能源贸易规则构建，并不只是停留在理论探讨阶段，与能源相关的谈判已经在多哈回合中逐步展开，能源贸易相关利益方所关切的一些焦点问题，在谈判中大多已经涵盖。根据多哈回合的谈判授权，能源贸易并非专门的谈判议题，而是在服务业、非农产品市场准入、反补贴与反倾销议题、贸易与环境等议题谈判中分散进行的，大致上是沿着传统能源贸易事项（即乌拉圭回合已谈到的出口国能源政策、双轨定价、出口限制与出口税等事项）、能源服务贸易、可再生能源贸易（主要是生物燃料贸易）三条主线展开。其中，服务贸易谈判与生物燃料贸易谈判最令人瞩目，前者已经取得一些实质性的进展，传统能源贸易事项谈判依然踏步不前。

（二）能源服务贸易谈判

1. 谈判背景。“能源服务贸易”只是在近二十年间才逐渐进入国际贸易法的视野。能源产业早期多为国家垂直一体化经营的公用事业，具有可交易性和竞争性的经营环节并不多[①]，能源货物贸易与服务贸易因而并无明显界限。民营化与自由化进程兴起以来，各国逐渐兴起拆分能源公用事业的浪潮，在能源产业链的上游（能源资源的勘探、开采）、中游（能源产品的运输与配送）和下游（将能源供应给最终用户）都出现了可供能源产品价值增值的环节，并随之涌现油气田相关服务、独立发电商相关服务、能源中介服务、运输与管网服务、合同能源管理、减排交易等新兴服务部门。

2. 谈判进程。2001 年多哈回合一启动，相关国家推动能源服务贸易谈判的活动随即开始。迄今为止，大致经历了三个阶段：

（1）启动阶段：谈判建议及相关讨论。2001～2003 年间，美国、加拿大、智利、古巴、欧共体、日本、挪威、委内瑞拉等八个成员相继向服务贸易理事会特别会议递交能源服务谈判建议。八份建议中有一些共同的主张，如强调能源服务贸易谈判的必要性；能源服务贸易自由化将使所有国家获益；能源服务的界定与分类应得到澄清；不涉及自然资源主权问题；承认适当国内管制；各成员市场改革水平不同，自由化承诺应有差异等。同时，八份建议各有侧重，如表 3－1 所示。

表 3－1　　　　能源谈判建议概览

国家	谈判/自由化范围	竞争规则	能源来源	技术	其他因素
加拿大	石油与天然气服务				加强管制透明度；便利能源货物贸易
智利	范围广泛				补贴
古巴	根据发展需要开放特定单元的灵活度			技术准入	对所有成员的贸易机会；提高发展中国家竞争力
欧共体	范围广泛	国内促进竞争框架	能源中立		便利自然人流动

① See WTO Secretariat, *Energy Service Background Note*, S/C/W/52, 1998. Para. 3.

续表

国家	谈判/自由化范围	竞争规则	能源来源	技术	其他因素
日本	范围广泛	多边促进竞争框架	能源中立		加强管制透明度；便利能源货物贸易
挪威	范围广泛	参考文件	能源中立		对于所有成员的贸易机会
美国	范围广泛	参考文件		技术中立	便利能源货物贸易、商业人员的暂时进入，以及电子信息与交易信息的流动
委内瑞拉	基于能源来源开放的灵活性；发展阶段；“核心”与“非核心”服务				对于所有成员的贸易机会；加强发展中国家服务提供者的能力

资料来源：联合国贸发会议秘书处①。

（2）进展阶段：从双边“请求与报价”到复边“联合请求”。依照服务谈判指南与程序，“请求与报价”模式成为谈判服务特定市场准入的主要方式，初步请求与初步报价应分别在 2002 年 6 月与 2003 年 3 月 31 日前完成。除发达国家成员外，大多数成员未能如期提交“请求”。② 美国、加拿大、欧共体、日本、挪威等一些成员组成能源非正式团体——“能源之友”（Friends of Energy），开展了一系列推动 WTO 能源服务贸易谈判的活动。③ WTO 香港部长会议宣言明确了服务贸易谈判模式，除了原有“请求与报价”的双边模式外，另外增加复边谈判模式。香港部长会议宣言同时要求成员集团应于 2006 年 2 月底前，正式向其目标成员提出服务部门进一步自由化的共同要求清单。

2006 年 2 月，美国、欧共体、沙特、澳大利亚、挪威等 11 个成员正式通过

① See UNCTND, *Managing "Request-Offer" Negotiations Under the GATS: The Case of Energy Services*, 2003-06-06, available at http://www.unctad.org/, last visit on May 3, 2009.

② 某几个发达国家将能源服务纳入“请求”当中，其中一些就请求对象国分别提出不同“请求”，另一些则对所有请求对象国（除最不发达国家外）提出相同请求。仅有美国、澳大利亚等回应了初步报价。

③ 在该团体主持下，2005 年 7 月美国、加拿大、欧共体、日本、挪威、澳大利亚、中国台湾发表“能源服务自由化声明”（Statement on Liberalization of Energy Service），阐述能源自由化的意义；2005 年 12 月，加拿大、欧共体、韩国、日本、挪威、美国、中国台湾等共同提出“能源服务部门共同利益声明”，再次强调能源对经济成长的关联性与重要性、能源服务业自由化谈判将尊重各国政策目标及发展程度，还提出能源供应链上的必要能源服务活动清单，应作为进一步市场开放谈判的共同基础。

WTO，向包括中国在内的众多发展中国家（巴西等7个拉美国家，委内瑞拉以外的7个OPEC国家，以及印度、南非等）递交“联合请求”，要求其报价开放能源服务市场。“联合请求”基于“能源之友”所提出的能源服务活动清单向其目标成员提出能源服务业市场开放要求。

“联合请求”的内容覆盖了所有服务提供模式，部门范围如表3－2所示。

表3－2　　“联合请求”部门范围

W/120	CPC	描　述
1. A. e－f	8672－8673	工程及整合工程服务
1. F. c－d	865－866	管理咨询服务及管理咨询相关服务
1. F. e	8676（部分）	技术测试与分析服务（不包括与医疗器械、食品及食品生产相关的服务）
1. F. h	883 5115	矿产附带服务 矿区准备服务
1. F. m	8675（部分）	相关科学与技术咨询服务
1. F. n	8861－8866（部分）	金属制品、机器设备、电子机械维护与修理（不包括海事船舶、航空器或其他运输设备）
3. B	5134－5136	长距离管线、地方管线、矿产所需土木工程建设
3. E	518	与建筑、拆除或土木工程相关的设备租赁服务
4. B	62271	固体、液体与气体燃料及相关产品的批发服务（电力与城镇供气）
4. C	63297	燃料油、瓶装气、煤与木材的零售服务

资料来源：WTO部分成员能源服务联合请求。①

总体来说，请求所覆盖的能源服务部门非常广泛，“包括了油气生产、加工与分销的所有核心活动。从地图制作、钻井到零售，一应俱全”②。其中不乏对国家安全与发展重心产生重大影响的部门。至于特别承诺部分，更进一步向国家经济主权及管制灵活度提出了挑战，直接影响到国家发展政策、外资政策、就业机会创造、新技术转让以及经济活动多元化。

（3）停滞阶段：原地踏步，等待突破。2006年7月多哈回合谈判中止，所有议题（包括服务贸易）谈判小组均暂停运作。原定于2006年7月底前成员必须提

① See Collective request in energy services, http://www.ifg.org/pdf/collective-request-in-energy-services.pdf, last visit on June 3, 2009.

② See Victor Menotti, *The other oil war: Halliburton's agenda at the WTO*, 2006－06 http://www.ifg.org/reports/WTO-energy-services.htm, last visit on 6 June 2008.

交第二次修正响应清单，却因谈判暂停而无任何成员提交第二次修正响应清单。

2007 年 2 月多哈回合谈判重启，服务部门各项议题陆续恢复讨论，并在服务贸易周期间举办服务贸易理事会例会与特别会议、双边会谈以及各谈判小组非正式会议（包含“能源之友”与“能源服务部门复边请求”会议）。由于多哈回合整体僵局目前仍无突破迹象，能源服务贸易谈判能否取得最终成果，仍须拭目以待。

3. 谈判涉及的焦点事项。

（1）能源技术中立与来源中立。所谓的技术中立是指管制者不倾向于某项技术，而应当鼓励不同技术和行业部门间的竞争。政府和监管部门的职责就是努力创造一种环境，促进不同技术和行业部门之间的竞争，以加速创新和发展高级业务，但又不影响用户的业务使用。例如，对技术标准的选择采取不干预的立场，让市场“自由选择”。

技术中立最早出现在 1996 年达成的《GATS 电信服务附件》中，目的在于防止 WTO 成员对于不同的电信技术（如电缆技术与无线技术）“厚此薄彼”。现在，发达成员有意将其扩大到能源领域，意在限制 WTO 成员对技术措施的决定权。

各国经济技术发展水平不同，技术标准和知识产权基本被以美国为首的发达国家或者国家集团垄断。美国企业在核心技术、专利发明、知识产权方面占有绝对优势。以美国为首的发达国家一向是技术中立的积极倡导者，“他们极力主张技术中立，却回避技术垄断的基本事实”①。在表面公允的“中立”背后，实质是向发达国家的技术优势倾斜，“技术中立”的驱动力实为经济利益。换言之，技术中立的后果之一往往使得发展中国家发展自主技术受到扼制。

除此之外，在能源服务业，“技术中立”还带来一个较为突出的问题，就是清洁能源技术与非清洁能源技术的取向问题，如果任由市场选择，很难说市场一定会选择对于环境有利的清洁能源技术。而一些成员为了实现环境目标或为实施京都议定书而采取的环境政策，如中国出于环保目的鼓励清洁煤技术的政策，倒有可能在 WTO 受到质疑。

“能源来源中立”更是一个新概念，即“对于能源来源不加区分，允许所有形式的能源公平竞争”。表面上冠冕堂皇，但经不起推敲。首先，它与环境保护政策之间的协调显然就是个难题，因为如此一来，许多国家为减少碳排放而控制化石燃料的努力有可能涉嫌违反 WTO 义务；其次，一些能源来源，比如石油，现阶段具有高度的政治与战略敏感性，并且多在国家法律政策中反映出来，再比

① 参见周光斌：《也谈技术中立》，载于《电信软科学研究》2004 年第 9 期。

如核能，在国家政策视野中可能更具特殊性，如果能源来源一概“中立”，国家战略取向与市场开放灵活度将会受到限制。“来源中立”的问题还牵涉到一些WTO立法技术问题，诸如：分类表/对照表中是否应就能源来源做出区分？或者交由成员在减让程序中自行判断？如果没有明确说明，是否理解为某项能源服务承诺涵盖所有形式的能源？

（2）国内管制权与参考文件。在各国谈判建议以及请求报价当中，成员的“国内管制权”均得到明确承认。这实际上重申了服务贸易总协定（GATS）序言中的内容，即“认识到各成员为实现国家政策目标，有权对其领土内的服务提供进行管理和采用新的法规，同时认识到由于不同国家服务法规发展程度方面存在的不平衡，发展中国家特别需要行使此权利”。但“国内管制权”的问题并未止步于此。硬币的另一面，是对“国内管制权”的制约要求。首先，有人认为，WTO服务贸易第一案“美墨电信服务案”已表明，国内管制权“仅延伸至不影响国家通过GATS赋予的贸易权限度内”。[①] 其次，在一些谈判建议以及后来的联合请求当中，都明确提到了对“国内管制权”应加以某种限制，如联合请求当中“强调管制措施应界定清楚、透明、非歧视”。一旦某一国内管制措施在WTO受到挑战，专家组可能会从这几个方面去审视该措施的“合法性”，例如，专家组可能会认为一项措施关于“基本燃料普遍服务”的目标并未清楚界定，或者认为“透明度”意味着一项规章实施之前外国公司有权参与评议或讨论，而“非歧视”要求则可能波及一些并非有意而为的差别效果，如一些促进环保的措施可能使得外国能源服务提供者处于不利地位。最后，从GATS关于国内规章纪律的谈判情况来看，[②] 未来的纪律很可能对“国内管制权”加诸更多限制，从而使得能源服务的国内管制必须面临更多束缚，难以真正自主。

换言之，同样倡导“国内管制权”的不同成员，对于这一权利的涵义有着不同的认识与理解。“国内管制权”最终可能受到诸多限制，管制灵活度也将大打折扣。

美国和挪威的建议，则更进一步主张就能源服务国内管制方面的一些限制事宜制订一份参考文件。显然这是受WTO基础电信谈判的启发，WTO成员曾制订《关于电信管制准则的参考文件》，目的是防止电信业的反竞争行为，保证电信网络的互连互通，创造一个公平竞争的市场法制环境。[③] 成员如果在附加承诺中

---

① See Victor Menotti, *The other oil war: Halliburton's agenda at the WTO*, 2006 - 06 http://www.ifg.org/reports/WTO-energy-services.htm, last visit on 6 June 2008.

② GATS关于国内规章纪律的谈判与请求与报价谈判平行开展。

③ 该参考文件每一款都是针对电信规制的，共包括前言和6部分，内容规定了各成员方政府和其有关当局规制其基础电信市场的一些基本原则。

选择将参考文件内容的全部或部分嵌入减让表，则受其约束。

能源服务与基础电信服务有一定的相似之处，如对于网络的依赖性、普遍服务的必要性、市场的高度管制、经济垄断与自然垄断的大量存在等。但是两者之间也有本质上的区别——能源服务牵涉的层面更多更广，如经济效率、供应安全保障、环境影响，甚至政治外交筹码等，势必导致更为繁复周密的管制体系。西方学者认为，“能源服务参考文件”应该重点关注基础设施第三方准入保障、透明度、独立管制、竞争保障等内容。迄今为止，关于能源服务参考文件的主张并未获得其他成员的积极响应。我们认为，“能源服务参考文件”会是一把双刃剑，一方面，有助于将国内管制带来的不确定因素减至最低，极大地推动能源服务贸易的开展；另一方面，可能使得成员在追求各自能源政策目标之际束手束脚，捉襟见肘。

（3）能源服务的界定与分类。这是谈判当中首先受到关注的问题，牵涉三个方面：

第一，能源货物与能源服务的区分。首先，一些能源产品的货物与能源服务属性不易辨别。如电力，既可认为是货物，也可认为是服务。[①] 在能源宪章协定中，电力被归为货物范畴，WTO 也应对其属性予以明确；其次，能源生产带来的疑问。一般认为能源生产不属于 GATS 范畴，而是与货物贸易相关的制造活动。问题在于，能源生产以及能源生产相关服务究竟该在哪里划界？例如，石油冶炼、石油液化与气化，到底是能源生产还是能源生产相关服务呢？WTO 特定承诺委员会会议曾就此进行过讨论，虽未达成一致意见，但注意到联合国中心产品分类（CPC）将一部分“在收费或合同基础上进行的生产”归为服务，条件是这部分“收费”的生产者本身不拥有原材料。[②] 也就是说，自行承担的货物生产，比如一个拥有原油的实体进行的冶炼、石油的液化与气化生产活动应该不在 GATS 范畴，但如果上述生产活动是由另一实体“在收费或合同基础”上进行的，则又另当别论了。问题在于，GATS 本身并没有对服务加以界定，而 CPC 并不是 GATS 框架下具有法律约束力的文件。此外，贮存是否能够构成单独的能源活动？一个代表团认为，至少油气上游生产中贮存不能视为单独的能源服务，而是生产活动的组成部分，至于下游贮存的性质则有待进一步讨论。

有些代表团认为，上述关于能源货物与能源服务的区分问题已经触及 GATT 与 GATS 的基本关系，WTO 对此应做出一般性规定而不是逐个部门界定。也有

① See WTO, *Energy service background note by the secretariat*, S/C/W/52, 1998, http://www.wto.org/english/, last visit on April 23, 2009.

② See WTO, *Report of the meeting held on 11 July-Note by the Secretariat*, S/CSC/M/1611, 2000.

建议必要时在具体减让表中做出相关说明。①

第二，GATS“服务部门分类清单”是否应将能源单列为一个服务门类？GATS“服务部门分类清单”（W/120）中，没有一个专门的能源服务部门，在现有的GATS服务格局当中能源服务若隐若现，“可视性”较低。一些能源相关服务在W/120找不到入口，如电力、城镇供气、蒸汽与热水的批发与零售在W/120和CPC的分类中都找不到，W/120也不指向发动机燃料零售（CPC613）。同时，三个能源相关分部门的范围不清，“油气田开采附带服务”不包括煤田，能源分销附加服务（CPC 883）是否包含计表与账单结算以及电力的传输与分销等，都有疑问。

谈判初期，有代表团提出将上述三个关于能源的分部门合并，在“服务部门分类清单”加入一个新的“能源服务部门”，以便把一些在W/120中找不到对应入口的能源服务纳入其中。但大多数代表团对此持谨慎态度，一些代表团认为W/120的确不能反映能源服务市场的现实状况，“服务部门清单”应当予以更新，但是任何修订“都不应减损现有承诺的法律确定性，并且应当保留W/120列举的服务部门相互独立的性质。”另一些成员则认为既无必要创设新的能源服务部门，也无必要对W/120加以改变，因为一来实际上相关的能源服务都已经包含在W/120当中，尤其是油气田附带服务，二来减让指南（S/L/92）已为成员提供了足够的灵活性，以安排能源服务部门的承诺，若是强调单独的能源服务部门，则有可能出现部门排列失衡（imbalance vis - à - vis）的风险。

第三，“核心”与“非核心”能源服务。从谈判建议中可以看出，WTO成员眼中的能源服务部门涉及面极其广泛。为便于谈判，有代表团提出区分“核心能源服务”与“非核心能源服务”，且为此议定一份文件。至于区分的标准，主要看一项服务活动是不是某个领域供应链上不可或缺的服务，假如少了这一个服务活动整个供应链就不能有效运作，那么这项服务就属于“核心”的范畴。非核心的服务则不具备“不可或缺性”，只是对产业链提供支持，并与产业链相关过程密切相关而已。②

能源部门分类的问题曾一度受到极大关注，其他的一些分类提议中出现过另一些分类模式，如按上游、中游、下游划分，或按能源类型划分等。有人认为详细的分类有助于成员，特别是发展中成员根据其能源服务活动以及进出口状况做出安排，但另一些人则担心分类过细可能引起W/120失衡，因为别的服务部门没有分这么细。

---

① See WTO, *Energy Services-information note by the Secretariat*, JOB (05)/204, September 2005.

② 关于“核心”与“非核心”服务的讨论，不单单出现在能源服务谈判当中，多哈回合“环境服务”谈判中也有涉及。一些代表团对此存有顾虑，主要是认为区分标准主观性太强。

谈判进行了一段时间之后，多数代表团意识到能源的界定与分类问题相当复杂，继续谈判的意义不大，基本形成两点共识：第一，W/120 中虽缺少专门的能源服务部门，却并不妨碍成员做出减让安排，因为“减让指南”（S/L/92）提供了足够的灵活性；第二，可以就能源服务门类开发出某种工具性质的对照表、索引与指南，供成员参照使用以促进谈判。为此，谈判代表基本搁置了在 GATS 框架下创设专门的能源服务部门的议题，而将注意力放在索引工具的设计上，希望通过这样的一个工具，使现有服务分类表 W/120、联合国中心产品分类 CPC，以及能源服务之间的对应关系能够清楚地呈现出来，一目了然。目前，一些代表团已经为此目的拿出了“能源服务减让指南”（JOB（03）/89），供 WTO 成员“按图索骥”，用以做出减让安排。这个办法虽是权宜之计，倒也不失为明智之举。即使能源服务未列入服务部门清单或者无法清楚界定，至少成员对于 GATS 服务部门格局能源服务的分布情况能够大致心中有数，具体减让承诺也得以有章可循。

（4）发展中国家的参与。对于发展中国家而言，能源服务部门自由化显然有利有弊：好处在于，能源服务贸易的总体增加将制造更多参与贸易的机会；能源服务出口商在世界范围内扩散其知识与技术力量，将带动发展中国家自身服务能力的提高；市场竞争性的增强，使得发展中国家进口商能以更低的成本获得更广泛的能源服务；能源服务是基础设施服务，自由化将加强整体经济效率与竞争性。至于弊端，亦十分明显，不少发展中国家能源市场结构改革刚刚起步，能源服务提供能力与发达国家间的差距甚为悬殊，缺乏竞争力。

发展中国家的态度对于能源服务部门的谈判结果，将会产生至关重要的影响。预测分析表明，全世界 1997 ~ 2020 年间增长的能源需求 2/3 将出现在发展中国家。可以推断，发展中国家将成为能源服务，尤其是传统能源服务（如油气田服务、油气井与管道建设、钻探、井架搭建与拆卸）的重要购买者，而且它们在能源服务输出方面的上升潜力也不容小视。一些发展中国家的能源企业，如委内瑞拉的 PDVSA 等已经成为油田附带服务领域的国际供应商。从总体上看，当前发展中国家仅就能源服务贸易做出极少的承诺，在能源部门仍维持着与其能源政策目标相适应的政策灵活度。

有学者提出，能源服务部门其实是南北谈判，应该鼓励发展中国家更多参与，由 OECD 国家主导是个错误。鉴于能源贸易增长是大趋势，更强大的多边贸易规则不仅有利于发展中国家与发达国家的贸易，更有利于发展中国家之间的贸易。①

---

① See Peter C. Evans, *Liberalizing Global Trade in Energy Services*, AEI Press, 2002.

关于增加发展中国家成员的参与问题，GATS 当中已有相关规定，GATS 承认发达国家成员与发展中国家成员之间服务业发展的不平衡性，在题为“发展中国家的更多参与”的 GATS 第 4 条当中，明确发达国家成员应采取具体措施，加强发展中国家成员服务部门的竞争力，使发展中国家成员有效地进入发达国家的服务市场。① 此外，第 19 条第 2 款进一步规定，发展中国家成员在较少开放一些部门、开放较少的交易种类、根据其发展情况逐步扩大市场准入程度等方面具有灵活性，并可在向外国服务提供者开放市场准入时附加条件。上述规定实际上是赋予发展中国家一项权利，允许其将减让水平与发展水平结合起来，渐进式扩大其市场准入承诺，这对于促进发展中国家成员的参与有积极意义。但是，“有关规定还是不明确、不具体，执行起来没有相应的硬性判断标准”②。

正因为如此，关于能源服务部门是否应在 GATS 第 4 条与第 19 条之外，对促进发展中国家参与做出额外的安排，有不同的看法。反对者认为，GATS 已经为发展中成员提供了很高的灵活性。在 GATS 框架下，WTO 任何成员都可以就市场准入进行限制，只需在减让表中列出；并且只有在明确承诺时才为外国服务商提供国民待遇；除此之外，发展中国家还拥有上述 GATS 第 4 条与第 19 条赋予的有力武器，能够根据自身的政策目标采取一些旨在加强其服务能力的措施。③ 支持者则认为，为了反映能源服务部门的特征以及增强发展中国家的能源服务竞争力，开放承诺有必要附加一些条件，如公共服务义务、技术准入、管网准入与信息获取等，这些附加条件或额外安排可以在上文探讨过的参考文件中体现出来，或者放在其他附件当中。其目的是确保发展中国家获得更多的利益，因为这些条件往往是它们在双边谈判或者具体的投资谈判中面对强大贸易伙伴难以获得的。④

（三）生物燃料贸易谈判

1. 谈判背景。生物燃料最初的规模生产始于 1975 年巴西生物乙醇计划（PROALCOOL），近五年间才成为各国替代化石燃料的重要选项。国际粮食与农业贸易政策理事会（IPC）的一份报告呈现出生物燃料当前风生水起的景象：第一，以美、欧为首的发达经济体纷纷出台生物燃料激励政策与措施，如补贴、指

① 这些措施包括：通过在商业基础上获得技术来增强发展中成员国内服务能力、效率和竞争力；改善发展中国家进入分销渠道和利用信息网络的机会；在它具有出口利益的部门及服务提供方式上实现市场准入的自由化。

② 曹建明、贺小勇：《世界贸易组织》，法律出版社 1999 年版，第 254 页。

③ See Peter C. Evans, *Liberalizing Global Trade in Energy Services*, AEI Press, 2002.

④ See Simonetta Zarrilli, *International trade in energy services and the developing countries*, in Energy and environmental services: negotiating objectives and development priorities, UNCTAD, June, 2003.

令等；第二，在美、欧等发达经济体，私人投资在生物燃料生产领域急剧增加（主要源于政府支持性措施）；第三，亚洲国家大幅提高生物燃料原料作物的生产；第四，最不发达国家的政府开始启动生物燃料支持计划（主要针对因地制宜生产原料及研发）。[①]

由于生物燃料的开发利用，有望带来减少二氧化碳排放，促进能源供应多元化，增加农村就业机会和收入渠道等多重效益，兼之有石油价格一度飙升、京都议定书设定减排义务等各种契机的推动，不少国家和经济体均将生物燃料的发展（特别是美国、巴西、欧共体等）提上政策议程，相关政策措施纷纷出台。生物燃料的生产与贸易发展迅速，国际贸易份额目前已占到总产量的10%。主要进出口商包括美、欧、日等发达经济体以及巴西、中国、南非等发展中国家。[②]

随着全球性的生物燃料市场悄然兴起，与之相关的各种问题也初露端倪，单单依靠各国“划地而治”的国内管制难以有效地解决问题，对于诸如环境影响标准、粮食安全、市场准入等关键性事项，必须放到国际层面加以解决，即依靠联合国粮食组织、环境组织、世界贸易组织等提供的论坛或机制达成各国间的共识，进而形成全球性的制度安排。因此，WTO 被寄予厚望。欧共体和巴西等一直力促就生物燃料补贴、市场准入等问题在 WTO 展开谈判，并表示可能就生物燃料贸易摩擦在 WTO 提起诉讼，要充分利用多边贸易体制来规范生物燃料贸易。[③] 致力于欧非生物能源合作的非政府组织 BIOPACT 认为：WTO 可以扮演非常重要的角色，使生物能源全球贸易不受贪婪及短视的保护主义的破坏。[④] 而 IPC 与可再生能源与国际法（REIL）则指出，围绕生物燃料的一系列政府措施都关系到 WTO 的管辖权：税收减免政策，要求生产达到特定规模的指令，生物燃料与传统强制掺混比例，政府有关采购指令，对于消费的补贴，环境要求等。[⑤]

身为潜在的引领能源未来发展的生物燃料，在当前国际贸易份额相比传统能源（石油、天然气等）仍显得微不足道之际，选择在 WTO 框架下寻求解决其贸易问题已成为主流的认识，这在一定程度上反映出 WTO 多边贸易体制在当今经济全球化时代的影响力。多边贸易体制尽管当前面临诸多问题，但长达六十多年的风雨历练、更新换代，已经使多边贸易管制的意识深入人心。WTO 成员在把

---

①⑤ See IPC & REIL, *WTO disciplines and biofuels: opportunities and constraints in the creation of a global marketplace*, 2006.

② See FAO Legal Office, *Recent trends in the law and policy of bioenergy production promotion and use*, 2007.

③ See Jerry Hagstrom, *Long ignored by WTO, biofuels might receive attention*, Energy Congress Daily, October 27, 2006.

④ See UNCTAD, *The emerging biofuels market: regulatory, trade and development implications*, 2006.

握各自政策取向的同时，很大程度上会自觉置身 WTO 规则框架之下来考虑问题。应该说，WTO 成员逐步形成了这样的共识——至少在新能源领域，各国的政策空间应受 WTO 多边贸易纪律制约。

2. 谈判进程。2006 年 7 月中旬后，生物燃料随同多哈回合谈判，主要是农业谈判出现僵局甚至一度被视为重启多哈回合的关键。

乙醇生产大国巴西一直力促多哈回合就生物燃料展开谈判，以实际削弱关税与非关税壁垒："我们期待的是乙醇融入全球贸易。乙醇不应被区别对待"，"世贸组织是为所有产品发展而来的，包括乙醇，因此那种认为特定商品应该单列在外的观念并不存在。"[①]

多哈回合谈判议程中没有明确生物燃料的贸易壁垒问题，与生物燃料相关的多哈回合谈判授权在农业谈判、非农产品市场准入谈判、环境产品与服务自由化议题下进行，并集中在以下几个方面：

（1）生物燃料是不是环境产品的问题。各方对此分歧很大，巴西 2005 年向环境谈判小组提案要求将生物柴油及乙醇列入环境产品清单，2007 年再度要求环境谈判应包括生物燃料。美国和一些其他 OECD 成员国表示反对，美欧坚持环境产品的概念系为非农产品设计，认为乙醇已经纳入《农业协定》管制，不能再被认为是环境产品。加拿大、新西兰提名生物柴油为环境产品，亦遭到许多国家以其属于"化工产品并且关税已经很低"为由的反对，此外新西兰提议将甲醇纳入谈判，卡塔尔提议将 GLT 甲醇纳入谈判。

（2）关税问题[②]。目前生物柴油平均关税只有 6.5% 左右，因此削减关税壁垒的焦点集中在乙醇上，以 2005 年的统计为例，乙醇的主要进口商，包括美国、韩国、日本、印度、欧共体、中国以及加拿大，全年总进口额超过 7 500 万美元，这些国家的适用关税基本都与约束关税水平相当，美国和欧共体更分别高达 46.5% 与 43%。唯一例外的是巴西，其约束关税为 35%，而适用关税为 20%。高关税使得生产没有在最经济或环境最适宜的地方开展。除巴西要求削减乙醇进口关税外，欧共体也在 2008 年 7 月 25 日谈判中提出削减乙醇进口关税，以使"欧共体国家处于萌芽期的乙醇工业在与巴西低成本进口产品的对抗中更具竞争力。"[③] 由于农产品谈判失败，乙醇的关税壁垒问题自然也就没有得到解决。为此，巴西甘蔗行业协会已经着手咨询与调查美国高关税与 WTO 规则的一致性问

---

① See Jerry Hagstrom, *Long ignored by WTO*, *biofuels might receive attention*, Energy Congress Daily, October 27, 2006.

② 乙醇关税削减在农产品框架下进行，而生物柴油关税削减在非农产品框架下进行。

③ 国际新能源网：《欧共体在 WTO 谈判中提出削减乙醇进口关税》，http://www.in-en.com/newenergy，最后访问日期 2008 年 7 月 31 日。

题，并有可能谋求通过 WTO 争端解决机构获得突破。

（3）补贴等非关税壁垒问题。生物燃料补贴、技术措施等生物燃料非关税壁垒问题，也在议题的讨论中出现。生物燃料补贴问题，成为农业立法保护争论的一部分。[①] 当各方为农业补贴争论不休之际，联合国基金会创始人特纳在 2006 年 WTO 公众论坛倡议将农业补贴转化为生物燃料补贴，从而走出农业谈判僵局，这一设想曾经引起各方关注。随着农产品谈判最终失败，生物燃料的补贴问题亦没有下文。

3. 谈判涉及的焦点事项。

（1）生物燃料的法律地位问题。在 WTO 框架下，生物燃料究竟属于哪一类货物，是因“生物”而落入农产品的范畴，还是因“燃料”归入工业品的类别，或者因其“环境效应”直接成为多哈谈判议程中的“环境产品”？迄今没有定论。

实践中的做法同样令人困惑，同为生物燃料，生物柴油列在目前通行的世界海关组织《商品名称及编码协调制度》（简称 HS 税则）第 38 章，而乙醇列在第 22 章。由于《农产品贸易协定》附件 A 中规定该协定适于用 HS 税则第 1 章至第 24 章的产品，乙醇因此归入其中成为“农产品”，而生物柴油则是“非农产品”。换言之，目前在 WTO 框架下，生物燃料没有统一的法律地位，不同的生物燃料因其海关编码不同受制于不同的关税纪律、补贴纪律、国内规章纪律等。巴西指出这种现象是不正常的，应予纠正。此外，如将生物燃料原料的问题考虑进来，就更加复杂，大豆、玉米等既可作生物燃料原料之用，亦可以作粮食之用，在进出关境时无法从物理形态或化学成分上加以区分，其区别只在于最终用途。有学者建议将生物燃料及其原料单独归类，以解决其法律地位问题。[②]

（2）“相似产品”问题。“相似产品”在 WTO 体制中是一个重要的概念，不仅在 GATT 条款中反复出现，在不少单项协定条文中也可看到。而在争端解决实践中，相似产品的识别往往成为判断某项贸易措施合法与否的关键。围绕生物燃料的“相似产品”争议主要集中在两个问题上：

第一，“工艺过程与生产方法（以下简称 PPM）”不同的生物燃料是否为相似产品？PPM 被认为是贸易法历史上最有争议的一个术语。争议的实质则关乎贸易规则与环境需求之间的关系。生物燃料贸易的迅速发展，使得这种争论再度

---

① 在 2006 年 7 月的多哈谈判中，对农产品立法保护成为主要讨论问题，焦点是发展中国家要求发达经济体（主要是美国、欧共体）削减农业补贴，发达国家则要求发展中国家相应开放其他领域，降低进口其产品和服务的贸易壁垒。

② See Doaa Abdel Motaal, *The biofuels landscape: is there a role for the WTO?* Journal of World Trade, Vol. 42, 2008, P. 61.

升温。一方面，当前生物燃料所受到的质疑，很大程度上正是由于可能伴随其生产过程的“环境污点”而起（破坏森林、破坏生物多样性、占用土地引起粮食短缺、水资源短缺等）。研究表明，生物燃料的不同原料及生产方法产生的环境效应大相径庭，欧洲环境机构（European Environmental Agency）甚至为此断言，生物燃料的生产与利用“要么减少90%的碳排放，要么增加20%的碳排放”①。另一方面，将PPM作为区别产品的标准之一会对贸易体系带来一定的困难，例如，它可能给各国政府企图不公平地对付外国竞争、保护自己的产业提供更多机会——“因受经济利益而不是环境利益的驱动，政府可能会把国内产业使用的环保型PPM列一个清单，并制订新规则惩罚那些不使用这些PPM的制造商（也就是外国生产商）”②。

主张不同PPM的生物燃料应作为“非相似产品”的声音越来越多，适用不同的待遇，以促进“可持续”生物燃料的发展，并扼制“非可持续”的生物燃料。但从WTO/GATT争端解决机构实践来看，多边贸易体制对此一向持否定的态度。如1982年西班牙咖啡案，专家组裁决较为明确地否定了生产方法与相似产品间的联系，唯一留下的余地是承认消费者的决策是一个重要的考虑因素。在生物燃料领域，生产方法可能直接影响到消费者的决策——关心环保人士会认为“非可持续方式”生产的生物燃料有别于以“可持续方式”生产的生物燃料。1996年汽油标准案专家组强调“GATT第3条第4款所涉及的是相似产品的待遇，不允许因生产的特点及其所持数据的性质而给予较差的待遇”，再度否定PPM导致不同待遇。

总之，从现有条文及争端解决实践来看，想要论证生物燃料的“相似与否”取决于其PPM，十分困难。

第二，用途不同的原料作物是否为相似产品？产品的最终用途一直是“相似产品”认定中专家组经常考查的一个因素，如1996年日本酒类税案，欧共体和日本都试图从最终用途的角度去支持己方的主张，而上诉机构则在报告中指出：“特定市场上，是否有替代弹性所表现出的共同最终用途是确定是否直接竞争的决定因素”——从而在“相似产品”以及“相互替代的最终用途”间建立起一定的联系。

生物燃料原料作物大豆、玉米等，也可作粮食之用，两者物理特征别无二致，但最终用途大相径庭。能否依其不同用途视之为非相似产品，存在争议。提倡者认为，两者市场与消费群均不相同，理应作为非相似产品对待。对于实践中

① See De Vera, Enrique Rene, *The WTO and biofuels: the possibility of unilateral sustainability requirements*, Chicago Journal of International Law Vol. 8, 2008, P. 661.

② 参见联合国环境规划署：《环境与贸易手册》，国冬梅译，学苑出版社，2002年版第49页。

的具体操作困难，则提出了染色以示区别，或先采取同一待遇，再以退税之类措施区分等办法。反对者认为，在 WTO 和世界海关组织实践中，都是根据货物的物理特征进行分类，争端解决实践也只是将“最终用途”作为“相似产品”的考查因素之一，未曾支持仅因最终用途的不同而在同类货物之间推行不同的待遇。[①] 粮农组织（FAO）强调，生物燃料贸易的规模开展业已强化了农产品市场和燃料市场之间的联动性，若“厚此薄彼”区别对待，则可能引起两个市场失衡。如果对用作生物燃料原料的作物提供更优惠的待遇，将使资源更多向燃料市场倾斜，直接加剧粮食危机。反之则可能导致生物燃料原料的不足。因此，“无论用于生物燃料生产，还是用于传统领域，如用作食品或饲料，均不应当对同样的农产品给予区别对待”[②]。

目前美国已对作燃料之用的乙醇，以及作为酒类原料的乙醇从关税税目上进行了细分，以对前者加增次级关税（secondary tariff）。这一做法尚未招致出口国的挑战，或许主要是因为目前乙醇贸易量还十分有限的缘故。[③]

（3）生物燃料的“补贴”问题。在迄今为止的生物燃料工业发展过程中，补贴措施运用的密度与力度都是非常大的，各国围绕生物燃料出台了形形色色的补贴，涵盖了从研发、原料、生产到消费的整个生物燃料产业链。[④] 以 WTO 角度审视之，关于生物燃料的补贴主要涉及以下问题：

第一，补贴纪律的适用问题。首先，是生物燃料不同法律地位引起的适用问题。如前所述，生物柴油被归入工业品范畴，相关补贴适用 GATT1994 与 SCM 协定）。而乙醇则作为农产品主要适用相对宽松的《农业协定》（以下简称 AOA 协定）中的相关规定。对此，巴西等国认为各国比较优势不尽相同，同为生物燃料，纪律却宽严有别，形成了事实上的不公平，消极意义显著。

其次，归入农产品范畴的生物燃料是否仅受制于 AOA 协定中补贴规则的问题。这个问题实际涉及 WTO 协定之间的相互关系。欧共体香蕉案的专家组和上诉机构报告中曾澄清：其一，AOA 协定与 GATT1994 是特别法与一般法的关系，二者如发生抵触，AOA 优先；如 AOA 没有规定，GATT1994 则应予适用。在巴西高地棉花案中，专家组则针对性地解释了 SCM 协定与 AOA 协定之间的关系：“原则上 SCM 协定适用于农产品，SCM 协定的义务与 AOA 协定应予并行不悖地遵守，仅在双方规定有冲突的情形下，以 AOA 的规定优先。”“WTO 协定应作为

---

① See WWF: Bioenergy assurance schemes and WTO rules, http: gse. epfl. ch/webdav/site/cgse/shared/Biofuels, Last visit on December 11, 2008.

② See FAO, *Biofuels: prospects, risks and opportunities*, 2008.

③ IPC & REIL, *WTO disciplines and biofuels: opportunities and constraints in the creation of a global marketplace*, 2006.

④ See OECD, *Subsidies: the distorted economics of biofuels*, OECD discussion paper, 2007.

一个整体承诺对待，同一个措施有可能受制于不止一项 WTO 义务”。基本明确的结论是：归入农产品范畴的生物燃料是并非仅受制于 AOA 协定中的补贴规则，自 AOA 协定的“和平条款”[①] 于 2003 年底终止之后，GATT1994、SCM 协定以及 AOA 协定中对农业补贴的特殊规定同时适用于农产品，包括乙醇等生物燃料。

第二，在现行 WTO 框架下，如何认定生物燃料补贴的法律性质？生物燃料补贴是否属于 SCM 协定管制的“补贴”？生物燃料补贴种类繁多，不能一概而论，必须针对个案进行分析。根据 SCM 协定第 1 条“补贴的定义”，补贴有三个构成要件：主体为政府或公共机构，包括中央和地方政府，以及政府委托或授权的私人机构；形式上，政府提供了财政资助或任何形式的收入或价格支持；效果是使产业或企业得到了利益。该定义涵盖性很强，“补贴”主体非常宽泛，并不一定是“政府”或“公共机构”，任意一种“筹资机构”或“私营机构”，只要是替代政府履行了一定的属于政府职能的行为，也可能被视为“补贴”的主体。从形式上，则将“明的、暗的乃至转弯抹角的财政资助或投资，税收债务减免、价格控制……”尽皆收入网中。[②] 尽管生物燃料补贴花样繁多，但普遍满足前两个构成要件。

对于第三个构成要件，SCM 协定只在第 14 条规定了利益计算的方法。加拿大飞机案专家组认为，为了确定财政资助是否给予了“利益”，必须确定财政资助是否使接受者处于比没有资助时更有利益的地位；利益是一个相比较而言的概念，这个比较的基础是市场，只有财政资助的条件比接受者从市场上可以得到的条件优越，才可能给予“利益”。WTO 上诉机构在审查加拿大木材案时承认，“在普遍存在政府干预市场的情况下，准确地识别‘利益’及其是否存在是非常复杂的事情。”

政府干预生物燃料市场广泛存在，供应、需求、价格都是在各种干预措施综合作用下形成的。因此，识别某项生物燃料补贴是否构成 SCM 协定意义上的“补贴”，面临着是否有可行的市场衡量基准的难题。加拿大木材案专家组所采取的是一种现实有效的解决方法，即以“当地市场标准”确定“利益”存在与否。换言之，这个“实际的出口国市场”是在政府干预下形成的，还是自由经济意义上的市场，不在考虑之列。

此外，依据 SCM 协定第 25 条，WTO 成员有每年要通报其境内补贴措施的义务。若一成员认为其境内的支持措施，并非 SCM 协定中的“补贴”措施或该

---

① 为减少出现有关农产品国内支持和补贴方面的争端和问题，避免成员之间单方面采取报复或反报复措施，《农业协定》特别在第 13 条规定了各成员的克制义务，即在某成员采取有关的国内支持措施时，其他成员应保持适当的克制，称为“和平条款”。该条款已于 2003 年 12 月 31 日终止。

② 郭双焦：《WTO 架构下反补贴与竞争的关联与冲突》，载于《国际经贸探索》2007 年第 2 期。

等补贴措施不具“专向性”，则实施该等措施的成员仍有通报补贴措施及解释的义务。然而，迄今为止仅有欧共体和美国就生物燃料补贴做出通知，这使得认定“补贴”的难度进一步加大。

总之，能否将生物燃料补贴切实纳入 SCM 协定的管制，可能比想象的要复杂。

第三，生物燃料领域的上下游补贴与交叉补贴的问题。“上下游补贴”与“交叉补贴”出自西方国家的立法及司法实践，其特征是政府资助的接受者与利益的接受者分属相互关联（同在一个产业链或交叉产业链上）的两种产品生产者。WTO 争端解决实践中未明确出现上述提法，但已经清楚表明“WTO 法不要求资助的对象以及利益的获得者是一致的”①，实际上是将之视为间接补贴来处理。如在加拿大木材案中，上诉机构阐明“财务资助与竞争利益尽管不是为同一企业甚至同一产业所接受，也有可能形成可诉补贴”，但是“不能简单地推断，下游产业成本削减能够带给上游产业的投入成本减少的利益，必须就个案举出事实证明这种利益的存在”。

生产环节以外的补贴，如果着眼于单个环节，“补贴”或其可诉性的成立有一定的难度，例如，对于原料或间接投入的补贴，如果是广泛的支持计划的一部分，专向性不是很明确；对于分销环节的补贴，应适用服务贸易补贴纪律，而纪律本身比较模糊；对于消费补贴，如欧共体成员国根据欧共体 2003 年生物燃料指令对生物燃料购买者的汽油税减免优惠，这类补贴实际上整个经济都在使用，利益也较难判断。

然而，如果把对于原料或间接投入的补贴中分销环节的补贴、消费补贴等视为对于生物燃料产品的间接补贴，证明“利益”、“专向性”存在的可能性就大了很多。

第四，归入农产品的生物燃料的补贴性质问题。对于乙醇等列入农产品范畴的生物燃料，按照条文冲突时，AOA 协定优先的原则，依照 SCM 协定已经处于可诉补贴状态的科学研究补贴等，有可能凭借 AOA 协定“绿箱”措施的规定而通行无阻。此外，有人认为给予利用休耕地种植生物燃料原料作物的补贴，也可能构成“蓝箱”措施。②

值得关注的是，应加拿大和巴西要求，2007 年底 WTO 设立专家组，调查美国国内农业补贴做法是否违反贸易规则，对乙醇的补贴也在审查之列，未来的裁

① IPC & REIL, *WTO disciplines and biofuels: opportunities and constraints in the creation of a global marketplace*, 2006.

② See Robert Howse and ReIL, *World trade law and renewable energy: the case of non-tariff measures*, Journal for European Environmental & Planning Law, Vol. 3, Np. 6, 2006, P. 500 - 518.

决将有助于澄清生物燃料的补贴纪律。

（4）可持续标准与规章法律性质问题。伴随生物燃料的是非之争，可持续标准与规章不断涌现，旨在衡量与控制某种生物燃料在其生产过程（甚至在其整个生命周期）中对经济、社会和环境可持续性的影响，包括：第一，民间机构制订的标准，即由非政府力量（制造商、消费者、行业协会）制订的指导性、自愿性标准，如美国农业与贸易政策研究所的《可持续生物质生产原则与实践》，以及可持续生物燃料圆桌会议正致力于推动的《可持续生物燃料的国际标准》；第二，政府制订的自愿性标准，即政府牵头制订的起指导作用的标准，往往成为以下两类规范颁布的前奏；第三，与税收减免及补贴相关的标准及规范，如 2008 年英国《可再生运输燃料义务法》规定，在英国使用的生物燃料，只有实现碳排放量远远低于现有的化石燃料，才能获得政府的补贴；第四，与国内政策目标相联系的规章，最常见的是各国近年来为减少温室气体排放争相颁布的生物燃料与传统燃料的强制掺混要求。①

把握可持续标准与规章的法律性质，应注意以下几点：

首先，依据技术措施的效力，法律性质有所不同：在 TBT 协定中，技术法规具有法律的强制执行力，而标准则是由生产厂商或贸易商自愿采纳。因此，上述前两项属于“标准”，而后两项属于“技术法规”，分别受制于不同规范。

其次，依据制订的主体，法律性质亦有所不同：“标准”在 TBT 中被进一步分为中央政府标准与地方政府标准、非政府机构标准。所适用的纪律宽严有别。前者严于后两者。

最后，依据内容的不同，法律性质的差异则更大：同一层级的机构（如同为中央政府）制定的技术措施性质也不能一概而论。目前的可持续措施，主要针对三个层面：对于生物燃料进口国环境的影响；在生物燃料生命周期中的碳排放；对生产国可持续农业的影响。其中后两个层面涉及的多是“与产品无关”的内容。无论是 TBT 协定，还是 SPS 协定，都只针对产品以及与产品相关的生产过程。因此，当技术措施延伸到与产品无关的生产方法，以及与产品无关的生态影响时，似乎已经超出了 TBT 协定或 SPS 协定的适用范围。从严格的法律意义上看，这些措施已经不是 TBT 意义上的技术法规措施，或者 SPS 协定意义上的检验检疫措施。其法律性质只是属于一般的国内规章，也就是 GATT 第 3 条所

① 如巴西要求无水乙醇与汽油强制性混合比例为 20% ~25%，2008 年 7 月生物柴油与柴油的最低混合比例为3%，2010 年底要达到5%；美国2008 年达到90 亿加仑，2022 年提高到360 亿加仑，其中210 亿加仑为先进生物燃料（160 亿加仑来自纤维素生物燃料），英国 2010 年生物燃料比例达 5%，2021 年达10% 等。

谓的一般规章，应由 GATT 条款来调整。[①] 从条文本身以及 WTO“司法实践”对于“相似产品”的认定中，几乎没有考虑与产品无关的生产工艺的先例来看，这类可持续标准极易构成“法律上的歧视”。诚然，GATT 第 20 条规定了人类健康和安全作为自由贸易的例外，但某一项可持续措施能否成功援引第 20 条例外的规定，需要通过个案的分析方能得出结论，总体上难度较大。

四、WTO 能源贸易规则构建对中国的主要影响

（一）能源贸易折射出的中国能源安全问题

作为崛起于全球化时代的新兴经济体，中国经济持续增长的同时，能源需求也在急剧攀升。不断发展之中的中国国际能源贸易，无论在国际层面，还是在国内层面，都产生了新的影响。

在国际层面，中国能源贸易的动向已经引起全球瞩目。中国成为能源消费大国的同时，也成为了石油等矿物能源及制品的贸易大国。随着能源贸易数量的急增，国际社会对于中国能源贸易国际形象的评价令中国始料未及。中国与印度被视为“世界经济和国际能源市场新崛起的巨人”，在国际能源贸易中不仅占据举足轻重的地位，甚至“正在转变全球的能源体系”[②]。英国石油公司首席经济学家皮特·戴维斯评价“中国现在对能源流动有着难以置信的影响力，它的影响力不仅是在亚洲，而是在全世界范围内。世界能源市场的整个重心正在转变。”这类评述已经成为国际社会的主流观点。然而，事实上迄今为止，中国在国际石油地缘政治角逐中并不是主角，也不是主要配角。中国对于全球能源贸易格局的影响力始终是有限的，远未成为一个支配者，仍然是比较被动的适应者。诚然，中国国际能源贸易的发展或多或少地改变了世界能源市场的旧有特征，比如其巨大的需求使得能源出口国对美国、欧洲、日本等市场的依赖程度下降，就削弱了以美国为首的西方大国的谈判能力和对国际能源市场的控制能力。中国虽然具有广阔的市场，但既没有在国际能源机构中的发言权，也无法直接与 OPEC 等能源组织对话。中国虽然影响了国际能源价格，但在国际能源市场上的价格谈判能力

---

① 主要是第 1 条（最惠国待遇原则）、第 3 条（国民待遇原则）、第 11 条（数量限制与许可证）、第 20 条（一般例外）。

② 国际能源机构：《世界能源展望 2007－中国选粹》中文电子版，http://www.worldenergyoutlook.com/docs/weo2007/WEO2007_Chinese.pdf，最后访问日期 2009 年 6 月 3 日。

和议价能力还相当弱小。[①] 目前而言，中国充其量只是全球能源贸易棋局中的一颗重要棋子，并不是一个调度者或主导者。

在国内层面，中国能源贸易则呈现出能源贸易增长速度快，进口增长快于出口增长；能源贸易结构单一，进口来源地呈高度集中化；能源进口依存度增加等特征。[②]

透过能源贸易的发展态势，中国能源安全的种种隐患也逐渐浮出水面，表现在：

1. 能源问题泛政治化成为中国能源安全最大的威胁。因为贸易规模庞大，中国开始在国际能源市场上显现出巨人轮廓，然而却并没有巨人的强势。尽管如此，所谓的“中国威胁”却已尘嚣至上，成为其他能源消费大国，主要是西方发达国家心中挥之不去的阴影。中国对于国际能源市场的影响力相当有限，却无端陷入国际石油地缘政治斗争的旋涡中心。当前中国在国际能源市场上的一举一动都受到格外关注，在一些国家泛政治化的视角之下，中国被形容为“能源黑洞”、“能源饿龙”，中国的能源需求被视为对美国等既有能源势力的冲击与挑战，中国谋求能源发展的“走出去”战略以及拓宽能源多元化的外交努力，引来“恶意争夺资源”的猜忌与指责，甚至招致“新殖民主义”、“漠视人权”、“破坏环境”、支持“邪恶轴心”等无端攻击。种种政治色彩浓郁的言论干扰与实际阻挠，导致中国企业在国际能源市场上的正常商业交易活动履履受到影响。[③] 中国能源安全已经身不由己地被卷入了能源问题政治化的怪圈。

2. 能源进口高依存度制约中国能源供应安全。国际经验表明，石油供应安全与石油进口依赖程度呈正相关关系，即依赖程度越大，供应安全风险就越高。中国2亿吨的石油净进口量与50%左右的进口依存度[④]，以及仍在增长的数字，都已经足以引起对于中国石油供应安全的担忧。事实上，中国的经济发展已经在一定程度上取决于进口能源供应的稳定与否，也就是受制于人。与此同时，中国对于中东石油的过分依赖，无疑将对石油进口的政治经济风险产生放大作用，有损于中国在危机时期的石油供应安全。[⑤] 与此同时，中国对天然气的需求也在逐步扩大，使得天然气进口依存度同样呈现出增长态势。进口能源依存度过高加剧了中国能源安全与世界能源市场的互动，世界油气市场的各种动态（供求变化、

---

① 管清友：《国际能源合作：适应规则还是改变规则?》，中国社科院网站，http：//sym2005.cass.cn/file/2006062160616.html，最后访问日期2009年6月3日。

② 高建良、梁桂枝、黄越：《能源贸易与中国能源安全》，载于《科技和产业》2008年第1期。

③ 参见李北陵：《泛政治化是能源安全的最大威胁》，载于《中国信息报》2006年9月22日第1版。

④ 此处依据的是2008年相关数据。

⑤ 参见陈晓晨：《石油对外依存度过高将影响中国经济可持续发展》，载于《第一财经报》2008年3月10日第A09版。

暂时和局部的短缺、油气价格异常波动以及地缘政治动荡等），都会对中国石油供应和国民经济产生影响和冲击，警钟可能随时敲响。能源进口高依存度使得中国能源供应安全已经带有更多的外化特征和诸多的不确定因素。

3. 运输问题是中国能源安全的外在隐患。中国进口能源主要通过海路与陆路运输，陆路主要是经由铁路或管道运送从俄罗斯和中亚地区进口的石油或天然气。而海路主要是通过“印度洋航线”以油轮运送来自波斯湾地区、非洲和南美的石油。海上运输线历来被认为是能源安全的薄弱点，尤其是中东等产油区通往中国的要道马六甲海峡被认为是最不安全的石油通道，海盗频繁出没，事故多发，又是国际政治敏感地带，由马来西亚、印度尼西亚和新加坡三国共管，但也受到美国、日本等国家的海军布防，形势错综复杂。对这条水道的过度依赖，成为中国能源安全现实威胁与最大隐患。一旦遇到战争、外交或是其他不可抗拒的风险，中国的石油运输安全将处于极为被动的局面。陆上管道运输的潜在风险也不容忽略。管道和航线安全，被认为是中国能源安全最薄弱的环节。[①]

4. 能源消费造成的环境压力影响可持续能源安全的实现。中国从国外大宗进口的能源石油、天然气、煤炭等都属于化石燃料，反映出中国能源消费结构长期以化石燃料为主的特征。有研究显示，当前化石燃料占中国能源消费的85%左右，且在未来相当长时期内难以改变，而化石燃料是造成煤烟型大气污染的主因，也是温室气体排放的主要来源。这种状况持续下去，将给生态环境带来更大的压力。[②] 能源生产与消费结构所带来的严重环境污染问题，不仅成为中国未来发展的关键制约因素，也是中国能源安全的重大缺陷。

（二）WTO构建能源贸易规则对于中国能源安全的意义

1. 积极意义——中国能源安全保障的新路径。中国能源安全面临的困扰与威胁引起了国内外政界、学界以及实务界的极大关注，在众多的研究、分析与建议当中，有不少人提到寻求国际合作这样一种解决思路。事实上，这也是新能源安全观的具体落实途径之一。

在全球化时代，能源安全已经不再是单个国家的个别问题，而是全球范围内带有全局性、整体性的问题，如果脱离着眼于全球合作的通盘考虑，任何一国的能源安全都不可能得到持续性的保障。中国也不例外，中国的能源安全问题不可能孤立解决，谋求拓展能源国际合作的深度与广度，是保障中国能源安全的必由之路。

---

① 参见张雨燕、管清友：《世界能源格局与中国的能源安全》，载于《世界经济》2007年第9期。

② 参见国务院新闻办：《中国的能源状况与政策》，2007年12月，中国政府网 http://www.gov.cn/zwgk/2007-12/26/content_844159.htm，最后访问日期2009年6月3日。

事实上，中国近年来也一直在努力寻求多层次、广领域的国际能源合作，因受制于中国自身的参与能力，以及主要国际能源机制一定程度上的排他性，迄今为止中国对于当今各类能源国际机制的参与度总体上仍然不高。中国与全球和区域国际能源组织几乎都有合作关系，但参与国际能源合作局限于一般性和对话性，实质性合作不多，中国作为成员的国际能源组织往往是协调型或对话型组织。① 能够对当今国际能源秩序产生重大影响的国际机制，如 IEA 等尚未将中国纳为成员，且近期内可能性很小，对于这些重要能源国际机制的主要成员来说，中国仅仅是国际合作中的“小伙伴”而已，虽然拥有广阔的市场，但中国显然对国际能源秩序缺乏足够的话语权。②

一方面由于中国迄今未能加入能源领域具有实质影响力的重要国际组织，比如 IEA，“这种令人遗憾的缺席使得国际社会很少听到中国的声音，甚至人们是如何议论中国的，我们都不知道。”③ 而在另一方面，中国在国际社会上又越来越难以被忽略，甚至在中国缺席的能源国际组织会议上都往往成为关注的焦点，所谓的中国影子（China's Shadow）无处不在，几乎各类能源会议的议题，以及每个发言者的发言都离不开对“中国影响”和“中国因素”的分析与阐述。

这样的一种尴尬状况使越来越多的人意识到，不仅中国的能源安全问题需要放在全球的大背景之下去寻求解决方略，全球性的能源安全问题也无法回避中国因素。正因为如此，无论是中国还是世界，都需要寻找机会构建包括中国在内的全球性机制，来回应全球性的能源安全问题。WTO，或许正是契机之一。

早前已有不少学者就中国能源国际合作路径做了大量有益的探讨，比如争取加入最具影响力的能源消费国合作机构 IEA，或者另立山头，倡导组建新的石油进口组织 OPIC 与 OPEC 分庭抗礼。然而，要么如 IEA，“绕不开、进不去；很重要、不充分”④；要么如 OPIC，远水不解近渴；不仅现实之中仍有难以逾越的障碍，同时又回到了片面能源安全观的老路上，并不能够从根本上解决中国的能源安全问题。还有设想成立世界能源组织（WEA），虽然“看上去很美”，却未免失之理想化而显得遥不可及。

---

① 参见樊瑛、张炜：《中国在国际能源合作中的战略定位及策略选择》，载于《国际经济合作》2008 年第 7 期。

② 参见管清友：《中国的国际能源战略应改变小伙伴身份》，载于《中国石油石化》2006 年第 14 期。

③ 赵忆宁：《全球能源合作对话：中国缺席?》，载于《21 世纪经济报道》，2006 年 6 月 13 日第 8 版。

④ 参见管清友：《中国能源安全的新思路》，载于《中国经营报》2006 年 10 月 22 日。该文认为，目前中国与 IEA 的合作可以归结为：绕不开、进不去；很重要、不充分。中国要保障能源安全就无法绕开与 OECD 以及 IEA 的合作，但是让中国马上成为其正式成员是不现实的。很重要、不充分意味着能够参与 IEA 的国际能源合作对维护中国的能源安全具有重要意义，但并非充分条件，加入 IEA 仅仅是中国实现能源安全的一个必要条件。

因此，构建WTO能源贸易制度对于中国能源安全的积极意义，在于它有可能成为中国能源安全保障的又一个选项。这与有学者所主张的“可以考虑在现有的国际组织，特别是在中国作为重要成员或主要成员的国际组织中推动创建国际能源合作的政治框架”也是不谋而合的。

从大的图景来看，在WTO这样一个包括能源消费国、输出国及运输枢纽国在内的多边经济组织平台之上，如果能够打造一套强有力的能源贸易规范以及制度框架，建立起稳定的国际能源贸易秩序，促进能源在全球范围内尽可能自由地流通，无疑是在国际层面上为中国能源安全提供了一道有力的法律保障。一来有助于中国顺理成章地实现在国际能源秩序建设中的话语权。中国作为WTO体制内的新生力量，对于建立WTO能源贸易规则，自然有机会也有能力发出自己的声音，表达自身的利益诉求与主张；二来也能够有效地促使能源问题逐步远离政治化的怪圈。中国加入WTO之前，也曾经历过美国等西方国家动辄将贸易待遇问题与“人权”等政治因素挂钩的困扰，这一类的纷争随着中国加入WTO迎刃而解。由此看来，中国未来依托WTO这样一个经济组织，来化解当前能源贸易、投资活动饱受“泛政治化”国际倾向牵制的困局，应当是可能的。

具体来看，中国能源安全所迫切需要解决的一些现实问题，如供应的可靠性、转运的便利性问题等都有可能在WTO框架下探讨破解之策。而诸如环境与可持续能源安全一类的全局性问题，WTO也能够起到协调作用。

正因为中国的主要能源贸易伙伴，甚至能源消费市场上视中国为威胁的潜在竞争对手基本都在WTO成员范围内，退一步来说，即使WTO能源贸易规则新一轮构建仍然无果而终，中国的积极参与至少可以增进与这些贸易伙伴或潜在对手们之间的沟通、交流以及相互了解与协调，并藉此传播中国的能源安全观念，树立良好的能源大国形象，消除其他国家对于中国的误解，逐步建立起中国在全球能源安全保障中的影响力。

2. 消极意义——中国能源政策的紧箍咒。构建WTO能源贸易规则，如同一把“双刃剑”，既可以为中国能源安全披荆开道，也可能不小心伤到自己。且不说谈判当中，众矢之的的中国难免会受到来自各方的种种压力，一旦形成新的能源贸易规则，甚至新的能源贸易协定，则国家日后的相关能源贸易管制活动只能在WTO纪律框架内进行，国家能源政策的灵活度将会受到极大影响。

更值得注意的是，目前来看，能源贸易规则的构建是逐步开展、分散进行的，大致上是沿着传统能源贸易、能源服务贸易、可再生能源贸易（主要是生物燃料贸易）三条主线展开。对于中国而言，最为关注的是传统能源贸易，这也是WTO能源规则构建中中国利益与目标较为明确的部分，然而这一部分也是谈判中的难点，短时期内难以形成突破。能源贸易谈判的积极倡导者，同时也是

WTO 多哈回合谈判的主导者美国、欧共体、巴西等，眼下竭力推动的主要是能源服务贸易谈判以及可再生能源贸易谈判，而在这两方面，中国的谈判利益与谈判目标都不十分明朗，谈判能力很可能受到制约，最后所形成的规则对于中国能源服务业或是生物燃料业的发展有可能产生不利影响。

当然还有消极影响不能不在此提及，鉴于能源事项固有的敏感性以及多哈回合面临的重重阻碍，能源贸易谈判可能会久拖不决，构建 WTO 能源贸易纪律将有极大的不确定性。如果过分依赖这一条途径谋求中国能源安全保障，将对国家能源安全战略的形成与实施带来困难。

（三）中国参与 WTO 构建能源贸易制度的法律对策

1. 总体策略。在 WTO 框架下构建能源贸易规则，谋求使能源在国际社会自由流动，从总体上说是有利于中国这样一个能源消费大国的，同时这也是中国在国际能源市场上争取话语权的重要途径之一。因此，从总体策略上来说，中国应该积极支持与推动 WTO 主导的能源自由贸易谈判。

自中国作为当今世界最重要的贸易伙伴之一加入 WTO 之后，对于多边贸易体制内的力量对比产生了重要影响。多哈回合谈判，是 WTO 成立以来发起的第一轮多边贸易谈判，也是中国首次以正式成员身份参加多边贸易回合谈判。多哈回合的历练使得中国从了解规则、熟悉规则、适应规则逐步走向运用规则、改进规则以及建设规则，树立了稳重、负责任的大国成员形象。中国在多哈回合中所表现出来的积极、务实、灵活，但却低调、不当头、不事张扬的风格应该说是与中国当前在国际经济关系中的独特地位相得益彰的。作为崛起中的大国，中国在 WTO 谈判当中既要担当大国的责任，以顾全大局的姿态积极承诺新的贸易自由化义务、开放国内货物和服务市场，又要避免锋芒太露，引起其他成员国的顾虑，甚至招致敌意。

能源贸易向来被视为特殊商品，因而具有高度敏感性。中国参与构建 WTO 能源贸易规则谈判，应该沿袭一贯坚持的低调、务实却不失积极、灵活的姿态，并适时发挥对于未来能源贸易规则框架的建设性影响力。总之，原则上中国更宜于作为一个积极参与者与推动者，而不是强有力的倡导者或领导者。

WTO 多边能源贸易谈判，错综复杂、能力制约（包括对有关议题影响的分析能力、要价和出价的经验把握等）仍然是中国在相当长时期内必将面临的一大困难。为了实现自身能源谈判利益与目标，同时促进谈判取得均衡、普惠、共赢的结果，有必要注意下列几点：

第一，中国必须采取有力措施切实加强自身与谈判有关的能力建设。包括充分关注与汲取国际间关于 WTO 与国际能源贸易问题的研究成果与政策动向，加强对于现行相关规则、产业现状与产业对策的研究，跟踪把握谈判进程，并通过建立谈判协作机制（整合政府、学界与行业的经验），清楚界定谈判事项，明确谈判利益与谈判目标。

第二，充分利用现有的各种国际能源合作平台，倡导和谐共赢的新能源安全观，促进国际社会间能源政策磋商和协调，了解其他 WTO 成员（特别是主要发达成员）的需要和影响，加强彼此间的对话与沟通，争取共识。

第三，应在中国正在开展的能源立法活动中融入国际能源合作与协调意识，并将新能源安全观的内涵转化为中国的能源法律思想，在具体法律建设当中则应预留出与未来 WTO 能源贸易新规则接轨的空间。

当然，对于构建 WTO 能源贸易纪律的复杂性、艰巨性，也应该有一个清醒的认识，不能盲目乐观，也不必在遭遇暂时挫折时轻言放弃。同时，在积极参与和推动构建 WTO 能源贸易纪律作为中国能源安全国际保障重要切入点之际，也不放弃参与全球层面及区域层面的其他国际能源合作的机会，以多层次、全方位地营造中国能源安全保障的和谐外部环境。

2. 传统能源贸易谈判事项的因应之道。传统能源贸易谈判事项指的是自 GATT 时代就已经开展的围绕能源货物贸易的谈判事项，如双轨定价、数量限制、能源补贴等，相关的谈判至今仍在继续，目标是纠正 WTO 体制内现有规则的不平衡与不完善。谈判中 WTO 成员基本上是分为能源消费国与能源生产国两大阵营，双方利益诉求与主张分歧较大，谈判中利益攸关方纠结不清，进展缓慢，短时间内难以有所突破。

中国显然是属于能源消费国利益群体中的一员，与美国等主要西方发达国家成员利益诉求趋于一致。尽管这一谈判对于中国意义最为重大，能源货物贸易自由化也是中国对 WTO 构建能源贸易规则的最大期许，但基于目前的谈判格局与谈判进展，中国也只能是静观其变，适时推动，实现自身的谈判目标与谈判利益。

与此同时，中国应加强对 NAFTA 以及 ECT 能源贸易制度的研究，这两个美欧主导的能源机制，反映了能源贸易利益在区域层面妥协的结果，加之美欧在全球的影响力，NAFTA 以及 ECT 相关规范指引了未来 WTO/GATT 规则发展的大方向，中国应对之心中有数。

3. 能源服务贸易谈判的因应之道。一国或地区能源服务业的发展与其能源市场框架改革进程密切相连。中国能源领域改革较发达国家滞后，尽管能源领域的市场化改革取得了一定成效，但影响能源领域深化改革和长远发展的一系列深层次矛盾和问题并没有根本解决。如煤炭价格尚未完全市场化；电力部门的"厂网分开、竞价上网"改革刚刚开始；石油部门分拆后的区域垄断性较强；竞争框架正在搭建中，竞争主体、市场秩序、市场功能、定价机制等还未改革到位。因此，能源服务业在中国还处在比较初级的阶段，从石油、天然气到煤炭、电力部门，从上游、中游至下游，大量的能源服务业务仍是由中石化、中海油、中石油、中煤集团等大型国有能源企业承担，中国能源服务业在服务质量、技术水平等方面，与西方发达国家相比，尚有相当的距离，缺乏比较优势。①

加入 WTO 以来，中国依照服务贸易具体承诺减让表开放了石油勘探、勘测、陆上石油服务、成品油与原油的批发和零售业务。受制于发展阶段和市场化水平，目前中国能源业对外开放度在世界范围内大致处于中下水平，石油部门的开放度比天然气、电力等略高，开放项目涉及上游开采与下游销售。同时，中国承诺的大都是与能源相关的服务部门，尚未就 W/120 能源服务三个分部门项目做出承诺。目前尚未开放的能源服务部门如表 3-3 所示。

表 3-3　　　中国未做出承诺的能源服务项目

项目名称	项目分类	项目名称	项目分类
矿产附带服务	CPC883	能源分销附带服务	CPC887
矿区准备服务	CPC5115	电力传输	W/120 及 CPC 无适当分类
合同基础上的固体、液体与气体燃料及相关产品销售服务	CPC62113	电力、城镇天然气、蒸汽及热水的批发与零售服务	W/120 及 CPC 未分类
固体、液体与气体燃料以及相关产品的批发服务（电力与城镇供气）	CPC62271	燃料的管线运输	CPC 7131
液态及气体燃料的仓储服务	CPC7422	燃料油、瓶装气、煤与木材的零售服务	CPC63297

在多哈回合能源服务贸易谈判中，中国参与度不高，没有提出谈判建议或要价请求，但却是 11 国"联合请求"的要价对象之一，尽管中国尚未明确回应，但显然已经不能置身事外。最大的问题仍是当前中国对于能源服务业谈判明显认识不足，难以准确把握该议题可能对自身的影响，也就无法提出具体主张与建议。因此，开展以下几方面的工作乃当务之急。

第一，应该高度重视能源服务谈判的相关进展，加强相关方面的研究工作，准确地认识谈判议题、其他 WTO 成员的立场与主张，在整合科研资源、行业资源的基础上形成中国的谈判立场与主张。

① 参见何晓曦：《资源税调整吹响能源体制改革号角》，载于《国际商报》2005 年 6 月 9 日第 2 版。

第二，围绕以下谈判目标与重点事项制订谈判策略：谈判目标应包括有助于促进提高中国具体能源部门行业与企业的服务提供能力；促进能源普遍服务，以提高人民的生活水平；促进中国能源服务技术水平与管理水平在整体上的提高。谈判中应特别关注的事项包括：能源服务自由化的灵活度，国际能源服务市场的份额，先进能源服务技术的传播等。

第三，对中国能源服务业的发展现状与发展趋势进行梳理，并在此基础上形成中国开放与暂不开放项目清单。日本、韩国、中国台湾都已经开展这方面的工作，不妨参照它们的经验。中国台湾能源服务谈判建议项目清单如表3-4所示。

表3-4　　　　中国台湾能源服务谈判建议项目清单

项目部门	确定开放项目（不列入保留项目）	暂不予开放项目（现阶段保留项目）
石油	CPC883 矿产附带服务 CPC5115 矿区准备服务 CPC62113 合同基础上固体、液体与气体燃料销售 CPC62271 固体、液体与气体燃料以及相关产品的批发服务（电力与城镇供气） CPC63297 燃料油、瓶装气、煤与木材的零售服务 CPC7422 液态及气体燃料的仓储服务	
天然气	CPC883 矿产附带服务 CPC5115 矿区准备服务 CPC62113 合同基础上固体、液体与气体燃料销售 CPC62271 固体、液体与气体燃料以及相关产品的批发服务（电力与城镇供气） CPC63297 燃料油、瓶装气、煤与木材的零售服务 CPC7422 液态及气体燃料的仓储服务	CPC7131 CPC887 CPC 未定　城市天然气附带批发及零售服务
电力		CPC 未定　电力传输 CPC887 能源附带分销服务 CPC 未定　电力批发贸易及零售服务

资料来源：中国台湾经济部能源局：《如何推动台湾能源业界参与WTO谈判事务》，载www.cnfi.org.tw/wto，最后访问日期2009年6月3日。

第四，利用WTO框架下各种多边与双边谈判、讨论机会，更多地了解其他

WTO成员的立场与主张，为确立中国自身谈判策略收集准备可供参考与借鉴的信息资料；增进与其他成员的沟通，促成谈判向有利于中国的方向发展。

第五，现有的对内对外能源政策制订、修改或能源立法活动应着眼于能源服务业的长远发展，着眼于打造及提升企业的国际竞争力；对内鼓励能源企业的持续重组，形成跨地区、集中度高的专业公司优势，对外采取合资、合作实行技术嫁接或以市场换技术，谋求中国能源服务企业生存与发展的空间。

4. 生物燃料贸易谈判的因应之道。生物燃料的规模生产已成为21世纪最有影响的生物工程标志性成果之一，同时也是最具争议性的事物之一。在"推动生物燃料发展，是对人类的犯罪"① 的严厉谴责与"忽视生物燃料对经济发展的推动作用将是对全人类的犯罪"② 的大辩论中，生物燃料发展的步伐或许有所迟疑，但并没有停下，以美欧为代表的发达经济体和以巴西为代表的发展中国家始终坚持推进生物燃料的发展。

主流的科学意见已经表明，生物燃料本身仍然是传统能源的重要替代选项，其最大的问题在于生产过程带来的"不可持续性"负面影响，因此生物燃料的大方向并没有错，关键问题在于如何控制生物燃料生产过程中的"不可持续性"。世界粮农组织总干事雅克·迪乌夫认为："生物燃料既提供了机遇又带来了风险。其结果将取决于国家的具体情况和采取的政策，""当前的政策往往有利于一些发达国家的生产者而非大多数发展中国家的生产者。所面临的挑战是在更广泛分享机遇的同时，减少或控制风险。"

中国也是一个具有生物燃料"贸易利益"的国家，产量居全球第三位，进口数量也位居全球前列。对于中国来说，不能等到所谓的是非之争尘埃落定，才从政策层面做出何去何从的选择，而是应该从以下几个方面积极入手，趋利避害，走自己的生物燃料发展之路：

第一，在政策或立法中，坚持以主流科学意见为指导，以"不与民争粮、不与粮争地"的方针引导国内生物燃料产业的有序发展；加强国际合作，缩短与国外的技术差距，致力于新一代非粮作物生物燃料的技术创新。

第二，积极推动在WTO框架下开展生物燃料谈判，支持削减生物燃料的关税壁垒以及非关税壁垒，促进生物燃料贸易市场严重扭曲的现象得以改善，在最经济或环境最适宜的地方开展生产。

第三，确保国际体系能够支持生物燃料可持续发展。作为崛起中的大国，中

① 中国经济网：《印官员驳布什指责：生物燃料政策是对人类的犯罪》http：//www.ce.cn/cysc/agriculture/gdxw/200805/07/t20080507_15379083.shtml，2008年5月7日访问。

② 卓创资讯石油网：《巴西总统称忽视生物燃料是对人类的犯罪》http：//oil.chem99.com/news/363327.html，2008年4月23日访问。

国应责无旁贷地承担促进环境可持续的义务。长期以来，国内占主导意识的一种观点是反对将“非与产品相关的生产方法与工艺”纳入国际贸易体系，认为这将对技术或工艺欠发达的广大发展中国家形成“技术壁垒”或“绿色壁垒”，我们认为，生物燃料作为具有强劲发展潜力的能源来源，其生产方法与工艺事关环境保护的全局，在参与国际立法层面，至少在生物燃料问题上，建议放弃这一长期坚持的观点。

第四，积极参与生物燃料国际标准的制定，支持以“环境可持续性”要求生物燃料生产过程，以改善生物燃料在环境方面的表现，同时应坚持标准必须以全球公共利益为重心，建立在一致的国际商定标准基础之上，不能使发展中国家处于不利的竞争地位。

五、结论

在 WTO 框架下构建有效的能源贸易规则，不失为建设全球性整体能源安全体系的有益探索，对于中国参与能源国际规则的建设亦是一个良好的契机，总体上有利于中国这样一个能源大国。中国应把握这一机会，争取使之成为中国能源安全保障途径之一。美、欧等在多哈回合中倡导与推动 WTO 框架下的能源贸易谈判，尤其是能源服务贸易谈判以及生物燃料贸易谈判已逐步展开，中国应当高度关注与重视相关谈判进程，积极支持与参与，力争把新能源安全观贯穿整个谈判活动，努力争取均衡、普惠、共赢的谈判成果。

第四章

"东北亚能源共同体"：希望还是幻想？

东北亚是当今与美国、欧洲并列的世界三大能源市场之一。随着东北亚经济的持续高速增长，能源安全成为了东北亚国家共同面临的问题。作为能源消费与进口大国的中、日、韩，在能源问题上存在着尖锐的利益冲突和激烈竞争，但合作领域也十分广泛。本章旨在探讨中、日、韩三国能源合作的模式——建立"东北亚能源共同体"及其相关的国际法问题。

一、建立"东北亚能源共同体"是中、日、韩三国的现实需要

（一）中、日、韩三国面临同样严峻的能源形势

1. 中、日、韩三国能源消费增长迅速。1993～2003年，中、日、韩三国能源消费年均增长率达到3.5%，其中石油消费年均增长2.98%，天然气消费年均增长5.99%。[①] 目前，东北亚的能源消费量已超过欧盟，接近美国。其中，2007年中国能源消费量总量达26.5亿吨标准煤，成为世界上第二大能源消费国。[②] 据国际能源机构预测，21世纪前30年，环日本海地区能源的需求增长将最快，

① 参见赵宏图：《东北亚能源合作前景广阔》，载于《参考消息》2005年1月13日。

② 参见国家能源局：《中国已成为全球第二大能源生产国》，http：//www.gov.cn/jrzg/2008－08/20/content_1075206.htm，最后访问日期2008年12月12日。

可达8% ~10%。2020年亚洲的石油需求将占整个世界石油需求的45%。[①]

2. 中、日、韩三国能源对外依赖日趋严重。中、日、韩分别是世界第二、第三、第七大石油消费国。[②] 日本、韩国的石油消费几乎百分之百依靠进口，而且还是世界第一、二大天然气进口国。2005年，中国石油进口量超过1.2亿吨，日本石油进口量超过2亿吨，韩国石油进口量也超过了1.1亿吨。[③] 特别是，中、日、韩三国石油进口的3/4依赖中东。据国际能源机构统计，预计到2010年，日本将进口石油2.55亿吨，韩国将进口石油1.45亿吨，中国将进口石油2亿吨，三国进口的主要来源地都是中东，整个亚太地区对中东石油的依赖将超过90%。[④]

3. 中、日、韩三国能源海上运输风险增大。自2001年"9·11事件"以来，恐怖活动接连在世界范围内发生；海盗活动也十分猖獗。这严重影响了中、日、韩三国能源海上通道的安全。三国对马六甲海峡的依赖度分别为85.7%、90.6%和87.3%。

（二）中、日、韩三国能源合作意义重大

中、日、韩三国能源合作有助于形成能源消费联盟，实现多方共赢。当前，中、日、韩三国在能源问题上正处在"是以竞争与非理性态度为重，还是以合作与理性态度为重"的十字路口。长期以来，日本和韩国都把保证经济发展所需能源的供应安全作为外交政策的重要目标之一。[⑤] 特别是近几年，东北亚各国都加强了在世界各能源产地的外交和投资力度。然而，以往东北亚国家为保证能源供给，大都采取排他性的竞争手段，即通过单方面为能源供给方提供高额优惠价格或条件以排挤竞争对手，以保证自身的能源供应安全。无疑，这样的竞争对能源高度依赖进口的东北亚地区十分不利，很可能使东北亚国家陷入竞相加价的恶性循环，既不利于东北亚各国的长期发展，也不利于东北亚地区经济的共同繁荣。

---

① See Barry Barton etc. ed., *Energy Security: Managing Risk in a Dynamic Legal and Regulatory Environment*, Oxford University Press 2004, P. 427.

② 据《世界石油贸易》(World Oil Trade）年度统计，韩国2003年为世界第七大石油消耗国，日平均消耗石油230万桶，排在美国、中国、日本、德国、俄罗斯和印度之后。同时，这份每年在9月发表的总结上一年度世界石油贸易和消费状况的报告把韩国列为世界第四大石油进口国，位于美国、日本和德国之后。

③ 参见国际能源机构的统计，http://www.iea.org/Textbase/stats/index.as，最后访问日期2008年12月15日。

④ See Paul Stares ed., *Rethinking Energy Security in East Asia*, Brookings Institution Press 2000, P. 21 – 25.

⑤ 参见彭云：《东亚，从资源消费联盟做起》，载于《世界知识》2005年第15期。

例如，中、日围绕俄罗斯远东输油管道走向的竞争，使俄罗斯一方获得了充分的回旋余地。俄罗斯在该问题上有意拖延不决，其实就是期待中、日某一方的最高报价。此外，中、日、韩三国在石油购买上处于劣势，特别是在价格上处于不平等地位。中东国家在出口石油时把高质量的石油、稳定的供应和优惠的政策都给了那些向它们提供安全保证的欧美国家。

因此，东北亚国家只有联合起来，努力缓和竞争、加强合作，形成能源消费联盟，构成强大的协商力和购买力，从而增强对世界能源市场供求的影响力，扩大东北亚地区在国际能源价格谈判上的主控权，才是实现多方共赢的最佳选择。这正如有学者指出的："国家间的共同利益只有通过合作才能实现"①；"从国际系统的角度看，各国政府（和非政府行为体）面临的问题是，如何在争取控制国际系统为自身利益服务的竞争中形成和维持互惠的合作模式"②。法国学者贝尔纳·纳杜雷在《费加罗报》上也撰文呼吁："应以资源共享替代利益争夺。"③

（三）中、日、韩三国能源合作领域广泛

中、日、韩三国在能源领域各具优势并有互补性。例如，日本不仅资金和技术优势明显，并早就建立了石油和天然气储备，而且还在储备煤炭，在能源外交上也积累了丰富经验，在能源使用方面如核电、节能、环保、开发新能源等也有很多可供中国学习的地方；韩国在石油储备上的经验也比较丰富，炼制能力比较强，在节约能源、市场运作等方面也有诸多可供借鉴之处；而中国在劳动力、地理位置和油气勘探技术等方面拥有自己的优势，同时也是能源生产大国，而且目前依然是日本、韩国重要的煤炭供应国，且对先进的新能源和节能技术需求大。可见，中、日、韩三国能源合作基础广泛，潜力巨大。具体地讲，三国可在下列领域开展合作：

1. 能源供应安全合作。区域能源合作首先着眼于能源供应安全，包括能源来源、分配和运输安全等。

在获取能源供应新来源方面，由于中东地区动荡不安，俄罗斯、里海、中亚和北非等能源新供应地的崛起，中、日、韩在推进能源供应来源多元化的过程中，应进行沟通与对话，协调共同立场，共同开发俄罗斯和中亚等油气资源，以合理的价格获取所需的能源，避免陷入"竞争过度症"。

---

① Robert Keohane, *After Hegemony: Cooperation and Discord in the World Political Economy*, Princeton University Press 1987, P. 10.

② ［美］罗伯特·基欧汉、约瑟夫·奈：《权力与相互依赖》，林茂辉译，人民出版社 2002 年版，第 323 页。

③ 参见法国《费加罗报》2005 年 9 月 26 日。

在能源进口分配方面，尽管东北亚石油消费规模与欧美相当，但东北亚地区能源联系与合作远远落后于欧美，因此，应着手建立以中、日、韩为中心的国际化石油和能源市场，增强油价影响力，消除现存的“亚洲溢价”（Asia Premium）①，并在透明情况下联合建立起新的国际和地区分配模式。

在能源运输安全方面，保障通过马六甲海峡的海上运输线的安全，是中、日、韩三国关心的头等大事。在这方面，它包括诸如共同打击海盗及恐怖主义，改善脆弱的地区能源设施和运输网络，维护好重大海港和能源“要塞”的安全等方面的合作。此外，鉴于俄罗斯、里海和中亚等地的石油和天然气通过拟议中管道网络可成为中、日、韩的重要能源供应来源，管道安全也就成为东北亚地区考虑的重要事项。由于管道沿线出现的任何紧张和骚乱形势将阻碍运输和分配，这就需要采取安全合作措施保障管道的畅通。

2. 能源使用安全合作。能源使用安全的一个重要问题在于如何提高能源的利用效率。有资料表明，中国的能源利用效率很低。与日本相比，目前中国的能源消耗总量为日本的 1.7 倍，而 GDP 总量仅相当于日本的 28%，这意味着中国每单位能源消耗所生产的 GDP 仅相当于日本的 1/6 左右。日本是全世界节能的典范，其每单位能源消耗所生产的 GDP 相当于美国的 2.76 倍、英国的 1.95 倍、法国的 1.58 倍、德国的 1.38 倍。② 鉴于此，中、日如果能够开展合作，中国引进日本先进的节能技术，将其能源利用效率提高到接近日本的水平，其效果不亚于开发出若干超级大油田，并将起到缓和竞争的作用。③

能源使用安全的另一个核心问题在于如何清洁地使用能源。东北亚日益增长的能源消费，特别是煤的扩大使用，造成了环境问题的严重恶化。而日本是世界上最大的煤炭进口国，同时又是一个非常注意环保的国家。日本在煤炭的液化技术方面做出了很大的努力，其直接液化技术已取得突破性进展，达到了很高的水平。因此，日本向中国提供煤炭液化技术的援助极为重要。这种国际合作将大大减少地区内二氧化碳的排放。

3. 可再生能源利用合作。在可再生能源或新能源的开发利用方面，中、日已经开展了多方面的合作。例如，在太阳能发电技术方面，中、日在新疆等地已经合作多年。此外，在核电方面，发展核能在东北亚方兴未艾，各国正决心发展

---

① Barry Barton etc. ed., *Energy Security: Managing Risk in a Dynamic Legal and Regulatory Environment*, Oxford University Press 2004, P. 427.

② 参见冯昭奎：《要么双赢，要么双输——谈谈中日能源合作》，载于《世界知识》2004 年第 13 期。

③ 可喜的是，2005 年 11 月 3 日日本政府决定，通过“国际协力事业团”的技术合作来提高中国的能源利用效率。日本政府认为，在 2008 年不再向中国提供日元贷款之后，也需要在能源利用方面与中国进行协作。参见日本《东京新闻》2005 年 11 月 4 日报道。

核动力，使之成为满足长期电力需求的替代能源之一。因此，中、日、韩三国在核电开发、核电操作安全、核废料处理和储存以及核扩散危险等方面有着很大的合作空间。

（四）建立"东北亚能源共同体"的一些初步尝试

自20世纪80年代开始，能源合作已经引起东北亚地区国家的重视，并进行了诸多努力和尝试，还提出了许多合作倡议。[①] 这既有各国政府的参与，也有各国学者的呼吁。

例如，日本政府积极推动亚洲的能源安全合作机制。2002年1月，时任日本首相的小泉纯一郎提出利用东盟"10+3"机制，成立"亚洲能源共同体"(Asian Energy Community)。[②] 日本在《2030年国际能源战略报告》中也建议，亚洲各国仿效IEA，成立亚洲能源机构（Asian Energy Agency)。韩国政府和学界曾通过多种渠道向中国表达能源合作的意向，甚至为此专门成立了一个东北亚经济中心推进委员会。中国方面也越来越认识到东北亚能源合作的重要性，并积极参与了各种活动。同时，东北亚地区能源合作呈现良好势头。

2000年11月，在新加坡举行的东盟与中、日、韩领导人会议上，确立了中、日、韩领导人之间的正式协商与合作机制。这在历史上是从未有过的。2001年11月，在文莱召开的东盟与中、日、韩领导人会议期间，中、日、韩三国领导人表示要决心加强合作，并一致同意设立经济部长和贸易部长会议以及工商论坛。

2002年9月，在第八次"国际能源论坛"（International Energy Forum）上，中、日、韩和东盟十国就能源合作问题发表了一个共同声明——《日、中、韩与东盟国家间的能源合作》(Energy Cooperation Among Japan, China, Korean and ASEAN)。声明内容包括成立能源应急网络、建立石油储备、共同创建亚洲石油市场、提高天然气的利用、促进能源储备和可再生能源的开发等六个方面。[③]

2003年3月，东盟"10+3"能源当局成立"亚洲能源合作工作组"，以加强信息沟通。2003年10月，在印度尼西亚巴厘岛举行的东盟与中、日、韩领导人会议期间，中、日、韩三国领导人会晤并发表了《中、日、韩推进三方合作联合宣言》。宣言强调，中、日、韩三方要在经贸、投资、金融、交通运输、科

---

① See Gaye Christoffersen, Socialist Integration and Energy Regimes, *Pacific Review*, Vol. 3, 1990, P. 1.

② See Gaye Christoffersen, The Dilemmas of China's Energy Governance: Recentralization and Regional Cooperation, *The China and Eurasia Forum Quarterly*, Vol. 3, No. 3, 2005, P. 56.

③ See www. enecho. meti. go. jp; Barry Barton etc. ed., *Energy Security: Managing Risk in a Dynamic Legal and Regulatory Environment*, Oxford University Press 2004, P. 426 – 427.

技、环保、信息技术、能源以及政治、安全、文化等广泛领域里展开合作，并且要不断开拓合作渠道。宣言宣布，三方合作是东亚合作的重要组成部分，合作是透明、开放、非排他性和非歧视性的，要在遵循《联合国宪章》的宗旨和国际准则的基础上加强相互信任、相互尊重、平等互利、谋求共赢。宣言还提出要成立三方委员会以协调和监督现有的和宣言提出的合作。宣言特别提到了“能源合作”，并表示“三国将扩大能源领域的互利合作，并共同致力于加强地区和世界的能源安全”。① 宣言的发表为今后进一步发展合作关系奠定了基础。

2004 年 4 月召开的博鳌亚洲论坛“能源：挑战与合作”圆桌会议，强调了加强区域能源合作对亚洲经济持续快速发展的重要意义。会议提出，以构建未来东亚能源合作机构为目标，中、俄、日、韩等东北亚国家应先行动起来，加强东北亚能源领域的多边合作，维护地区能源安全。

2004 年 6 月，在青岛举行的亚洲合作对话第三次外长会议发表了亚洲能源合作的框架文件《青岛倡议》，提出了 11 条具体合作建议，涉及信息交流、勘探开发、可再生能源开发生产、节能、电力普及与区域电网建设、参与国际能源市场定价、吸引外资、建设区域高效能源运输、传输网、维护能源通道安全、人力资源开发等。同年 9 月，中、日、韩与东盟能源部长会议（China，Japan Korea & ASEAN Energy Ministers Meeting）在菲律宾召开，与会高官呼吁加紧建立共同的石油储备和节约能源。②

值得注意的是，2008 年 9 月，在长春举行的第四届东北亚博览会上，中、俄、朝、韩、日、蒙等国家的政府高官聚首一堂，商讨加强东北亚区域能源合作，共议全球都在面对的棘手的能源问题。这次会商，被视为继 2008 年 6 月在日本举行的五国能源部长会议及 G8 加中、印、韩能源部长会议之后，国际上又一次以能源为主题的高层对话与交流。这次会议认为，能源安全已成为东北亚国家共同面临的重大问题，东北亚能源合作有利各方。

除了上述利用官方资源的“第一轨道外交机制”外，利用学术资源的“第二轨道外交机制”促进东北亚合作的工作也在同步进行。

例如，在日本的一些智囊机构，如日本能源经济研究所（the Institute of Energy Economics Japan，IEEJ）的学者都提出过东北亚能源合作的构想，并且还描绘了涵盖中亚和俄罗斯的中、日、韩能源网的蓝图。③ 韩国的一些政府智库、能

---

① 参见孙承：《日本与东亚：一个变化的时代》，世界知识出版社 2005 年版，第 552 ~ 558 页。

② 参见赵宏图：《东北亚能源合作前景广阔》，载于《参考消息》2005 年 1 月 13 日。

③ See Tsutomu Toichi，Energy Security in Asia and Japanese Policy，the Institute of Energy Economics Japan，July 2003，available at http：//eneken. ieej. or. jp/en/data/pdf/200. pdf；Kensuke Kanekiyo，Toward Energy Cooperation in Northeast Asia，the Institute of Energy Economics Japan，March 2003，available at http：//eneken. ieej. or. jp/en/data/pdf/189. pdf，最后访问日期 2008 年 12 月 22 日。

源企业和社团从2003年开始不断在公共场合提出“东北亚能源合作”设想。这些设想可分为两大类，一类是组建中、日、韩购买石油联盟；另一类是指东北亚区域内的国家在能源运输上互相提供便利，降低运输费用。不过这些设想大都还处于萌芽阶段，只有一个大体的方向而没有具体的措施。在中国，有学者曾提出建立欧亚大陆油气桥；另外，到2005年8月，由外交学院院长吴建民大使担任中方协调员的“东亚思想库网络”已经举行了三次年会；同年10月，还在北京举行了“东亚合作联合研究大会”。

此外，1995年“第一届东北亚天然气管道国际会议”在东京召开，来自中国、日本、韩国和俄罗斯等国的60多位代表与会；1996年在北京举行了“第二届东北亚天然气管道国际会议”，会议提出建立一个促进天然气管道项目多边合作组织；1997年“第三届东北亚天然气管道国际会议”在汉城召开，会议成立了“东北亚天然气管道论坛”（Northeast Asia Natural Gas Pipeline Forum）。在随后的三年里，该论坛分别在乌兰巴托、亚库塔和伊尔库茨克等地组织召开了国际会议，该论坛的成员包括大型天然气企业和政府的主要研究机构，论坛讨论的问题和交流的信息在一定程度上也代表了各国官方的意愿。2003年11月，在东京举行的东北亚能源研讨会上，为增强同中东石油供应商的谈判力度，韩国SK、中国中石化股份、日本精油Nippon等企业已达成了加强接触和合作共识，计划将通过“东北亚能源论坛”等多种形式进行接触，共同促进建立东北亚能源交易所，探讨在天然气领域开发合作等。值得一提的是，一些英国学者也在关注东北亚区域能源合作问题。①

二、“东北亚能源共同体”的法律框架

20世纪50年代初，法国、联邦德国、意大利、荷兰、比利时、卢森堡六国在“舒曼计划”的基础上，签订了《欧洲煤钢共同体条约》，正式成立了“欧洲煤钢共同体”。后来，西欧各国又建立了“欧洲原子能共同体”。这两个共同体的建立及其成功经验，为东北亚能源安全的区域合作提供了重要的启示和借鉴。

中国、日本、韩国三国，在能源共同开发的基础上，可以参考《欧洲煤钢共同体条约》和ECT，签订类似的《东北亚能源共同体宪章》，建立“东北亚能源共同体”（the Northeast Asian Energy Community）。

---

① Xuanli Liao, P. Andrews-Speed and P. Stevens, Multilateral Energy Cooperation in Northeast Asia: Promise or Mirage? *Oxford Energy Forum*, February 2005, P. 13 – 17.

（一）《东北亚能源共同体宪章》

《东北亚能源共同体宪章》（Charter of the Northeast Asian Energy Community）作为“东北亚能源共同体”的组织法，内容可以包括序文、宗旨与原则、成员的资格及其权利与义务、组织结构、职权范围、活动程序、决议的履行方式及监督机制、贸易条款（包括国际市场、与贸易有关的投资措施、竞争政策、技术转让等）、投资的促进与保护条款、争端解决以及其他杂项条款等。

（二）“东北亚能源共同体”的宗旨与原则

“东北亚能源共同体”的宗旨和目标为，根据《联合国宪章》的宗旨与原则，基于成员国的互惠和互补性，通过“东北亚能源共同体”的建立，促进东北亚国家在能源领域的长期合作，维护地区能源安全，为各成员国经济的增长、就业的发展和生活水平的提高做出贡献，最终推动东北亚区域一体化进程。

为了实现上述宗旨，“东北亚能源共同体”及其成员国应遵行下列原则：

1. 互利原则。即从整个东北亚地区的能源安全保障出发，采取维护共同利益的措施，如协调各成员国的能源政策，发展石油供应方面的自给能力，加强长期合作以减少对石油进口的依赖，建立区域石油储备和应急反应机制、石油期货、石油过境运输制度等。①

2. 互补性原则。即利用成员国在能源领域的各自优势，取长补短，寻求多方共赢，如共同研究制订诸如税收及节能和提高效率的措施，区域天然气贸易和发展液化天然气计划，合作开发利用可再生能源资源，建立能源新技术的研究与发展，对能源与环境的关系采取应有的行动，减少矿物燃料对环境的影响，对较干净的燃料进行研究，确保核电安全等。

3. 平等合作原则。即各成员国在公平、自愿的基础上进行能源领域的最广泛合作，如开展石油市场情报和协商制度，以便使石油市场贸易稳定和对石油市场未来发展有较好的信心；加强与产油国和其他石油消费国的关系，考察非会员国的石油情况；定期对世界能源前景做出预测，供成员国参考；保护国际海洋航线策略等。

4. 开放的区域主义原则。即在成员资格上是开放性的，等条件成熟后可以吸收俄罗斯、蒙古、朝鲜参加；无条件地向成员国提供最惠国待遇；有条件地向

① 日本学者 Kensuke Kanekiyo 提出了“共赢原则”（co-prosperity rule）。See Kensuke Kanekiyo, Toward Energy Cooperation in Northeast Asia, the Institute of Energy Economics Japan, March 2003, available at http://eneken.ieej.or.jp/en/data/pdf/189.pdf，最后访问日期 2008 年 12 月 22 日。

非成员国提供最惠国待遇；通过能源共同体的示范作用推动东北亚区域一体化。

（三）“东北亚能源共同体”的组织结构

“东北亚能源共同体”可以设立五个机构：

1. 大会（Assembly）。大会作为能源共同体的协商机关，由各成员国选出的或指定的若干代表组成，对其管辖内的各种事项进行讨论，并将讨论结果报告部长理事会或成员国政府。

2. 高级委员会（the High Special Committee）。高级委员会由根据个人资格选出的7位委员组成，其职务具有超国家性质，为能源共同体的利益，完全独立地执行其职务，不接受任何政府或任何组织的指示。高级委员会的讨论取决于委员的多数，在该能源宪章规定的条件下做出决定，以执行其担负的使命。高级委员会可以做出“决定”或提出“建议”、“意见”，“决定”具有普遍的拘束力。

3. 部长理事会（the Minister Council）。部长理事会由每一成员国派一政府部长组成，其主要任务在于协调高级委员会及各成员国政府之间的工作。

4. 秘书处（Secretariat）。秘书处一方面负责能源共同体的日常事务；另一方面设立一些专门的办公室，如长期合作办公室、非会员国家办公室、石油市场和应急反应办公室、能源技术研究和发展办公室、石油信息共享网络办公室、“东北亚能源合作论坛”办公室等。

5. 法院（the Court of Justice）。法院可由5~7名法官组成，其主要任务是解释和适用能源共同体宪章及其实施规则，裁决成员国间有关能源问题的争端。

（四）“东北亚能源共同体”的活动程序

“东北亚能源共同体”的活动程序可以分为两类：一类是采用多数表决制，另一类是采用协商一致的议事规则。

众所周知，多数表决制可以分为：简单多数，即由出席并参加表决的过半数成员作出决定；2/3多数，即以出席并参加表决的成员的2/3多数做出决定；3/4多数，即以出席并参加表决的成员的3/4多数做出决定；4/5多数，即以出席并参加表决的成员的4/5多数做出决定等。就“东北亚能源共同体”而言，根据其各机构的不同特点，部长理事会宜采用简单多数表决制；法院宜采用2/3多数表决制；高级委员会宜采用3/4多数表决制。

所谓“协商一致”是指“作为一种非正式的实践，往往是在正式投票规则不能令人满意或不能据此作出行之有效的决定的情况下，在成员国间进行广泛协商的基础上达成一种不经投票的一般合意的决策方法"[①]。"东北亚能源共同体"的大会宜采用协商一致的决策程序。

（五）"东北亚能源共同体"的活动领域

"东北亚能源共同体"合作的内容可以包括区域石油储备和应急反应机制、石油期货、石油过境运输、共同研究制定如税收以及节能和提高效率的措施、区域天然气贸易和发展液化天然气计划、合作开发利用可再生能源资源、保护国际海洋航线策略以及环境领域的合作、建立"东北亚能源合作论坛"和东北亚石油信息共享网络等。

（六）"东北亚能源共同体"的法律地位

"一个国际组织在法律关系中的法律地位问题，应以该组织的基本文件或其他有关条约来规定。"[②] 众所周知，政府间国际组织具有国际人格，那么，"东北亚能源共同体"的情况如何呢？

我们从法律基础、组织结构、职权范围和活动程序等方面分析，"东北亚能源共同体"将来应当具有国际人格。第一，它是由成员国政府包括主权国家成员的官方代表，按照现代国际法原则设立的。第二，它是按照基本文件——《东北亚能源共同体宪章》而创立和运作的。第三，它拥有较为完善的持续职能的常设机构。第四，它具有国家间合作的职能，它将在促进东北亚各成员国的能源合作方面发挥着国际组织的作用。第五，它能够独立承担权利与义务，包括：拥有特权与豁免，如组织本身的特权及成员国代表出席国际会议的豁免权；开展业务权，如制定成员国合作原则、召开国际会议权；对外关系权，如参加其他国际组织的活动等。

综上所述，我们从国际组织法的角度判断，"东北亚能源共同体"将具备国际组织形态，并且可以说是一种新型的区域性政府间国际经济组织。

（七）"东北亚能源共同体"决议的履行及监督机制

"按照国际组织法，成员参与国际组织的活动应当受国际组织决议的约束，声明保留和其他特殊情况除外。"[③] 就"东北亚能源共同体"各机构的决议而言，除了大会的决议是建议性质外，高级委员会和部长理事会的决议对各成员国均有

① 江国青：《联合国专门机构法律制度研究》，武汉大学出版社 1993 年版，第 212 页。

② 梁西：《国际组织法》，武汉大学出版社 2001 年版，第 109 页。

③ 张献：《APEC 的国际经济组织模式研究》，法律出版社 2001 年版，第 147 页。

约束力，各成员国应根据其本国宪法制定必要的法律来实施有关的决议。“东北亚能源共同体”的法院的裁决，对各当事国有约束力，但其效力只及于该案；并且法院的裁决是终局性的，不得上诉；任何案件的当事国应承诺遵守法院的裁决。

为了保障有关决议的履行和实施，“东北亚能源共同体”可以考虑设立相应的监督机制——“评审制度”（Review System），即高级委员会要对相关领域进行评审，并向每年的部长理事会呈交一份报告供部长审议，这些评审结果将反馈到不断进行的磋商进程中，以便于有关合作计划的进一步制定，从而促使能源合作的目标得以落实。

三、“东北亚能源共同体”的发展前景

（一）建立“东北亚能源共同体”面临的主要障碍

目前“东北亚能源共同体”的构想尚处于探索阶段。在当今国际关系的背景下，要想建立这样一个区域性国际经济组织，还面临不少困难。

1. 冷战安全结构的消极影响。第二次世界大战后美国一直在韩、日驻有重兵，三国军事同盟关系保持至今。冷战结束后，这种安全格局没有发生本质变化，而且美、日军事安全同盟不断加强，成为影响东北亚安全形势的重大因素。朝核问题、台湾问题，也与这种残存的冷战安全结构密切相关。

2. 历史问题和领土争端。所谓历史问题是指由于日本对其侵略历史及其衍生问题，如首相参拜靖国神社、修改历史教科书等的错误认识，常常与受害国造成感情对立和政治摩擦，影响和阻碍政治互信的建立。[①] 此外，东北亚国家之间还存在领土争端，如中、日之间的钓鱼岛问题，韩、日之间的独岛（竹岛）之争。这些问题如果得不到妥善解决，无疑会影响合作。

3. 区域意识薄弱，缺乏地区认同。区域经济一体化必须建立在“地区性”（regionness）的基础上，即各经济体应当以区域利益为重，从区域利益中寻求各自的国家利益。在这方面，欧洲做得最成功。反观东北亚，由于冷战时期的长期隔绝和各国政治、经济制度的差异，目前正处于国家、民族意识的上升时期，而

① 值得注意的是，据日本《产经新闻》2005 年 12 月 14 日报道，时任日本首相的小泉纯一郎于 2005 年 12 月 13 日在与东盟领导人举行首脑会谈时点名批评了中国，对于中国因其参拜靖国神社而拒绝举行单独首脑会谈表示不满。在东盟国家领导人云集的场合批评并不在场的中国，这在外交上是极其罕见的。

缺乏地区意识。如果各国都将本国利益置于地区利益之上，那么东北亚一体化就难以向前发展。

4. 美国因素。美国在东北亚地区享有重要的战略和经济利益。从美国的全球战略利益来讲，它希望东北亚保持现状，而不愿意看到该地区力量对比发生变化，更不愿看到东北亚成为一个整体。就经济利益而言，东北亚一些国家传统上同美国保持着强大的经济联系，特别是美国一直是一些东北亚国家的最大贸易伙伴。这种对美国经济的强大依赖势必对东北亚一体化进程产生消极影响。诚如日本国际政治学者猪口孝在评论东北亚共同体与美国的关系时所指出的："如果包括美国，共同体不可能健康地发展，但若排除美国，共同体建设可能会推迟和被削弱。"①

5. 领导权问题。"东北亚能源共同体"倡议后的竞争因素也应不容忽视。中、日作为东北亚两个大国，对东北亚合作进程有着重要影响。中、日"和"将有助于共同推动东北亚合作的发展，中、日"斗"则会相互牵制，影响东北亚合作进程的推进。东北亚多边合作的特殊性，决定了任何大国谋求主导地位的策略对东北亚地区多边合作的发展都是不利的。

（二）"东北亚能源共同体"的前景

综上所述，"东北亚能源共同体"的形成可能尚需时日。尽管如此，有关国家应转变观念，本着相互尊重、循序渐进、开放包容的精神，增进相互信任，扩大共同利益，在此基础上，逐步形成体现地区多样性特征、与多层次的区域经济合作相协调并为各方都能接受的地区能源安全合作的法律框架。为此，东北亚各国可采取以下步骤：

首先，应树立"合作安全"的观念。"合作安全"是"以国家之间的相互依存而非对抗作为其政策的基点，其实质是建立在互信互利基础上的国家间相互合作的安全关系"②。欧盟通过区域合作安全途径解决法、德双边难题的成功经验，尤其值得东北亚各国借鉴。东北亚各国应摒弃以实力抗衡谋求安全优势的旧式思维，通过加强各领域合作扩大共同利益，提高应对威胁和挑战的能力与效率。因此，通过合作安全建立"东北亚能源共同体"，是实现东北亚和平与繁荣的有效途径。令人鼓舞的是，中共十六大提出了"与邻为善、以邻为伴"的周边外交方针，这实际上也是对新时期中国周边安全政策的根本指南。

---

① ［日］猪口孝：《亚洲太平洋世界》，东京筑摩书房 2002 年版，第 279 页。转引自孙承：《日本与东亚：一个变化的时代》，世界知识出版社 2005 年版，第 501 页。

② 赵怀普：《欧洲一体化对东亚合作的若干启示》，载于《外交学院学报》2005 年第 2 期。

其次，应加强“东北亚意识”。韩国庆熙大学前校长赵正源教授在题为《地区认同在东北亚地区合作体制形成中的作用》的讲演中建议：“韩、中、日三国应以信赖为基础，营造‘东北亚意识’或思想；在东北亚多元文化中寻找共同性，建立东北亚文化圈；树立地区内共同文化价值观，即创造基于共同文化之上的‘东北亚价值观’；加强各国的交流，促进东北亚一体化观念深入人心，进一步推动地区经济合作和安全合作向前发展。同时形成开放性而非排他性的东北亚地区合作特征。”①

最后，应坚持循序渐进原则。由于东北亚国际关系的复杂性，东北亚多边能源合作的发展应分阶段进行。从成员来讲，目前应以中、日、韩在能源领域的合作为主，从而推动这三国关系的进一步发展；在此基础上，应逐渐向俄罗斯、朝鲜和蒙古开放，建立真正的东北亚能源共同体。就合作领域而言，先由油气合作逐渐扩展到电力、煤炭、核能、可再生能源等“大能源”领域。

总之，如果中、日、韩等东北亚国家能够在能源这个关系到国家发展命脉的战略性问题上加强合作，在建立“东北亚能源共同体”上迈出积极的一步，那么，这将可能为实现东北亚乃至整个东亚地区的全面合作提供一个非常重要的示范。

① 王屏：《东亚合作，寻求共赢》，载于《参考消息》2004年11月4日。

第五章

OPEC的法律制度以及对国际石油定价的影响和作用

——兼论中国对OPEC应采取的态度和策略

欧佩克（OPEC）是石油输出国组织的英文简称，它于1960年9月14日由伊拉克、伊朗、科威特、沙特阿拉伯和委内瑞拉在伊拉克首都巴格达联合发起成立。OPEC的宗旨主要是“协调和统一成员国的石油政策，并确定最有效的手段以单独或集体方式维护其利益”。1982年，OPEC开始对其成员国的原油生产采取配额制度。OPEC现有12个成员国，分别是：阿尔及利亚（1969年）、伊朗（1960年）、伊拉克（1960年）、科威特（1960年）、利比亚（1962年）、尼日利亚（1971年）、卡塔尔（1961年）、沙特阿拉伯（1960年）、阿拉伯联合酋长国（1967年）、委内瑞拉（1960年）、安哥拉（2007年）和厄瓜多尔（2007年重新加入）。①

OPEC成立后，通过提高油价、事实生产配额制度等措施，成功地获得了对石油资源的控制权，并一跃成为国际石油工业和石油市场上的一股重要力量，对国际石油定价具有不可忽视的影响力。中国作为石油消费大国，国际石油价格的变动对中国的能源安全具有重要的影响。因此，本章试图就OPEC的法律架构以及OPEC对国际石油定价的影响和作用进行分析，并就中国对OPEC应采取的态度和策略提出建议。

① 加蓬和印度尼西亚分别于1996年和2009年退出了OPEC。

一、OPEC的法律架构

（一）OPEC重要组织性文件

1.《OPEC章程》。成立之初的OPEC，五个创始成员国的石油产量占了世界石油总产量的65%，其市场份额为70%。[①] 1965年在维也纳举行的第八届特别会议通过了《石油输出国组织章程》（简称《OPEC章程》）。[②] 该章程几经修改，目前共有6章41条，分别规定"组织和宗旨"（第1章）、"成员资格"（第2章）、"机关"（第3章）、"协商会议和专门结构"（第4章）、"财政条款"（第5章）以及"额外条款"（第6章），是OPEC的"宪法"性文件，也是最重要的组织性文件。不过，在成立的初期，OPEC更多地被视为方便产油国政府间进行协商和提供咨询的平台，它使成员国之间的油价协商机制成为常态，为石油政策的协调和统一提供了可行性基础，为产油国政府进一步采取一致行动作了有益铺垫。

2.《OPEC成员国石油政策的宣告性声明》（1968）。OPEC在成立之初的几年内，并没有在国际石油市场发挥很大的作用，但是自身的建设却有了明显的进步，OPEC成员国及其石油工业有了大幅度的发展。但是这时期的OPEC对生产协定和价格控制仍然缺乏统一的目标，自从OPEC宣布其方针以来，数年内没有形成任何管理机制，也没有协定的方案，而只是根据需要，周期性地安排一些未经周密计划的工作。1968年6月OPEC第16次大会上通过了XVI.90号决议，即《OPEC成员国石油政策的宣告性声明》（以下简称《声明》），指出：石油资源是它们收入和外汇收益的一个主要来源，是其经济发展的主要基础；石油资源是有限的、会枯竭的，应该对其进行合理开发以保护现在和将来的经济发展状况；OPEC成员开发本国石油资源的不可转让和剥夺的主权权利，是公法所广泛承认并被联合国大会所反复确认的原则；对石油资源的开发应以使成员国尽可能获得最大的利益为目的；在确保外国资本置于本国政府监督之下，用于本国发展，且

---

① See OPEC AND THE OIL IN THE EAST（1962），转引自M. A. Ajomo, *An Appraisal of the Organization of the Petroleum Exporting Countries*, 13 Tex., Int'l L. J. 14（1977－1978）.

② OPEC Res. VIII. 56（April 1965），reprinted in 4 INT' L LEGAL MATERIALS 1175（1965）.《OPEC章程》在OPEC成立时即获通过，1961年1月卡拉卡斯会议上OPEC第Ⅱ.6号决议通过了《OPEC章程》的原始文本，但是在1965年4月，OPEC第XⅢ.56号决议对章程的全部文本进行了修改，其后的所有版本章程都是在这个基础上的修订。最新版本章程的地址为：www. opec. org/library/opec% 20statute/pdf/os. pdf。

其赚取的利润不超过合理水平的条件下，发挥外国资本对本国石油资源开发的重要作用；建议以上原则作为成员国石油政策的基础。

这份石油政策声明反映了 OPEC 对本国经济、外国资本、世界石油市场的规律性认识和 20 世纪 60 年代的斗争经验，并在此基础上确定了参股、撤回、标价等一系列政策，成为指导 OPEC 行动的重要纲领和政策性文件。

《声明》是对《OPEC 章程》的重要补充和发展。前文提到，保持国际市场价格稳定是《OPEC 章程》所列的重要政策目标，但是对于如何维持油价稳定其中却没有提到。经过 20 世纪 60 年代的斗争，OPEC 认识到，虽然他们能够取得局部的和暂时的胜利，如使国际石油公司不再利用压价的手段盘剥成员国，但却还是不能摆脱它们在整个国际石油市场和贸易领域的剥削和控制，因此关键的还是主权问题，是石油资源的控制权和石油价格的决定权问题，所以它们决定把收回石油资源主权和油价决定权作为自己战略目标的一部分，并以宣言的形式公之于众。同时，它也预示着 OPEC 的斗争策略和战略方针开始发生变化，它从开始的消极防御转为主动进攻，从不触动国际石油卡特尔控制条件下夺取稳定油价发展到打破国际石油卡特尔的垄断，夺回石油资源的控制权和石油标价的决定权，从在单纯的国际石油贸易领域内争取稳定油价发展到向旧国际贸易体制和旧国际金融体系挑战。1970 年利比亚对西方石油公司价格防线的突破，1971 年德黑兰协议和的黎波里协议的签订，1972 年和 1973 年两个日内瓦协定的达成，以及参股、国有化运动的胜利，所有这一切，都是与执行上述战略方针密不可分的。[①]

3.《庄严宣言》(1975)。1975 年 3 月 4 ~ 6 日，首次 OPEC 主权国家与国家元首会议（Conference of OPEC Sovereigns and Heads of States）在阿尔及尔召开，最终发表了《庄严宣言》(solemn declaration)。出席会议的包括 OPEC 成员国的国王和政府首脑，宣言的内容是成员国经过谈判和妥协的成果，反映了温和派和激进派立场观点碰撞的结果。整个宣言反映了 OPEC 对时局的看法，它表明 OPEC 已逐渐脱离了其成立时的狭隘，从某种程度上或许能解释 OPEC 以后在国际上发挥越来越重大作用的原因。

首先宣言“重申他们的国家对本国自然资源的拥有、开发和确定价格享有至高无上的、不可剥夺的权力，并反对任何危害这些基本权力从而危害他们国家主权的任何主张或企图”。因此，他们反对把造成当前世界经济不稳定的责任归罪于石油价格的任何断言。

他们相信，为了未来几代人的幸福，石油资源的保存是一个基本的原则。石油供应对世界经济具有生死攸关的作用，因此，他们敦促正式达成优化利用这种

① 参见陈悠久主编：《石油输出国组织与世界经济》，石油工业出版社 1998 年版，第 81 ~ 82 页。

必不可少的、以消耗的、不可再生的资源的政策目标。石油价格的确定应与工业制成品价格、通货膨胀以及 OPEC 成员国发展所需要的技术和设备转让条件结合起来，并保持相对稳定。

OPEC 成员国在宣言中提出了关于建立国际经济新秩序的见解，即新的国际经济新秩序应该促进国际经济体系的更大公平性，尤其强调通过鼓励南北国家之间的相互依存度来缓解贫穷和其他影响发展中国家发展的不公正现象。在宣言中，他们同意调整他们的财政协作计划，以便更好地支持发展中国家，特别是帮助发展中国家克服收支平衡遇到的困难。他们还决定调整长期贷款等财政措施，在力所能及的范围内提供额外的特别信贷、贷款和赠款，为发展中国家的经济发展做出贡献。

至于石油供应，他们重申已做好准备确保供应，满足发展中国家经济的需要，并以此证明石油消费大国用认为的障碍使正常的供需规律发生扭曲是不可奏效的。OPEC 成员国将加强合作和协调，以便维护石油产量与世界市场需求之间的平衡。[①]

如果说 OPEC 的前两个重要法律文件还只关注 OPEC 成员国本身或者只关注石油问题的话，这份《庄严宣言》的出台，则是 OPEC 作为组织力量觉醒的标志，通过此次宣言的宣告，它正式向世界宣告自己的发展中国家集团的身份，加入发展中国家的阵营，将与石油消费国的对话纳入“南北对话”中来，在一定程度上改变了发展中国家与发达国家的力量对比。同时，它首次以发展中国家集团的身份提出了自己对重大国际问题的看法，主动参与到国际社会的合作和建设中来，一个不需要再依赖国际石油卡特尔，在国际事务中发挥越来越重大作用的 OPEC 形象正逐渐显现。OPEC 成员在掌握了世界上最重要的能源——石油后，宣言开启了 OPEC 政治上的觉醒之路，它牢牢地把握住了当时的时代特征和历史的正确发展方向，为 OPEC 做出了正确的政治定位和选择，使 OPEC 获得了广大发展中国家的支持，在与工业发达国家的矛盾斗争中掌握了制高点和一定国际舆论优势。但是 OPEC 的观点也存在逻辑上的漏洞，这在《庄严宣言》中就已露出端倪。OPEC 一方面同情发展中国家的悲惨命运，允诺对他们的经济发展进行援助，另一方面却拒绝任何关于石油价格上涨对世界经济不利影响的论断，实际上也就推脱、淡化了油价上涨对发展中国家远甚于对发达国家的不利影响，将发展中国家的视线转移到“南北矛盾”这一大矛盾中来，对 OPEC 与发展中国家可能的利益冲突避而不谈，因此甚为高明。

4.《庄严宣言》(2000)。2000 年第二届 OPEC 成员国及国家元首高峰会议

① 参见齐高岱：《中东局势与能源危机》，经济管理出版社 1991 年版，第 141～142 页。

在委内瑞拉的卡拉卡斯召开，并通过了第二个《庄严宣言》，又被称为《卡拉卡斯宣言》。在该宣言中，OPEC 国家承认了石油作为一种战略性能源对世界经济繁荣、可持续发展和消灭贫穷的重要意义；强调了石油供应安全与世界石油需求安全和需求透明度的重大联系；宣言强调 OPEC 应促进和完善石油行业内部的对话和合作机制，尤其是与非 OPEC 产油国、与消费国之间对话和合作；宣言同时还呼吁建立一个公平的国际石油财政体制，以及要求正在进行的联合国气候变化公约谈判必须达成一个利益均衡的、公平的结果。

2000 年的《庄严宣言》是 OPEC 在 21 世纪的宣言书，具有承前启后的重要意义。走过四十年风风雨雨的 OPEC 国家在经过市场的历练后，对国际石油市场的运行规律有了比较深刻的把握，同时也面临着新的市场条件和变化着的国际环境的挑战，这个宣言就是指导他们应对可持续发展、气候变化、国际贸易等与石油相关问题的纲领性文件，因此是 OPEC 跨世纪的里程碑，预示着更加开放、合作、民主和科学的 OPEC 新形象。

（二）成员资格

1. 成员类型。根据《OPEC 章程》第 7 条，OPEC 的成员分为三类：(1) 创始成员国，指参加在巴格达举行的第一次会议并签署成立 OPEC 的原始协定的国家，即伊拉克、伊朗、沙特阿拉伯和科威特加上南美的委内瑞拉五个国家。(2) 正式成员国，除包括创始成员国外，还包括其加入 OPEC 的申请已为大会所接受的国家。OPEC 现有正式成员 13 个。(3) 联系成员国，指还未获得正式成员资格，但在大会所规定的特殊条件下仍然被大会所接纳的净石油出口国。[①]其权利包括可以被邀请参加大会、理事会的任何会议，参加协商会议，参与政策和决议的商讨，但是没有投票权，另外，还与正式成员一样，享有在秘书处的一切通常便利，包括获取出版物和利用位于维也纳的图书馆。

2. 正式成员的条件。根据《OPEC 章程》第 7 条 C 款，成为 OPEC 正式成员首先必须同时具备两个实质性条件：(1) 必须是“实质上的净原油出口国”；(2)“与 OPEC 成员国有基本相似的利益”(fundamentally similar interests)。“净原油出口国”比较好理解，在此需要分析的是何为“基本相似的利益”。首先，OPEC 成员之间享有基本相似的利益的基础是它们都是石油出口国，而且还是高度依赖石油出口收入的发展中国家。据 M. A. Ajomo 分析，在成立初期，成员国之间共有的基本相似的利益指的是其国家收入严重依赖石油收入，以及尚不能脱

① 在程序上，接纳联系成员国需要全体正式成员的 3/4 多数的赞成票，包括所有创始成员国的一致同意。

离外来援助尤其是主要石油公司的援助独立发展石油工业。① 随着20世纪70年代以来石油价格的上涨，石油输出国获得了大量石油美元，他们将其中的一部分投入到油田开发、开采设备采购和技术改造上，大大增强了独立开发能力，但是其对石油收入的严重依赖性仍未改变，因此这一点仍是判断一国是否符合正式成员资格的重要条件。也因此，我们很难想象英国和俄罗斯等发达国家会成为OPEC成员的可能性。除此之外，据经济学家的研究表明，以OPEC为代表的“不可更新能源卡特尔”的成员资格与一国的石油储量大小呈正相关关系，而与该国国内石油消费量呈负相关关系，一个拥有相对大石油储量和相对小国内消费量的国家，越有可能成为OPEC的成员，而人们通常认为对于维系OPEC很重要的宗教因素，在他们看来不能很好地解释OPEC的成员资格问题。② 正是有着“基本相似的利益”，才使OPEC能维持其组织的某种特性，或者说“基本相似的利益”条款是维持其组织的政治和经济利益，进而维护成员国的共同利益的有效手段。《OPEC章程》第7条D款也特别强调：“任何没有与OPEC成员国基本相似利益和目标的国家均不得接纳为联系会员国。”

其次，成为OPEC正式成员的一个程序性条件就是全体正式成员的3/4多数的赞成票，包括所有创始国的一致同意。这就意味着创始成员国在这个问题上拥有一票否决权，类似于联合国安理会赋予五大常任理事国的权力，这在国际经济组织内是不多见的，其合理性值得商榷。第一，这个条款与《OPEC章程》第3条所体现的成员国主权平等原则相冲突，也与章程的财政条款中规定的不论国家生产能力的大小，在所有成员国间平均分摊预算经费的做法相违背。③ 联合国安理会五大国的否决权在联合国改革中引来越来越多的讨论，在当今追求民主化的改革浪潮中，国际社会对取消这种特定历史背景下产生特权的呼声越来越高④，那么在OPEC这样一个经济组织内存在的这种特权也该适时调整了。第二，我们还要注意到，即使联合国安理会享有否决权，那也是与《联合国宪章》规定财政预算的分配依照成员国的能力（capacity）相对应的，而OPEC内的这种事实上的等级制度并不反映在其财政预算分配方式上。根据媒体报道，印度尼西亚就

---

① M. A. Ajomo, *An Appraisal of the Organization of the Petroleum Exporting Countries*, Texas International Law Journal, Vol. 30, 1977 - 1978, P. 16.

② See Charles F. Masona and Stephen Polaskyb, *What Motivates Membership in Non-renewable Resource Cartels? The Case of OPEC*, 27 Resource and Energy Economics, Vol. 27, 2005, P. 321 - 342。在该文中，作者还预测到安哥拉应该会成为OPEC的正式成员，而同时认为历史上退出OPEC的两个国家加蓬和厄瓜多尔在本质上是不适合成为OPEC成员的。

③ 《OPEC章程》，第42条C款。

④ 参见杨泽伟主编：《联合国改革的国际法问题研究》，武汉大学出版社2009年版，第144~182页。

是因为国内经济状况恶化，石油产量急剧减少并已成为事实上的石油进口国，不堪继续承担高额的会费，而申请中止其 OPEC 成员资格，可见 OPEC 组织赋予非创始成员国的权利与义务确有不平衡之处。①

3. 成员资格的终止。从《OPEC 章程》第 8 条来看，OPEC 不采取开除制度，但是成员国可以主动退出，条件是该成员国提前 1 年通知了大会其退出的意向，并在退出前履行完因其成员资格所产生的一切财政义务。按照第 8 条程序退出的成员国须符合按照第 7 条 C 款的规定才能重新加入。历史上加蓬和厄瓜多尔以及 2009 年的印度尼西亚曾经援引第 8 条退出了 OPEC。

4. 内部争端的解决。综观 OPEC 的章程，其中缺少对争端解决程序的规定，如果成员国之间发生争议，该用仲裁、调解还是司法程序来解决，概莫能知。一般政府间国际组织都会在其章程等组织性文件中规定争端解决条款，但是《OPEC 章程》却没有，而其章程本身和组织运作却蕴含着众多可能引起争议之处，这也为后来的历史所证实，成为影响 OPEC 组织内部和谐的一大弊端。例如，在 OPEC 内敏感而核心的油价和配额分配问题上就存在争议。OPEC 历史上一度以阿拉伯轻质油（34°API）为其综合价格的基准，其他石油根据其含硫量和质量在此基础上进行定价，但是实际上阿拉伯轻质石油并不是最好的原油，阿尔及利亚和尼日利亚产的油是公认的含硫量最低的原油。而就配额问题而言，OPEC 总体的生产目标很好确定，但是具体到每个国家具体的生产量却很容易产生争论，所以每次的产量协议要达成一致不易，且在执行中很容易遭遇“欺骗”行为，少数成员国为追求更大的市场份额和石油收入，生产比配额更多的石油，并以比市价更低的价格卖给消费国，以此赚取差额利润。

（三）内部结构和决策机制

OPEC 是政府间国际组织，同大多数国际组织一样，它在组织架构上也采用了权力机构（大会）、执行机构（理事会）、行政管理机构（秘书处）三大块的模式，并在章程中对各机构的权限和职能进行了清晰界定。值得注意的是，虽然 OPEC 治理结构的雏形在 1962 年第 2 次大会的时候就已经被创建，但是现行机构的具体模式还是由 1965 年第 8 次大会上重新修订后的章程所确定的。

1. OPEC 内部机制的首要原则——国家主权平等原则。《OPEC 章程》第 3 条规定：“本组织应以成员国主权平等原则为指导。成员国应善意它们根据本章程所应承担之义务。”首先，基于主权平等原则，OPEC 成员国仅仅本着“善意”

---

① 中国能源网：《印度尼西亚将沦为 OPEC 观察员?》，http：//www.china5e.com/news/oil/200504/200504260208.html。

来履行其义务，如果成员国不遵守其应尽的义务，OPEC也没有办法对其进行制裁或者采取相对应措施。其次，主权平等原则还体现在决策程序上。OPEC大会的所有决定，除了程序性事项外，须得到成员国一国一票、一致同意才能通过，决议的执行也依靠成员国的自愿。这就最大程度地强调和保护了成员国对本国石油利益的自主决定权，也体现了促进善意履行的精神。但是这种制度设计同样也很危险，因为成员国之所以会同意某项决议，往往是该决议符合本国利益，但是在没有制度监督的情况下，决议的履行同样也大大受制于本国的利益取向，因此在高油价和获得额外利润的利益驱动下，一项一致通过OPEC的决议，很可能被束之高阁或被公然违背，因为OPEC成员只忠实于自己的利益而不重视OPEC整体的利益，仅仅依靠"善意"来维系的义务基础是非常弱的。由此也可以看出，尽管OPEC可以协调成员间的石油政策，但是成员国尽量在避免使它成为一个"共同体"，或者说OPEC作为一个政府间国际组织，其实权是相当弱的，即使它想通过大会决议有所作为，赋予自己更大的自主性，《OPEC章程》内在蕴含的主权原则也可能会削弱这种影响，这在一定程度上限制了OPEC在国际上发挥更大的作用。

2. 大会。大会是OPEC内部的最高权力机关，由成员国派出的代表团组成，代表团可以由一个或者多个代表组成，在此情况下由任命国指定一个人（通常是该国的石油部长）担任代表团团长。OPEC大会一年举行两次常规会议（ordinary meetings），除此之外还有特别会议（extraordinary meetings）和协商会议（consultative meetings）两种会议制度，作为其休会时的补充。在某一成员国要求下，在秘书处与大会主席协商之后，并且获得成员国的简单多数同意，可以召开特别会议，如果成员国对会议的日期和方式不能达成一致意见，则由秘书长与大会主席协商后确定。① 而要召开协商会议，则只需大会主席的要求，会议的日程安排也由其确定，出席会议的成员升格为各成员国代表团团长，这种会议所形成的决议如果未经以前大会的批准，应交由下一届大会通过而生效。② 如果大会经过决定，非成员国可以受邀以观察员的身份出席OPEC大会③。现在OPEC的观察员国家包括苏丹、中国、俄罗斯、韩国、墨西哥等。

会议召开的法定人数是3/4的成员国，表决方式是一国一票，一致同意。当一个决议被一致同意通过后，如果在大会结束后30天内或者大会决定的其他期间内，没有成员国向秘书处提出异议，则该决议自动生效。④ 这种表决方式赋予

① 《OPEC章程》，第12条。
② 《OPEC章程》，第35条。
③ 《OPEC章程》，第11条D款。
④ 《OPEC章程》，第11条B款和C款。

单个成员以阻止大会决议的权力，不利于决策效率的提高。有学者认为，在OPEC缺乏明确的制裁机制的情况下，赋予成员绝对的否决权反向促进了决议的通过和实施，因为在承认采取对外协调一致的行动是促进其各自利益最大化的最好手段的前提下，成员国会慎用否决权，从而增进OPEC内部相互冲突的政治利益的妥协和互相容忍度；而对于一个已经同意的决议，可以推定其是符合成员国的利益的，基于善意的原则，成员国会自觉地履行，避免采取与OPEC的集体决策相反的行为，因此绝对的否决权被认为是“维护成员国单独和集体利益的最好手段”①，不过前述也提到善意履行的基础是相当弱的。对于表决规则，还有两点必须注意，一是《OPEC章程》没有涉及弃权票的规定，如果没有按照联合国安理会的做法，弃权票也不能被视为否决票或缺席，将之视为默认的同意更恰当。二是《OPEC章程》对缺席成员国的表决效力有规定。根据章程第11条C款，虽然成员国并未出席，但是在计票时并不将之视为否决票，这与联合国安理会的做法相似。另外，《OPEC章程》表决程序中关于缺席国的权力设定还有一个值得诟病之处就是，一个缺席的正式成员国在决议生效前还可以提出异议，阻止决议的生效，即只要它在秘书处确定公布决议的日期前至少10天内向秘书处提交其反对意见，那么该项决议就不能按期生效。这是相当不合理的，甚至可以说是国际组织表决制度的一种倒退，尽管有学者从20世纪70年代始就指出了这一点，并呼吁其进行改革，② 但是至今仍未见其修改。

OPEC大会的权力范围相当之广泛，包括制定一般性政策、决定政策执行之方式、批准新成员加入、任命其他内部机构人事、决定组织预算案、批准章程修正案等。③ 除此之外，一切未被明确划分给其他机构的各种事项都属于大会的权限范围，④ 也就是说，章程在对其他机构的权力进行明确限定的同时，赋予了大会以剩余权力。

3. 理事会。理事会是大会的执行机关，其人选由各成员国推选经大会批准而组成，主要职责是具体执行大会指定的各项政策，对组织的事务进行直接管理，向大会提交报告或对组织事务进行建议，编制预算等。⑤ 理事会开会的法定出席人数是全体成员国的2/3，必要时可以由成员国选出一位替补的临时理事代替不能出席理事会会议的正式理事。理事会的表决采取一国一票，以简单多数来

---

① Gail Marie King, *Cartel Pricing in the International Energy Market: OPEC in Perspective*, Or. Law Review, Vol. 54, 1975, P. 662.

② See M. A. Ajomo, *An Appraisal of the Organization of the Petroleum Exporting Countries*, Texas International Law Journal, Vol. 30, 1977 - 1978, P. 18.

③ 《OPEC章程》，第15条。

④ 《OPEC章程》，第16条。

⑤ 《OPEC章程》，第20条。

通过决议。[1]

4. 秘书处。秘书处本不是 OPEC 内的单独机构，事实上在 1961 年《OPEC 章程》仅创设了大会和理事会两个机构，并由理事会主席代为履行秘书长的职责。尔后随着 OPEC 组织的发展壮大，秘书长要处理的日常事务逐渐烦琐，再由理事会主席来代行职责不太合适，1965 年对章程进行修订时，秘书处才作为一个独立的机构被创建，以处理组织内的各项日常事务。当时的秘书处是 OPEC 的研究单位、行政机关和法律代表。[2] 秘书处在理事会的指导下承担执行任务，由秘书长、其他工作人员和下设机构组成，其办公地点位于 OPEC 总部所在地。OPEC 的秘书处在制度设计上并没有特别之处，但是能发挥巨大作用的奥秘在于其选择了一批能干、专业的工作人员担任职务，尤其是几任秘书长的出色领导。

秘书长对外是 OPEC 合法授权的代表，对内是秘书处的最高长官，就秘书处的各项活动对理事会负责，并根据理事会的指示，直接领导组织的大小事务以及指导各部门的工作。在 OPEC 成立初期，秘书处职权很弱，并且秘书长的具体任职资格也没有规定，1969 年后才有所改善，通过 OPEC 第 XX. 117 和第 XII. 129 号决议，秘书长的任期从 1 年被延长到 3 年，并且填补了秘书长任职条件条款的空白，以利于政策的延续性和管理措施的长效实施。[3] 现在章程对秘书长的任职条件主要从年龄、学历、知识背景、国籍以及相关行业背景几个方面来规定，并规定如果大会不能就秘书长的人选达成一致意见，则由候选人轮流担任，但是任期仅为 2 年，且不得违背章程所设定的条件。[4]

秘书处的工作人员由其所在国提名，秘书长根据员工条例任命。在任命时，除了尽可能地兼顾到成员国之间的地域平衡外，更重要的是要保证秘书处运转的效率。职员一旦被任命就如同联合国组织的职员一样，被视为国际雇员，不得接受或寻求任何政府或任何来自组织外的权威的指示，不得从事任何有损其国际雇员身份的活动，在履行职责时应且应只考虑 OPEC 的利益。

从《OPEC 章程》的修改记录来看，关于秘书处的条款是修改最频繁的，除了上述几个部门外，秘书处曾经下设法律部、经济部、技术部等部门。现在秘书处除了秘书长办公室、法律部、内部审计员之外，还设立研究部门（包括“石油市场分析部”、“能源研究部” 和 “数据服务部”）、“行政和人力资源部” 以及 “公共关系和信息部”。

---

① 《OPEC 章程》，第 17 条。

② See Stoehr Laurence, *OPEC as a Legal Entity*, Fordham International Law, Vol. 3, 1979 - 1980, P. 98.

③ M. A. Ajomo, *An Appraisal of the Organization of the Petroleum Exporting Countries*, Texas International Law Journal, Vol. 30, 1977 - 1978, P. 19.

④ 《OPEC 章程》，第 8 条。

除此之外，OPEC 大会根据章程授权以及现实需要所专门设立的机构和委员会，[①] 其中比较重要的是在秘书处的框架下展开活动的经济委员会（the Economic Commission Board）。该委员会在 1964 年 11 月第七届 OPEC 大会上设立，目的在于监测石油价格的持续走向，通过与石油行业公共和私人机构的直接接触收集有用的信息，并通过建议或调查结论的形式每月提交给成员国。[②] 现在经济委员会的职能大大扩展，已经成为协助 OPEC 促进国际石油市场稳定的带有研究性质的专业性重要机构。该委员会由一个委员会理事会、各国代表和委员会工作人员组成，而该理事会又是由秘书长、成员国指定的代表和委员会协调员（一般为前研究部主任）组成。[③]

二、OPEC 对国际石油价格的影响和作用

（一）OPEC 在稳定国际石油市场中的地位和作用

根据《OPEC 章程》，OPEC 的宗旨是：协调和统一各成员国的石油政策和确定最有效的手段，单独地或集体地维护成员国的利益；设法保证国际石油市场价格的稳定，以避免有害的和不必要的价格波动；要经常注意保证产油国的利益及使产油国获得稳定收入，有效、经济及正常地向消费国供应石油，并使它们在石油业的投资中得到公平的收入。[④]

可见，作为一个具有卡特尔色彩行为的国际商品协定组织，OPEC 的首要目的是实现产油国的利益最大化，也就是追求最优的石油价格。而根据政治经济学原理，此所谓追求最优价格，并非是一味地推动石油的高价。因为，对于石油这类矿产品的价格，马克思曾经指出："真正矿山地租的决定方法，和农业地租是完全一样的"[⑤]。即：矿产品的垄断价格 = 生产成本 + 平均利润 + 地租（含级差地租和绝对地租）。[⑥] 就石油而言，其国际价格是根据生产成本最高的劣等油田

---

① 具体参见《OPEC 章程》第 36 条，其中规定 OPEC 专门机构（specialized organs）需遵守其设立所依据的决议或章程行事，在职能和财政上受秘书处制约，且必须遵守 OPEC 大会决议所规定的组织原则。

② M. A. Ajomo, *An Appraisal of the Organization of the Petroleum Exporting Countries*, Texas International Law Journal, Vol. 30, 1977 – 1978, P. 23.

③ *Answers to Frequently Asked Questions about OPEC*, from http://www.opec.org/library/faqs/opec.htm。

④ 参见《OPEC 章程》，第 2 条。

⑤ 《资本论》第三卷，人民出版社 1975 年版，第 873 页。

⑥ 参见王金洲：《国际石油价格理论的研究》，载于《江汉石油学院学报》（社科版）2000 年第 1 期，第 34 页。

加上马克思主义政治经济学意义上的"平均利润"确定的。在这一价格水平上，优等油田所有者因生产成本较低而获取"级差地租"，即高于"平均利润"的"超额利润"。不过，"最坏土地的生产价格，总是起调节作用的市场价格"，[①] 当供大于求和价格下降时，劣等油田所有者首先被市场淘汰，而最优等油田所有者则只不过是级差地租减少而已，却不会退出市场。当供不应求和价格上涨时，会吸引更多的劣等油田所有者进入市场，使最优等油田所有者的市场份额缩小，甚至引起石油被其他产品替代、消费国采取节能措施从而减少石油消费的后果。[②] 所以，急剧上涨和过高的石油价格并非最优价格。OPEC 还要"设法保证国际石油市场价格的稳定，以避免有害的和不必要的价格波动"。不仅如此，OPEC 的所有石油生产和油价政策都要确保成员国能够获得稳定而非一时过高的收入，使得它们在石油业的投资中获得恰当的回报，而这还依赖于能够"有效、经济及正常地向消费国供应石油"。

因此，OPEC 要实现上述目标，就需要一个既能给成员国带来最大利益而又相对稳定的国际石油市场。加之石油作为当今世界最主要的能源，关系着世界经济的增长。石油价格的过分上扬会导致世界经济的衰退，而许多 OPEC 成员国在发达国家拥有巨额的投资和资产，如果世界经济衰退引起国际金融市场动荡，就会造成这些海外资产的缩水。总之，对于 OPEC 而言，最优的石油价格必须是一个相对稳定的价格。OPEC 要实现其最大利益，首先必须在稳定石油价格方面发挥作用。

而在这一方面，OPEC 具有极大的资源和生产能力的优势。目前，据美国能源信息署（Energy Information Administration，EIA）估计，OPEC 已探明的石油储量占世界总量的2/3，石油产量在世界上所占的比重大约为40%。[③]（据 OPEC 自己的数字，其石油储量在 2007 年占全世界 78%，如图 5-1 所示）。而 OPEC 成员国出口的石油占世界石油贸易量的 60%。

而且，OPEC 成员国的油田有着分布集中、储量大、埋藏浅、层次多、油层厚、压力大等诸多优势，易于勘探开发，且多自喷井，生产成本为全球最低，正是最优等油田。

OPEC 凭借这种强大的优势，在稳定国际石油市场中发挥了极大的影响力。在这一方面，有学者对从 OPEC 成立的 20 世纪 60 年代到本世纪初，OPEC 稳定国际石油市场的努力进行了精确的分析：20 世纪 60 ~ 70 年代是 OPEC 发展巩固

---

① 《资本论》第三卷，人民出版社 1975 年版，第 742 页。

② 参见国家经贸委、煤炭信息研究院：《OPEC 运行模式与中国煤炭工业结构调整对策研究》，2002 年 3 月，第 44 页。

③ 参见 OPEC Brief，http：//www. eia. doe. gov/emeu/cabs/opec. html。

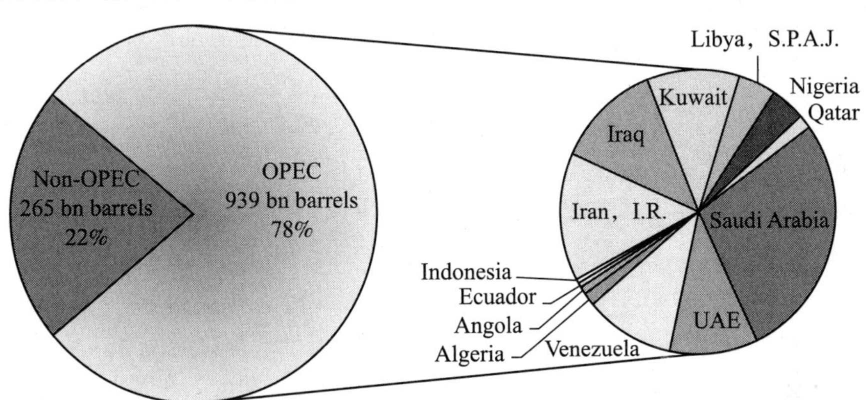

图 5-1　OPEC 石油储量及其世界份额

资料来源：http：//www. opec. org/home/powerpoint/reserves/opec% 20share. htm。

的时期，许多大型国家石油公司的建立逐渐取代了西方大石油公司对原油生产的控制，使 OPEC 在石油定价中的作用日益增大；20 世纪 80～90 年代，尽管石油市场份额起伏不定，油价下跌，但 OPEC 仍努力稳定市场，保持其成员国的石油收入，在 1986 年及以后的数年，OPEC 采取了新的政策：放弃固定价格，转而采用一种对其增加市场份额更为有利的方法，以重新建立它在世界石油市场中的地位。这种政策改变使 OPEC 在世界石油市场上的原油供应量和市场份额都出现回升。20 世纪 90 年代，更加平衡发展的油价和 OPEC 对原油产量的管理，都为后来世界石油市场状况的改善做出了贡献。①

而到 1997 年 11 月，由于亚洲金融危机造成需求下降以及消费国的暖冬气候和库存水平高等因素的影响，国际石油价格开始持续下滑，一直持续到 1999 年 3 月，这一期间，OPEC 成员国损失了（500～600）×108 美元的石油收入，被迫削减支出计划。与此同时，国际石油公司掀起了兼并、收购和削减成本的浪潮，从而也削减了它们的投资计划。油价下跌不仅损害了 OPEC 和国际石油公司的利益，同时也波及石油消费国。1998 年 OPEC 和非 OPEC 国家实施了两轮减产，但仍然没能恢复市场稳定。直到 1999 年 3 月 OPEC 与非 OPEC（包括墨西哥、挪威、阿曼和俄罗斯）协议分别大幅减产之后，油价才开始回升。这个协议对波动的石油市场的稳定起到了决定性的作用，使得 OPEC 7 种原油一篮子价格从 1998 年 12 月的 9.69 美元/桶上升到 1999 年底的 24.8 美元/桶，从而通过有效的

① 参见娄承：《21 世纪的 OPEC 及其在世界石油市场中的作用》，载于《当代石油化工》2001 年第 12 期，第 18 页。

供应管理达到市场的再平衡。为了控制过高的油价，同时也为了防止油价下滑到合理范围以外，2000 年 OPEC 3次增产。这些行动再一次证明，OPEC 有能力在困难时期为石油输出国组织国家和全世界的经济利益，在稳定石油市场方面发挥重要作用。①

总之，OPEC 稳定国际石油市场的作用表现为两个方面：当国际油价急剧上涨而畸高时，OPEC 通过增产等方式促使油价回落；当国际油价持续下滑时，OPEC 又通过减产等方式推动油价回升。具体来讲，从 20 世纪 70 年代以来，OPEC 根据具体情况，采取了不同的市场战略。20 世纪 70 年代中期到 80 年代初期是提价保值；80 年代初期到中期是减产保价；80 年代中期到 90 年代中期是低价扩额；90 年代中期到现在是交替采取减产保价或增产抑价。而且，从 20 世纪 70 年代以来国际石油价格的变化过程来看，OPEC 的石油政策在其中起了决定性的影响，② 国际油价与 OPEC 相互影响、相互制约，国际石油价格与 OPEC 石油政策互为因果。③

不过，毕竟 OPEC 是一个追求产油国利益最大化的组织，与油价的下跌相比，油价的稳定上涨更符合其长久利益。在 OPEC 的历史上，它更多地是利用其左右石油市场的巨大能量推动石油价格的持续上涨，只不过这种上涨要在一定的可控的限度内。这从 OPEC 干预国际油价促其上涨的实践中可以看出。

（二）OPEC 干预国际油价促其上涨的实践

OPEC 自 20 世纪 70 年代以来，曾经有若干次强力干预国际油价，推动其急剧上涨，并造成所谓的“石油危机”。

第一次石油危机是 1973 ~ 1974 年。1973 年 10 月，第四次中东战争爆发，OPEC 的阿拉伯成员国为了打击以色列及其支持者，联手进行石油减产和禁运，导致国际油价从 3 美元/桶涨到 12 美元/桶。石油价格暴涨引发了第二次世界大战之后最严重的全球经济危机，美国国内生产总值（GDP）增长下降了 4.7%，欧洲增长下降 2.5%，日本则下降了 7%。

第二次石油危机是 1979 ~ 1980 年。1978 年年底，当时世界第二大石油出口国伊朗发生政变，此后伊朗和伊拉克两个产油大国爆发两伊战争，石油产量锐减，引发了第二次石油危机。油价在 1979 年开始暴涨，从 13 美元/桶猛增至 1980 年的 35 美元/桶。这次危机导致西方主要工业国经济出现衰退，据估计，

① 参见娄承：《21 世纪的 OPEC 及其在世界石油市场中的作用》，载于《当代石油化工》2001 年第 12 期，第 18 页。

② 参见陈悠久主编：《石油输出国组织与世界经济》，石油工业出版社 1998 年版，第 551 页。

③ 参见陈悠久主编：《石油输出国组织与世界经济》，石油工业出版社 1998 年版，第 554 页。

美国 GDP 下降了 3% 左右。

第三次石油危机发生在 1990 年。当年，“海湾战争”爆发，来自伊拉克的原油供应中断，油价一路飞涨，在三个月内由 14 美元/桶急升至 42 美元/桶。这次危机拖累全球 GDP 增长率在 1991 年降到 2% 以下。[①]

有人分析，“这几次石油危机中，都活跃着 OPEC 及其成员国的身影。历史上的几次石油价格暴涨，都是因为 OPEC 的石油供给骤减。不过，OPEC 不总是站在反面。‘海湾战争’期间，就是 OPEC 大幅度增加了石油产量，以弥补伊拉克遭经济制裁后石油市场上出现的每天 300 万桶的缺口”[②]。

而第四次国际石油价格暴涨则从 1999 年第 1 季度开始，到 2000 年 10 月中旬达到高峰。OPEC 石油一篮子价格从 1999 年 2 月第 4 周的 9.96 美元/桶低点增加到 2000 年 10 月 12 日的 32.57 美元/桶高峰。即便按照固定价格计算（1972 年固定价格），1998 年年底与 2000 年 9 月相比，国际石油价格也从大约 4 美元/桶涨到大约 10 美元/桶，涨幅远远超过“海湾战争”造成的石油危机。由于油价暴涨可能对经济带来的严重影响，美国政府不得不在“海湾战争”时期第一次动用战略石油储备以后，于 2000 年 9 月第二次宣布动用战略石油储备。因此，把 2000 年的油价暴涨称作第四次石油危机并不为过。不过，值得注意的是，前三次危机都与政治或者军事因素有关，而这次石油涨价却没有战争背景和重大地区冲突，也没有石油贸易结算货币美元大幅度贬值的背景，很大程度上应归因于 OPEC 团结一致地减产保价。OPEC 从 1998 年 3 月确定 229 716 万桶/产量限额。到 2000 年 3 月，成员国较好地遵守了限产纪律，使限产促价取得效果。[③]

2000 年以后，虽然因为“9·11”事件的发生，国际石油价格有过一度下跌，但国际油价仍然一直攀升到 2008 年 7 月的 145 美元/桶的历史新高。在这期间，OPEC 秘书长艾尔·巴德里（Abdalla Salem el-Badri）2007 年 10 月 25 日接受《财经》采访时表示，对于高油价，石油输出国组织无能为力。“中东局势动荡、美元持续贬值以及美国次贷危机等都是导致目前油价高企的因素。”“如果真的出现短缺或者出现供应中断，OPEC 可能采取行动干预价格。但是现在，我们认为影响价格的因素与供需无关。”[④] 巴德里 2008 年 4 月 21 日在罗马参加第

---

① 参见陶宁丽：《国际油价与 OPEC》，载于《地图》2006 年第 3 期，第 99 页。另参见韦祎红：《OPEC 与几次石油价格危机》，载于《国际资料信息》2000 年第 9 期，第 11~12 页。

② 陶宁丽：《国际油价与 OPEC》，载于《地图》2006 年第 3 期，第 99 页。

③ 参见杨光：《国际油价变化与 OPEC 的作用》，载于《世界经济》2001 年第 2 期，第 66 页。参见韦祎红：《OPEC 与几次石油价格危机》，载于《国际资料信息》2000 年第 9 期，第 12~13 页。

④ 《OPEC：高油价与供需无关》，http：//www. caijing. com. cn/newcn/home/todayspec/2007－10－25/35193. shtml，2009 年 4 月 25 日访问。

11 届国际能源论坛时又表示，如果 OPEC 确认不断飙升的国际油价确系供应短缺所致，它将会“毫不犹豫地”增加产量，但目前的国际油价走势与供求无关，油价持续飙升主要是由于市场投机引起的。①

不过，2008 年 7 月，国际油价开始迅速大幅下跌，到 2009 年 6 月回落到 60 美元/桶左右。（参见图 5－2）此次导致油价回落的主要原因是，美国金融危机引发世界经济增长放缓，使得石油市场需求疲软，而 OPEC 所采取的减产保价措施效果并不理想。OPEC 曾在 2008 年 9 月和 10 月两次宣布削减原油日产量，共计削减约 200 万桶，12 月 17 日 OPEC 部长级特别会议决定从 2009 年 1 月 1 日起将该组织原油日产量再削减 220 万桶，以遏制当前油价下跌势头，但都没有产生预想的效果。这说明 OPEC 的减产行为也不能抵消全球经济增长放缓导致的需求下降的影响，OPEC 影响国际油价的行为并不一定能总是奏效（参见图 5－3）。

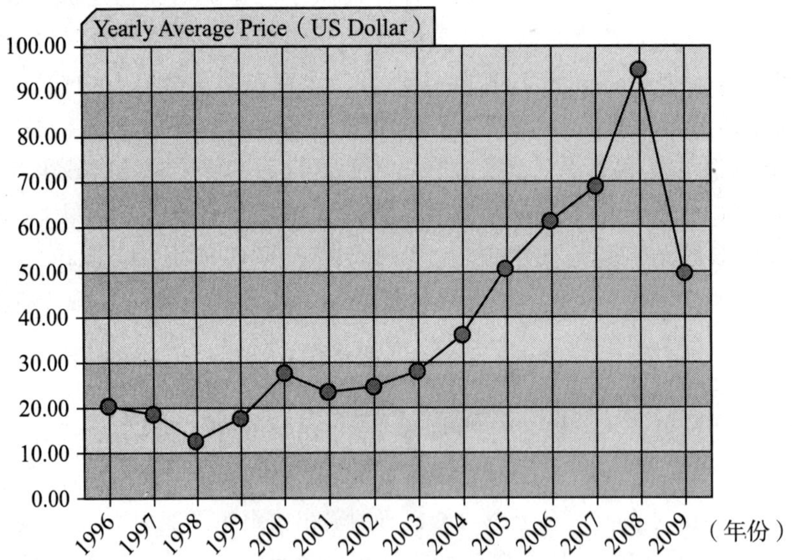

图 5－2　1996～2009 年 OPEC 每年平均油价（据 OPEC）

资料来源：http：//www. opec. org/Home/basket. aspx.

① 《OPEC 油价突破每桶 111 美元》，http：//news. xinhuanet. com/newscenter/2008－04/24/content_8044392. htm，2009 年 4 月 26 日访问。

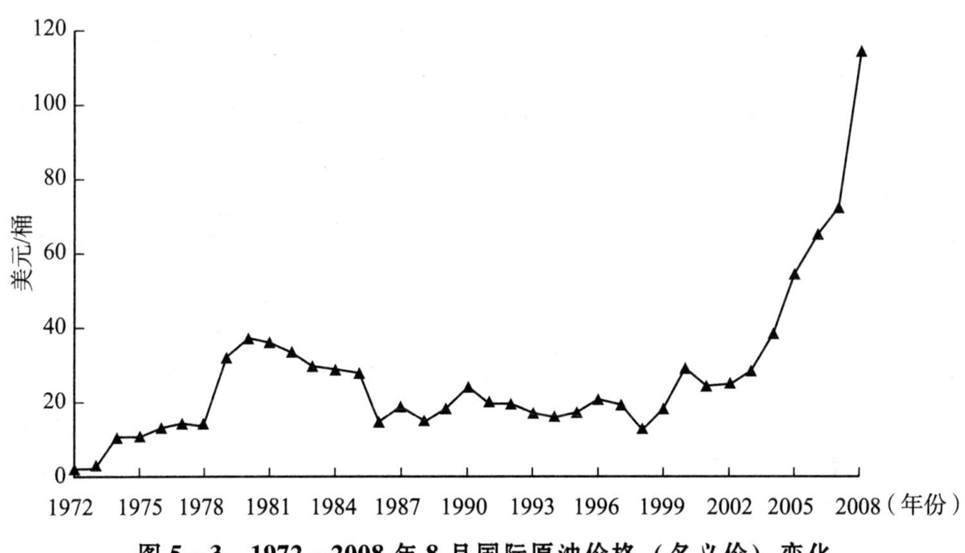

图 5－3　1972～2008 年 8 月国际原油价格（名义价）变化
（据中国宏观经济信息网）

资料来源：http：//www. macrochina. com. cn/zhtg/20080917091701. shtml。

（三）OPEC 确定油价的指导原则

由前可见，OPEC 的油价政策对国际石油价格具有决定性的影响作用。而 OPEC 作为一个国际商品协定组织，其宗旨是协调和统一成员国的石油政策，维护国际石油市场的稳定，寻求以最好的方式维护成员国单独或集体的利益。为了实现这一宗旨，从自身的立场出发，OPEC 必须追求最优的石油价格。而此最优价格原则作为 OPEC 收回油价决定权后确定石油价格的指导原则，具体又包括四个方面：

1. OPEC 的石油价格与石油收入的实际购买力相挂钩，也就是说，油价要与进口商品物价和外汇汇率变动相联系；

2. OPEC 的石油价格必须要维持在足以抑制石油替代能源发展的水平（目前 OPEC 把 19 美元/桶的石油价格视为可以有效抑制替代能源发展的价格）；

3. OPEC 的石油价格必须能够支撑世界经济稳定发展，这主要是为了避免世界经济衰退影响 OPEC 的收入和长久利益；

4. 要确保 OPEC 的石油市场份额，以掌握控制国际油价的能力，其方法就是利用其最优等油田所有者的地位，将价格维持在令 OPEC 以外的高成本油田产品无法进入市场的适当水平。①

① 参见杨光、姜明新编著：《石油输出国组织》，中国大百科全书出版社 1995 年版，第 53～56 页。

但要贯彻上述原则并非易事。因为OPEC的石油、天然气产量分别占世界石油、天然气总产量的40%和14%，并不能完全控制国际石油工业。而且如学者所分析的，目前的石油市场并不是完全竞争的市场，石油价格说到底是供求双方博弈的结果。需求方力量强价格就低，供给方力量强价格就高。从1986年至今石油的平均价格大大高于成本，就是因为供给方的力量要强于需求方。虽然世界石油的总生产能力要大于需求量，但是供给方之间尤其是OPEC成员国存在着默契，在一定程度上限制着产量，所以能够使石油开采存在着高额利润。但是，每一天的石油价格都是众多因素相互作用的结果，石油价格预测的困难就在于难以考虑周全这些因素，再加上石油价格对供给量和需求量的敏感性，在某个方面没有想到，就会导致预测的错误。另外，还有其他很多因素影响石油市场，如世界经济发展情况、非OPEC的产出等。① 此外，石油资源量和可采储量的不确定性而导致的油价预测的不确定，石油消费国为确保能源安全而对石油市场的强力干预，油田前期勘探开发的高投入对生产者退出市场的制约，等等，这些外在因素都会影响到OPEC对油价的确定。②

除了外部的因素外，OPEC在确定具体的价格目标时又会遇到成员国内部因为个别利益不同而产生的纷争。

如以沙特阿拉伯为代表的“鸽派”国家，石油资源十分丰富，可开采年限长，海外资产数额庞大，对世界经济和西方国家的依赖较深。因此，它们比较强调保持世界经济稳定增长和对石油的长期需求，抑制替代能源的开发和维护OPEC市场份额，并主张以充分的石油供应和比较低廉的价格为手段达到这些目的，从而在油价政策上一般都是提出温和的主张，不太同意过分抬高油价。

而以阿尔及利亚等国为代表的“鹰派”国家，则因为人口众多，国内资金紧张，甚至负债累累，需要大量石油收入还债，没有或极少有海外资产，加之在经济发展观念上强调独立自主和与国际市场脱钩，对西方国家经济依赖性相对较低，重视每桶石油的实际价格和强调大幅度提高每桶石油的出口价格，以达到其政治和经济目的，主张把提高石油价格作为打击西方国家的国际政治斗争武器。③

因此，OPEC的市场战略虽然有原则可循，但不同时期具体目标价格的确定却是这些原则在不同形式下被灵活运用，以及“鸽派”和“鹰派”两派交锋和

---

① 参见李懿、冯春山：《OPEC对国际石油价格影响研究》，载于《技术经济与管理研究》2003年第5期，第41页。

② 参见李优树：《国际石油价格受多种因素影响》，载于《价格月刊》2000年第12期，第3~4页。

③ 参见国家经济贸易委员会、煤炭信息研究院：《OPEC运行模式与中国煤炭工业结构调整对策研究》，2002年3月，第46~47页。（超星数字图书馆 http：//cx. hbdlib. cn：8080/markbook/BookSearch. jsp#）另参见陈悠久主编：《石油输出国组织与世界经济》，石油工业出版社1998年版，第143~145页。

妥协的结果。

（四）OPEC 影响国际石油定价的主要方式

1. OPEC 的油价机制。如前所述，OPEC 为了自身利益，以最优价格原则为其确定油价的指导原则。虽然 OPEC 宗旨之一是协调各成员国的石油政策，但这并不意味着对 OPEC 所有成员国都同样适用统一的价格。OPEC 的油价政策是首先确定一个目标价格或基准价格，这一目标价格是 OPEC 生产的某种原油价格，或几种原油的综合价格。而 OPEC 成员国生产的每一种特殊原油都按其品质不同、距消费地点距离不同（导致运费差异），以及国际市场对不同类型原油需求变化而与 OPEC 目标价格保持一定差价。这就在 OPEC 内部产生一个价格机制。OPEC 根据具体情况适时决定对这个价格机制继续维持或者进行调整。

OPEC 价格机制的确立是在 20 世纪 70 年代中期。1975 年 10 月起，OPEC 确定以沙特阿拉伯在塔努拉角出口的 34 度轻原油价格为基准油价。基准油价由 OPEC 成员国共同协商确定。基准油价与 OPEC 其他原油的差价根据两种原油之间油质差异、距消费市场距离和运费差异而定，并且保持不变。若基准油价变动，则其他原油价格也应按固定差价相应变动。若由于供应原因，基准油价达不到目标高度，各成员国有义务调整供应量，以共同维护基准价格。这种以沙特阿拉伯轻油价格为基准的 OPEC 油价体系存在于当时较为简单有序的国际原油交易格局的基础上，也便于 OPEC 对国际石油市场和价格的控制。① 但这一价格体系只是保持了 10 年。

到了 20 世纪 80 年代中期，由于高油价的刺激，英国、挪威、墨西哥等非 OPEC 巨头进入国际石油市场，面对外部冲击，大部分 OPEC 成员国为维护现有市场份额和石油收入，已经无法维持原有的目标价格，OPEC 价格机制终至崩溃。

1986 年 OPEC 决定以扩大市场份额为其新的战略目标，并且把 18 美元/桶的实际油价确定为既能抑制替代能源开发和非 OPEC 高成本产油国进入国际市场，又能保证世界经济稳定增长，并可确保 OPEC 石油收入不至于过低的目标价格。1987 年 1 月 1 日，OPEC 引入一篮子价格机制（OPEC Basket），将 7 种原油价格的平均价作为目标价格或基准油价。这 7 种油具有不同的性质和比重，来自不同的地区，它们是：阿尔及利亚的撒哈拉混合原油、印度尼西亚的米那斯原油、尼

① 参见国家经济贸易委员会、煤炭信息研究院：《OPEC 运行模式与中国煤炭工业结构调整对策研究》，2002 年 3 月，第 48 页。（超星数字图书馆 http：//cx. hbdlib. cn：8080/markbook/BookSearch. jsp#）

日利亚的博尼轻质原油、沙特的阿拉伯轻质原油、阿联酋的迪拜原油、委内瑞拉的蒂亚·胡安娜原油和非 OPEC 成员墨西哥的伊斯莫斯原油。[①] 除外，新价格体系也不再规定各种 OPEC 原油的差价，而是允许各国按照市场情况采取更加灵活的营销和定价方式，目标价格的水平由 OPEC 每半年开会讨论确定一次，同时为实现目标确定新的生产配额。

2000 年 3 月，根据新的市场形势，OPEC 又决定实施价格带机制（price band mechanism），以 OPEC 的"一揽子"价格为基础，根据市场变化而调整产量，寻求在合理的价格水平上稳定世界石油市场。如果实际价格超过 22～28 美元/桶这个范围达 20 天以上，或低于这个范围达 10 天以上，各国就要协调，以每天 50 万桶为单位，增建产量，指导价格重新回到它们设定的价格范围内。原本这个机制是自动运行的，但是 OPEC 的成员在实施过程中却变为以自己的任意判断为依据来调整生产，油价在 2000 年 6 月、9 月和 11 月曾经连续 20 多个交易日突破 28 美元上限，而这一油价机制只是在 12 月象征性地启动了一次。2005 年 1 月 30 日，OPEC 决定暂时中止实施价格带机制。[②]

在 2005 年 6 月 15 日召开的 OPEC 第 136 次大会上，在对石油市场进行重新审查之后，OPEC 决定对价格篮子的组成及其计算方式进行改变，以便更好地反映 OPEC 成员原油的平均质量水平。现在的 OPEC 参考价格篮子（OPEC Reference Basket）包括了 12 组原油价格，[③] 它们代表了 OPEC 的主要石油出口国，根据各国的产量和向主要市场的出口量进行加权平均计算。

2. OPEC 的生产配额制度。在目标价格确定之后，OPEC 维持其价格机制的主要手段就是实行生产配额制度（oil production quotas）。

OPEC 生产配额制度的创建可以追溯到 1960 年其成立之时，但真正开始运作则是从 20 世纪 80 年代开始的。1965 年 OPEC 第 9 次大会通过了决议，决定建立 OPEC 的生产配额制度，但是，由于当时 OPEC 成员国的石油生产和销售还是被外国石油公司所控制，这一制度一时还无法实施。20 世纪 80 年代初，国际油价大幅度下跌。为了挽救持续下跌的国际油价，1982 年 3 月，OPEC 第 63 次大会决定实施生产配额制度。当时，OPEC 总产量上限被定在 1 800 万桶/日，每一个成员国都分配了具体的生产配额。从此开始，OPEC 一般每年上半年和下半年

① 参见余建华：《OPEC 发展历程与新世纪挑战》，载于《阿拉伯世界研究》2006 年第 6 期，第 25 页。

② OPEC 一篮子价格和价格带机制的相关资料均来自于 *OPEC Brief*，http：//www.eia.doe.gov/emeu/cabs/opec.html。

③ 它们是：Saharan Blend（阿尔及利亚），Girassol（安哥拉），Oriente（厄瓜多尔），Iran Heavy（伊朗），Basra Light（伊拉克），Kuwait Export（科威特），Es Sider（利比亚），Bonny Light（尼日利亚），Qatar Marine（卡塔尔），ArabLight（沙特阿拉伯），Murban（阿拉伯联合大公国）和 Merey（委内瑞拉）。

分别召开一次大会，根据市场情况重新审议和制定下一个半年 OPEC 总产量上限和各成员国的生产配额。如遇紧急情况，OPEC 则召开特别会议，提前审议和确定以上配额和限额的制度。这一制度一直延续至今。①

一般而言，总产量上限比较容易确定，而在成员之间的产量分配则较难达成一致。这恐怕是 OPEC 在实施生产配额制度时最难以解决的问题。OPEC 各成员国出口单一，石油出口是其资金积累的唯一重要源泉，都希望扩大自己的石油收入，因此，在谈判生产配额时，都根据自己的特殊利益和需要，提出能扩大自己本国生产配额的最有利于自己的分配标准。其中，最经常被提及的标准主要有 8 种：（1）储量标准；（2）生产能力标准；（3）国内消费量标准；（4）历史份额标准；（5）生产成本标准；（6）人口标准；（7）对石油收入的依赖程度；（8）外债标准。②

因为 OPEC 成员国各自利益和具体国情的不同，每一种标准都有赞成的也有反对的，莫衷一是。因此，到目前还没有哪一种标准被 OPEC 作为唯一正式标准所采用。在实践中，OPEC 在分配生产配额时主要考虑的是储量、生产能力和历史份额这 3 个标准，其他标准则不被重视，而只是作适当参考。

生产配额确定后还有一个监督执行的问题。OPEC 内负责对成员国石油生产和出口进行监督的机构是部长级监督小组委员会（Ministerial Monitoring Sub-Committee，MMSC）。在此之前，OPEC 1982 年开始实施生产配额制度时，曾成立一个部长级监督委员会（Ministerial Monitoring Committee，MMC），由 4 位部长组成，负责监督市场状况以及向 OPEC 大会就可能采取的措施提供咨询，也就是对产量水平提出建议。1990 年该委员会的职责进一步扩大，成员包括了所有代表团团长。1993 年，部长级监督委员会的第 10 次会议决定设立部长级监督小组委员会，由后者具体监督各成员国的配额执行情况。③

（五）OPEC 对国际石油定价的影响力有下降的趋势

从以上分析可以看出，OPEC 并不能决定石油市场价格，2008 年 7 月 ~2009 年 6 月的国际油价大跌就是一例。从经济学讲，OPEC 影响国际油价的行为要产生预想的作用，还受制于其他因素。“当 OPEC 增加产量时，如果此时消费量不变，相当于供给曲线向下移动，而需求曲线不动，价格会下跌。而实际情况未必如此，世界经济发展虽然或快或慢，一般总是在向前发展，当经济向前发展的时

① 参见杨光、姜明新编著：《石油输出国组织》，中国大百科全书出版社 1995 年版，第 65 页。

② 参见国家经济贸易委员会、煤炭信息研究院：《OPEC 运行模式与中国煤炭工业结构调整对策研究》，2002 年 3 月，第 52 ~53 页。（超星数字图书馆 http：//cx. hbdlib. cn：8080/markbook/BookSearch. jsp#）

③ *Answers to Frequently Asked Questions about OPEC*, from http：//www. opec. org/library/faqs/opec. htm。

候，石油的消费量也会相应增加。这样就相当于供给曲线向下移动，而需求曲线在向上移动，所以价格未必降低。当 OPEC 减少产量时，如果所有国家能够很好地执行协议，并且石油的需求量不减少，非 OPEC 不增加产量，世界石油价格应该上升。因为供给曲线向上移动，由于经济的发展，需求曲线向上移动，这样的结果必然使价格上升。在实际中问题在于，未必所有的成员国能够很好地执行协议。”①

不仅如此，从长期来看，OPEC 虽然对国际油价的影响很大，但是近年来其影响力有下降的趋势。其主要原因有以下几点：

1. OPEC 自身的剩余产能有限。作为一个带有卡塔尔色彩行为的组织，OPEC 的剩余产能在一定程度上决定了它对石油价格的调控力大小。“由于 OPEC 成员国不同程度地面临着技术落后和资金缺乏的问题，要把储量大、成本低的潜在优势变为现实，OPEC 须加大对外资开放，强化与跨国石油大公司合作，促成国际石油资本重回低成本的 OPEC 世界。”② 实际上 OPEC 在现有产能基础上，到底能提高到何种程度，也是未知数。

2. 新兴的非 OPEC 产油国石油产量激增。据 IEA 统计，1973 年 OPEC 占世界石油产量 55.5%，目前则只占 1/3 左右。俄罗斯不断扩大原油出口，在其周边构建类似 OPEC 的松散组织，为周边地区的石油输出国和消费国提供协商平台。挪威日产原油 300 万桶，是仅次于沙特阿拉伯和俄罗斯的第三大石油出口国。哈萨克斯坦、墨西哥、西非等国家和地区的市场占有率也明显上升。③ 如果将 OPEC 和非 OPEC 国家比较，OPEC 成员国拥有世界原油储量的 70% ~75%，但产量只占全球总量的 43%；非 OPEC 国家石油储量只占世界总量的 25% ~30%，但产量却达全球总量的 67%。④ 非 OPEC 的蛋糕份额越大，OPEC 受到的市场挤压就越大。

3. 美元的市场表现和美国的经济、能源政策对国际油价的影响增加。美国作为全球最大经济体和第一大石油消费国，其经济和货币政策对世界能源市场也有重要影响。例如，美元持续贬值，就是导致以美元计价的油价上涨的因素之一。另外，“作为世界第一大石油消费国和第一大原油进口国，美国每天消费超过 2 000 万桶原油，占世界总消费量的 1/4，其中一半以上依靠进口。美国宏观经济稍有波动，就会通过改变石油消费需求而影响国际油价。美国石油储备对油

① 李懿、冯春山：《OPEC 对国际石油价格影响研究》，载于《技术经济与管理研究》2003 年第 5 期。

② 余建华：《OPEC 发展历程与新世纪挑战》，载于《阿拉伯世界研究》2006 年第 6 期，第 25 页。

③ 参见于培伟：《国际石油定价权日趋多元化》，载于《经济参考报》2005 年 8 月 16 日第 006 版。

④ 参见钱文：《OPEC 市场控制力下降》，载于《中国石化报》2007 年 12 月 5 日第 005 版。

价的影响巨大。布什政府在油价上涨的情况下仍不断扩大原油的战略储备，甚至要把战略储备目标提高到10亿桶。国际市场上的石油用美元直接标价，美国货币政策通过美元汇率直接影响国际市场上的石油标价，美元不断贬值支撑了油价持续高企。据美国达拉斯联邦储备银行的研究，美元对其他石油消费国货币每贬值10%，以美元计价的国际油价就会上涨7.5%”。①

4. 国际期货市场的投机行为导致国际油价的泡沫增多。“20世纪80年代以来，主要工业化国家基于分散石油现货市场风险的需要，建立并逐步完善了石油期货市场。目前，石油买卖更多通过全球期货交易网络中数以千计的中间商进行，定价权逐步由过去相对单一主体过渡到产油国、供应商、消费国加上大量投机商等多角色共同分享参与的局面。石油价格的泡沫明显增多，全球政治、经济、安全形势一有风吹草动，都会对石油市场预期产生影响，形成风险溢价，引发油价非理性升高。”② 而石油期货市场所发出的虚假价格信号，对OPEC进行市场预测，确定油价和生产政策也产生了很大的干扰。

5. 以IEA为代表的石油消费国发挥越来越大的作用。国际油价的最终确立在很大程度上取决于石油供应国和石油需求国的价格博弈。经合组织能源消费国于1974年成立IEA，其宗旨就是：协调成员的能源政策，发展石油供应方面的自给能力，共同采取节约石油需求的措施，加强长期合作以减少对石油进口的依赖，提供石油市场情报，拟订石油消费计划，石油发生短缺时按计划分享石油，以及促进它与石油生产国和其他石油消费国的关系等。③ 随着捷克、韩国、斯洛伐克和波兰的加入，IEA在21世纪的成员已经扩大到28国，而且在信息数据交流、节能和替代能源技术合作、石油战略储备建设等方面更趋完善，作为国际石油市场的主要买方在与OPEC的博弈中不断走向成熟。许多石油消费国为有效避免和应对石油危机，近年来努力提高能效、加强非石油的替代能源和可再生能源的开发与利用，积极营造进口能源的品种多类化和来源地多元化，以降低对OPEC的石油依赖。④ 这些都对OPEC对国际油价的调控能力形成冲击。

6. OPEC自身的结构性问题无法解决。我们知道，OPEC并非一个典型的卡特尔组织，而只是具有卡特尔色彩行为的国际商品协定组织。美国著名的石油经济学家阿德尔曼（Adelman）就认为，“OPEC是一个松散的卡特尔，影响这个卡

---

① 参见林甦、李震：《OPEC对国际市场油价影响力有所下降》，载于《中国信息报》2007年11月19日第002版。

② 于培伟：《国际石油定价权日趋多元化》，载于《经济参考报》2005年8月16日第006版。

③ 参见杨泽伟：《中国能源安全法律保障研究》，中国政法大学出版社2009年版，第36页。

④ 参见余建华：《OPEC发展历程与新世纪挑战》，载于《阿拉伯世界研究》2006年第6期，第24～25页。

特尔的因素多种多样，有的使其市场力增强，有的则削弱其市场力，相互抵消之后的效应就是其影响力。”[①] 虽然 OPEC 具有较大的市场份额，并且通过生产配额制度、油价机制影响国际油价，也试图惩罚成员国的欺骗行为，但是 OPEC 作为一个政府间国际组织，其内部治理结构严格贯彻“国家主权平等”原则，因此，“缺乏卡特尔整体权力。传统的卡特尔组织需要凌驾于各成员权力之上的卡特尔权力。例如，国际锡卡特尔组织有权命令成员国降低产量，以维持价格，并对不遵守命令的成员国给予惩罚。但是，OPEC 却不具有这样的卡特尔权力。OPEC 关于要求成员国减产或增产的决定，都需要成员国的配合。”[②] 另外，OPEC 不仅缺乏有效的惩罚机制，无法制裁成员国违反生产配额的行为，也没有严格的缓冲存货机制，而这对于通过调节产量来支持价格是非常重要的。与典型的卡特尔组织不同，OPEC 剩余生产能力控制在沙特阿拉伯等个别成员国手中，因而决策时考虑的是某个成员国自己的利益，而不是 OPEC 整体的利益。例如，在 1983 年石油价格下跌以后，沙特和其他海湾产油国承担了削减石油产量以稳定石油价格的责任。但是这类行动是由这类国家单方面采取的，而不是 OPEC 的卡特尔权力。研究发现，沙特自己或有时是沙特和阿联酋以及科威特一起，利用它们剩余生产能力为自己谋利益，而损害了 OPEC 整体的利益。[③] 此外，由于 OPEC 成员国财政状况不同，它们为了各自利益，在实施减产过程中也很难协同一致。以 2008 年 10 月的减产决定为例，OPEC 决定从 11 月 1 日起将原油日产限额削减 150 万桶，至 2 730 万桶。但 OPEC 自己公布的数据显示，11 月该组织原油日产量达到 2 880 万桶，仅比 10 月减少 78.5 万桶。[④] 与 IEA 相比，OPEC 因内部利益纷争而导致的不团结也比较严重，加蓬和印度尼西亚从 OPEC 的退出就很说明问题。同时 OPEC 成员国内部的矛盾也值得关注。因为沙特阿拉伯、科威特等国与美国关系紧密，并且在美国有大量投资，而伊朗、利比亚、委内瑞拉等国则与美国针锋相对，政策去向南辕北辙，不可能不对内部协调产生影响。

（六）国际石油价格对 OPEC 自身的影响

OPEC 自成立以来，在很大程度上左右了国际石油价格，特别是凭借其石油

① 王鸿雁：《OPEC 卡特尔行为综述》，载于《石油大学学报（社会科学版）》2005 年第 2 期，第 6 页。

② 王鸿雁：《OPEC 卡特尔行为综述》，载于《石油大学学报（社会科学版）》2005 年第 2 期，第 8 页。

③ 参见王鸿雁：《OPEC 卡特尔行为综述》，载于《石油大学学报（社会科学版）》2005 年第 2 期，第 8 页。

④ 参见姜鑫民：《2009 年国际油价走势分析》，中国宏观经济信息网 http://www.macrochina.com.cn/zhtg/20090604093625.shtml，2009 年 6 月 4 日。

储量、产量和质量的优势，推动了石油价格的上涨，这为OPEC赢得了极大的经济和政治利益。但是，从另一方面来讲，国际石油高价运行对OPEC成员国也并非是百利而无一弊的，有学者认为，类似于20世纪70年代，21世纪以来的国际油价高位上行无疑大大增加了OPEC成员国的石油收入，经济状况有明显好转。但高油价的居高不下对OPEC也是一把“双刃剑”：其一，高油价长期运行将阻碍世界经济增长，从而造成全球能源需求减少，OPEC石油出口和外汇收入下降，经济再陷困境；其二，高油价有利于OPEC竞争对手的既得利益。40美元以上的高油价显然有利于非OPEC产油国的石油开发和生产，削弱了OPEC的生产成本优势，OPEC的市场份额将会减少，市场控制力也会下降，而非OPEC产油国的竞争实力却会提升；其三，高油价刺激替代能源的开发。当油价在50~80美元高位区运行阶段，人们不仅更加青睐更高效、安全、环保的天然气，而且核能、太阳能、风能、水能等各种可再生的替代能源开发和利用的经济成本障碍大大减弱，甚至可能更为划算，这对世界石油需求的长期增长显然不利。[①]现阶段，不少经济观察组织对未来世界经济发展趋势持悲观态度，一旦世界经济发展放慢甚至停滞，对OPEC成员国也是重大利空。

三、中国对OPEC应采取的态度和策略

（一）中国要确保能源安全，就必须高度重视OPEC、研究OPEC

中国是个高速发展中的能源消耗大国，对进口能源尤其是石油的需求非常大。2008年中国石油（包括原油、成品油、液化石油气和其他石油产品）净进口量达20 067万吨，同比增长9.5%。在2007年首次占到国内油品消费量一半之后，2008年中国石油进口依存度接近52%，[②]已成为当今世界第二大石油消费国和第三大石油进口国，并将取代日本成为世界第二大石油进口国，因此面临着突出的能源安全问题。OPEC是当今国际石油市场最大的石油供应方，也是中国最大的海外石油提供者。据统计，OPEC在中国原油进口中的份额2005年为41.1%，[③]

① 参见余建华：《OPEC发展历程与新世纪挑战》，载于《阿拉伯世界研究》2006年第6期，第23页。

② 参见中国石油商务网 http://www.oilchina.com/syxw/20090209/news2009020909313113319.html。

③ 参见田春荣：《2005年中国石油进出口状况分析》，载于《国际石油经济》2006年第3期，第4页。

2006年为40.2%，[①] 2007年为56.9%，[②] 而2008年高达63%。[③] 可见，尽管中国已经开始采取寻求能源来源多元化的战略，但OPEC石油对中国的能源供应安全的作用仍然不可替代。作为世界上第三大石油进口国，中国与世界上主要石油生产国组成的OPEC之间具有互补性的利益，进行合作的空间相当大。现在中国与OPEC已经建立了定期对话机制，与OPEC的关系无疑成为中国石油安全供应战略的相当重要的一环。中国要确保能源安全，就不能不重视OPEC、研究OPEC，并且从这一生产者组成的组织中吸取经验教训，这对于既是能源消耗大国同时又是传统能源生产大国的中国实行多元化的能源外交战略、开展国际能源合作，从而保障能源安全来说，具有重要意义。

（二）对OPEC的基本认识和判断

通过研究，对OPEC大致可以做出以下判断：

1. OPEC是个由主权国家组成的为了维护石油价格稳定和产油国利益的、特殊的国际商品协定组织，不等同于一般意义上的由私人企业组成国际卡特尔联合组织。

2. OPEC在过去几十年里取得了巨大的成功，特别是在20世纪70年代，达到了其组织声望和国际地位的最高峰，沙特阿拉伯也一跃成为该地区和世界上颇有影响力的大国。虽然OPEC对市场的控制力已不如以前，但它仍是决定石油价格的重要因素，它在石油市场上所作的任何决策都令人不敢轻视，仍然对世界经济具有举足轻重的影响。此外，OPEC在对外交往方面也正在逐渐打开局面，它与欧盟、中国等石油消费组织和国家之间的互动必然会对国际局势产生一定影响，它在《气候变化框架公约》中的地位和作用也越来越引起关注和重视。不过，由于诸多因素，OPEC对国际油价的影响作用有下降的趋势。OPEC也在适应新的形势，调整自己的政策，这对中国提高谈判筹码，加强与OPEC的合作十分有利。

（三）仿效OPEC建立其他能源的生产者联合组织的想法不现实

经过分析，OPEC之所以成功，其原因在于石油的商品特性、OPEC成员国得天独厚的资源优势等物质基础和特定时期的国际局势和市场条件，此外还有组

---

① 参见田春荣：《2006年中国石油进出口状况分析》，载于《国际石油经济》2007年第3期，第17页。

② 参见田春荣：《2007年中国石油进出口状况分析》，载于《国际石油经济》2008年第3期，第40页。

③ 参见田春荣：《2008年中国石油进出口状况分析》，载于《国际石油经济》2009年第3期，第35页。

织内部的团结、采取一致行动以及与组织外部的其他市场参与者存在共同利益等有利因素。总之，OPEC 这一特殊国际商品协定组织的成立和壮大有着“天时、地利、人合”的优势，特定的政治和市场因素、技术革新以及沙特阿拉伯等国的贡献共同导致了 OPEC 的成功，因此 OPEC 是个有独特性的个案。虽然其他国家和行业可以对 OPEC 的成功经验加以借鉴，对其失误之处引以为鉴，但从整体上讲仿效意义不大，也就是说，成立一个“OPEC”式的煤炭行业或天然气行业的生产者联合，在当今世界可行性不大。更何况，OPEC 的石油政策行为越来越面对有关国家或组织的反垄断法、竞争法的管辖，在 WTO 体制内也遇到争议，很难排除在将来有可能被有关国家或组织提起反垄断法或竞争法诉讼，而石油产品被完全纳入 WTO 的多边贸易体制也恐怕是大势所趋。鉴于此，再仿效 OPEC 建立其他能源的生产者联合组织，从法律上讲也并不现实。

（四）中国对 OPEC 可采取的策略

中国在与 OPEC 打交道的过程中可以采取的策略，以及从 OPEC 方面可以借鉴的政策主要包括以下几种：

1. 加强能源多边国际合作。OPEC 有一个致命的缺陷就是它的构成成分单一，即以清一色的石油出口国为其成员。这固然是维系组织团结的一个重要利益基础，但从市场的角度来讲，OPEC 所代表的石油生产和输出国毕竟只是市场的一方主体，在市场天平的另一端则是代表石油产业链下游的跨国石油公司和终端利益的石油消费国，后两者在决定国际石油价格、维持国际石油市场稳定、维护石油供应安全方面的作用绝不该也不能忽视。从法律的角度来讲，单方决定市场油价行为的合法性在国内法、国际法，包括 WTO 法上都不断遇到挑战和质疑，因此应该清醒地认识到国际石油市场的参与者已经高度多元化，已不仅仅由 OPEC 成员国组成，也不能仅仅由 OPEC 成员国决定一切，石油生产国与消费国的对话，OPEC 与非 OPEC 国家的合作都是趋势，中国作为石油消费大国应顺应这一潮流，除了要加强与 OPEC 的双边对话和合作之外，还要积极参与能源多边机制，如充分利用作为石油消费国与生产国之间对话机制的国际能源论坛（IEF）等，[①] 获得更多话语权，从而更好地维护自己的利益。

---

① 国际能源论坛（IEF）创办于 1991 年，现已成为国际石油生产国与消费国间的国际组织，其宗旨是在产油国和消费国之间建立积极的对话机制，通过合作与对话，维护能源市场的稳定，刺激世界经济发展，实现石油生产国和消费国的双赢。国际能源论坛一般每两年举办一次，参加者包括 50 多个国家的能源部长、世界主要能源企业的负责人、国际能源机构等国际组织的代表以及数百名能源领域的专家和业内人士。国际能源论坛已经成为 IEA、OPEC 以及中国、印度、俄罗斯等新兴石油消费国和生产国之间的重要对话平台。

2. 继续加强同 OPEC 的对话。如前所言，中国与 OPEC 之间具有互补性的利益，中国庞大的石油进口量、进口多元化的战略，加之 OPEC 在国际石油市场上影响力下降的趋势，是同 OPEC “博弈” 的重要筹码，应使 OPEC 认识到中国这样的大客户的重要性，双方只有合作才会有双赢的结果。目前 OPEC 与中国保持着良好的合作关系，双方已经建立了高层能源对话会议机制，自 2006 年起，该会议每年在 OPEC 总部所在地维也纳和中国首都北京轮流举行。在对话中，中国可以向 OPEC 介绍自身的经济发展计划和前景，说明中国的能源安全战略，加强 OPEC 对中国这一重要客户地位的认识，并与 OPEC 能源领域加强合作的议题坦诚交换意见。中国应继续加强同 OPEC 的这种对话机制，并由此与 OPEC 逐渐建立有关石油价格和供应的直接磋商机制，逐步进入国际石油价格机制的核心层，从而确保中国石油进口的安全与稳定和能够在国际石油市场获得一个公平、合理的份额。

3. 发展本国的大型石油公司。虽然总地来讲，中国应积极参与能源多边合作，但是基于分析，中国不适合联合其他消费国成立能源性国际商品协定组织，或者基于中国同时也是煤炭大国，联合其他国家成立煤炭行业的国际联合，因为国际商品协定组织并不是维护生产国利益的最好方式，历史事实和严谨的分析也都说明其他组织要实现与 OPEC 相同的成功是相当困难的。中国从 OPEC 方面可以借鉴的一点，就是成立并壮大本国的国家石油公司（NOC）。OPEC 成员国在收回石油资源主权的过程中纷纷成立了自己的国家石油公司，作为代替特许协议下跨国石油公司作用的机构，并授权它们负责本国石油资源的开采和出口。这些国家石油公司代表 OPEC 产油国行使石油主权，为 OPEC 石油资源的生产开发，石油经济的繁荣发展，国家石油政策的贯彻实施作出了突出贡献。OPEC 成员国的国家石油公司都具有相当的实力，近年来在开拓海外市场方面也成绩斐然，其中一些公司开始直接到消费国建立石油设施，方便石油的运输和储存，这不仅有利于开拓市场，而且有利于发展自己的石油精炼加工产业，加快石油产业的纵向一体化进程。OPEC 成员国的国家石油公司的经验除了对中国的能源出口有借鉴意义外，它所体现出来的近年来能源产业纵向一体化的趋势以及国家石油公司在其中所起到的作用，也值得注意，这就启发中国的大型石油公司需在海外找油、开拓市场方面走出一条新路。

4. 继续发展同某些 OPEC 成员国的传统能源供应合作关系。目前中国通过多年的合作已经与沙特、科威特、伊朗、委内瑞拉、伊朗等主要产油国建立了稳固的合作关系。中国应继续加强和发展这种同 OPEC 成员国的传统能源供应合作关系。虽然 OPEC 对国际石油市场的控制力大不如前，中国要注意能源供应的安全性和多元化，但这绝不意味着 OPEC 在中国的能源安全战略中的地位不再重要。OPEC 仍是世界石油市场中一股决定性力量，中国的能源供应安全不可能离开它而得到保障，相反，中国应该充分利用和积极发展与某些 OPEC 成员国之间的传统能源合作关系，进而与 OPEC 整体打交道。一方面，中国是世界上第三大石油进口国，拥有足以作为筹码并且还在增长的国内石油需求，另一方面，OPEC 是个集体权威比较弱的国际组织，实行国家主权平等原则，每个成员国在制定政策时都有发言权和自己的利益考量，因此，中国通过影响某个成员国就有可能影响 OPEC 的具体决策过程，这虽称不上构建中国在 OPEC 内的影响力，但却可能有助于阻止对中国不利政策在 OPEC 内的通过。

5. 开展与 OPEC 的实质性石油生产合作。中国还应鼓励 OPEC 加大在中国的投资，使其石油收益留在中国，也可以允许 OPEC 成员更多地在中国投资中下游石油项目。同时，中国也要创造条件，排除干扰，争取在 OPEC 成员国内直接投资石油生产的机会。例如 2007 年年底，中石化与伊朗正式签署合作开发伊南部亚达瓦兰油田合同，据协议，中石化将是亚达瓦兰油田唯一的主要伙伴和投资者。中石化收益率为 14.98%，中方资本回收期 4 年。[①] 除了伊朗之外，中国也可以在其他 OPEC 成员国开展这种合作，并争取得到 OPEC 的支持。

6. 加大从 OPEC 成员国的液化天然气进口。中国应最大限度地改变对石油的过分依赖，调整能源进口结构，尤其是可以考虑加大从 OPEC 成员国的液化天然气进口。由于液化天然气不在 OPEC 的生产配额制度之内，一些 OPEC 成员国，如卡塔尔、阿联酋、尼日利亚、伊朗等都大力生产和出口液化天然气。目前，中国与这些国家的液化天然气供应合作才开始。如 2006 年伊朗国家天然气出口公司与中石油签署协议，供应约 300 万吨的液化天然气，该供气计划从 2011 年开始，持续 25 年。[②] 2008 年 5 月，中海油与卡塔尔的 Qatargas Operating Co. 签订了液化天然气进口合同，中海油总经理表示，该公司计划在未来 25 年内每年从卡塔尔进口 200 万吨液化天然气。[③] 除了卡塔尔以外，中国也应该与其他 OPEC 天然气生产国建立长期、稳定的合作关系，通过液化天然气的进口来缓解国内能源需求的压力。

7. 推动石油进口多元化。由于 OPEC 主要产油国位于中东地区，为避免中东局势动荡而危害中国能源供应安全，减少对 OPEC 石油的依赖，中国应推动石油进口的多元化，即实现石油进口来源多源化、石油贸易形式多样化、通过投资控制海外石油生产和控制国际石油运输通道等。在 1990～1991 年的海湾危机和海湾战争以及伊拉克战争期间，尽管中东地区一些主要石油输出国如海湾战争期

① 参见新浪新闻 http://news.sina.com.cn/c/2007-12-11/095014495843.shtml。

② 参见新浪财经 http://finance.sina.com.cn/j/20061205/11453136217.shtml。

③ 参见中国石油商务网 http://www.oilchina.com/syxw/20080602/news2008060209295018141.html。

间的科威特和伊拉克、伊拉克战争期间的伊拉克的石油供应完全中断，但主要石油进口国并没有因此再度陷入石油供应危机。这在很大程度上，与它们采取石油进口多元化战略有关。[①] 中国也应采取同样的策略，在非洲、中亚和俄罗斯开辟新的稳定的石油来源。

8. 增强中国在国际石油定价中的话语权。虽然 OPEC 的石油政策对国际石油定价具有关键的影响和作用，但有研究结果表明，美国原油库存、美元汇率、美国石油需求和中国石油需求四个因素不论在长期还是短期内都对国际油价有影响；而 OPEC 原油产量只在长期对油价产生影响，在短期内则影响不明显。[②] 目前中国已经是全球第二大石油消费国，第三大石油进口国，但与其他因素相比较，中国庞大的石油需求与其在国际石油定价中较弱的话语权还很不相称，通常情况下中国还只是被动地接受国际油价。而且，OPEC 石油在出口到中国等亚洲国家时，还存在着价格高过出口到欧美国家原油价格的“亚洲溢价”（Asian Premium）问题。[③] 中国应该充分发挥石油消费大国的需求优势，积极融入全球定价体系，争取国际石油定价的参与权，增强中国对国际油价的调控能力。为此，可以考虑采纳学者的观点：一方面让更多的国内企业以套期保值的目的参与国际石油期货市场；另一方面，从长远来看，进一步发展中国的石油期货市场，形成自己的石油报价系统，从而影响国际石油市场和国际油价。[④] 总之，应积极展开研究并采取措施，将中国庞大的石油需求优势转化为左右国际石油定价的话语权。

---

① 参见陈沫：《OPEC 的油价政策与中国能源安全》，载于《西亚非洲》2005 年第 4 期，第 46 页。

② 参见程伟力：《影响国际石油价格因素的定量分析》，载于《国际石油经济》2005 年第 8 期，第 40 页。

③ 所谓“亚洲溢价”是指，中东地区的一些石油输出国长期以来对出口到不同地区的相同原油采用不同的计价公式，由于受多种因素的影响，销往包括中国在内东北亚地区的原油价格每桶比销往欧美地区高大约 1 美元。关于“亚洲溢价”的成因，可参见郑志国、胡晓群：《“亚洲溢价”及中国原油进口对策研究》，载于《中国物价》2006 年第 2 期，第 49 ~ 51 页；彭民、何亚南、郑凯：《中国石油贸易中溢价问题的成因与对策》，载于《国际商务——对外经济贸易大学学报》2007 年第 4 期，第 31 ~ 33 页。

④ 参见程伟力：《影响国际石油价格因素的定量分析》，载于《国际石油经济》2005 年第 8 期，第 43 页。

第六章

欧盟能源安全法律与政策及中国的战略选择

欧盟能源安全法律与政策包括两个层面的内容：第一个层面是欧盟共同体所制定的一致的能源安全法律与政策；第二个层面是欧盟内部各成员国根据各自情况所自主采取的能源安全法律与政策。各成员国的能源政策必须在欧盟整体所确定的法律规章和方针政策的框架内制定和实施。本章意在阐释欧盟作为一个共同体层面所制定的共同的、一致的有关能源安全方面的法律与政策。[①] 能源安全法律与政策的这种一致性原则对于实现能源安全目标具有至关重要的作用。

欧盟能源安全法律与政策的研究范围既包括欧盟颁布及参加的具有法律约束力的指令、条例及相关国际条约，也包括欧盟所出台及参与的对欧盟具有指导意义的框架、计划，是欧盟有关能源安全的一切法律和政策的总和。其中，欧盟有关能源安全的法律指欧盟所参加的有关能源情况规定的各类条约及欧盟所制定的有关能源问题的一系列指令、条例[②]和决定。[③] 这部分法律强调欧盟是以共同体

---

① 欧盟委员会2005年10~11月针对27个成员国居民所作的一份民意调查显示，47%的人支持在主要的能源政策问题上应在欧盟层面做出决定，37%的支持由成员国自己决定，8%的人认为应由当地解决。

② 条例和指令是欧盟自身立法的两种最主要形式，其中条例（regulation）在成员国直接生效，无须转化为成员国国内法；指令（directive）则不同，成员国必须在规定期限内将欧盟的指令转化为国内法，指令通常是成员国间一种最低限度的协调。

③ 有学者认为这部分法律还包括欧盟所作出的建议和意见，根据《欧洲经济共同体条约》第189条和《欧洲原子能共同体条约》第161条，欧盟理事会和执委会的条例、指令和决定具有法律拘束力，而建议和意见则不具有法律约束力。根据《欧洲煤钢共同体条约》第14条的规定，欧盟执委会在煤钢领域中做出的建议则具有法律拘束力。参见杨泽伟：《欧盟能源法律政策及其对中国的启示》，载于《法学》2007年第2期。笔者认为，由于《欧洲煤钢共同体条约》只是针对煤钢而言，而《欧洲经济共同体条约》则具有更广泛的适用性，本章的立足点也是整个能源领域而不单指煤钢资源，所以笔者没有将欧盟所作出的有关建议和意见包括在这部分法律范围之内。

的身份参加或制定（不包括各成员国单独制定的有关能源的法律），对欧盟各成员国都具有约束力。而欧盟有关能源安全的政策是指欧盟所制定的有关能源问题的计划、指导和建议以及促进能源安全的相关措施，其中最主要的就是欧盟发布的各种有关能源问题的白皮书和绿皮书。这部分政策没有法律约束力，只是一种指导作用，但对实现欧盟能源安全目标同样具有很重要的促进作用。

一、欧盟能源所面临的挑战

能源作为欧盟公民的基本生活保障，在欧盟公民的日常生活中起着重要的作用。但现在，对欧盟来说安全、经济的能源供应已一去不返，欧盟各成员国都面对着气候变化、对进口能源依赖性增加以及持续高涨的能源价格的挑战。持续高涨的石油和天然气价格，与欧盟对进口能源的依赖使得能源安全问题成为欧盟议程中的热点问题。

（一）气候变化，环境保护问题严峻

欧盟经济发达，温室气体排放量大，人均排放高（仅次于美国和加拿大），占全球排放量的15%，其中欧盟80%的温室气体的排放都是由能源引起的。温室气体排放是气候变化及绝大部分空气污染之根源。气候变化将加剧洪涝、干旱及其他气象灾害，如过多的降雨、大范围的干旱和持续的高温。根据最新的气候模型研究结果，欧洲的气温将每十年上升0.1～0.4℃，气候变暖主要发生在欧洲南部和北部，北欧的年降雨将增加，南欧降雨量将下降，即气候变化将使欧洲南部地区面临淡水短缺的风险。[①]

（二）能源外国进口日益增加，对外依存严重

欧盟大多数成员国都面临着能源匮乏，需要依靠能源进口来维持国民经济运转的难题。欧盟消耗的能源中80%来自于化石能源，包括石油、天然气和煤。而其中很大一部分都显著依赖于从欧盟以外其他国家进口，进口能源占欧盟能源总消耗量的50%，而且这种依赖性还在逐渐增强。如果能源消费没有得到合理控制，而化石能源结构又没有得到改变，那么到2030年欧盟对进口能源的依赖将上升至65%，其中对进口石油的依赖将从82%上升至93%，对进口天然气的依赖将从57%上升至84%。[②] 届时从中东进口石油数量将进一步增加。

---

① 参见郑爽：《欧盟将如何履行〈京都议定书〉》，载于《中国能源》2002年第10期，第21页。
② COM（2007）1 final，10.1.2007.

（三）能源价格上涨，市场垄断严重

欧盟对进口能源依赖性的不断增加，一方面威胁着供应安全，另一方面也是导致能源价格上涨的一个重要原因。由于欧盟市场上能源价格出现异常上涨，欧盟委员会曾在 2005 年 6 月对欧盟电力和天然气市场运作情况展开了一项市场调查。调查结果并不乐观，欧盟能源市场（尤其是电力和天然气市场）垄断情况还是十分严重。根据调查报告显示，目前欧盟的天然气和电力资源仍然集中在少数公司手中。报告认为，欧盟能源市场存在的主要问题，包括能源业务的过度集中、缺乏透明度、价格机制不当、不合理的市场结构导致外国公司被拒门外、能源市场垄断严重。①

二、欧盟能源安全法律与政策的主要内容

为了应对上述挑战，欧盟就必须采取相关针对性措施解决这些问题，除了出台专门的能源安全的指令性法规，欧盟还必须采取措施配合这些法规的施行，并认真监督这些法规在各成员国的执行情况。在能源领域，欧盟通过政策文件（policy documents）制定了一系列的目标（objectives）与政策（policy）。追求竞争力的自由化政策是欧共体的核心能源政策之一，同时也在欧盟引起大量关注。全球气候变暖使欧洲更加关注其能源政策中的环保方面。

2007 年 3 月 8 ~9 日的布鲁塞尔峰会上，欧洲理事会主席阐述了欧盟能源政策的四大共同利益目标，这些目标对于欧洲能源政策至关重要：（1）增强供应安全；（2）确保欧洲经济的竞争力；（3）确保低价能源的可利用性；（4）促进环境可持续发展和应对气候变化。这些目标之间的关系是：没有公开和竞争性的能源市场，可持续的、竞争性的和安全的能源目标都无法实现。公开市场而非保护主义将有助于欧洲解决其问题，一个竞争性的单一欧洲电力和天然气市场将降低价格、改进能源供应和增强竞争力，也有利于改善环境。②

（一）能源市场的一体化政策

欧盟能源市场的法律与政策，主要体现为欧盟能源市场的一体化政策，即打

---

① 参见新浪新闻中心国际新闻 http：//news. sina. com. cn/w/2005 - 11 - 16/11437455715s. shtml，最后访问日期 2008 年 2 月 23 日。

② Natalia Fiedziuk，The Interplay between Objectives of the European Union's Energy Policy：The Case of State Funding of Energy Infrastructure，P. 11 - 12，available at http：//papers. ssrn. com/sol3/papers. cfm? abstract_id = 1386902，last visited on October 5，2009.

破各成员国的能源市场障碍，通过实行市场开放，努力创造共同体内共同的能源市场。欧盟能源市场的一体化政策是欧盟共同能源政策的有效组成部分，也是促进欧盟能源安全的有效机制之一。欧盟能源市场的一体化政策，主要包括两方面的内容：欧盟能源市场的开放和欧盟能源市场的竞争性。其实这两方面的内容是互相依赖、紧密联系的。能源市场的开放意味着欧盟要将竞争机制引入到能源市场，通过开放市场，引入竞争，打破能源市场传统的垄断格局，进而提高能源的生产和分配效率。虽然自20世纪40年代起，欧盟的一些主要能源部门就开始合作促进欧盟能源市场的一体化，但直到20世纪80年代末至21世纪初，随着欧盟对进口能源的依赖性越来越大，欧盟才开始意识到能源安全的重要性，并积极采取措施推动欧盟共同能源市场的建立。

毋庸置疑，欧洲能源市场竞争力是1996~1998年采纳的首个自由化能源指令所追求的自由化政策的一个目标，是欧共体能源政策的首要政策之一，通过三个自由化“一揽子”协议形成。20世纪90年代，通过逐步引入竞争机制开放电力和天然气市场。2003年“一揽子”协议将能源传输和生产与供应解绑。2007年“一揽子”协议仍在欧洲议会和欧洲理事会争论中，其中建议所有权解绑，不仅能源生产的不同阶段应该由不同的公司进行，而且这些公司的所有权也应该解绑。系统运转的所有权应该与生产和零售分开。委员会相信这将有效地激励能源市场的竞争发展，刺激对电力生产的投资。在能源市场建立竞争性的环境是欧盟能源政策的核心政策目标。[①] 下面以电力和天然气市场的开放为例进行阐述。

1. 电力市场的开放。欧盟委员会通过制定一系列行业法规和通用竞争规则，推动电力市场化改革不断深入。20世纪90年代初，欧盟颁布了有关工业终端用户电力和天然气价格透明化的90/377/EEC指令和关于输电的90/547/EEC指令，标志着欧盟电力行业自由化进程的开始。1996年，96/92/EC指令（又称电力指令）出台，明确了建立欧盟内部电力市场的通用规则。2001年颁布的有关可再生能源发电的2001/77/EC指令对电力指令作了补充。2003年，为加快电力市场化进程，欧盟颁布了一个新的指令：电力国内市场指令（Internal Market in Electricity Directive）2003/54/EC指令（也称加速指令），取代了电力指令，旨在促进电力市场自由开放与安全供应。[②] 这一系列指令、规则构成了欧盟电力市场化改革的法规体系，为欧盟迅速推进电力市场100%开放提供了有利保障。

① Natalia Fiedziuk, The Interplay between Objectives of the European Union's Energy Policy: The Case of State Funding of Energy Infrastructure, P. 13 - 14, available at http://papers.ssrn.com/sol3/papers.cfm?abstract_id=1386902, last visited on October 5, 2009.

② 国家电力监管委员会办公厅：《欧盟电力市场化改革的情况和启示》。参见 http://www.serc.gov.cn/opencms/export/serc/jgyj/ztbg/news/ztbg000030.html，最后访问日期2008年2月28日。

2. 天然气市场的开放。1998 年，欧盟就出台了有关天然气指令，并于 2000 年 8 月 10 日在各成员国贯彻施行。指令中提出了一项渐进的天然气市场开放政策，要求成员国的市场开放份额从 2000 年的 20% 增长至 2008 年的 33%，[①] 这也是成员国必须遵守的最低限度的天然气市场自由化程度。由于 1998 年的天然气指令在欧盟各国出现进展不一的情况，2004 年，欧盟委员会发布了一项修正指令——关于天然气供应安全的指令（gas security directive），该项指令意在促进天然气部门的供应安全，为维护天然气供应安全设立了相关措施。[②] 根据这项共同的法律框架，为了与建立公平竞争的内部天然气市场的要求一致，成员国必须制定全面的、透明的、无歧视的天然气安全供应政策；此外，成员国还必须说明不同的市场组成者的不同角色以及相应的责任，并认真贯彻执行非歧视原则维护天然气供应安全。为更好地监控安全供应状况，在发生供应危机时提供相关协调机制，指令还设立了一个天然气协调工作组，该工作组由欧盟委员会领导，由成员国内相关经济领域的代表及消费者代表组成。

（二）能源合作对话机制，确保能源供应安全

在相互关系越来越紧密的能源世界，能源安全很大程度上依赖于如何与其他国家保持良好的关系。为了避免有关能源的冲突，供需双方建立对话机制是克服障碍的最佳方法。为推动欧盟能源制度一体化及促进欧盟与相邻国家间的能源关系，欧盟已为自己的对外交流设定了几个重要目标，包括：（1）加强欧洲大陆能源供应的安全性；（2）巩固扩张后的欧盟的内部能源市场（Internal Energy Market，IEM）；（3）支持合作国家能源体制的现代化；（4）促进至关重要的新的基础设施的实现。[③]

欧盟与传统的天然气供应者保持着良好的能源合作关系，其中最显著的就是俄罗斯、挪威和阿尔及利亚。在欧共体内，欧盟-俄罗斯能源合作在确保能源安全方面至关重要。欧盟所需能源的一半依赖进口，其中来自俄罗斯的天然气和石油分别占进口总量的 50% 和 30%；预计到 2020 年欧盟 3/4 的天然气需求将依靠进口，其中大部分将来自俄罗斯。而近年来，能源出口（石油和天然气占 3/4）一直占俄罗斯外汇收入的 50% ~60%，其中出口总量的 85% 面向

---

① *See* Martha M. Roggenkamp etc. ed.，*Energy Law in Europe：National，EU and International Law and Institutions*，Oxford University Press 2001，P. 1006.

② Council Directive 2004/67/EC，29. 4. 2004，P. 92 -95.

③ *See* European Commission，*Assessment of Economic Optimal Future "Energy Corridors" between the EU and Neighbouring Countries*，Energy：Economic，social and policy-oriented research in europe，2007，P. 22.

欧盟市场，能源产值对俄罗斯 GDP 的贡献率达 50%。[①] 正是这种能源上的依赖以及经济上的支持关系促成了欧盟与俄罗斯在能源领域的合作以及相关对话机制的建立。

早在 1997 年，欧盟与俄罗斯在《伙伴关系与合作协定》中就签订了相关的能源出口协议。1999 年 6 月欧盟科隆首脑会议通过了“欧盟对俄罗斯共同战略”，表示将尽快批准双边协议中有关能源的条款，继续协商建立多方运输体系。2000 年 10 月，欧盟委员会通过“普罗迪计划”，决定强化与俄罗斯的能源合作。2000 年 10 月 30 日在巴黎举行的第六届欧盟 – 俄罗斯首脑会议上，欧盟与俄罗斯签署了《能源战略伙伴关系协议》，确定了在能源领域合作的总体规划和建立稳定的伙伴关系，以提高能源合作的可靠性。会后发表的共同声明指出：“俄罗斯和欧盟决定开始进行经常性能源对话，以推动能源领域伙伴关系的建立并确定基本模式。”[②] 2007 年通过的合伙及合作协议（Partnership and Cooperation）将为欧盟 – 俄罗斯能源合作提供一个更新的全面协议基础。

独立于欧盟与俄罗斯间的谈话，欧盟还与其他第三国家（包括其他能源生产国、能源运输国与重要的能源消费国）保持能源合作。如地中海、黑海、里海、中东、拉丁美洲及非洲地区和挪威，这些国家或地区作为重要的能源生产地，欧盟加强了与他们的合作关系。此外，欧盟还与一些主要的能源消费国发展合作关系，包括美国、印度及中国。与这些国家或地区的能源合作政策有助于欧盟和运输国的供应安全，帮助合作国家不断改善，并为能源生产国进入欧盟市场提供便利。能源种类的多样化、来源以及运输国、运输方式的多样化对欧盟确保能源安全都是必要的。

---

① 参见［日］伊藤光严：《欧盟会被俄罗斯的“石油霸权”降伏吗?》，载［日本］《选择》月刊 2005 年第 1 期。转引自毕洪业：《俄罗斯与欧盟能源对话：成果、问题与前景》，载于《国际石油经济》2007 年第 5 期，第 42 页。

② 参见毕洪业：《俄罗斯与欧盟能源对话：成果、问题与前景》，载于《国际石油经济》2007 年第 5 期，第 43 页。2001 年 3 月 10 日在布鲁塞尔举行的第八届欧盟 – 俄罗斯首脑会议上对话者们提出了他们的第一份联合综合报告。谈话双方精心准备的第二份联合进展报告受到了 2002 年 5 月 29 日在莫斯科举行的第九届欧盟 – 俄罗斯首脑会议的欢迎，这次峰会为那些已在审查中的论点增加了许多新的论题。同样，第三份联合进展报告也受到了 2002 年 11 月 11 日在布鲁塞尔举行的第十届欧盟 – 俄罗斯首脑会议的欢迎，而 2003 年 3 月 31 日在圣彼得堡举行的第十一届欧盟 – 俄罗斯首脑会议则进一步强调了双方要积极贯彻受规章制约的承诺。2003 年 11 月 6 日在罗马举行的第十二届欧盟 – 俄罗斯首脑会议上提出了第四份联合进展报告，2004 年 11 月 25 日在海牙举行的第十四届欧盟 – 俄罗斯首脑会议上提出了第五份联合进展报告，2005 年 10 月 4 日在伦敦举行的第十六届欧盟 – 俄罗斯首脑会议上提出了第六份联合进展报告，2006 年 11 月 24 日在赫尔辛基举行的第十八届欧盟 – 俄罗斯首脑会议上提出了第七份联合进展报告。

See http://ec.europa.eu/energy/russia/overview/index_en.htm, last visited on February 22, 2008.

除了采取措施稳定欧盟在能源领域的国际合作外，欧盟还建立有效机制确保成员国之间的合作。为帮助欧盟在遭遇能源安全危机的情形下能及时做出应对，并在遭遇内部能源危机情形下各成员国能分享信息，欧盟2007年已在成员国设立了能源网络通信。

2003年在欧洲特别是在意大利发生的电力短缺，引起了欧盟的强烈关注和争论。2006年欧盟出台关于电力供应安全的2005/89/EC号指令，为成员国增加了一项明确的义务，要求成员国建立规范性的框架，为电力传输和配送系统提供投资指南，以适应市场需求。欧盟还通过了关于天然气供应安全的2004/67/EC号指令。

除能源投资外，欧盟的能源供应战略还十分关注安全能源来源的多样化。只依赖有限的能源来源，特别是进口能源对于整个能源市场有负面影响。因此欧盟更加注重依赖本土能源来源和可再生能源。因再生能源有利于环境保护，欧盟非常重视可再生能源，已经将其列于能源家族的榜首。此外，欧盟也正在认真考虑扩大其能源范围，开始关注核能，但关于核能是否能产生积极的作用在欧盟内部尚存分歧，有关政策尚不明朗。①

（三）有关环境保护与人类健康的法律与政策

因能源所产生的环境污染和对人类健康的影响来源主要包括：（1）含硫煤炭燃烧所导致的酸雨；（2）化石燃料的使用导致越来越多的碳排放进大气，并进一步导致全球变暖；（3）因其他能源供应系统所引起的城市当地的空气污染和臭氧层消失；（4）核危害（尽管它不会向大气中排放碳），核电站事故产生的放射性物质意外泄漏造成的灾难性的跨境环境损害，严重威胁着环境安全及人类健康。② 近年来，世界各国、国际组织及社会公众对气候变化的关注已远远超过了环境本身的含义，而被赋予了更多的社会、经济和政治意义。

全球变暖等环境变化使欧盟更加关注能源政策中的环境保护方面，推动了可再生能源和能源效率技术方面的投资。

能源方面的环境保护政策直接来源于EC条约第2、3条有关规定，1997年

---

① Natalia Fiedziuk, The Interplay between Objectives of the European Union's Energy Policy: The Case of State Funding of Energy Infrastructure, P. 11 – 15, available at http: //papers. ssrn. com/sol3/papers. cfm? abstract_id = 1386902, last visited on October 5, 2009.

② 参见艾德里安·J·布拉德布鲁克、拉尔夫·D·沃恩沙夫特：《国际法对实现全球可持续能源生产与消费的贡献》，载于［澳］Adrian J. Bradbrook、［美］Richard L. Ottinger 主编：《能源法与可持续发展》，曹明德、邵方、王圣礼译，法律出版社2005年版，第239~240页。

签署的《京都议定书》[①] 对欧盟环保政策发展加强具有极大的推动作用。目前欧盟已作为一个独立的实体签署了该议定书。议定书为欧盟设定的具体减排目标是8%。欧盟通过内部谈判将议定书规定的8%的减排任务分解到各成员国。[②] 为履行议定书规定的义务，欧盟更加重视能源效率和可再生资源的利用，2001/77/EC可再生资源指令奠定了该领域共同体未来框架的基础。2008年，共同体环境“一揽子”协议得以出台，该“一揽子”协议为欧盟的环境政策制定了雄心勃勃的目标，特别是提出到2020年在全欧盟将可再生能源增加到能源生产的20%。[③]

大力推进气候变化进程，维持在国际事务中的主导地位，符合欧盟政治上的战略利益。[④] 与美国被批“气候罪人”不同，欧盟国家在应对气候变化、环境污染等全球性问题上一直勇于承担责任，并积极付出行动配合各项全球减排、国际环保公约的实施。从《气候变化公约》的施行，《京都议定书》中明确减排目标的确定，直到在印度尼西亚巴厘岛举行的联合国气候变化大会上通过的“巴厘岛路线图”计划，[⑤] 欧盟都一直处于积极推动者的地位。

欧盟除了在国际上积极扮演推动者的角色外，在欧盟内部也积极出台各种措施对环境保护做出努力。由于能源产品对环境的影响超过80%的部分在产品的

---

① 《联合国气候变化框架公约》及其《京都议定书》作为国际社会应对气候变化的法律基础，为世界各国和地区应对气候变化，解决全球环境污染问题确立了明确的目标、原则、承诺和合作模式，对全球环境保护问题具有重大的指示意义。1992年5月29日世界各国领导人在里约热内卢签署了《联合国气候变化框架公约》（FCCC），该公约旨在“将大气中温室气体的浓度稳定在防止气候系统受到危险的人为干扰的水平上。”[①]公约构建了应对气候变化全球问题的国际法律体制，并确立了应对气候变化全球问题的国际环境合作基础。但由于《联合国气候变化框架公约》只是一个框架性的造法条约，其采用软法规范——不具有约束力的方法将不会直接使温室气体减少。它的一个重大缺陷就是没有规定量化的温室气体减排目标，正因为此，缔约方大会在该公约生效后又开始了数年的深入磋商，并最终于1997年在京都召开缔约方第三次大会时，起草了《联合国气候变化框架公约》之《京都议定书》，对发达国家和经济转型国家的温室气体排放量做出了具有法律约束力的定量限制。

② 欧洲理事会环境部长级会议已于1998年7月对各成员国的减排任务做出决定。如德国减排21%，英国减排12.5%，丹麦减排21%，荷兰减排6%，而希腊、葡萄牙的排放量增长为25%和27%，爱尔兰也被允许增长13%的排放量。

③ Natalia Fiedziuk, The Interplay between Objectives of the European Union's Energy Policy: The Case of State Funding of Energy Infrastructure, P. 15 – 16, available at http://papers.ssrn.com/sol3/papers.cfm?abstract_id=1386902, last visited on October 5, 2009.

④ 载于《人民日报》2007年12月7日。

⑤ “巴厘岛路线图”的主要内容包括：大幅度减少全球温室气体排放量，未来的谈判应考虑为所有发达国家（包括美国）设定具体的温室气体减排目标；发展中国家应努力控制温室气体排放增长，但不设定具体目标；为了更有效地应对全球变暖，发达国家有义务在技术开发和转让、资金支持等方面，向发展中国家提供帮助；在2009年年底之前，达成接替《京都议定书》的旨在减缓全球变暖的新协议。在这次大会上，欧盟、澳大利亚和南非等要求在大会决议中明确规定发达国家在2020年前将温室气体排放量比1990年减少25%～40%，广大的发展中国家也支持这一立场，但美国强烈反对设定具体的减排目标。不过鉴于欧盟国家的压力，美国在最后一刻还是接受了“巴厘岛路线图”。这为“巴厘岛路线图”赋予了里程碑意义——首次将美国纳入到旨在减缓全球变暖的未来新协议的谈判进程之中。

设计过程中就已经决定。因此，欧盟理事会与欧盟议会同意了欧洲委员会提议所有住宅、第三产业和工业部门所使用的能源产品必须符合生态环境设计标准的立法建议，并于 2005 年 7 月发布了《有关能源产品生态环境设计标准指令》(Ecodesign of EuPs Directive)。[①] 该指令并没有针对特定的产品提出直接的约束条件，但详细说明了对与环境有关的能源产品设定要求的条件和标准。2006 年，欧盟又出台了“化石燃料的可持续发展力”，意在制定一个到 2020 年将二氧化碳气体排放量几乎减至零的目标。[②] 实现能源供应安全，另一个很重要的方面就是发展和实施提高能源效率以及能将化石能源转化为可再生能源的新技术。目前，欧盟领域内几种实现能源可持续发展的技术——燃料转化、能源分散以及二氧化碳的捕获及保存正在研究、发展和测试阶段。燃料电池及氢转化能源技术近年来引起了欧盟工业、政策制定者及社会的广泛兴趣。此外，欧盟政府还通过提供资金资助的方式积极鼓励关于能源和健康的研究，研究成果主要集中于欧盟框架计划当中。

（四）积极提高能源效率

提高能源效率意味着提高单位能源的经济输出量或人类需要的满足程度。欧盟早在 1993 年 9 月 13 日就发布了通过提高能源效率限制二氧化碳气体排放的指令，[③] 该指令规定为了保护环境，共同体内各成员国必须确保谨慎、合理地利用自然资源（包括石油、天然气和固体燃料）。2006 年 10 月 19 日，欧盟委员会实施了能源效率行动计划（Energy Efficiency Action Plan），根据该项计划，如果成功的话，到 2020 年每年欧盟最多只须消耗今天能源消耗总量的 13%，并减少 780 万吨二氧化碳气体的排放。[④]

1. 积极提高运输领域的能源效率。运输行业的能源消耗占欧盟能源总消耗的 1/3，具有很大的节约能源、提高能源效率空间。欧盟议会和欧盟理事会于 2006 年 4 月 5 日通过了一项《促进能源联运及能源最终效益的指令》。根据该项指令，成员国必须采用，且必须在该指令施行之后第 9 年达到将能源全面节约 9% 的目标。[⑤] 为实现这个目标，成员国必须积极采取富有成本效益的、合理可

---

① Directive 2005/32/EC，Official Journal L 191，22. 7. 2005，P. 0029 – 0058.

② COM（2006）843.

③ Council Directive 93/76/EEC，OJ L 237，22. 9. 1993，P. 28 – 30. 该指令第一条规定，为达到通过提高能源效率减少二氧化碳气体排放的目标，必须采取以下几个措施：为建筑物开具能源证明；在实际需要的基础上按照加热煮饭、使用空调、提供热水的顺序利用能源；由第三方为公共部门的能源效率投资筹措资金；新建筑物的绝热；对锅炉定期检查；对能源高消耗企业进行能源审核。

④ COM（2006）545.

⑤ Directive 2006/32/EC，OJ L 114，27. 4. 2006，P. 64 – 85.

行的能源联运方式及其他促进能源效率的措施。

2. 努力提高建筑领域（不管是私人住房，还是办公建筑）的能源效率。建筑领域中用来加热和照明所耗用的能源占欧盟能源总消耗的近40%，其对提高能源效率也具有很大的潜力。据研究显示，如果对新的建筑采用更高的节能标准，那么到2010年，至少可以节约现在能源总消耗的1/5，相当于少释放30～45公吨二氧化碳。因此，2003年1月开始实施的《有关建筑物能源利用的指令》，就意在为所有成员国公用、商用及私用建筑物提供更高的能源利用标准——用的更少，但用的更好！①

3. 提高能源产品本身的效率。除建筑领域消耗的40%能源外，家电产品对能源的需求占欧盟最终能源需求的25%。为此，欧盟出台了两项政策：第一，家电产品的能源标识政策，即必须在洗衣机、冰箱、微波炉、空调等家电产品的明显位置贴上耗能标识，提高消费者对所购买的家电产品的实际耗能量（即是否节能产品、几级节能产品）的认识。随后，欧盟委员会还将这项能源标识政策进一步上升为强制规定，先后颁布了13项相关指令。第二，最低效率要求政策，这项政策直接对家电产品规定强制性的最低效率要求。

此外，为了提高电力产品的能源效率，欧盟采取了一项措施——将热能和电能结合起来，利用废热发电促进欧盟能源效率。欧共体在欧盟委员会1997年《废热发电策略》中明确提出了到2010年将废热发电量提高一倍至18%的目标。为达到这个目标，也为更好地促进废热发电技术效率的提高，欧共体发布了一项促进废热发电技术的指令。②

（五）积极促进可再生能源的利用

1997年，欧盟通过欧洲议会白皮书——《未来能源：可再生能源》，确定了欧盟在能源结构中增加可再生能源比例的行动纲领，提出可再生能源在一次能源消费中的比例将从1996年的6%提高到2010年的12%，可再生能源电力装机容量在电力总装机容量中的比例也从1997年的14%提高到2010年的22%，其中主要是生物质能发电和风力发电。③ 各成员国政府也积极予以配合，出台各自的发展目标，并通过颁布法律、采取鼓励措施等方式促进可再生能源的发展。生物燃料在欧盟可再生能源消费总量中占一半以上，达到65%左右。为促进生物燃料的利用，2003年5月欧盟出台了在运输行业促进生物燃料或其他可再生能源

① Directive 2002/91/EC, OJ L 1, 4. 1. 2003, P. 65 – 71.

② Directive 2004/8/EC, OJ L 52, 21. 2. 2004, P. 50 – 60.

③ 资料来源于国家发改委网站 http://www.sdpc.gov.cn/hjbh，最后访问日期2007年12月10日。

利用的指令，2005 年 12 月又发布了生物燃料行动计划。2006 年最新的《欧盟生物燃料战略》，则确立了发展生物燃料的目标和主要政策措施。

除了出台相关指令和政策，为达到可再生能源的利用目标，增加可再生能源利用，自 20 世纪 90 年代以来，欧盟实施了三个辅助项目：第一个是欧盟委员会 2002 年 4 月中旬提出的“欧盟聪明能源计划”（Intelligent-Energy-Europe Program）。[①] 该计划提出在 2003～2006 年之间投资 2.15 亿欧元，支持欧盟各国和各地区旨在节约能源、发展再生能源和提高能源使用效率的行动。开发可再生和无污染能源，并指导居民和企业更加节省和“聪明”地消费能源，是欧盟平衡其能源供给的首要选择。目前该计划已进入第二发展阶段——“促进竞争和创新框架发展计划”（Competitiveness and Innovation Framework Program，CIP）（2007～2013）。[②] 第二个是根据欧盟议会和欧盟理事会 2006 年 10 月 6 日发布的信息，设立“全球能源效率和可再生能源基金”（Global Energy Efficiency and Renewable Energy Fund，GEEREF），[③] 欧盟设立该基金的目的意在通过公共及私人资金投资设立一笔 1 亿欧元的世界范围内的基金，用于支持发展中国家促进能源效率及可再生能源利用的研究。第三个是欧盟委员会 2007 年 1 月 10 日出台的“可再生能源发展路线图”计划（Renewable Energy Road Map），其目的是为了使欧盟实现能源供应安全和减少温室气体排放的双重目标。欧盟委员会在该项计划中提出了一项有约束力的目标，将可再生能源在整个欧盟的利用水平从当今的不到 7% 进一步提升到 2020 年的 20%。[④]

（六）普及服务（universal service）

普及服务是指所有欧洲公民都有权以合理的价格享有某些必需的服务，无论其位于何处。对此，成员国有义务承担一项或一项以上的义务使其境内的所有消费者有权享受相关服务，能源领域的普及服务的概念起源于电信部门的自由化，即规定于 2002/22/EC 号普及服务指令，随后被引入能源和邮政部门。2003/54/EC 号电力指令第 3 条对普及服务概念有明晰的规定。2003/55 号天然气指令虽

① 该计划分别对 1990 年开始的“欧洲辅助能源项目”和 1998 年开始的“节约能源项目”进行了更新。根据辅助能源项目计划，到 2005 年使欧盟的可再生能源的发展达到下述目标：使可再生能源在能源供应中从现在的 4% 提高到 8%；使可再生能源的发电量增加 2 倍（不包括大型水力电站的发电量）；使生物燃料在机动车消费的燃料总量中的份额提高到 5%。

② *See* http://europa.eu/scadplus/leg/en/s14004.htm, last visited on January 22, 2008.

③ COM（2006）583 final.

④ COM（2006）848.

未涉及普及服务的概念，但在其规定中提及了普及服务概念中的两个核心因素。①

三、中国的战略选择

中国在健全与完善相关能源法律与政策时，可从欧盟的实践中获得有益启示，如打破能源市场垄断，增强市场的竞争性，关注能源供应安全，能源来源多样化、本土化，重视可再生能源，提高能源效率，关注人类健康，以合理价格提供普及的服务，等等。在充分借鉴欧盟的先进经验基础上，结合中国目前能源安全法律与政策所存在的问题，为适应自身能源发展和经济发展的需要，中国能源安全发展战略应做出以下几点选择。

（一）制定完备的法律与政策，促进能源安全

1. 尽快制定涵盖整个国民经济的能源基本法。当前，中国有关能源安全的法律与政策的最大不足表现为能源基本法的缺失。而且这种不足不单表现为时空上的落后，更体现了中国整个能源体系和理念的落后。因此，当前中国最紧迫的任务就是加紧能源基本法的制定，并让这个尚未出炉的能源基本法尽量符合中国现实的能源发展理念。能源基本法从 2005 年开始制定至今，引起了社会的广泛关注。这个能源基本法应根据中国的能源状况和社会经济发展需要，对整个能源行业的发展做出一个整体安排。从中应引入能源市场准入制度，通过建立一个完善的、开放竞争的市场来保障能源安全。关于其立法目的，有学者认为未来中国能源基本法的目标应建立在两个理念上：悲观的能源发展观和沟通的能源社会观。② 笔者不能完全赞同，笔者认为悲观的能源发展观一方面能时刻提醒人们的节约能源意识，另一方面，也过分造成了人们的能源危机负担。能源的发展过程中，能源的利用必然会带来能源的消耗，但另一方面提高能源效率和开发新型可再生能源对能源的供应又具有很大的积极作用。两者的完美状态应是消耗等于产出，最终实现供需平衡。因此，笔者的观点是采用现实的能源发展观，提高公众的能源意识，让他们看清能源现实，而没有必要造成过多的能源困扰，这会从某

① Natalia Fiedziuk, The Interplay between Objectives of the European Union's Energy Policy: The Case of State Funding of Energy Infrastructure, P. 16 – 17, available at http: //papers. ssrn. com/sol3/papers. cfm? abstract_id = 1386902, last visited on October 5, 2009.

② 参见元光：《中国能源基本法立法刍议》，载于《煤炭经济研究》2007 年第 4 期，第 13 页。所谓悲观的能源发展观，是指能源的利用必然会带来能源的耗尽，这一历史前进的去向是不可改变的，并不能因为提高能源利用效率和发现新的能源形式就忽视了这一基本自然规律。

种程度削减公众参与能源的积极性，甚至走不出这种所谓的能源困境。沟通的能源发展观，从社会观出发，将能源问题不单停留在制度层面和管理层面，而放诸于社会现实中解决，通过人与人、人与资源之间的沟通，从能源问题产生的本源及主体出发，更好地解决。综上所述，笔者认为中国即将出台的能源基本法如能坚持可持续发展原则，以现实的能源发展观和沟通的能源发展观为本位，必将对中国的能源实践具有很大的促进作用。

2. 加快制定缺失的能源单行法。除了龙头——能源基本法缺位外，目前中国能源法的子系统也不完整。整个能源领域只存在四部单行法：《电力法》（1995 年）、《煤炭法》（1996 年）、《节约能源法》（1997 年）和《可再生能源法》（2005 年）。而石油、天然气、原子能领域的法律严重缺位，有关石油、天然气和核能的法律都尚未产生。为了完善能源安全法律体系，也为了克服石油、天然气及原子能工业监管中存在的各种弊端，中国要尽快制定出缺失的单行法律：《石油天然气法》、《石油天然气管道保护法》、《原子能法》和《能源公用事业法》。此外，修订《煤炭法》、《电力法》，并加快制定与之相配套适应的行政法规和实施细则。《电力法》制定于电力部政企不分的时代，不可避免地将一些带有企业利益色彩的条款也列入法律，使《电力法》成为电力改革的障碍之一，制约了中国电力工业的市场化进程。而《节能法》因为没有相应的执行团队，一直未能得到很好的实施。2005 年 2 月 28 日通过、自 2006 年 1 月 1 日起实行的《可再生能源法》虽然规定了中长期可再生能源发展的目标，也规定了相应的财政税收支持政策，但与此配套的具体措施，比如规定电网企业必须收购所有可再生能源发的电，必须销售一定比例“绿色电力”的强制性规定等都尚未出台。①

3. 进一步完善各项配套措施。没有相关具体措施进行落实。再好的政策也会落空。与出台长远规划相比，业内人士均表示希望看到具体、明确、实实在在的措施，只有这样才能让躺在纸上的规划尽快变成现实。因此，为尽量减少能源政策的口号性和虚空性，中国应进一步完善各项配套政策和各种激励措施。如在促进可再生能源的发展方面，应为可再生能源的研发提供资金和技术支持。可通过财政援助、不断增加私人参与和政策支持等手段，克服可再生能源开发的障碍，积极促进可再生能源的利用及新技术的开发。在发展可再生能源技术所需资金上，中国还可以向国际借贷组织融资，世界银行、地区发展银行、国际金融公司、联合国开发计划署和全球环境基金会，都已经在发展中国家启动了重要的节

① 参见黄速建、郭朝先：《借鉴欧盟经验，促进中国可再生能源发展》，资料来源于中国科技信息网 www. Chinainfo. gov. cn，最后访问日期 2008 年 2 月 25 日。

能和可再生能源融资项目。

有学者形象地将中国的能源法律体系比喻为建房子，做到“一梁七柱多支撑，三层架构快搭建”，即“一个顶梁”（以能源基本法为统领）、“七根柱子”（7 个能源专门法子系统）、“众多支撑”（50 多个行政法规和众多规章）的能源法律体系框架。[①] 房子不是一天建起来的，一个完善的能源法律体系也不是一朝一夕就能办成的事。在这个过程中，要时刻牢记中国的能源立法要立足于可持续发展，是有关能源安全的立法。只要坚持这个目标，相信一个完善而稳健的能源法律体系会尽早出现。

（二）重视能源合作，确保能源供应安全

当今世界，各国在能源领域的相互依存以及国家利益的重合，导致了国际合作的必要和可能。以获取安全稳定的能源供应为核心的能源外交已成为欧盟等西方国家外交政策的一个重要组成部分，经过几十年的发展正日趋完善。能源外交的最根本目的就是通过与其他国家或地区的能源合作，保障能源供应。21 世纪，随着经济的不断发展，中国能源外交问题也日益迫切地提上日程。中国正处于大量消耗能源资源支撑经济高速发展时期，完全依靠本国能源资源实现国家的现代化既无可能也无必要。因此，在新形势下，中国必须加强与世界其他国家或地区的能源合作以确保能源供应安全。中国 21 世纪能源安全战略的核心是在立足本国资源的基础上，建立全球范围内的能源合作体系，使中国能够长期获得稳定、充足、安全的能源供应，以支持国民经济的持续快速发展。

中国参与的全球性能源合作存在程度较低、区域性合作不够广泛的特点。目前中国作为成员参与的全球性的能源合作主要有：独立石油输出国集团、联合国下属的某些机构、世界能源理事会、世界能源大会等；中国参与的区域性能源合作主要有：欧盟、亚太经合组织、东盟等。中国应拓宽合作领域、加深合作程度，积极开展多层次、宽区域的能源合作。应树立一种整体的、相互协调的观点，充分了解各国在合作中各自不同的利益需求，寻找各国的利益共同点，努力化解矛盾和冲突，同时还必须增加与区域外的经济联系，真正实现能源进口渠道的多元化，从而改善自身的能源安全状况。[②]

---

① 参见吴江：《能源战略，立法为先——析〈中国能源法律体系研究〉》，载于《中国电力企业管理》2008 年第 3 期，第 40 页。

② 许可：《中俄能源合作的前景分析与中国的政策选择》，载于《重庆社会科学》2005 年第 7 期，第 97 页。

（三）将能源环境影响制度融入能源安全法律与政策

能源安全发展战略既包括能源供应安全，也包括能源使用安全。单纯地扩大能源供应的来源，增加能源的供应并不能保障能源安全。从中国的能耗现状和中国在国际能源市场上所处的地位来看，也极有必要引入能源环境影响制度，并将环境保护与人类健康目标作为能源政策的核心。中国在制定能源安全法律与政策时，应将能源问题与生态环境和人类健康相联系，提升到同一层面来解决，并形成一个囊括能源发展——生态环境——人类健康的综合发展战略。

所谓能源环境影响制度，是指对能源的开发利用进行环境影响评价。人类作为地球的主宰，也是能源领域的主体，享有基本的能源权。这种能源权不但包括人类利用能源的权利，还包括人类免受因能源的利用所带来的一系列伤害。这种伤害既包括对环境的也包括对人类本身的，因为能源所带来的环境问题对人类的生存权、生命权和健康权都会造成损害。一言以蔽之，能源既是推动社会发展的动力，也是一系列社会问题的根源，如环境污染、气候变化。剧烈的气候变化会对供养人类的所有主要生态系统和提高人类福祉的所有经济活动产生负面影响。它关乎着整个国家及整个地球的生死存亡，全球今后都将面临着削减温室气体排放、遏制气候变暖趋势的艰巨任务。

鉴于中国环境已受到严重破坏，现在中国所面临的最大挑战就是如何处理好经济发展背后的环境保护及人类生存问题。有专家指出，中国未来若干年后若出现危机，将不会是因为经济发展缓慢满足不了人们的基本生活需求，也不会是因为日益扩大的贫富差距，而是环境污染累积到整个经济体和社会无法承受时所爆发的大面积破坏力。面对如此严峻的环境形势，而能源的生产利用又是造成环境破坏的主要原因，因此，环境保护更应作为中国决策能源战略的重要因素。而且，各国都有责任确保能源的发展与环境目标相一致，将可能的对人类健康的绝对不利影响降至最小。总之，中国所追求的能源安全法律与政策应是对经济、环境和当地社会都有益的三赢政策。

综上所述，中国在做有关能源安全的法律与政策设计时，应在坚持保障能源供应安全的同时不断改善环境质量和人们的生活质量，努力做到经济发展好、环境保护好、人民生活好的三赢政策。对内，它要立足于自身的能源资源的实际蕴藏量，根据本国的经济发展所需进行合理的开发和有效的利用；对外，通过开展能源合作谋求自身经济发展所短缺的能源资源和战略资源的持续有效的供给保障。[①] 在制定能源方案时必须兼顾环境影响和经济风险，实行稳健的能源发展战

① 参见梁红泉：《试论中国能源安全战略》，载于《重庆教育学院学报》2007年第1期，第22页。

略促进能源供应多元化、增加能源自给自足、削减能源生产和消费不利环境影响。在中国能源现实基础上，引进先进技术，提高能源效率；大力发展清洁能源，转变经济增长方式，保护环境；落实科学发展观，制定中国特色的可持续能源发展政策。

第七章

跨国能源管道运输的环境保护

——以国际法为视角

2006年5月，哈萨克斯坦——中国石油管道正式供油。中国将通过这条油管每年获得2 000万吨石油，这也是中国首次通过管道获得石油。[①] 2007年7月，中石油集团分别与土库曼斯坦油气资源管理利用署和土库曼斯坦国家天然气康采恩，在北京签署了《中土天然气购销协议》和土库曼阿姆河右岸天然气产品分成合同。根据协议，在未来30年内，土库曼斯坦将通过规划实施的中国—中亚天然气管道，向中国每年出口300亿立方米的天然气。[②] 2008年7月，中哈天然气管道正式开工铺设。中哈天然气管道是中国—中亚天然气管线的组成部分，全长1 300千米，由中哈双方合资建设。中国—中亚天然气管线西起土库曼斯坦，穿过乌兹别克斯坦和哈萨克斯坦，通向中国的华中、华东和华南地区，管线总长约1万公里。[③] 另外，俄罗斯通往太平洋（包括通往中国东北的支线）的油管走向也已基本确定。[④] 因此，研究跨国能源管道运输的环境保护问题，无疑具有非常重要的意义。

---

① 俄新社认为，中哈油管正式供油具有世界意义。参见［俄］科瑟列夫：《中哈油管——世界政治的新现实》，俄新社莫斯科2006年5月29日电，转引自《参考消息》2006年5月31日第8版。

② 参见中国石油天然气勘探开发公司：《中国石油天然气集团公司与土库曼斯坦签署天然气合作新协议》http://www.cnpc.com.cn/cnodc/gsxw/gsyw/E.htm，最后访问日期2009年9月30日。

③ 参见新华社2008年7月9日电“中哈天然气管道正式开工铺设”，载于《楚天都市报》2008年7月10日第A17版。

④ *See* Glada Lahn and Keun-Wook Paik, *Russia's Oil and Gas Exports to North-East Asia*, available at http://www.dundee.ac.uk/cepmlp/journal/html/volme15.html, last visit on July 29, 2009.

一、与跨国能源管道运输有关的国际环境法律体系

1998 年，高之国博士发表了《20 世纪及以后的石油和天然气的环境规制：概述和总论》一文，论述了石油、天然气开发利用中的环境保护问题。[①] 虽然该文不是专门针对跨国能源管道运输的，但它仍具有重要的借鉴意义。[②]

目前，“国际社会还没有专门针对跨国能源管道运输的统一的国际法律体系，有关的国家实践也比较有限”[③]。与跨国能源管道运输有关的国际环境法律体系，主要是由国际条约、区域性协定以及国际会议的宣言或国际组织的行动指南等构成的。

（一）国际条约

与跨国能源管道运输环境保护有关的国际法律制度始于 1958 年《公海公约》。[④]《公海公约》规定，各国应制定有关的规章，以防止因石油管道或石油勘探开发而导致的海洋污染。而 1982 年《海洋法公约》是人类历史上第一次以公约专章的形式专门规定防止海洋环境污染的全球性公约。该公约第 193 条第 3 款规定：“依据本部分采取的措施，应针对海洋环境的一切污染来源。这些措施，除其他外，应包括旨在在最大可能范围内尽量减少下列污染的措施……来自用于勘探或开发海床和底土的自然资源的设施和装置的污染，特别是为了防止意外事件和处理紧急情况，保证海上操作安全，以及规定这些设施或装置的设计、建造、装备、操作和人员配备的措施。”可见，该公约的这一规定无疑会对海上能源管道运输的环境保护产生直接的影响。此外，与此有关的国际公约还有：1958

① *See* Zhiguo Gao, Environmental Regulation of Oil and Gas in the Twentieth Century and Beyond: An Introduction and Overview, in Zhiguo Gao ed., *Environmental Regulation of Oil and Gas*, Kluwer Law International 1998, P. 3 – 55.

② 2000 年希曼（Hee-Man Ahn）、2001 年瑟奇（Sergei Vinogradov）分别撰写了《东北亚跨国天然气管道项目：影响发展的因素和国际法的视角》和《跨界石油天然气管道：国际法律和规章制度》的文章，阐述了跨国能源管道运输的国际法律制度。虽然希曼和瑟奇的文章很少涉及环境保护问题，但它们也有启发作用。See Hee-Man Ahn, *Transnational Pipeline Gas Projects in Northeast Asia: Factors Affecting the Development and International Legal Perspectives*, Dundee University 2000, P. 1 – 102; Sergei Vinogradov, *Cross-Border Oil and Gas Pipelines: International Legal and Regulatory Regimes*, Dundee University 2001, P. 1 – 112.

③ Sergei Vinogradov, *Cross-Border Oil and Gas Pipelines: International Legal and Regulatory Regimes*, Dundee University 2001, P. 28.

④ See Zhiguo Gao, Environmental Regulation of Oil and Gas in the Twentieth Century and Beyond: An Introduction and Overview, in Zhiguo Gao ed., *Environmental Regulation of Oil and Gas*, Kluwer Law International 1998, P. 13.

年的《大陆架公约》、1969 年的《国际油污损害民事责任公约》、1974 年的《防止陆源海洋污染公约》、1977 年的《勘探开发海底矿物资源所导致的石油污染损害民事责任公约》、1990 年的《关于石油污染的准备、反应和合作的国际公约》、1992 年的《联合国气候变化框架公约》和《生物多样性公约》等。

（二）区域性协定

在区域性协定方面，最典型的是 1994 年《能源宪章条约》。《能源宪章条约》是第一个专门针对能源问题的超区域性条约，其参加国包括欧洲国家、独联体国家以及日本和澳大利亚等。[①] 该条约的序言明确指出，保护环境的措施成为日益迫切的需要。该公约就能源投资和能源贸易中的环境问题做出了专门的规定。另外，由联合国环境规划署倡导的“区域海洋规划”（the Regional Seas Programme），旨在推动缔结条约或制定其他规则和标准，以保护世界边际海洋环境。目前，该规划已扩展到超过 13 个区域、包括 29 项公约和议定书，并对海上石油和天然气的勘探开发活动产生了影响，例如 1989 年的《关于勘探开发大陆架所导致的海洋污染议定书》和 1994 年的《防止地中海因勘探开发大陆架和海床底土而受污染的议定书》等。

（三）国际会议的宣言或国际组织的行动指南

1. 国际会议宣言或行动纲领。它包括《里约环境与发展宣言》、《21 世纪议程》、“千年发展目标”、“可持续发展问题世界首脑会议”和“可持续发展问题世界首脑会议的执行计划”、“八国集团首脑会议行动计划”以及“经济大国能源安全气候变化领导人会议宣言”等。例如，《里约环境与发展宣言》包含了关于环境与发展问题的 27 条原则，其中原则 4 规定：“为了实现可持续的发展，环境保护工作应是发展进程的一个整体组成部分”。此外，2002 年“可持续发展问题世界首脑会议”的筹备委员会发表了《能源行动框架》（A Framework for Action on Energy），指出未来可持续的能源发展的主要挑战是能源的可得性（Accessibility）、能源效率、可再生能源、提高矿物燃料技术，以及能源和运输等。

值得注意的是，2008 年 7 月，八国集团首脑会议通过了领导人宣言。该宣言指出，气候变化是当前全球面临的巨大挑战。作为经济大国领导人，我们认识到为应对这些挑战所承担的领导责任，承诺根据共同但有区别的责任原则和各自能力，应对气候变化和与之相关的包括能源和粮食安全以及人类健康等可持续发

---

① 参见“能源宪章”网站，available at http：//www. encharter. org/index. php？ id = 61。last visit on August 1，2009.

展方面的挑战。

2. 国际组织的行动指南。过去30年来，一些有关的国际组织颁布了许多有关环境保护的指南和原则。较具代表性的有：联合国环境规划署的行动指南、国际海事组织的行动指南、奥斯陆委员会的行动指南、国际金融机构的环境指令、国际技术标准以及行业协会指南等。它们对跨国能源管道运输的环境保护起到了促进作用。

综上可见，与跨国能源管道运输有关的国际环境法律体系，主要有以下特点：第一，国际社会迄今尚未有普遍性的多边公约，专门规范有关跨国能源管道运输的环境保护问题。第二，许多国际条约的规定比较模糊，仅仅为今后的法律发展提供一个原则性框架，缺乏具体的行动义务，因而需要制定有关的议定书加以补充实施。况且，多边国际公约之间、区域性协定之间以及这二者之间，都存在矛盾性规定和要求，缺乏具体的协调。第三，国际会议的宣言或国际组织的行动指南（即所谓的“软法”），对与跨国能源管道运输环境保护的重要意义不能低估。“软法”在性质上虽然没有法律约束力，但它对跨国能源管道运输环境管理和环境制度的实施起到了促进作用；它不仅是有关法律规则的补充，更为重要的是它反应了国际法的发展趋势、代表了国际法的发展方向。

二、跨国能源管道运输的环境法律制度

（一）环境影响评价

环境影响评价（Environmental Impact Assessment）是指“评价者在全面考虑环境影响受体的敏感性的前提下，依据一定的原则或评价基准，运用评价方法对规划环境影响预测结果，即对评价因子的显著性程度进行定性或定量的结论性描述”[①]。按照《联合国环境规划署的环境影响评价原则》（the United Nations Environment Programme's Principles of Environmental Impact Assessment）的要求，环境影响评价至少应当包括以下内容：拟议项目的基本情况；可能受影响的环境；实际的备选方案；可能的和潜在的环境影响，包括直接影响和间接影响、短期影响和长期影响；准备采取的减轻环境影响的措施的估计；研究可能影响评价的任何不确定性因素或遗漏的信息；是否有其他国家或地区也受该项目的影响；以及上

① 鞠美庭等主编：《能源规划环境影响评价》，化学工业出版社2006年版，第93页。

述内容的简要总结等。[①]

环境影响评价被认为是环境管理和保护中最有效的方法。目前环境影响评价已被广泛用于跨国能源管道运输项目中。至今，已有170多个国家颁布了有关环境影响评价的法令。[②] 许多国际环境公约还有专门的环境影响评价的条款。[③] 世界银行和其他的多边银行，也要求按照它们的行政程序对有关项目进行环境影响评价。[④] 此外，欧盟《环境影响评价指令》[⑤]、《国际商会可持续发展商业宪章》(the International Chamber of Commerce's Business Charter for Sustainable Development)、"世界可持续发展商业理事会"(the World Business Council on Sustainable Development) 的环境评价等，都有环境影响评价的要求和规定。[⑥] 因此，跨国能源管道运输项目，在获得许可证和正式运行前，首先应该提交环境影响评价报告。[⑦] 由于能源工业是个高风险的行业，预先进行环境影响评价是十分必要的。

(二) 环境管理规划

环境管理规划 (Environmental Management Plan/Programme) 是跨国能源管道运输环境法律制度的另外一项重要内容。它包括能源公司的环境政策和目标、环境工作人员及其责任、紧急情况预案和程序、环境训练和意识、突发事件的报告

---

① See Amy B. Rosenfeld etc., Approaches to Minimizing the Environmental and Social Impacts of Oil Development in the Tropics, in Zhiguo Gao ed., *Environmental Regulation of Oil and Gas*, Kluwer Law International 1998, P. 288.

② See Adrian J. Bradbrook etc. ed., *The Law of Energy for Sustainable Development*, Cambridge University Press 2005, P. 107.

③ 例如，《海洋法公约》第206条就明确规定："各国如有合理根据认为在其管辖或控制下的计划中的活动可能对海洋环境造成重大污染或重大和有害的变化，应在实际可行范围内就这种活动对海洋环境的可能影响作出评价，并应依照第205条规定的方式提送这些评价结果的报告"。

④ See N. Robinson, *Environmental Law Systems for Sustainable Energy*, Proceedings of the Clean Energy 2000 Conference, Geneva, Switzerland, January 24 - 28, 2000.

⑤ 1997年3月，欧盟理事会对1985年欧盟《环境影响评价指令》(the Environmental Impact Assessment Directive) 进行了修订。该指令的宗旨是对某些有可能对环境产生重大影响的公、私项目进行评估。该指令把项目分为两类：一类是对环境可能产生重大影响的项目，必须接受强制性的环境影响评价；另一类是不必进行环境影响评价的项目，但如果该项目有可能产生重大的环境影响，也同样要求进行评价。

⑥ See Kit Armstrong, Managing Environmental Legal Risks in Oil and Gas Exploration and Production Activities, in Zhiguo Gao ed., *Environmental Regulation of Oil and Gas*, Kluwer Law International 1998, P. 372.

⑦ 中国1979年颁布的《环境保护法(试行)》和1990年正式颁布的环境保护法中都有明确规定，在进行新建、改建和扩建工程时，必须提出对环境影响的报告书。1986年，国家环境保护委员会、国家计划委员会、国家经济委员会制定了《建设项目环境保护管理办法》，对建设项目的环境影响评价范围、内容、程序、法律责任等做了具体规定，并且明确指出建设项目的环境影响报告书(表)应当在可行性研究阶段完成。

和调查以及环境义务实施的审议等。[①]

（三）环境报告制度

环境报告制度（Environmental Report）是指在跨国能源管道运输项目的实施过程中，能源公司应在规定的时间内或事故发生后提供环境报告，阐明环境形势、污染事故的原因以及采取减轻环境影响和防止再次发生的措施等。

（四）环境保险方案

许多石油生产国还要求能源公司对跨国能源管道运输项目建立强制性的"环境保险方案"（Environmental Assurance Programmes）。根据有关的环境保险政策，这种环境保险方案一般包括污染责任、污染清理费用以及管道突然泄漏的修理费用等。

（五）环境监控和环境审计

"环境监控和环境审计"（Environmental Monitoring and Environmental Auditing）是跨国能源管道运输环境管理的另外一种新方式，它是为了能源工业的内部管理而在近几年出现的。众所周知，在环境敏感地区，由于石油工人和当地民众的日复一日的交互影响，即使是最全面的环境影响评估和环境管理计划，也不一定能使环境免遭不可预见的影响。因此，环境监控就显得尤为必要。这种监控不仅包括对跨国能源管道运输项目的直接监督，而且还包括对生物多样性以及与跨国能源管道运输有关的社会结构的影响。跨国能源管道运输项目正式开始前，环境监控就应当进行。

能源公司内部的环境审计通常被认为是综合的环境管理体系的一个重要组成部分。然而，近年来利用独立的第三方进行审计、并将审计结果公之于众的呼声越来越强烈。例如，"欧盟环境监控和评估方案"（the European Union's Environmental Monitoring and Assessment Scheme）就像"英国环境管理体系 7750 标准"（the British Standard 7750 on Environmental Management Systems）一样，包含了第三方审计和向公众披露审计结果的要求。[②] 目前，虽然这种由第三方进行审计的

---

① See Zhiguo Gao, Environmental Regulation of Oil and Gas in the Twentieth Century and Beyond: An Introduction and Overview, in Zhiguo Gao ed., *Environmental Regulation of Oil and Gas*, Kluwer Law International 1998, P. 41.

② See Kit Armstrong, Managing Environmental Legal Risks in Oil and Gas Exploration and Production Activities, in Zhiguo Gao ed., *Environmental Regulation of Oil and Gas*, Kluwer Law International 1998, P. 373.

要求还处于自愿阶段，但是不能排除它在将来完全有可能发展成为强制性的。总之，“环境监控和审计”有利于环境保护的管理和控制、环境保护措施实施的评价以及确保环境义务的履行等。“环境监控和审计”程序，被认为是跨国能源管道运输环境管理最有效的手段之一。

三、环境法律制度对跨国能源管道运输的影响

在过去的30多年中，与跨国能源管道运输有关的环境法律制度，对跨国能源管道运输项目的实施产生了重要的影响，具体表现如下：

（一）投资条件的不同

投资条件的不同，可能是跨国能源管道运输出现的最大的变化。

首先，在环境管理制度的发展过程中，出现了很多新的利益攸关方（Stakeholder），如土著居民、地方社团、与环境保护有关的非政府组织、媒体和一般民众等。它们有时对跨国能源管道运输项目的实施可以施加决定性的影响。例如，在“布伦特斯坝”案（the Brent Spar Case）中，通过绿色和平组织、媒体和一般民众的共同干预，壳牌公司被迫放弃了在海上处置“布伦特斯坝”油田储藏设备的计划。①

其次，各国的能源法律政策以及能源开发合同，都确立了诸如“环境影响评价机制”等环境控制程序。例如，在越南，只有通过了环境影响评价，政府部门才能签发环境许可证，有关的能源开发利用项目才能上马。

最后，能源公司的投资地域受到限制。随着世界范围内环保意识的逐步增强以及近来生物多样性保护的日益勃兴，许多国家对一些环境脆弱地区，如湿地、禁猎区、林地和一些具有保护价值的区域等，实施了专门的环境立法保护。保护措施一般包括不同类型的季节性的限制措施和专门的保护手段。如果在这些环境脆弱地区实施的能源开发项目，未能达到有关的环境保护标准，那么该项目就有可能被推迟实施甚至被取消；② 而对于正在进行的能源开发项目，则有可能被暂时中止甚至被吊销许可证。例如，在英国，如果环境标准未达到，石油公司的许可证就会被能源主管部门吊销。又如，秘鲁《石油环境规章》规定，石油公司如果违反环境保护规定，有关的能源开发项目将被暂停1个月、2个月、3个月

① See D. Lascelles, Swamped by A Sea of Public Anger, *Financial Times*, 22 June 1995, P. 21.

② 俄罗斯通往远东的石油管线之所以久拖不决，其中的一个重要原因是某一方案可能会破坏贝加尔湖的环境。

或永久终止。此外，更有甚者，一些国家则完全禁止在环境敏感地区，进行任何形式的能源勘探开发活动。

可见，随着国际社会环保意识的增强，跨国能源管道运输项目的投资条件更加严格。

（二）能源公司结构和管理的变化

与跨国能源管道运输有关的环境法律制度，导致了能源公司的结构和管理的变化，以适应环境保护的要求。为此，许多石油公司颁布了公司内部的环境政策或行动指南等。例如，1993 年，印度尼西亚国家石油公司出台了《环境和安全政策》；1995 年，英国壳牌公司发布了《环境政策声明》。此外，有关的环境管理方案和责任，都落实到公司的各级管理层、部门及雇员身上。一些公司还进行了专门的财政和人力资源的分配，以保证环境标准和目标得以实现。另外，一些公司还主动进行内部的环境监控和审计等。

（三）能源公司运行成本的增加

与跨国能源管道运输有关的环境法律制度的实施，无疑会增加能源公司在各个环节的运行成本。

1. 风险预防原则日益受到重视。① 风险预防原则（the Precautionary Principle）是指“为了保护环境，各国应按照本国的能力，广泛适用预防措施；遇有严重或不可逆转损害的威胁时，不得以缺乏科学充分确实证据为理由，延迟采取符合成本效益的措施防止环境恶化”②。风险预防原则是针对环境恶化结果发生的滞后性和不可逆转性的特点而提出来的。它强调不以科学上的不确定性为不行动或延迟行动的理由；它要求在环境问题尚未严重到不可逆转的程度之前采取行动，加以预防。③ 例如，《生物多样性公约》序言规定，在“生物多样性遭受严重减少或损失的威胁时，不应以缺乏充分科学定论为理由，而推迟采取旨在避免或尽量减轻此种威胁的措施”。

2. 在跨国能源管道运输项目开工前，在该项目所涉的地域范围内，要求具备管道泄漏反应能力和配备防污染的设备。例如，1983 年《中华人民共和国海洋石油勘探开发环境保护管理条例》第 7 条规定：“固定式和移动式平台的防污

① See Ayesha Dias, The Oil and Gas Industry in the Tangled Web of Environmental Regulation: Spider or Fly? in Zhiguo Gao ed., *Environmental Regulation of Oil and Gas*, Kluwer Law International 1998, P. 77.

② 《里约环境与发展宣言》原则 15。

③ 参见王曦编著：《国际环境法》，法律出版社 1998 年版，第 116 ~ 117 页。

设备的要求：应设置油水分离设备；采油平台应设置含油污水处理设备，该设备处理后的污水含油量应达到国家排放标准；应设置排油监控装置；应设置残油、废油回收设施；应设置垃圾粉碎设备；上述设备应经中华人民共和国船舶检验机关检验合格，并获得有效证书。”

3. 在跨国能源管道运输项目的实施过程中，还需要支付一些额外的费用，如突发泄漏事件的保险费、环境损害费以及第三方的责任和其他的环境监控措施等方面的费用。例如，“在美国，石油公司必须回灌生产过程中产生的含有重金属的地下水；为此，每口井需要的高压喷射泵的费用就超过 100 万美元”①。总之，与跨国能源管道运输有关的环境管理制度，增加了能源公司的运行成本。据报道，1989 年美国一些大的石油公司花在石油污染控制措施上的费用，就超过了该公司利润的 10%。

4. 能源产品价格的上涨。早在 1972 年，经济合作与发展组织就提出并实施了“污染者付费原则”（the Polluter Pays Principle）。经合组织还把它作为制订环境政策的基本经济原则。这一原则要求：“污染者必须承担能够使环境改变到权威机构认可的‘可接受状态’所需的污染减少措施的费用。”② 由于环境质量是一种稀缺的资源，近年来该原则扩展到污染者不仅要支付使环境达到“可接受状态”所需的费用，还要支付污染造成的损害成本，并进一步把资源利用纳入污染者支付原则中。目前，“污染者付费原则”已被较为广泛地接受。例如，欧盟法、1990 年国际海事组织《关于石油污染的准备、反应和合作的国际公约》、1987 年《欧洲经济共同体罗马条约修正案》、1991 年《弗兰克风（Francophone）环境部长会议宣言》、1991 年《西方七国集团经济首脑会议宣言》以及 1989 年《经合组织理事会建议》等，都体现了这一原则。③ 不言而喻，包括“污染者付费原则”在内的、与跨国能源管道运输有关的环境法律制度的实施，不但会增加能源公司在财务和人力资源等方面的运行成本，而且会导致能源产品价格的上涨。例如，前几年英国开征“政府化石燃料税”后，石油和天然气的价格就随之上扬。

（四）能源公司承担责任的加重

1. 国际法律文件对与环境损害有关的赔偿责任做了明确规定，如 1960 年的《核能领域第三方责任公约》、1963 年的《核能损害民事责任维也纳公约》、

---

① *Washington Post*, 16 July 1996, P. 1.

② 王庆一主编：《能源词典》，中国石化出版社 2005 年版，第 611 页。

③ See Ayesha Dias, The Oil and Gas Industry in the Tangled Web of Environmental Regulation: Spider or Fly? in Zhiguo Gao ed., *Environmental Regulation of Oil and Gas*, Kluwer Law International 1998, P. 76 - 77.

1969 年的《国际油污损害民事责任公约》、1971 年的《建立国际赔偿油污损害基金公约》和 1989 年的《由道路、铁路和内陆航行船舶运送危险货物所致损害的民事责任日内瓦公约》等。

2. 如果跨国能源管道运输项目造成了环境损害的结果，那么有关的能源公司就要受到行政处罚和刑事处罚。这是目前非常明显的一个发展趋势。例如，根据秘鲁《石油环境规章》，对于违法的能源公司可以罚款 1 000 ~ 1 000 000 美元，另外还要被禁止或限制从事可能引起损害的活动、对受害方予以赔偿、立即恢复受害地区的原状等。又如，按照 1996 年《越南政府对破坏环境保护的行政处罚规则》的规定，石油公司在勘探开发过程中如果造成了原油泄漏，将被罚款 30 000 ~ 50 000 美元。

四、跨国能源管道运输环境保护法的新趋势

（一）可持续发展原则的贯彻

1987 年，由挪威首相布伦特兰夫人（Gro Harlem Brundtland）领导的世界环境与发展委员会提出了可持续发展原则。根据《布伦特兰报告》（the Brundtland Report），可持续发展是指“既满足当代人的需要，又不对后代人满足其需要的能力构成危害的发展。它包括两个重要的概念：‘需要’的概念，尤其是世界上贫困人民的基本需要，应将此放在特别优先的地位来考虑；‘限制’的概念，技术状况和社会组织对环境满足眼前和将来需要的能力施加的限制”①。可持续发展原则在许多国际环境条约、国际组织的决议中都得到了反映，目前已成为国际社会的普遍共识。然而，可持续发展原则在能源开发利用中并没有得到很好地贯彻和实施，从而造成了很多的环境问题，如气候变化、酸雨、沙漠化、臭氧层空洞、核辐射、土壤污染、海洋污染以及城市空气污染等。② 另外，根据 1993 年联合国有关机构的报告，“按照当今世界石油开采水平，地球上的石油大约还可以开采 75 年”③。因此，可持续发展问题已成为 21 世纪能源行业的最大挑战。

为了实现石油资源的可持续发展，有学者提出：“对于石油、天然气等不可

① 蔡守秋等：《可持续发展与环境资源法制建设》，中国法制出版社 2003 年版，第 14 ~ 15 页。

② See Adrian Bradbrook, Energy and Sustainable Development, *Asia Pacific Journal of Environmental Law*, Vol. 4, No. 4, 1999, P. 2.

③ UN Economic and Social Council, Energy and Sustainable Development: Issues Concerning Overall Energy Development, with Particular Emphasis on Developing Countries, UN E/C. 13/1994/2, 15 December 1993, P. 18.

再生资源，可以通过限制开采率或增加可再生资源替代率等准可持续发展的方式加以开发"[①]。这种方式要求，对任何不可再生资源开发的投资，都要伴随着可再生资源的投资做补偿。事实上，石油输出国组织早就从经济因素着眼，要求其成员国政府采取石油生产的配额制，并进行增产限制等措施。另外，有学者还建议，在各国石油立法中设立"未来资源基金"（Resources for the Future Fund），政府和石油公司要从油矿使用费或租金中按一定的比例留成以用来作为可持续发展，如研究和开发可再生资源等。[②] 可见，"未来资源基金"是一种能把不可再生资源转变成可再生资源的机制。

特别值得注意的是，一些学者还起草了《关于可持续的能源生产消费全球共识的原则声明》（the Statement of Principles for A Global Consensus on Sustainable Energy Production and Consumption）。该声明包括序言、宗旨、共同原则、能源供应系统的效率、能源消费效率、能源价格、减轻环境影响、消费信息和环境教育、实施政策和战略以及国际合作等，共 40 条。[③] 虽然该声明属于民间立法，并没有法律约束力，但它很有可能成为能源行业发展和国际能源合作的国际法原则宣言的核心内容。上述学者们的建议，也许过于理想化。不过，能源行业，包括跨国能源管道运输项目，的确需要认真思考如何把可持续发展原则落到实处。

总之，自 1992 年联合国环境与发展大会召开以来，国际环境法律文件一直强调能源开发利用的可持续发展原则，如能源利用在生态方面应是可持续的；在多种能源燃料中，可再生能源技术应当推广，可再生能源应占一定的比例；阻碍可再生能源市场发展的市场扭曲行为和不正当的补贴行为，应当消除；国内能源市场，应以促进可持续发展的方式运行等。[④]

（二）与环境相关的人权问题的关注

近年来，人权问题日益成为能源行业关注的另外一个重要事项。众所周知，国际环境法从一开始就对人的基本权利的保护产生了深远的影响。这在《人类

---

① H. E. Daly, Toward Some Operational Principles of Sustainable Development, *Ecological Economies*, Vol. 4, 1990, P. 2.

② See Zhiguo Gao, Environmental Regulation of Oil and Gas in the Twentieth Century and Beyond: An Introduction and Overview, in Zhiguo Gao ed., *Environmental Regulation of Oil and Gas*, Kluwer Law International 1998, P. 53.

③ See Adrian Bradbrook and Ralph Wahnschafft, The Contribution of International Law to Achieving Global Sustainable Energy Production and Consumption, in Adrian Bradbrook and Richard Ottinger ed., *Energy Law and Sustainable Development*, the World Conservation Union 2003, P. 153 – 169.

④ See Rosemary Lyster and Adrian Bradbrook, *Energy Law and the Environment*, Cambridge University Press 2006, P. 76 – 77.

原则宣言》和《里约环境与发展宣言》原则 1 中得到了充分的体现。该原则规定，人类处于环境与发展问题的中心并享有健康生活的权利。目前，国际环境法还日益注重对土著居民“健康生活权”的保护。例如，1997 年印度尼西亚的阿蒙格米（Amungme）部落向美国路易斯安那州分区法院提起诉讼，指控福瑞坡特铜金公司（Freeport-McMoran Copper & Gold）在印度尼西亚中部地区开矿时，污染了环境、破坏了人权。又如，在“奥戈尼案”（the Ogoni Case）中，尼日利亚的奥戈尼土著居民因壳牌石油公司的勘探开发活动导致了他们居住环境的退化，于是他们向壳牌公司提出了补偿的要求。而壳牌公司在母国也面临侵犯人权和破坏环境的指控。[①] 总之，目前这方面的案件在不断增加，它清楚地表明人权问题将成为跨国能源管道运输项目实施过程中不同寻常的挑战。

（三）当地民众利益的重视

当地民众的利益（Local Community Interest）在以前也许根本不是一个问题。然而，自 20 世纪 50 年代以来，保护当地民众的利益已逐渐成为能源行业的组成部分。当地民众的利益一般包括为地方服务，培训当地居民，转让技术，帮助当地进行道路、医院和学校等基础设施的建设。进入 20 世纪 90 年代以来，当地民众的利益，包括参加当地资源收益的分配等，进一步得到了重视。环境影响评估实施以来，当地民众还要求参与有关能源开发项目的决策过程。例如，1990 年赛拿俱乐部法律辩护基金会（the Sierra Club Legal Defense Fund）帮助厄瓜多尔东部的瓦欧内尼（the Huaorani's）民众向美洲人权委员会请愿，指控厄瓜多尔政府同意康勒康石油公司（the Conoco Oil Company）在瓦欧内尼人传统居住的土地上，开发一个涵盖 500 000 英亩的热带雨林的石油项目。该石油项目及其后续的能源项目，将对瓦欧内尼人的传统居住地带来无法估量的影响，并且还会扰乱瓦欧内尼人古老的游牧生活方式；此外，生活在雨林中的土著居民由于与外界的接触，可能还会普遍感染疾病而死亡。因此，康勒康石油公司的能源开发项目侵犯了瓦欧内尼人的健康权和生命权。1991 年，由于瓦欧内尼人的强烈反对以及面临在美洲人权法院被起诉的可能，康勒康石油公司被迫撤离厄瓜多尔。[②] 另外，1994 年瓦欧内尼人还发起一次针对德士古石油公司的行动，指责该公司大量地随意排放废水、破坏环境、毁坏热带雨林等。可见，从某种意义上讲，当地民众的参与及其利益的保障程度，已成为决定某些跨国能源管道运输项目能否实施的

① See Zhiguo Gao, Environmental Regulation of Oil and Gas in the Twentieth Century and Beyond: An Introduction and Overview, in Zhiguo Gao ed., *Environmental Regulation of Oil and Gas*, Kluwer Law International 1998, P. 51.

② See Robert F. Kennedy, Amazon Sabotage, *Washington Post*, 24 August 1992, A 17.

重要因素之一。

现今，当地民众的利益在由当地资源所产生的收益分配中得到了更好的体现。中央政府在日益增长的当地民众的压力之下，也要求能源公司将部分收益返还给当地民众，以促进当地的发展和自然资源的可持续开发。例如，在阿根廷，石油生产的省份在碳氢化合物的开发方面有较大的权力，甚至包括矿区使用费的分配。应该指出的是，石油收益的分配问题，本来是东道国的内部事务，然而，它与能源开发项目有直接的关联，因为石油公司及其投资可能会陷入中央和地方这两种不同利益集团的矛盾中。[①] 总之，保护当地民众的利益，已成为跨国能源管道运输项目应该考虑的因素之一。

（四）市场机制的引入

近一二十年来，针对与跨国能源管道运输有关的环境保护问题，一些国家逐步采用“市场机制的方法”（the Market-Based Mechanisms）或“经济手段”（the Economic Approach）来弥补法律制度的不足。

1. 绩效保证金。绩效保证金（Performance Bonds）是指能源公司在取得跨国能源管道运输项目的许可证之前，要求存放一定数量的资金专门用于环保的目的。如果在跨国能源管道运输项目的实施过程中，没有出现石油污染或其他的环境污染事故，那么该保证金最终将返还给该能源公司。这种方式将给能源公司以经济上的刺激，促使其尽最大努力执行环保要求，以免保证金被扣除。

2. 环境托管金。近年来，环境托管金（Environmental Trust Funds）的方法也逐渐被用作环境保护或减轻环境损害的手段。它要求能源公司在进行跨国能源管道运输项目前，要把一定的资金作为环境托管基金。在跨国能源管道运输项目的实施过程中，如果没有出现石油污染或其他的环境损害，该基金将作为捐赠的基金，其利息则用来作为环境保护和环境污染预防的费用。而一旦发生了环境损害事故，该基金就用来减轻或清除环境污染。每次动用该基金后，能源公司都要及时补充资金、并要达到基金设立时的数量。

3. 环境留置权。所谓环境留置权（Environmental Liens）是指如果能源公司没有履行环境保护的义务，那么政府机关就有权对该能源公司的资产实施环境留置权，以便减轻或清除环境污染的影响。

4. 环境税。环境税（Environmental Taxation）是能源行业污染控制和管理的

---

① 2008年6月，中国与尼日尔签署了一项价值数十亿美元的石油协议，该协议受到了尼日尔一些组织和透明化运动倡导者的指责。因为尼日尔国内普遍担心，尼日尔人可能无法从该国的石油财富中获得好处。参见英国广播公司网站2008年7月30日报道：《中国尼日尔石油协议招非议》，转引自《参考消息》2008年8月2日第8版。

公共政策的有用的工具。各国可以对违反环境法律政策或不积极履行环境保护义务的能源公司，征收环境税。

可见，上述市场机制的方法是能源开发利用环境保护的新方式。它与传统方法不同，比较注重以经济手段来增进能源公司的环保意识。[①] 不过，我们不能仅仅依靠经济手段来达到环保目的，更为重要的还是要健全法律制度。

（五）环境诉讼的兴起

近年来，针对外国能源公司在他国引起的环境损害的诉讼（Environmental Litigation）正在逐步增加。这类诉讼往往还涉及人权问题。“奥克特迪案”（the Ok Tedi Case）就是其中最著名的一例。20 世纪 90 年代以来，一群原告代表 43 000 名巴布亚新几内亚土著居民，就所谓的奥克特迪和弗莱河流域的环境损害问题，在澳大利亚和巴布亚新几内亚法院分别提起了针对 BHP 公司（Broken Hill Proprietary Ltd.）和奥克特迪矿业有限公司的诉讼。在诉讼过程中，有人质疑澳大利亚维多利亚最高法院对在外国的能源开发项目是否有管辖权的问题。但该法院认为对这类事项有管辖权。1995 年，由于巴布亚新几内亚政府的干预，该案最后在庭外解决。奥克特迪矿业有限公司同意向当地居民支付总额大约为 8 000 万美元的补偿。

无独有偶。同样在 20 世纪 90 年代，亚马孙流域的印第安人以及厄瓜多尔和秘鲁的土著居民，分别在美国纽约法院和德克萨斯法院起诉德士古（Texaco）公司，要求该公司为在这些东道国进行的能源开发活动所造成的空气、土地和热带雨林等方面的破坏，赔偿 10 亿美元。[②] 值得注意的是，德士古公司把能源开发项目移交给厄瓜多尔国有石油公司后，这些诉讼还持续了较长的一段时间。最后，德克萨斯法院以不方便法院原则为由驳回起诉，而纽约法院保持对该案的管辖权。

有学者认为，“这两起案件具有里程碑的意义”[③]。首先，它为将来的类似事项确立了一个先例。即针对能源公司的环境不法行为，如果不能运用东道国的法律救济手段，那么也可在它们的母国提起诉讼。其次，一些法官可能基于道德和伦理观念的考虑，愿意扩大对这类环境损害事项的管辖权。这两起案件也表明，

---

① See Adrian Bradbrook, Energy and Sustainable Development, *Asia Pacific Journal of Environmental Law*, Vol. 4, No. 4, 1999, P. 4.

② See Rain Forest Residents Sue Texaco, *Washington Post*, 16 July 1996.

③ Zhiguo Gao, Environmental Regulation of Oil and Gas in the Twentieth Century and Beyond: An Introduction and Overview, in Zhiguo Gao ed., *Environmental Regulation of Oil and Gas*, Kluwer Law International 1998, P. 50.

能源公司的母国法院有准备受理这类诉讼的意愿。最后，它可能标志着传统国际法上司法管辖权限制的观念，已经发生了很大变化。总之，如果因跨国能源管道运输项目造成环境污染，那么针对能源公司的环境诉讼随时有可能发生。

综上所述，在跨国能源管道运输项目的实施过程中，可持续发展原则、人权、当地民众的利益以及环境保护等问题都不能被忽视。换言之，如果环境保护问题没有得到足够的重视、当地民众的利益和人权没有很好地加以保障，那么跨国能源管道运输项目就有可能难以顺利地实施。由于种种原因，一些国家和能源公司可能对可持续发展原则、人权问题和当地民众的利益等，还没有予以足够的重视。然而，这些因素已成为21世纪国际能源开发利用包括跨国能源管道运输项目面临的重要挑战。

五、结论

目前，与跨国能源管道运输有关的环境法律制度，既包括国际法的因素，也含有国内法的成分。就国际法而言，一方面，海上石油、天然气的勘探开发活动包括管道运输一直是国际法调整的重要对象之一。这方面法律文件，主要有《海洋法公约》和国际海事组织主持制定的相关国际公约等。而陆上石油、天然气的勘探开发活动则很少被国际法规制，尽管《联合国气候变化框架公约》和《生物多样性公约》对跨国能源管道运输有潜在的影响，但这种影响在若干年内仍然是间接的和表面的。另一方面，与跨国能源管道运输有关的国际法律制度的发展，总是呈现出零散的、矛盾的特点。况且，有关的国际法律制度原则性较强，需要制定更加具体的法律规章才能实施。因此，这类国际法律制度对跨国能源管道运输项目实施的影响，是非常有限的。

从国内法来说，国内法律制度在跨国能源管道运输的环境保护制度中，扮演着极为重要的角色。长期以来，能源开发利用的下游活动一直是国内法关注的重点，关于能源的生产和消费存在诸多国内法标准。然而，与跨国能源管道运输有关的国内环境法律制度，还有不少缺陷。不过，自20世纪90年代以来国际环境法律制度的发展，必将引起有关国内环境法律制度的变化。当然，跨国能源管道运输项目的实施，更多地取决于双（多）边关系的发展和有关国家领导人的政治决断。

事实上，国际环境法律制度对跨国能源管道运输产生了深远的影响。20世纪90年代下半期以来出现的“环境影响评价”、“环境管理计划”、“环境报告制度”、“环境保险方案”、“能源开发设施的废弃基金”、“环境监控和环境审议”、“风险预防原则”、“污染者付费原则”、“绩效保证金”、“环境托管金”、“环境留置权”、“环境税”以及“可持续发展原则的贯彻”、“与环境相关的人权问题的关注”、“当地民众利益的重视”、“环境诉讼的兴起”等概念和安排，体现了与跨国能源管道运输有关的国际环境法的发展方向，并日益成为能源行业国际环境法律制度的重要内容。[①]

总之，环境保护问题，已经成为、并将继续成为影响能源开发利用包括跨国能源管道运输的重要因素之一。能源行业除了面临传统的一些问题，如寻找具有商业价值的油田、用合理的费用勘探开发、以具竞争力的价格出售能源产品等，目前还有一个最大的任务是环境的可归责性（Environmental Accountability）。与跨国能源管道运输有关的环境保护制度，对能源行业来说，既是挑战，又是机遇：挑战意味着管理环境的法律风险，机遇则显示出能源开发利用将更加具有可持续性。

---

① See Zhiguo Gao, Environmental Regulation of Oil and Gas in the Twentieth Century and Beyond: An Introduction and Overview, in Zhiguo Gao ed., *Environmental Regulation of Oil and Gas*, Kluwer Law International 1998, P. 55.

第八章

《能源宪章条约》的争端解决机制与中国能源安全的法律保障

《能源宪章条约》(Energy Charter Treaty，以下简称 ECT）是各国合作对能源问题进行国际法规制的重要成就，在整个国际能源法律体系中占有重要的地位。该条约自 1998 年生效以来，已经逐步发展成为一个稳定且良好运行的法律框架。在条约基础上成立的能源宪章大会组织（Energy Charter Conference，ECC）已成为世界上最重要的三大能源组织之一。[①] 中国在 2001 年已经成为能源宪章大会组织的观察国，并于 2002 年派观察员到能源宪章大会秘书处工作。中国虽然目前还不是 ECT 的加入国，[②] 但是在中国大规模开展国际能源合作的今天，中国参与的许多国际能源合作活动都受到了条约的影响。[③] 因此，有必要对

① 这三大能源组织是 OPEC（OPEC），国际能源机构（IEA），以及能源宪章大会（ECC）。这三大组织中，OPEC 代表的是能源生产国利益，IEA 维护的是能源消费国的利益，ECC 才是能源生产国与消费国之间的对话与合作的国际组织。

② 以 ECT 为基础建立的能源宪章大会秘书处为促成中国加入 ECT 做了大量的工作。早在 1998 年 6 月，能源宪章秘书处就在北京召开《能源宪章条约》国际研讨会，向中国介绍 ECT 的目的及对中国的利益。中国于 2001 年成为能源宪章大会的观察员，并于 2002 年派观察员到宪章秘书处工作。2004 年 1 月宪章组织秘书长访问中国，2008 年 12 月宪章秘书处精英代表团访问北京并通过研讨会向中国介绍宪章内容，2009 年 1 月宪章秘书长率团访问北京并商讨加强中国同宪章合作的具体问题。此外，宪章主要国家和组织也积极的邀请中国加入宪章，欧盟通过中欧能源合作大会表达其对中国加入宪章的期待，日本在 2007 年 12 月首次中日经济高层对话时建议中国参与“能源宪章条约”，同时俄罗斯也在 2008 年 6 月 12 日的能源宪章战略工作组会议上明确提议将争取中国加入该宪章。能源宪章大会和其主要成员频频向中国伸出橄榄枝，看来中国是否加入 ECT 已经成为一道“必答题”。

③ 参见李瑞民：《〈能源宪章条约〉与国际能源投资争端解决》，载于《国际石油经济》2008 年第 8 期，第 40 页。

条约进行深入的研究。在ECT诸多的法律制度中，其争端解决机制占有非常重要的地位，被称为是ECT的基石。它为中国在进行国际能源合作过程中出现的各种争端的解决提供了借鉴和参考，具有重要的现实意义。

一、《能源宪章条约》争端解决机制概述

（一）ECT的产生和发展

20世纪80年代末90年代初，欧洲的政治形势发生了巨大的变化，[①] 为欧洲经济的加强合作奠定了坚实的政治基础，而能源领域的合作更是重中之重，各国普遍认为有必要在欧亚大陆建立一个大家都能接受的关于能源方面合作的平台。[②] 在这种情况下，《欧洲能源宪章》（《能源宪章条约》的前身）应运而生。

1990年6月，荷兰总理路德·卢贝尔斯（Rudd Lubbers）最先提出建立欧洲能源领域共同体的建议，希望能以此进一步稳固和发展欧洲各国（包括西欧、中东欧以及原苏联加盟国）间的能源领域合作。1991年12月在海牙召开了欧洲能源宪章代表大会，会议达成一致，并由欧洲各国以及美国、日本、加拿大、澳大利亚、土耳其等53国共同签署了《欧洲能源宪章》。该条约内容涵盖能源主权、能源投资、能源市场准入、能源过境运输等内容，对于能源领域的国际合作具有深远的意义，但它仅仅是一个各国间为加强能源合作所作的政治承诺，并不具有法律上的约束力。

制定一个能源市场发展方面具有法律约束力的条约，是保障国家能源安全的根本性措施。[③] 为此，各国于1992年1月开始了新的谈判，赋予《欧洲能源宪章》以法律约束力。历时近三年，谈判于1994年12月方告结束。此次谈判的成员国包括世界各地的许多国家，已经大大的超越了欧洲的范围，因而条约的正式名称为《能源宪章条约》（Energy Charter Treaty）。这个条约于1998年4月生效。迄今为止，它已发展为以ECT为纲，附贸易条款修正案、投资补充协定（谈判中）、能源效率议定书和能源过境议定书（谈判中）在内的综合性法律文件（见

---

① 这些政治巨变主要是东欧剧变，德国统一和苏联解体。这些变化既让西方国家感到欣慰，但同时也给他们提出了难题，这就是如何使前苏联和东欧社会主义国家尽快在政治上获得稳定，在经济体制上顺利转变。

② See Graham Coop, the Energy Charter Treaty: More than a MIT, in Clarisse Ribeiro ed., Investment Arbitration and the Energy Charter Treaty, JurisNet, LLC, 2006, P. 4 – 5.

③ See Andrei Konoplyanik and Thomas Walde, Energy Charter Treaty and its Role in International Energy, Journal of Energy and Natural Resources Law, Vol. 24, No. 4, 2006, P. 531.

图8－1)。从法律角度来看，ECT是第一个针对能源领域的多边条约；第一个同时覆盖投资保护和贸易的多边协定；第一个将过境运输条例应用于能源网络的协议；也是第一个将具有法律约束力的解决国际争端的方案作为总则的多边条约。如此多的“第一”使能源宪章在国际能源法律机制的构建中具有了重要意义。现在，ECT已经发展为全世界参加国家最多的国际间能源多边条约，有53个正式签署国。[①] 以ECT为基础成立的能源宪章大会是目前最大的国际能源组织，其目前还正在努力扩大组织的地域覆盖范围，中国是其努力争取的对象之一。

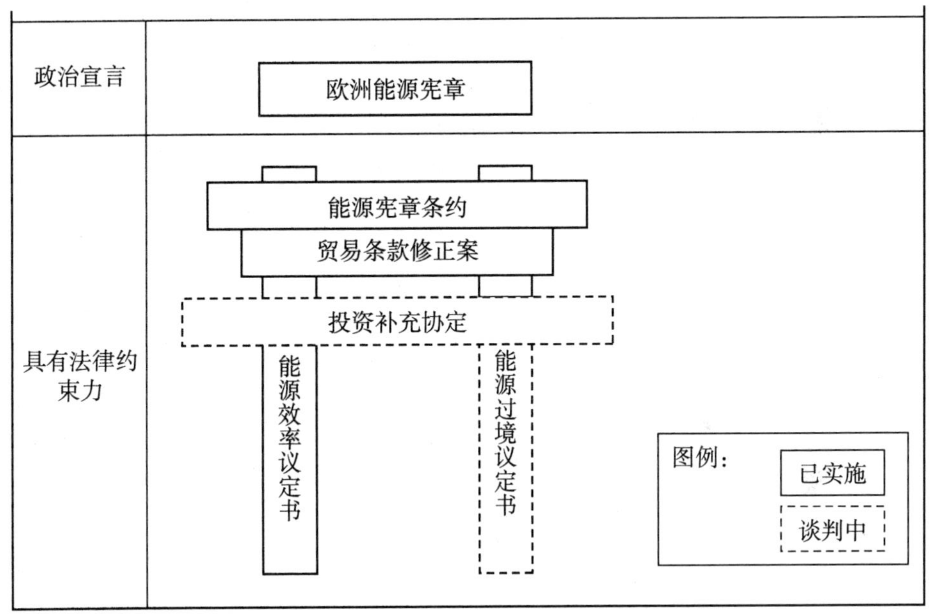

图8－1　能源宪章条约体系

资料来源：See Andrei Konoplyanik and Thomas Walde, Energy Charter Treaty and its Role in International Energy, Journal of Energy and Natural Resources Law, Vol. 24, No. 4, 2006, P. 527.

（二）ECT争端解决机制的地位和形式

在ECT法律体系中，争端解决机制是其核心和支柱。它是保证ECT成员严格遵守ECT的根本保障，是确保ECT沿着其宗旨和目标健康发展的重要动力，是保证各成员根据ECT行使权利、履行义务的基本工具。ECT争端解决机制在保证ECT法律体系正常运作的同时，也对国际能源安全作出了独特贡献。事实

① 主要包括欧盟、英国、德国、法国、意大利、西班牙、日本等53个成员方，其中澳大利亚、白俄罗斯、冰岛、挪威、俄罗斯签署但还没批准条约。参见 http://www.encharter.org/index.php? id = 61，最后访问日期2010年7月8日。

上，正是这套争端解决机制使得该条约具有了法律约束力，使它区别于一般政治性的条约与宣言。[①] 没有这套争端解决机制，可以说，整个 ECT 不过是“一纸空文”。在 ECT 生效的十多年里，ECT 的作用日益明显，这与它的这一整套争端解决机制不无关系。

ECT 涉及的内容很多，主要包括能源投资、能源贸易、能源过境和能源环境四根支柱，对应于每一根支柱，都有相应的争端解决程序来予以保障，这些程序就构成了一套完整而又详细的争端解决机制。争端解决机制在能源领域里具有特别重要的意义，因为能源领域资本密集，相比其他加工、服务等领域而言，风险要高出许多。能源领域的争端往往也异常复杂，涉及的标的金额也特别巨大。在 ECT 谈判之初，ECT 中的当事方有不少国家（主要是前苏联国家）还处于过渡时期，还没有建立起较完善的国内司法体系，西方国家对于这些国家的国内法院的中立性、专业性以及工作效率表示怀疑和担忧，因而在设计争端解决条款时，对此给予了高度重视，规定了特别详细的争端解决程序。[②] 从总体来看，这套争端解决机制包含两种基本形式，即投资者与缔约国关于投资争端的仲裁程序和缔约国之间争端的解决程序。从具体来看，它所解决的争端类型包括能源投资争端、能源贸易争端、能源过境争端以及环境、竞争等（见图 8 - 2）。

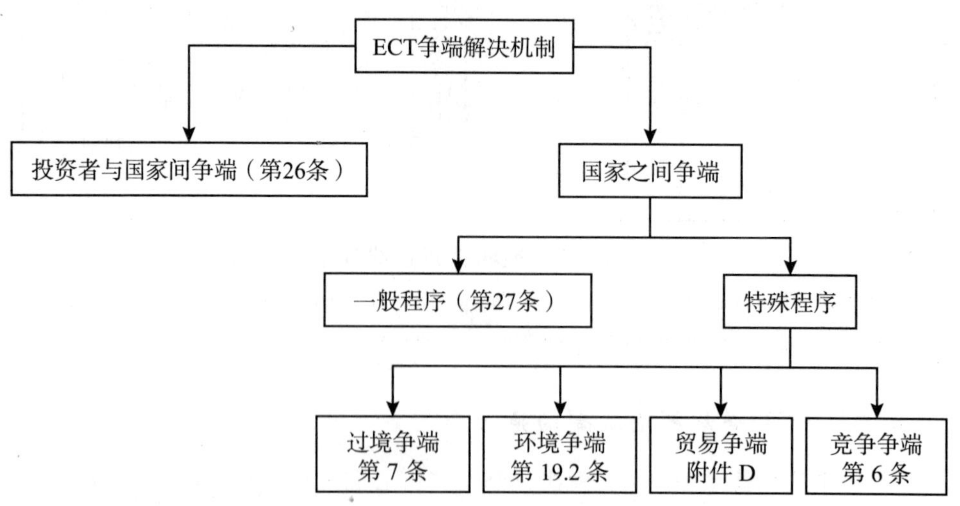

图 8 - 2　ECT 争端解决机制的基本形式

① 如前所述，ECT 和《欧洲能源宪章》最大的区别也就在于 ECT 有一套争端解决机制，而《欧洲能源宪章》没有这方面的内容。

② See Andrei Konoplyanik and Thomas Walde, Energy Charter Treaty and its Role in International Energy, Journal of Energy and Natural Resources Law, Vol. 24, No. 4, 2006, P. 545.

（三）ECT争端解决机制的特点

ECT的争端解决机制丰富了国际争端解决的理论和实践，同时，由于它针对的是能源领域，毫无疑问，它对目前存在的各种能源问题的解决也起到了重要的作用。具体来看，该争端解决机制主要具有以下几个特点。

1. 多种方式、多种机制的融合。能源产业包括了一个完整的价值链。[①] ECT针对能源产业中的不同链条的特点，如贸易、投资、过境、环境等，规定不同的争议解决方法，硬法与软法并存，如针对能源投资，ECT规定的投资仲裁机制具有强制性特点，是“硬法”程序；对于环境问题，则针对其软法性质，采取了不具强制性的解决机制。虽然这些不同的争端解决方法看似各不相同，但它们存在着紧密的联系，这主要是因为能源投资、贸易、过境、环境问题乃是能源价值链上相互紧密联系的环节。这些争端解决程序，共同服务于整个能源领域的各个链条，使得ECT的各项法律制度紧密链接在一起，成为不可分割的整体。

2. 程序的先进性和适当的创新性。ECT的争端解决机制规定的程序在目前的国际争端解决机制领域相当先进。如其投资者与缔约国之间的程序乃是当今世界上最严格的投资争端解决机制，它在国际投资方面走在最前列的，代表了国际投资争端解决方式发展的趋势，[②] 改变了传统的国际投资争端解决方式。传统的国际投资仲裁是建立在当事方之间同意的基础上，而ECT规定的投资者与东道国之间的强制仲裁程序，突破了以协议为基础的传统仲裁制度，几乎是为投资者对东道国的诉求提供了史无前例的救济。这种先进的程序无疑代表了平衡自然资源主权敏感性及其利用的特殊方式，同时它也是能源这个资金密集风险大的行业所必须的。[③] 它能有效促进能源投资的国际流动，建立能源投资者的信心，从而在一定程度上维护国际能源安全。另外，ECT的争端解决机制也具有相当的创新性，这主要体现在其能源过境运输争议中的调解机制，国际能源机构（IEA）的前法律顾问克雷格·班伯杰（Craig Bamberger）也评论说它是一个“最具创新性”“史无前例”（the most innovative and ground-breaking）的机制。[④]

---

① 以石油和天然气为主的传统能源工业涉及一个垂直的产业和价值的链条，具有鲜明的“上中下游”格局，上游为能源的勘探和开采、生产，中游为能源的运输，下游是一系列产品的加工、销售等。

② See Jan Paulsson, Arbitration without privity, in Tomas W. Walde ed., the Energy Charter Treaty: An East-West Gateway for Investment and Trade, Kluwer Law International, 1996, P. 435 – 442.

③ 参见叶玉：《石油贸易措施的国际法规制》，复旦大学博士2007年学位论文，第52页。

④ See Crag S. Bamberger, Adjucicatory Aspects of Transit Dispute Conciliation Under the Energy Charter Treaty, Oil, Gas & Energy Law Intelligence, Vol. 4, No. 1, 2006.

3. 最大限度利用了现存的争端解决机制。ECT 的争端解决机制充分吸收了现行的各种条约中的争议解决机制。如在投资争议解决方面，ECT 的争议解决机制来自于各国双边投资条约的实践；在争端解决机构的选择方面，ECT 也没有“另起炉灶”，而是采用现在发展比较成熟的解决投资争端国际中心（ICSID），斯德哥尔摩仲裁院，联合国国际贸易法委员会仲裁规则（UNCITRAL）临时仲裁等机构及其程序。对于贸易争议，充分借鉴了 WTO 的经验，也采取类似 WTO 专家组程序，同时对于 ECT 成员同为 WTO 成员时，直接使用 WTO 的争端解决程序，这些做法都尽量避免了“挑选法院”，避免和其他条约发生冲突。[①] 应该说，ECT 的争端解决机制最大限度利用了现存的争端解决机制，这在一定程度上有利于减轻国际法“碎片化”的现象。

二、《能源宪章条约》争端解决机制中投资者与国家之间的争端解决程序

ECT 第 26 条专门规定了缔约国与投资者争端解决的程序（如图 8-3 所示）。它允许投资者直接将有关争端提交有关机构解决。这种争端解决形式有效排除了投资者母国的干预，从而使投资争端“非政治化”。[②] 但这一程序的适用是有限制的，它只能由投资者提起，而且它只针对于缔约国与投资者之间由于没有履行 ECT 第三部分关于促进与保护投资方面的义务时才适用，也就是说，当争端是由于违反 ECT 中的其他部分的义务引起时，投资者不能依据第 26 条启动程序。

第 26 条首先规定各方应首先寻求通过友好协商的方式解决争议。如果在一方提出要求后的三个月内，双方无法达成协议，则投资者单方面有多种选择。他可以将争端提交东道国的司法或行政程序，也可以选择依当事人事先同意的争端解决程序，或通过仲裁程序解决。如果投资者选择将争议提交仲裁，那么他可以选择的仲裁机构和程序为：（1）国际投资争端国际中心解决中心（ICSID）及其仲裁规则；如果投资者的母国和东道国之一为 ICSID 的缔约国时，应依 ICSID 的附加便利规则进行；（2）按联合国国际贸易法委员会仲裁规则（UNCITRAL）指定的独任仲裁员或临时仲裁庭；（3）按斯德哥尔摩商会仲裁机构（Arbitration Institute of the Stockholm Chamber of Commerce）及其仲裁程序。

---

① 参见马迅：《浅析国际能源争议解决机制——以〈能源宪章条约〉为例》，载于《生态经济》2009 年第 4 期，第 61 页。

② See Olivia Q. Swaak-Goldman, the Dispute Resolution Procedures of the Energy Charter Treaty: Made to Measure, the American Review of International Arbitration, Vol. 6, No. 4, 1995, P. 336-337.

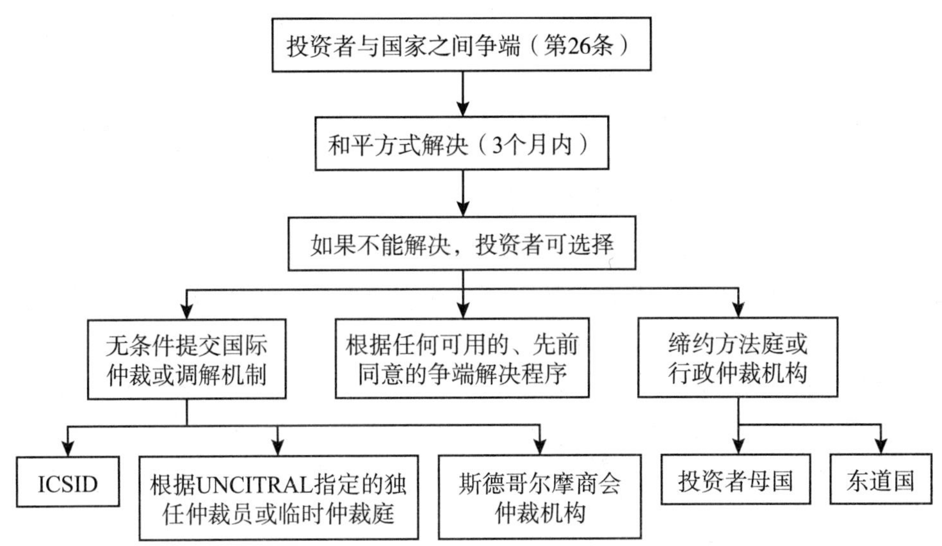

图 8-3　ECT 的投资争端解决程序

ECT 第 26 条规定，除缔约国做出的个别保留事项外，每一缔约国都必须无条件地同意将其与投资者间的争端提交国际仲裁。此处的保留包括，如果投资者已经诉诸东道国的司法或行政程序或是已经启动依双方达成的其他争端解决程序，则缔约国不承诺无条件同意将此类争端提交国际仲裁。但是，做出此类保留的国家必须在加入 ECT 时就此问题书面说明其政策、惯例和条件。① 对无条件同意将投资争端提交国际调解或仲裁的另一保留是 ECT 第十条第一款的最后一句话，即每一缔约方均应遵守与缔约另一方的投资者达成的协议，这就是通常所说的保护伞条款。按第十条的这种规定，一旦投资者与东道国达成协议，则任何不遵守此类协议的行为都可能被投资者依据第 26 条提交国际仲裁庭。对该条做出保留便无异预示着东道国可能会不遵守双方达成的协议。因此，对本条做出保留的只有极少数几个国家。②

对于仲裁所适用的法律，仲裁庭解决争议时都应使用 ECT 条约本身和可适用的国际法规则和原则。而仲裁裁决是终局的，对双方具有法律约束力。为

① 附件 ID 中列出的国家在投资方已经将争端提交给一个国家的法院或法庭（方案一），或提交一个预先商定的机制（方案二）的情况下，不给予无条件同意。另外，这些国家应当在规定的期限内向秘书处提供一份对其政策、习惯和状况的书面陈述。列入附件 ID 中的国家和组织有：澳大利亚、阿塞拜疆、保加利亚、加拿大、美国、克罗地亚、塞浦路斯、捷克共和国、欧共体、芬兰、希腊、匈牙利、爱尔兰、意大利、日本、哈萨克斯坦、蒙古、挪威、波兰、葡萄牙、罗马尼亚、俄罗斯、斯洛文尼亚、西班牙、瑞典、土耳其。

② 将自己列入附件 IA 的国家具体可见 http://www.encharter.org/index.php? id = 323，包括澳大利亚、加拿大、挪威和匈牙利，其中澳大利亚、挪威还没有批准 ECT，而加拿大则还没签署 ECT。

了确保仲裁裁决的执行，应争议任何一方的要求，该仲裁裁决应在 1958 年纽约公约的缔约国境内作出，而且该争议应被认为满足了纽约公约的“商事性”要求。[①] 如果选择了 ICSID 仲裁规则，ICSID 公约也明确要求其缔约国承认和执行 ICSID 的仲裁裁决，而且该仲裁裁决的效力“如同该国法院的最终判决一样”。[②]

ECT 生效的十多年来，投资者与缔约国之间的争端解决机制有了行之有效的运作记录。[③]（到目前为止，至少有 24 起投资者与东道国之间的仲裁是依据 ECT 提起的（参见表 8-1），而且该数字还将不断的增加。[④] 这主要因为能源项目具有投资周期长和资本高度密集的特点，加之此类项目涉及到主权利益，造成此领域投资者与东道国之间的投资争端必然会频发。随着能源投资者和法律界日益了解和关注 ECT，把争端提交国际仲裁，对于鼓励会员国遵守其条约义务，促进一个稳定及与 ECT 宗旨相符的投资环境，都是很重要的。因此未来该条对于解决能源投资争端方面将发挥越来越大的作用。[⑤]

表 8-1　　依据 ECT 第 26 条提起的案件一览表

争议双方		案件登记时间	解决途径	进程与结果
投资者	东道国			
AES Summit Generation Ltd.（英国）	匈牙利	2001 年 4 月	ICSID ABR/01/4 号	由当事方自行和解并应当事人请求于 2002 年终止仲裁
Nykomb Synergetics Technology Holding AB（瑞典）	拉脱维亚	2001 年 12 月	斯德哥尔摩商会仲裁院 118/2001 号	2003 年 12 月 16 日作出了有利于投资者的裁决，投资者获得货币补偿
Plama Consortium Ltd.（塞浦路斯）	保加利亚	2003 年 8 月	ICSID ABR/03/24 号	2008 年 8 月 27 日就管辖权问题做出裁决

① 参见《能源宪章条约》第 26 条第 5 款（b）项。

② 参见《解决国家与他国国民间投资争议公约》第 54 条。

③ See Clarisse Ribeiro ed., Investment Arbitration and the Energy Charter Treaty, JurisNet, LLC, 2006, P. 47.

④ 因国际投资仲裁和其他的仲裁一样，带有一定的私密性。因此，以上的统计数据并不一定完整。

⑤ See Graham Coop, Clarisse Ribeiro ed., Investment Protection and the Energy Charter Treaty, JurisNet, LLC, 2008, P. 1-2.

续表

争议双方		案件登记时间	解决途径	进程与结果
投资者	东道国			
Petrobart Ltd（直布罗陀）	吉尔吉斯斯坦	2003 年 9 月	斯德哥尔摩商会仲裁院 126/2003 号	2005 年 3 月 29 日作出了有利于投资者的裁决，撤销裁定的申请被 Svea 上诉法院于 2006 年 4 月 13 日驳回
Alstom Power Italia SpA，Alstom SpA（意大利）	蒙古	2004 年 3 月	ICSID ABR/04/10 号	由当事方自行和解并应当事人要求停止仲裁程序
Yukos Universal Ltd.（英国）	俄罗斯	2005 年 2 月	UNCITRAL 规则临时仲裁	审理中
Hulley Enterprises Ltd（塞浦路斯）	俄罗斯	2005 年 2 月	UNCITRAL 规则临时仲裁	审理中
Veteran Petroleum Trust（塞浦路斯）	俄罗斯	2005 年 2 月	UNCITRAL 规则临时仲裁	审理中
Ioannis Kardassopoulos（希腊）	格鲁吉亚	2005 年 10 月	ICSID ABR/05/18 号	审理中
Amto（拉脱维亚）	乌克兰	2005 年 11 月	斯德哥尔摩商会仲裁院	2008 年 3 月 26 日作出裁决
Hrvatska Elektropriveda d. d（HEP）（克罗地亚）	斯洛文尼亚	2005 年 12 月	ICSID ABR/05/24	审理中
Libananco Holdings Co. Limited（塞浦路斯）	土耳其	2006 年 4 月	ICSID	审理中
Barmek Holding A. S.	阿塞拜疆	2006 年 10 月	ICSID	2009 年 9 月 28 日双方和解
Azpetrol International Holdings B. V. Azpetrol Group B. V. and Azpetrol Oil Services Group B. V（荷兰）	阿塞拜疆	2006 年 8 月	ICSID	审理中

续表

争议双方		案件登记时间	解决途径	进程与结果
投资者	东道国			
Gementownia "Nowa Huta" S. A.（波兰）	土耳其	2006 年 12 月	ICSID	审理中
Europe Cement Investment and Trade S. A.（波兰）	土耳其	2007 年 3 月	ICSID	审理中
Liman Caspian Oil BV and NCL Dutch Investment BV（荷兰）	哈萨克斯坦	2007 年 7 月	ICSID	审理中
Electrabel S. A.	匈牙利	2007 年 8 月	ICSID	审理中
AES Summit Generation Limited and AES-Tisza Erömü Kft.	匈牙利	2007 年 8 月	ICSID	审理中
Mercuria Energy Group Ltd.	波兰	2008 年 7 月	斯德哥尔摩商会仲裁院	审理中
Alapli Elektrik B. V.	土耳其	2008 年 8 月	ICSID	审理中
Vattenfall Europe AG. Vattenfall Europe Generation AG& Co. KG	德国	2009 年 4 月	ICSID	审理中
EVN AG	前南斯拉夫马其顿共和国	2009 年 6 月	ICSID	审理中
EDF International S. A. V	匈牙利	2009 年 5 月	UNCITRAL 规则临时仲裁	审理中

资料来源：参见能源宪章网站，http：//www. encharter. org/index. php？ id = 213，最后访问日期 2010 年 7 月 9 日。

三、《能源宪章条约》争端解决机制中国家之间争端的解决

（一）国家之间争端解决的一般程序

与 ECT 第 26 条相比，第 27 条适用的是缔约国之间争端的解决，它的范围

要宽泛得多，它适用于缔约国之间关于条约的适用和解释方面的争端。但 ECT 第 27 条的适用仍然是有限制的，根据 ECT 第 28 条的规定，缔约方之间有关第 5 条与贸易有关的投资措施或第 29 条与贸易事务有关的临时条款解释和应用的争端，不适用 ECT 的第 27 条。同时，对于能源过境、环境和竞争、税收等争端，ECT 也专门设计了争端解决的机制，而这些条款都与 ECT 第 27 条规定不同。第 27 条第 2 款也明确规定，对于第 6 条（竞争）和第 19 条（环境问题）的应用和解释，也不适用第 27 条。可以说，第 27 条是解决缔约国争端的一般条款，而其他关于贸易、环境、竞争、税收等争议的解决条款是有关缔约国争端解决的特殊条款。

对于缔约方之间争端的解决，缔约方首先应当努力通过外交渠道解决；其次，与投资者与缔约国之间争端解决程序不同，缔约国之间争端的解决并没有多种选择。如果通过外交途径未果，任何一方都可以将争端提交特设的仲裁机构，[①] 仲裁机构适用联合国国际贸易委员会（UNCITRAL）的仲裁规则，并根据 ECT 和国际法中适用的原则和规则裁决。对于仲裁裁决的执行问题，第 27 条没有明确规定，但所有 ECT 缔约国都应当遵守 ECT 的有关义务，仲裁裁决是最终的并对争端所涉及的缔约方具有约束力。目前诉诸缔约国之间争端的解决机制的情形比较少，ECT 秘书处了解到有一个成员国根据 ECT 第 27 条启动了程序，但这项争端最后通过外交途径得以解决。

（二）国家之间争端解决的特殊程序

1. 过境争端。能源过境是能源产业价值链中重要的一环。ECT 对能源过境问题专门进行了规定并设立了一套能源过境特别调解机制。与第 27 条规定的一般程序相比，该调解机制具有快捷和非正式的特点，而且它能保证能源过境不至于因为争端的发生而中断。ECT 第 7 条第 7 款规定，涉及争议的任何一方可以将争议提交给能源宪章会议秘书长。秘书长将该争端向有关各方进行通报，并在 30 天内与争端各方协商后，任命一位调解人。[②] 该调解人应有这方面的经验，并且不是任何争议一方的公民或在任何争议一方有固定的居所。调解人应努力促使争端各方达成协议；如果争端各方在 90 天内没有达成争端解决协议，调解人应对争端的解决办法或程序提出建议。此外，调解人还应就有关能源过境的关税及其他条款和条件，做出临时性的安排，直到争端解决。争端各方应确保其管辖或

---

① 此处提交仲裁仍然有例外，同第 26 条的保护伞条款，第 27 条也规定，根据第 10 条第（1）段最后一句，即每个缔约方应履行与任何其他缔约方达成的协议。也就是说，在这种情况下，关于与投资者之间合同义务的遵守问题而产生国家之间的纠纷也不适用第 27 条。

② 《能源宪章条约》第 7（7）（e）条还规定，如果秘书长认为有关的能源过境争端已经进入了调解程序，但争端并未能解决，在这种情况下，秘书长也可以选择不任命调解人。

控制下的有关实体，遵守调解人的这种临时性安排。这种临时性的安排，要么不超过12个月，要么直到争端解决为止，但以时间最短者为限。当然，ECT的上述规定不能有损争端方基于习惯国际法和现存的双边或多边协议而产生的权利和义务。[①] 这一程序是ECT争端解决机制的一大特色与独创，之所以对于过境争端采取这一调解程序，其目的在于在相关的合同里没有明确规定争议解决机制时，相关能源产品的运输不会在争议解决期间被中断，从而影响各方的利益。但这一条款的适用也是有限制的，那就是如果争议双方在相关的合同中达成了强制性的争议解决条款，这一调解程序就不予适用了。能源宪章大会在其制定的关于调解行为与调解员补偿的临时条款中也明确指出，这一调解程序不是合同中争议解决机制的上诉机制。ECT设计这样一个调解机制主要是因为，在ECT缔结之时，前苏联国家内的法律极不完善，绝大多数过境合同里都未规定争端解决程序。但现在订立的过境合同中，大多数都有专门的争端解决条款，ECT的特别调解机制适用范围已经非常狭窄了。[②]

2. 贸易争端。ECT被称为是能源领域的WTO，对于能源贸易争端和与贸易有关的投资争端，ECT提供了一种以GATT/WTO专家组模式为基础的争议解决机制（具体规定在附件D中），这一争议解决机制适用于争议双方缔约国至少有一方不是WTO的成员方。[③] 如果争议的双方都是WTO的成员方，ECT则要求它们之间的贸易争议按照WTO的相关规定解决。这样既避免了WTO与ECT争端解决机制之间的“撞车”，同时为非WTO的成员国加入WTO提供一定的过渡条件。在双方缔约国中至少一方不是WTO的成员时，双方的能源贸易争议只能运用第29条第7款的机制来解决，而不能适用第27条的仲裁机制。但此处也要注意，如果争议缔约国另行达成仲裁协议，贸易争议以及与贸易有关的投资争议也可以提交第27条的仲裁机制，同时，它也不阻碍投资者将与贸易有关的投资措施争议提交第26条投资者与缔约国之间的争端解决程序解决。

附件D中的贸易争议解决机制是以WTO专家组模式为蓝本制定的。首先，缔约方在提出协商要求后的60天内，缔约方没有解决其争端或不同意通过调解、斡旋、仲裁或其他方法解决问题，任何一个缔约方可以向秘书处提交申请建立一个专门小组。秘书处应在收到申请的45天内，组建专门小组。专门小组在成立后的180天内完成全部的程序，包括最终报告的提交。专门小组的报告最终应得

① 参见《能源宪章条约》第7条第8款。

② See Konolyanik A., The Energy Charter Treaty: Dispute Resolution Mechanism—and the Yukos Case, Russian/CIS Energy & Mining Law Journal, No. 3, 2005, P. 32.

③ 截止到2009年12月30日，ECT的成员中，仍然有以下几个成员没有加入WTO，阿塞拜疆、白俄罗斯、波黑共和国、哈萨克斯坦、俄罗斯、塔吉克斯坦、土库曼和乌兹别克斯坦。

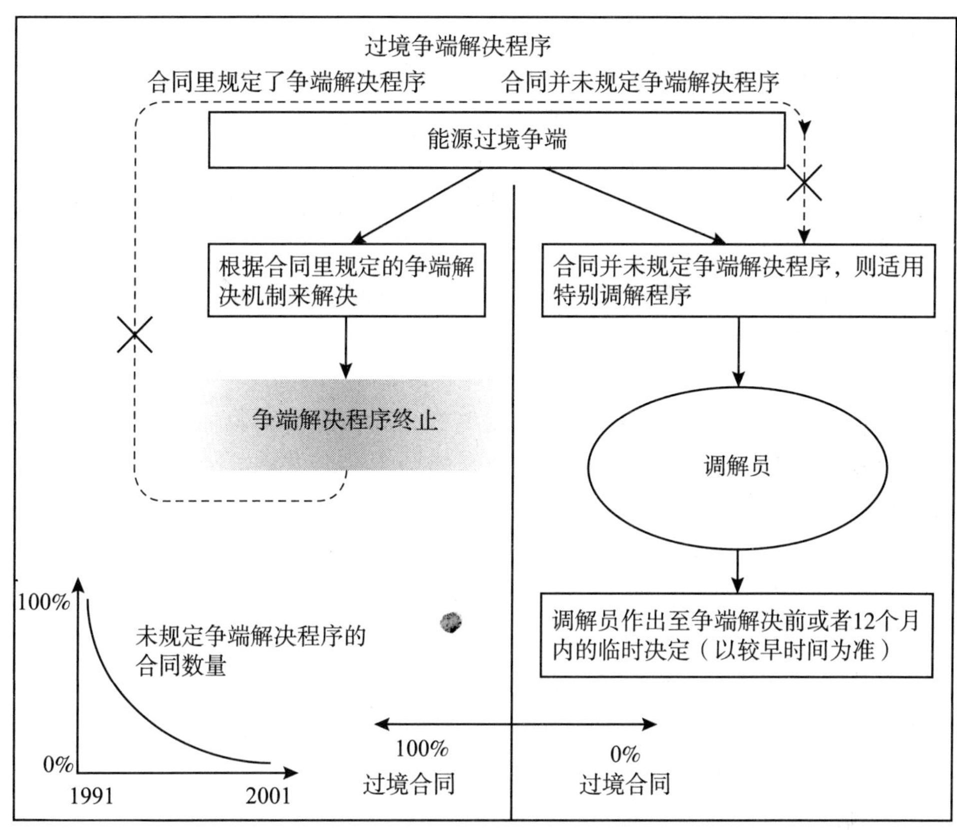

图 8-4 过境争端的特别调解机制

资料来源：See Konolyanik A., The Energy Charter Treaty: Dispute Resolution Mechanism—and the Yukos Case, Russian/CIS Energy & Mining Law Journal, No. 3, 2005, P. 32.

到宪章大会缔约方简单多数支持后方为有效。① 如果缔约方在一段合理的时间内没有遵守被宪章大会采纳的最终报告，受损方可以向不遵守缔约方递交书面申请，就有关补偿问题进行协商。如果双方在 30 天内没有达成一致，受损方可以以书面形式请求缔约大会中止履行第 5 条或第 29 条中规定的它对不遵守缔约方的义务。② 在暂时中止缔约方义务前，受损害方应向不遵守缔约方通报其义务履行中止的程度和性质。如果不遵守缔约方就义务履行中止的程度向秘书长书面反对，该反对可以由专门成立的仲裁小组进行仲裁，仲裁小组应在成立后 60 天内递交书面决定。仲裁小组的决定在递交宪章大会 30 天后成为最终决定并具有约

① 参见《能源宪章条约》第 36 条第 6 款。
② 参见《能源宪章条约》附件 D（5）（b）。

束力，届时受损方以适当的程度中止履行义务。[①]

虽然附件 D 中的争端解决程序是以 WTO 专家模式为基础的，但相对来说，该程序显得简单灵活。它与 WTO 的争端解决程序最大的不同在于它没有上诉机构，而且对于专家组报告，WTO 采取的是“反向协商一致”，即“一致通过，除非一致不通过”原则，而 ECT 的专门小组报告只需简单多数支持即可通过。

3. 环境争端。ECT 第 19 条专门规定了缔约方与环境保护有关的各项义务。根据第 19 条第 2 款，在一个或几个缔约方请求下，当涉及环境方面的争端没有其他合适的解决方法时，由能源宪章大会谋求解决。该条虽然没有排除国际仲裁，但 ECT 第 27 条第 2 款明确规定根据第 19 条有关的应用和解释，不适用仲裁的方式。因为环境规范大多是带有软法性质的，不适宜采用仲裁这种“硬法”的解决模式，因此，ECT 第 19 条为环境争端的解决提供了一个多边的论坛或协商机构，该方式决定了 ECT 下环境争端的解决不具有预期性和结果性，这与 ECT 第 26 条、第 27 条的刚性方式是不同的。[②]

4. 竞争争端。ECT 第 6 条第 5 款规定了竞争争端[③]的解决程序。第 6 条第 5 款规定，如果一个缔约方认为在另一缔约方的区域内进行的特定的反竞争行为对与此条款的宗旨相关的重要利益产生了严重的负面影响，即造成对能源经济活动的竞争不利的市场扭曲或障碍时，此缔约方应通知另一缔约方并要求另一缔约方的主管竞争机构采取适当的强制行动。被通知的缔约方或者事件可能涉及的主管竞争机构的应当充分考虑通知方的要求，决定是否对被指控的行为采取执行行动，并将相关的决定告知通知方。该程序对第 27 条规定的一般程序的适用予以限制，规定只能采取第 27 条第 1 款即通过协商来解决竞争争端的方法，第 27 条的其他程序即仲裁程序在竞争争端中不予适用。

第 6 条第 5 款规定的竞争争端程序反映了 ECT 并不是旨在所有缔约国之间建立一个共同的竞争体制，相反却确认了所有缔约国的竞争法规则的可适用性，它只是一个关于各国竞争法的解释与适用的一个信息交换和相互协商的机制。而且这一程序充分考虑到一个国家的竞争水平明显受到了其经济和技术水平的制约。[④]

---

① 参见《能源宪章条约》附件 D（6）（e）。

② 参见杨洪：《论〈能源宪章条约〉的环境规范》，载于《法学评论》2007 年第 3 期，第 88 页。

③ 如缔约方对其本国能源企业给予国家补贴时，可能会产生竞争争端。

④ See Konolyanik A., The Energy Charter Treaty: Dispute Resolution Mechanism—and the Yukos Case, Russian/CIS Energy & Mining Law Journal, No. 3, 2005, P. 32.

四、《能源宪章条约》的争端解决机制对中国能源安全的启示

（一）ECT 的争端解决机制对于中国解决海外能源争端具有借鉴意义

20 世纪 90 年代以来，中国的能源需求急剧增长，1993 年中国开始成为能源净进口国，其后的这十几年，中国的能源对外依存度每年呈递增趋势。① 能源供应不足将极大地制约中国经济的发展，中国必须依赖国际能源市场来满足日益增长的能源需求。保障能源安全最有效的方式就是加强国际能源合作，加快“走出去”的步伐，加大在能源领域对外投资的力度，使能源供应渠道多元化。中国目前已经与多个国家签订了内容和性质不同的能源合作协议，如 1996 年的《中国与俄罗斯关于共同开展能源领域合作的协定》、1997 年的《中哈政府关于在石油、天然气领域合作的协议》、2000 年的《中美化石能合作协议书》、2009 年的《中俄石油领域合作政府间协议》等。政府间的合作仅仅是框架的设立，但是具体的合作和项目还必须通过企业来落实。在中国政府的鼓励下，中国能源企业实施走出去的战略，截至 2009 年年底，中石油、中石化、中海油三大企业海外业务已经遍及全球 50 多个国家，已经拥有海外油气项目 100 多个。据国际能源机构（IEA）在 2010 年 6 月 10 日的月度石油市场报告中指出，2009 年中国国有石油企业的海外投资总额是 182 亿美元。2010 年 1 月到 4 月，这些企业的海外投资已达到了去年全年投资总额的一半以上，达到 108 亿美元。②

---

① 2009 年中国的能源需求对外依存度是超过了国际警戒线 50%，达到 51.3%，2010 年第一季度更是再创新高，达到 54.52%。

② 数据来自于 2010 年 6 月 10 日国际能源机构石油市场报告（Oil Market Report）。2010 年上半年，中石化以 46.5 亿美元收购加拿大油砂生产商辛克鲁德有限公司（Syncrude Canada Ltd.）9% 的股份；中石油与壳牌计划联手出价逾 34 亿美元，收购澳大利亚最大的煤层气生产商 Arrow 能源公司，中海油以 31 亿美元收购阿根廷布里达斯公司 50% 股份。中国最近石油企业近几年“走出去”进程加快，2007 年 10 月，中石油投资 41.8 亿美元收购哈萨克斯坦 PK 石油公司全部股权。2008 年 10 月，中海油耗资 25 亿美元收购挪威海上钻井公司 AWO。2008 年年底，中石化以 17 亿美元完成加拿大石油公司 Tanganyika Oil 的收购案。2009 年 2 月，中石油以 4.99 亿加元收购加拿大一油气公司在利比亚的石油资产。2009 年 4 月，中石油联合哈萨克斯坦国家石油和天然气公司收购曼格什套石油天然气公司的全部股权。2009 年 6 月，中石油收购英力士位于苏格兰 Grangemouth 的炼油厂。2009 年 6 月，中石油完成收购新加坡石油公司 45% 股权。2009 年 7 月，中石油和 BP 石油公司联合中标伊拉克鲁迈拉油田服务项目。2009 年 8 月，中石化以近 75.6 亿美元收购 Addax 石油公司。2009 年 12 月，中石油以 116.11 亿元人民币购买加拿大两项待建油砂项目 60% 股份。2010 年 1 月，中国石油联合道达尔勘探生产伊拉克公司、马来西亚石油公司联合中标伊拉克哈法亚油田服务项目。以上信息来源于中新网 http://www.chinanews.com.cn/ny/news/2010/03-04/2151300.shtml，最后访问日期为 2010 年 7 月 8 日。

中国海外能源投资快速发展的同时，“走出去”的中国能源企业在境外，无论是发展中国家还是发达国家与相关方发生争端的情形也在大量增加。对中国的海外能源投资可能产生的争端，根据 ECT 争端解决机制对争端的分类，从主体上划分，可以分为以下两类：[①]

1. 中国投资者与东道国之间的争端。投资者与东道国之间的争端在国际投资领域最为普遍。投资者与国家之间的争端解决程序也是 ECT 的争端解决机制中运用最为广泛、影响最为深远的程序。具体对中国海外能源投资而言，当东道国是发展中国家时，其法律制度往往不健全，而且常常通过紧急立法对海外投资进行监管，所以中国在这些国家进行投资的企业与东道国政府发生争端在所难免。而在发达国家，一些国家往往基于一些政治考量或者保护技术、行业、就业等考虑对中国海外投资者施以不公正待遇，[②] 对中国海外投资设定不合理的限制，损害中国海外能源投资者的正当权益，并由此产生投资方面的各种争端。[③] 对于中国海外投资引发的中国投资者与东道国之间的争端，可以借鉴 ECT 的投资仲裁机制，因为 ECT 的投资仲裁机制只需要根据条约，无需用尽当地救济，就可以将争端诉诸 ICSID 等仲裁庭。它对投资者提供最全面的保护，最大限度增强投资者在投资安全方面的信心，迅速解决与东道国之间能源投资争端，维护中国投资者的利益，从而保障中国的能源安全。

2. 中国与相关国家之间的能源争端。国际能源合作没有国家的支持是无法进行的。国家间能源合作往往是由相关国家签订有关协议，这属于国际法上的条约。(条约必须遵守是国际法上的基本原则)。国家间能源合作争端出现主要有两种方式：对条约中规定的权利和义务的解读出现纠纷；对条约或协定中出现的权利与义务的执行产生的纠纷。[④] 就中国海外能源投资所引发的中国与相关国家

---

① 除了投资者与国家之间的争端和国家之间的争端以外，还有一类争议具体的公司之间的争议。但公司之间的合作是商业行为，其中可能出现的问题很多，例如，买卖合同争议、财产争议、知识产权争议、雇佣合同争议以及一般的侵权争议等。其法律性质属于平等主体之间的纠纷，属于国际私法所管辖的国际民商事争议，一般涉及私法领域，有时也需要适用国际公约，如《联合国国际货物买卖合同公约》，但目前对于此类纠纷的解决一般由有管辖权的法院依照本国的冲突规则的指引，以国内法为准据法。在某些情况下，也可以根据双方的协议，将双方的商事争议提交国际商事仲裁。

② 如中海油在并购优尼科案中，中海油在美国遭受了不公正的法律待遇。2005 年 6 月 23 日，中海油宣布以 185 亿美元现金标购美国加利福尼亚州的尤尼科石油公司。这一公告在业内激起振荡，并在美国引起激烈争议。8 月 2 日，中海油认为无法克服其在媒体面前所称的“史无前例”、“令人遗憾且没有理由”的政治压力，决定撤回投标。结果，雪弗龙以总值 170 亿美元的现金和股份完成对尤尼科的收购。参见李明瑜：《海外并购，你准备好了吗？石油巨头的收购案例》，载于《证券市场周刊》2005 年 11 月 21 日。

③ 参见李甲：《中国海外投资争端解决机制研究》，南昌大学 2008 年硕士学位论文，第 1 页。

④ 参见莫世健：《中国海外能源合作所引起的法律问题思考》，中国能源法律网 http://www.energylaw.org.cn/html/news/2009/1/7/2009172225174363.html，最后访问日期 2010 年 7 月 8 日。

之间由于投资协议产生的争端，属于国家之间的争端，可以参照 ECT 第 27 条的规定来解决。

但在中国进行海外能源投资过程中，除了投资争端外，还可能产生其他具体类型的争端。如能源过境争端、能源贸易争端、环境争端等，如前所述，ECT 针对这些争端的特点，规定了特殊的解决方法。这种做法也值得借鉴，中国在与其他国家签订相关投资协议时，可以具体区分争议性质，分别采取不同的做法。如对于能源过境的争端,① 可以借鉴 ECT 的特别调解机制，它有利于过境争端的和平解决并且保证在争端解决期间，不中断能源的供应。但目前在中国与相关国家签订的有关运输管道的协议中，如在《中哈政府关于在石油天然气领域合作协议》中，协议对有关争端类型并未区分，仅仅规定以磋商作为争端解决的方式。② 这样的规定容易导致在双方发生争议时，争议久拖不决，影响双方能源的正常供应，给能源安全带来威胁。对于中国与相关国家之间的能源贸易争端，中国进口石油的来源地中有一些国家已经是 WTO 的成员，如科威特、委内瑞拉等国是 WTO 的成员，如果和这些 WTO 成员发生了能源贸易争端，则可以在 WTO 的争端解决机制下来解决。但中国进口能源的来源国中也有一些并非 WTO 的成员，如俄罗斯、哈萨克斯坦、伊拉克等，如果与这些国家发生能源贸易争端，则只能由双方通过磋商解决。而 ECT 的贸易争端解决程序将这些非 WTO 成员纳入到 WTO 体系中，为中国与这些重要能源输出国进行能源贸易时提供法律保障。

应该指出的是，中国目前与国外的能源合作仅仅停留在双边合作的基础上。但事实上，在解决问题方面，多边能源合作机制要远比双边合作机制的成本低、风险小,③ 因此，ECT 作为能源领域唯一的多边条约，其争端解决机制对于中国解决海外能源争端具有非常重要的参考借鉴价值。

（二）中国全面引入 ECT 争端解决机制甚至加入 ECT 还存在困难

虽然 ECT 的争端解决机制对于中国目前解决海外能源争议具有重要借鉴作用，但中国目前要全面引入其争端解决机制甚至加入 ECT 还存在困难。具体来看，ECT 的争端解决程序中，如过境争端解决程序，它作为一种调解机制，可以在不中断能源供应的情况下迅速解决过境争端，还可以通过事先合同约定的争端解决条款来排

① 为了突破海上运输的“马六甲困局”，中国现在越来越重视陆地运输，特别是关于油气管道的建设。但在管道的运营和建设过程中，难免出现过境运输方面的有关争议。目前中哈原油管道现在已经建成投产，同时中哈天然气管道一期工程已经竣工，二期工程正在建设之中；中俄原油管道将于 2010 年底投入运营；2010 年 6 月中缅油气管道也正式开工。

② 《中哈政府关于在石油天然气领域合作协议》第 8 条规定，在发生争执时，双方将通过谈判加以解决。

③ 参见赵宏图：《国际能源组织与多边能源外交》，载于《国际石油经济》2008 年第 10 期，第 15 页。

除特别调解机制的适用，它不伤及主权，有利于维护能源安全；如贸易争端解决机制，它采用的是WTO式的争端解决程序，中国本身就是WTO的成员国，这与中国履行WTO义务并不矛盾，也容易为中国所接受。再如，环境和竞争争端解决程序，这两种程序主要是“软法”机制，都是解决争端的有益途径，它也不应成为中国接受ECT争端解决程序的障碍。只有ECT第26条投资者诉国家的强制仲裁程序，由于它过度保护投资者利益，贸然拆除了ICSID设置的“安全阀门”，不符合中国目前的现实国情，因而成为中国接受ECT争端解决机制的障碍。

1. ECT的投资仲裁机制不符合中国的现实。虽然中国“走出去”对境外投资越来越多，但与中国吸收的外资总额相比，所占的份额还很小。[①] 中国目前主要还是作为资本输入国参加国际投资活动的。在能源行业也是如此，中国目前虽然加大了能源企业“走出去”的部分，但中国市场一直以来也是跨国能源巨头积极开拓业务的领域。按照中国加入WTO时的承诺，到2004年年底，中国开放成品油零售市场。2006年以后，开放成品油批发市场。这对于国外跨国能源巨头来说，无疑是进入中国能源市场的良机。世界石油巨头如埃克森美孚、BP、道达尔和壳牌等都在中国能源市场占有一席之地。[②] 由于能源领域投资巨大、资本密集，如果中国全面接受ECT的强制仲裁程序，可能会留下重大的隐患。阿根廷在这方面给中国上了生动的一课。[③] 中国目前还正处于发展和调整时期，能

---

① 据中国商务部统计，截止到2008年年底，中国非金融类对外投资约1 839.7亿美元，中国实际使用外资累计达到8 990.59亿美元，可以发现，中国对外投资额只相当于引进外资额的20.4%（这只能被称为是“毛数”），截止到2008年中国大陆对中国香港的投资和中国澳门的投资就分别达到了1 158.45亿美元和15.61亿美元，而对于相关和中国澳门的这部分投资，并非对外国的投资。除去这两项境外投资后，中国真正对外国的投资只有665.64亿美元了，大约只相当于全国累计实际使用外资总金额的（8 990.59亿美元）的7.4%。数据参见商务部投资促进事务局网站 http：//www.fdi.gov.cn/pub/FDI/default.htm，最后访问日期2010年7月10日。

② 跨国公司全线出击中国市场，英国石油公司（BP）是目前在中国油气领域投资最大的跨国公司，累计投资总额已达45亿美元，在华有36家加油站及多家天然气合资公司。壳牌在中国总投资达17亿美元，拥有20家企业和40家加油站。如2004年8月28日在南京节拍的中石化壳牌（江苏）石油销售公司，总投资人民币15.5亿元，壳牌的持股比例为40%，将在江苏省发展500家加油站。埃克森美孚日前投资45亿美元在中国修建炼油厂，并计划斥资在中国修建750个加油站。参见 http：//www.shell-tongyi.com/templates/T_newslist/content.aspx? nodeid = 168&page = ContentPage&contentid = 3423 最后访问日期2010年7月8日。

③ 阿根廷在1991年5月签署参加ICSID公约，随后在1994年10月正式提交了批准书，又与许多外国分别签订了大量的BITs，在这些BITs中，阿根廷基于外商过高的保护，同意外商直接把有关投资争端提交国际仲裁。后来，阿根廷为了缓解国内金融危机，于2002年颁布《公共仅仅状态法》，大幅度增征关税，以开辟财源，增加国库收入。结果外商纷纷依据BIT高标准向ICSID提出仲裁申请。自1997年3月至2005年11月，阿根廷境内外外商把投资争端提交ICSID仲裁庭的案件高达41起。“被告”如此集中于一国并导致“群起而攻之”，这在整个国际仲裁制度史上前所未有。参见陈安：《中外双边投资中的“安全阀”不宜贸然拆除——美、加型BITs谈判范本关键性“争端解决”条款剖析》，载于《国际经济法学刊》第13卷第1期，北京大学出版社2006年版，第25～28页。

源行业作为国民经济的重要支柱，依赖于政府管制权的行使，为了维护经济安全，不能排除为了维护国家安全和公共利益而违反有关能源协议的情况，或者碰到经济运行失调，或者发生经济危机的时候，中国采取必要的宏观调控的措施，可能会在一定时期内和一定程度上损害到外商的既得利益或潜在利润，外商会依据 ECT 投资仲裁条款，申请国际仲裁，可能造成中国大量被诉诸国际仲裁庭的后果。[①]

2. ECT 的投资仲裁机制保护的是投资者的利益。ECT 可称得上第一个赋予投资者直接针对条约缔约国违反条约义务提请仲裁的全球性多边投资条约。[②] 它最引人注目的地方在于其第 26 条的仲裁规则，该条赋予投资者对仲裁程序发起的单方面选择权，且不需要任何现实存在的仲裁协议，缔约方无条件同意将有关争端提交国际仲裁。[③] ECT 允许投资者径直提请国际仲裁的规定，实际上已经突破了传统仲裁法要求仲裁必须建立在当事人相互同意的基础之上的通行规则，它进一步削弱了东道国在投资争议解决方面的管辖权减少了东道国法律适用的机会。[④] 它将“无协议仲裁”（arbitration without privity）推至极致，[⑤] 使得 ECT 的投资保护条款成为投资者频频挑战东道国国家主权的利剑，好比“被蒙上了眼睛东道国坐上了投资者驾驶的汽车，不得不任由投资者摆布，没有任何选择的余地。”[⑥] ECT 是发达国家主导的多边经济合作的蓝本，在东欧和前苏联国家急需资金发展经济的时候，西欧发达国家在 ECT 谈判中占据优势地位并取得了胜利。[⑦] 很明显，ECT 的投资仲裁机制保护的是发达国家投资者的利益。

3. ECT 的投资仲裁机制拆除了 ICSID 设置的“安全阀门”。中国于 1993 年 1 月 7 日正式批准 ICSID 公约，公约自 1993 年 2 月 6 日起对中国生效。中国在与许多国家签订的双边投资协定（BITs）中都选择 ICSID 作为管辖争端的仲裁庭。

---

① 参见陈安：《中外双边投资中的“安全阀”不宜贸然拆除——美、加型 BITs 谈判范本关键性“争端解决”条款剖析》，载于《国际经济法学刊》第 13 卷第 1 期，北京大学出版社 2006 年版，第 24 ~ 25 页。

② 参见刘笋：《国际投资保护的国际法制：若干重要法律问题研究》，法律出版社 2002 年版，第 278 页。

③ See Thomas W. Waelde, International Investment under the 1994 Energy Charter Treaty: Legal Negotiating and Policy Implication for International Investors within Western and Commonwealth of Independent States/Eastern European Countries, Journal of World Trade, Vol. 29, No. 5, 1995 P. 58.

④ 参见刘笋：《国际投资保护的国际法制：若干重要法律问题研究》，法律出版社 2002 年版，第 51 页。

⑤ See Jan Paulsson, Arbitration without Privity, in Tomas Waelde ed., the Energy Charter Treaty: an East-West Gateway for Investment and Trade, Kluwer Law International, 1996.

⑥ A. F. M. Maniruzzaman, Energy Charter Treaty Arbitration (Investor-State) in the Asia-Pacific Context: An overview, International Energy Law & Taxation Review, No. 4, 2004, P. 102.

⑦ See A. F. M Maniruzzaman, Energy Charter Treaty Arbitration (Investor-State) in the Asia-Pacific Context: An overview, International Energy Law & Taxation Review, No. 4, 2004, P. 102.

与ICSID机制相比，ECT投资仲裁机制却贸然拆除了ICSID体制赋予的逐案审批同意权、当地救济优先权，以及东道国法律使用权这三大“安全阀门”。[①]

首先，ECT投资仲裁程序取消了“逐案审批同意权”，采取“全面同意”的方式。根据ICSID公约第25条第1款的规定，ICSID管辖权适用于缔约国和另一缔约国国民之间直接因投资而产生的任何法律争端，而该争端须经双方书面同意提交给ICSID，ICSID仲裁庭才有权受理，东道国对于一项投资争端是否同意国际仲裁有完全自主的权利。[②] 但是根据ECT的第26条，投资者直接根据ECT将争端提交国际仲裁的权利，东道国无条件接受仲裁，投资者只需要以书面形式向国际仲裁机构提交申请即可。这对于目前仍然以资本输入为主的中国来说，随时有可能被外国投资者诉之于国际仲裁庭。

其次，ECT第26条取消了当地救济优先权。ICSID公约第26条规定在将有关争端提交国际仲裁前，东道国有权要求用尽当地各种行政或司法补救方法。而ECT第26条规定投资者只要在三个月内未能与东道国以和平的方式解决争端，就可以依据ECT提起国际仲裁，根本无需用尽当地救济。这完全剥夺了东道国要求优先适用当地救济的权利，即废除了东道国在一定时期内优先实行本国管辖的权利。[③]同时，它极大地限制东道国的经济主权，约束东道国管理经济的权力。一旦对外资造成损害，即使东道国的行为具有正当性，也很可能被国际仲裁庭裁决基于“及时、充分、有效”的补偿。[④]

最后，ECT完全取消了东道国法律的适用。ICSID第42条第1款规定仲裁庭应先根据当事方合议选择的法律规范来裁决争端，如果当事方之间未选择法律，则东道国的国内法以及可适用的国际法并列作为裁决依据。可见，ICSID并没有排除适用东道国法，而ECT第26条第6款明确规定仲裁庭应根据ECT条款和可适用的国际法规则和原则对争端中出现的问题作出裁决。它完全排除了东道国国内法的适用效力，甚至还阻碍当事人意思自治原则在国际投资仲裁中的适用。其所适用的国际法多是反映发达国家资本输出国家的利益，对亟须资金的发展中资本输入国的利益考虑不周——因而这些“国际法”往往未被后者所公认。[⑤]

---

①③ 参见陈安：《中外双边投资中的“安全阀”不宜贸然拆除——美、加型BITs谈判范本关键性“争端解决”条款剖析》，载于《国际经济法学刊》第13卷第1期，北京大学出版社2006年版，第13～15页。

② 参见蒋新，周林峰：《ECT投资仲裁与ICSID机制比较研究》，载于《湘潭大学学报（哲学社会科学版）》2009年第3期，第46页。

④ 参见王海浪：《落后还是超前？——论中国对ICSID管辖权的同意》，载于《国际经济法学刊》第13卷第1期，北京大学出版社2006年版，第147页。

⑤ 参见魏艳茹：《论中国晚近全盘接受ICSID仲裁管辖权之欠妥》，载于《国际经济法学刊》第13卷第1期，北京大学出版社2006年版，第129页。

因此，ECT 的争端解决机制中的投资者与国家的程序，对于目前主要作为经济转型期的以资本输入为主的中国来说，是不适合的。如果全面接受 ECT 第 26 条，虽然主观上是希望借此吸引更多外资投入到能源领域，但最后结果是将本国陷入不利的境地，不利于维护中国能源安全。事实上，中国接受 ECT 争端解决程序甚至加入 ECT 最大的困难就 ECT 第 26 条规定的投资者诉国家的强制仲裁程序，对于它接受与否直接关系到中国加入 ECT 的进程。

五、结论与对策

任何事物都有其两面性。ECT 争端解决机制也正如一把双刃剑，一方面它有利于保护中国能源企业在海外的投资，为中国解决在海外碰到的各种类型的能源争端提供借鉴。但是另一方面，如果全盘接受 ECT 的争端解决机制，又可能会危及中国的能源安全。在这种情况下，中国是否应当加入 ECT 呢？要回答这个问题，必须从整体上对加入 ECT 的利弊进行分析，而不是把眼光仅仅停留在 ECT 的争端解决机制上。只有通过整体上的利弊权衡，才能得出中国是否应当加入 ECT 的结论。

（一）ECT 对维护中国能源安全的积极作用

ECT 从谈判之初到具体实施，都始终贯穿着能源投资自由化[①]趋势。它的具体条款也无不顺应着能源投资自由化的要求。其中，ECT 的争端解决机制也是顺应能源投资自由化的趋势，为能源投资自由化提供法律保障。能源投资自由化对保障中国能源安全的积极作用，主要有以下五个方面：

1. 有利于保障能源供应。能源投资自由化要求各国对内能源投资和对外能源投资均自由化，且要求对投资进行保护，这些要求都有利于保障中国的能源供应安全。

中国能源供应大量依靠进口，且进口来源地单一、局势动荡，影响了中国的能源供应安全。加入 ECT 后，一方面可以获得该条约对于能源投资者财产、权力转移等方面的保护，从而使中国现有的海外能源投资得到更有效的法律保护，

① 所谓能源国际投资自由化，是指消除国际能源投资中的各种障碍，以使得能源领域的投资能在国际间自由的流动。所谓的自由化指的是无壁垒，无障碍，但绝对的自由化是不存在的，能源国际投资自由化同样也要受国家的管制，它是各能源投资相关方利益与义务相互平衡的一种状态。能源投资自由化有四个要求，即对内能源投资自由化（资金准入自由化和提升投资者待遇）、对外能源投资自由化、保护能源投资、倡导能源投资争议的解决。概念参考投资自由化的定义。参见吴鹏：《国际投资自由化的法律规制》，哈尔滨工程大学 2006 年硕士学位论文，第 6 页。

稳定现有能源供应；另一方面中国还可以根据 ECT 第十条关于国民待遇和最惠国待遇的规定，在国际能源领域中广泛开展能源海外投资，享受多边的、有约束力的法律和政治保障，减少有关国家对中国能源企业的各种歧视或不公平的待遇；优化中国能源进口地组合，扩大海外能源供应，改善能源供求状况，从而在更大程度上保障了中国能源供应的稳定和充裕。

中国还可以依据 ECT 的要求，稳步地消除中国国内能源投资壁垒，提高能源投资者待遇，促使中国能源政策和相关法律制度及能源市场体系进一步完善，改善中国的投资和贸易环境，增强国际社会投资和贸易的信心，使其进入中国能源投资市场，最终实现利用其先进的技术和雄厚的资金优势挖掘中国能源供应潜力，扩大中国的能源自给能力。

2. 有利于稳定能源价格。ECT 所遵循的能源投资自由化趋势，要求促进对内对外投资。一方面中国可以通过积极遵循 ECT 条款的要求，扩大对内投资规模，加大国内能源开发，最大化实现经济核心领域的能源国内供应，从而实现中国能源核心领域的供应本土化，能源价格的自我控制有力化；另一方面，充分利用 ECT 对外投资条款的要求，积极扩大中国能源的国际供应规模，增强中国在国际能源价格制定方面的话语权，保证国际能源价格稳定并且有利于中国；同时，中国在顺应对外投资自由化的要求时，积极拓展中国能源国际供应的地区多样化、多元化，从而减少甚至避免单一事件对中国能源价格的影响，保障价格稳定。

3. 有利于保障能源运输安全。ECT 专门规定了能源过境运输相关问题。中国作为能源进口通道单一（85% 进口能源须经过马六甲海峡）和能源运输能力薄弱（90% 能源进口依靠外国船东承运）的国家，能源过境运输对中国至关重要。ECT 第 7 条有利于保障中国现有的能源通道畅通和中国新能源通道的建设，减少能源输出国和过境国敌意中断供应的可能性，从而确保中国的能源运输安全。未来中国从中亚以及中东等陆路进口的能源可能大幅度增加，而在诸多潜在能源运输过境国中，中亚许多国家如哈萨克斯坦等是能源宪章的成员国，蒙古、阿富汗和巴基斯坦等周边国家已加入或正在加入 ECT，中国的加入将极大地增加陆路能源运输的安全系数。①

4. 有利于提高能源效率和减少能源对环境影响。ECT 还要求提高能源效率、减少能源利用对环境的影响。因此，中国可以以此为契机，制定能源投资政策以指导能源投资，以 ECT 第 19 条关于能源投资可持续发展为目标，履行能源环境

① 参见赵宏图：《加入国际能源组织是“必答题”》，http：//www.indaa.com.cn/zz/nypl/nyp10907/200907/t20090722_190968.html，最后访问日期 2010 年 7 月 10 日。

义务，从而实现中国能源利用效率的提高，减少能源对中国环境的污染；同时引进大量外资，特别是增效节能、开发新能源、环境保护方面有关的资金与技术。

5. 有利于促进国际能源合作。中国的国际能源合作主要以双边合作为主，与多边型的能源合作机制多为一般性与对话性的，实质性的合作非常有限。中国作为第二大能源消费国仍然游离于主要的多边能源合作机制之外，目前也不具备创建新的多边机制的能力。加入 ECT 不仅有利于中国开展全方位、多层次的国际能源投资合作，促进中国能源投资顺利进行大幅度增加与主要能源消费国和输出国对话与合作的机会，而且可以削弱所谓的“中国能源威胁论”论调，[①] 减弱国际社会特别是西方国家对中国挑战现行国际秩序或体制的担心。中国能源威胁论根本原因在于“中国目前不是任何有法律约束力的主要国际能源组织的成员，游离于西方主导的国际能源合作体系之外，往往被视为体系规则和国际惯例的破坏者”。[②] 在这种情况下，中国加入 ECT，必然会大大削弱这种论调，减少中国海外能源投资的政治风险，融入到国际能源合作机制，减少有关国家对中国的担心和猜疑，进一步促进国际能源合作。

（二）ECT 对中国能源安全保障的不利影响

1. 危及中国能源产业安全。大量的发达国家能源企业在 ECT 的面罩下、在发达国家强大的政治背景支持下进入中国能源市场，利用资本、技术、营销和管理等方面的优势，通过收购、合资等方式控制中国国内能源企业，从而冲击中国能源企业的发展，进而对中国总体能源产业构成控制性优势，直接威胁中国能源产业的安全。

2. 进一步加剧中国能源结构不合理的现状。首先，能源投资者利用直接投资方式转移其本国夕阳产业，从而影响中国能源结构的优化提升，削弱了中国民族能源产业在国际上的竞争力；其次，跨国能源投资者通过在中国能源投资来完成其全球战略的一部分，在能源投资价值链上中国处于上游位置、较低层次，不利于中国能源体系的建立和完善；最后，国际能源投资低度化、趋同化，致使中国能源建设低水平重复建设，导致结构性供给过剩。因此，在中国能源结构本身就不合理的情况下，如果盲目的在本国能源调控政策不完善的条件下放开本国能源投资市场，势必会进一步加剧中国能源产业结构不合理的现状。

3. 削弱中国能源领域的宏观调控能力。由于国际能源投资者主要是单纯追

---

① “中国能源威胁论”是“中国威胁论”的核心内容，是美国等西方国家担心中国借助能源合作和能源外交挑战现有西方秩序和西方主导权。参见赵宏图：《国际能源组织与多边能源外交》，载于《国际石油经济》2008 年第 10 期，第 15 页。

② 赵宏图：《国际能源组织与多边能源外交》，载于《国际石油经济》2008 年第 10 期，第 15 页。

求自身利益，其发展战略也是单纯依据其自身利益出发来制定，而并不为中国的国家利益考虑，因此，能源投资者的投资活动往往会与中国的产业政策相违背；而且由于中国是发展中国家，在国际能源投资领域话语权不大，而能源国际投资者一般都具有强大的国家政治背景，因而中国在宏观调控时将会由于其背景压力而在控制其活动方面处于弱势，导致产业政策的作用减小。

另外，能源投资自由化还可能导致中国对整个国民经济的宏观调控能力下降。国际能源投资者通过能源投资自由化大量进入中国能源市场，支配中国能源产业，从而控制中国整个经济发展的命脉，最终导致中国经济被绑架，政府的宏观调控作用下降。

（三）中国的对策

ECT是在经济全球化背景下为适应能源投资自由化要求应运而生的。能源投资自由化对中国有利、也有弊。从长远来看是利的，因为它顺应了经济全球化的要求，有助于缓解中国能源安全的现状，促进中国经济社会的长远发展和进步；从短期来看是有弊的，因为它可能会对中国能源产业、能源结构甚至是整个国民经济产生不利的影响。不过，短期的弊端也是可以通过采取一些政策措施来化解的。因此，中国可以采取以下对策：

首先，顺应能源投资自由化趋势，积极加入ECT谈判。因此，中国应做好签约谈判前的准备工作。这样既能凭借ECT成员国和能源宪章大会秘书处本身对中国的重视而在签约中处于有利的地位，变被动接受为主动出击。针对ECT的有关条款，还可以进一步谈判。对于ECT的投资仲裁机制，可以将自己列入附件ID中，对投资仲裁不给予无条件同意，并对此问题说明中国的政策、惯例和条件，这样避免ECT投资仲裁在现阶段对中国的冲击。待到中国的能源投资输入和输出的比例相对较为平衡，国内的相关法律进一步完善，投资贸易环境进一步改善时，再考虑撤销该项保留。

其次，积极研究中国能源投资状况和发展前景，找准方向，正确引导能源投资者参与中国能源投资。ECT最初是发达国家谋求打开发展中国家市场的手段，因此在其制定过程中过于强调国际能源投资完全自由化方向，并未对能源投资的具体限制性管制如投资领域、投资过程中需考虑东道国利益等做出规定，而是将这部分内容全部交由东道国本国国内法处理。中国作为潜在的ECT受害国，必须要认清所处地位，做好深入研究，积极引导，才不至于遭受能源投资自由化的不利影响，从而确保中国能源产业安全、维持中国宏观调控力度。

再次，积极培养能源投资专业人才，加强对能源投资领域的研究。中国对于ECT的研究还刚刚起步，专业人才的不足直接导致了中国在能源投资领域的争端不断和承担不对等的责任。只有积极开展研究，培养专业人才，才能为中国的能源领域的进一步发展和争端的解决提供智力支持。

最后，通过外交、经济等多方面共同努力，提高中国在能源投资领域中的话语权。[①] 我们应该在加入 ECT 的前提下，辅之以经济援助、政治外交手段，必要时运用军事威慑的组合拳来提高中国的话语权，增强中国国际威信，从而保证国际规则的制定有利于中国，从根本上保障中国的能源安全。

总之，ECT 作为能源领域唯一的条约，在国际条约体系里具有重要地位，但它毕竟还是一个年轻的条约，再加上它产生于前苏联解体这个特殊的历史时期，难免带有局限性。但这个年轻的条约非常有潜力，他顺应了国际能源市场的发展趋势，具有旺盛的生命力。目前，能源宪章还处在一个进程之中（energy charter process)，在这样进程中难免会遇到挫折，如目前世界上的能源产销大国美国、俄罗斯[②]还不是 ECT 的正式成员，《能源过境议定书》的谈判也还处于僵持状态，在这种情况下，中国可以变被动为主动，开始加入 ECT 的谈判，必然会大大提高 ECT 的代表性，大大推动能源宪章进程。

① 参见杨泽伟：《论跨国能源管道运输的争议解决机制》，载于《法学》2007 年第 12 期，第 91 页。

② 2009 年 8 月，俄罗斯总理普京下令正式通知《能源宪章条约》签署国，俄罗斯拒绝批准这一条约。

第九章

中国能源企业对外直接投资中的政治风险及其法律防范

一、对外直接投资的政治风险概述

（一）政治风险的概念

1. 政治风险的定义。中国能源企业到外国投资，将面临陌生的政治、法律、经济、社会环境，因经营中存在更多不确定性而使投资者面临更大的风险。对其中的商业风险投资者虽不能完全避免，但在某种程度上是可以适当减少的。而对政治风险则并不那么容易避免，它给投资者带来的损失也会更大，常使得投资者本利全无。政治风险的存在严重影响了投资者的安全和利益，同时也影响了资本输出国的利益，进而波及国际合作的顺利发展。那么究竟何谓政治风险？

外国学者对政治风险有着如下一些定义：

斯特芬·罗伯克（Stefan Robock）在 1971 年的一篇甚有影响的论文——《政治风险：识别与评估》中，对政治风险提出这样的定义：国际经营中政治风险存在于经营环境中出现的一些不连续性事件中；这些不连续性事件难以预料，它们是由政治变化所带来的。经营环境中的这些变化具有对某家企业的利润或其他目标有重大影响的潜在可能性时才构成“风险”。①

---

① See Stefan H. Robock, Political Risk: Identification and Assessment, *Columbia Journal of World Business*, Vol. 8, No. 4, 1971.

杰夫利·西蒙（Jeffreg Simon）在其1982年发表的《政治风险评估：过去的倾向和未来的展望》论文中认为：政治风险可视为政府的亦或社会的行动与政策，或源于东道国或源于其外，对部分或者大多数国外经营与投资产生不利影响。①

丁文利（Wenlee Ting）在1988年出版的《多国风险评估与管理》的论著中，将政治风险定义为：环绕某一国际项目或企业的设定经营结果（收入、成本、利润、市场份额、经营的连续性等）而可能出现源自于东道国政治、政策、亦或外汇制度的不稳定性的非市场不确定变化。②

而中国有学者则对政治风险下了如下一些定义：

杜奇华教授认为，政治风险指的是因东道国政局动荡、民族或宗教派别冲突、战争及各项经济政策的变化等因素，给投资者造成经济损失的可能性。他认为政治风险主要包括国家政治变动风险和经济政策变动风险两大类。③

须俊教授则认为，政治风险是指在跨国经营活动中，由于东道国政府政策的不稳定性以及干预经济的行为，导致该国外国投资者投资价值遭受损失的不确定性。须俊进一步指出，政治风险通常有多种表现形式。主要包括对外国投资的商业歧视、产业投资限制、融资范围限制、外资税法变动、外汇管制、利润返回限制以及征用和没收等。④

余劲松教授则将政治风险定义为：政治风险亦称非商业风险，政治风险是指与东道国政治、社会、法律有关的、人为的非投资者所能控制的风险。所谓人为的风险，主要是指由东道国政府所为行为产生的风险。⑤

虽然上述定义在表述上各有不同，但笔者认为，它们的基本内涵差别不大，即政治风险是由于东道国政府或社会政局的不稳定性和政策变化而导致跨国公司的国际商务活动受到影响，并导致其经营绩效和其他目标遭受损失的不确定性。

从政治风险的定义中，我们可以从以下四个方面来把握它的内涵：第一，风险存在于经营环境的不连续性事件中，特别是经营环境剧烈恶化的可能性事件中。第二，政治力量使然。它主要包括三种政治力量：一是国际组织和大国势力为政治目的采取军事、外交行动；二是东道国国内多种政治力量博弈造成东道国

① See Simon, J. D., Political Risk Assessment: Past Trends and Future Prospect, Columbia Journal of World Business, Fall 1982, P. 62 - 71.

② See Wenlee Ting, *Multinational Risk Assessment and Mangement*, Greewood Press 1988, P. 33 - 42.

③ 参见杜奇华：《论国际投资的国家风险及其防范》，载于《国际经济合作》1995年第4期，第25~28页。

④ 参见须俊：《跨国经营中的政治风险及规避策略》，载于《国际经济合作》1997年第2期，第39~41页。

⑤ 余劲松主编：《国际投资法》，法律出版社2003年版，第186页。

法律或政策的剧烈变化；三是当地民间组织和社会力量的袭击行为。第三，风险的不确定性。很多政治突发事件难以预料，甚至毫无征兆，完全出乎意料。第四，对投资者造成重大损失。由于政治风险的来源通常是大国势力、东道国政府或民族主义、恐怖主义武装组织，它们处于强势地位，企业无力与之抗衡，因此往往造成不可抗拒的巨大经济损失甚至人员伤亡。

2. 政治风险与主权风险、国家风险。关于政治风险的概念还涉及到两个近似的概念，即主权风险和国家风险。

对于主权风险，一种观点认为，所谓主权风险是指一个国家政府未能履行它的债务所导致的风险。[①] 这种定义显然是非常狭窄的。

另一种主权风险的定义是把它当做由国家干预所造成的风险。例如，标准普尔把主权风险定义为：主权国家及时采取行动以直接或间接影响债务人履行其义务的能力。这种定义显然比第一种定义更加宽泛，它不仅包括了第一种意义上的主权风险，而且包括了由国家政府行为直接和间接造成的对私人部门债务的影响。而对于国家风险的定义，也存在截然不同的观点，比如一种观点就认为国家风险不仅仅局限于主权风险，它是一个比主权风险更大的概念；而另一种观点则完全相反，它们把国家风险当作主权风险的一部分。

不过不论对于政治风险、主权风险和国家风险的定义如何多样化，总体而言，对于这三个概念的关系，大体上可以分为以下三种观点：

（1）政治风险、国家风险和主权风险各自名称不同，但内涵一样，三者之间有细微的区别，但通常不加以细分。[②]

（2）国家风险包括政治风险和主权风险。有学者将国家风险划分为主权风险、政治风险、法律风险和国有化风险。政治风险包括政治变动风险和经济政策变动风险。主权风险则从两个方面理解。其一是在主权国家因国际收支恶化或财力不足无法向债权人偿还债务时，拒绝或延期支付债务，从而使投资者蒙受损失；其二是主权国家随时可能对某国采取单方面的制裁行为。[③]

（3）政治风险涵盖了国家风险和主权风险，主权风险出现在与政府打交道的过程中。政府是独立自主的，有能力创造、修改、中断和废除游戏规则。例如，有人认为，“国家风险（或称主权风险）是金融机构对一个国家进行贷款时

---

① See Cantor R. & Prker F., Differences of opinion and selection bias in the credit rating industry, Journal of Banking & Finance, 1997, Oct; Claessens, When does corporate diversification matter to productivity and performance? Journal of Pacific-Basin Finance, 2003, P. 27 – 39.

② 参见吴月英：《跨国公司应如何预测和规避政治风险?》，载于《对外经贸实务》1994 年第 2 期，第 22 ~ 23 页。

③ 参见陈向军、田志龙：《中国民营科技企业国际化经营的政治风险及其管理》，载于《中国科技产业》2001 年第 10 期，第 26 ~ 27 页。

所关心的主要因素。相比之下，政治风险的含义更广，它包括影响跨国企业在某国进行活动的所有与政治相关的环境变化”①。

在本章中，笔者采用第三种观点中“政治风险”的定义，也就是认为政治风险一词的含义是广义的，它包括了国家风险和主权风险，是与商业风险相对应的其他“非商业风险”。

（二）政治风险的种类

政治风险按照不同的分类方式可以进行多种划分，但是从最常规的分类方式来看，海外投资政治风险包括征收或国有化、汇兑限制、战争及政治性暴力事件和政府违约风险。

1. 征收或国有化风险。征收或国有化的风险历来都是国际直接投资中最重要的政治风险，国有化、征收及其补偿问题，也一直以来都是国际投资法中的重大理论与实践问题。所谓国有化（Nationalization）是国家对原属于私人或外国政府所有的财产，采取收归国有的强制性措施。国际法学会1952年的会议采取了如下定义：“国有化是通过立法行为与为了公共利益，将某种财产或私有权利转移给国家，目的在于由国家利用或控制他们，或由国家将他们用于新的目的。”而关于征收，大多数学者认为与国有化是可以相互替代使用的，它的基本内容和法律性质与国有化是相同的，都是由国家采取强制措施，将私人财产收归国有。不过这两者在使用上也有一些细微的差别：征收是传统的法律概念，而国有化一词是在俄国十月革命之后才开始使用；征收不一定颁布专门法令，而国有化一般需要颁布专门的国有化法令；国有化往往是大规模、大范围的，而征收的范围较小，一般只影响个别人的财产和权利。

对于征收或国有化，又可以具体分为直接征收（直接国有化）和间接征收（间接国有化）。所谓直接征收是指对投资者财产所有权的直接剥夺。二十世纪六七十年代是征收或国有化风险高发期。当时，亚洲、非洲、拉美的殖民地国家纷纷独立，为恢复民族经济、巩固国家政权，一些新政府上台后推行没收政策，将外国投资收归国有。这些政策就是属于典型的直接国有化或直接征收。这些措施在国际经济秩序除旧布新过程中起过重大的积极作用，但也在一定程度上造成这些国家原有外资外逃及尔后外国新投资锐减。冷战结束后，为了发展本国经济，各发展中国家相继出台了一系列新政策，改善投资环境，大力引进外商投资；另一方面，互利共赢、加强合作、共谋发展的理念已得到国际社会的广泛认

① 牛晓健：《基于政治风险的资本外逃理论研究动态及评论》，载于《世界经济文汇》2004年第1期，第34~35页。

可，国际间双边和多边投资保护体系的建立和逐步完善，也在很大程度上降低了征收或国有化风险。目前公开的、直接的征收或国有化风险已显著减少。当然，这并不意味着征收或国有化风险已经彻底消失。

尽管直接的征收或国有化风险不高，但间接征收风险日益突出。间接征收又称为蚕食性征收，是指东道国中央、地方政府未公开宣布直接征收企业的有形财产，而是以种种措施阻碍外国投资者有效控制、使用和处置本企业的财产，使得外国投资者作为股东的权利受到很大程度的限制，或实际上被剥夺，从而构成事实上的征收行为。间接征收的方式通常有两种：一是通过与外国投资者签订合同，在合同中事先约定外国投资者在一定年限内按一定比例将其股份减少，直至将其股份全部转让给东道国从而实现国有化；二是通过直接行政行为对财产所有权进行无理干涉以及对外国企业管理控制的无理干涉，比如独断的高额增加税负、不合理的价格限制、强行任命代表政府的董事、经理以及检查人员等。当然对于间接征收的范围究竟包括哪些行为，发达国家与发展中国家之间仍存在较大分歧。有些发展中国家强烈反对上述关于间接征收的界定。按照一些发展中国家学者的观点，不能把以间接方式影响私人财产权的国家措施都看做是“间接征收”。比如国家采取让劳工参加企业管理、变更契约权以及对外国投资实行“当地化”的措施，均不能称之为间接征收。在某些情况下，国家采取的限制或禁止某种财产权的使用和处置也不能都认为是征收，那些没有剥夺财产权的行为，如外汇管理、增加税收、劳工保护、环境保护等更不能视为间接征收。[①] 但是从目前国际投资条约的实践来看，大多数国家的双边投资条约都将间接征收作为政治风险加以避免，而且从晚近国际投资仲裁案例来看，间接征收的外延还有进一步扩大的趋势，比如北美自由贸易区的几个案例，就认为东道国为环保、公共健康等公共利益目的而制定法令或对某外国公司进行管理的行为都有可能构成间接征收。[②]

2. 外汇风险。所谓外汇风险，指由于东道国政府实行外汇管制政策或其他原因，外国投资者不能将其投资利润、原本以及其他合法收入兑换成其母国货币或投资者愿意接受的其他货币，或者该投资者不能将这些合法货币财产（不管是以什么币种表示的）转移出东道国境外的风险。按照外汇风险的内容可以分为外汇禁兑险和外汇转移险两种。外汇风险发生的原因有多种，如东道国实行外汇管制，停止或限制外汇，或由于其他突发事件，如革命、战争、内乱等致使投资者无法在一定期间内进行外汇业务等。

---

① 参见余劲松主编：《国际投资法》，法律出版社 2003 年版，第 287 页。

② 如 Metaclad 诉墨西哥案、Ethyl 诉加拿大案、S. D. Myers 诉加拿大案、Methunex 诉美国案。

金本位制崩溃后，许多国家开始实行外汇管制，一些发达国家也是近些年来才开放资本项目，如美国是1974年，法国是1989年。20世纪80年代后期，金融自由化浪潮开始席卷全球，大多数国家逐渐放开外汇管制，外汇风险也随之大幅度降低。但在某些发展中国家和转轨国家，管制放开过快，外汇储备不足，外债负担重，外汇收入结构不合理，外汇风险仍然不可低估。如果东道国不是国际储备货币发行国，国内资本市场开放较快、较彻底，且国内资本市场过热，或外债负担较重，其爆发货币金融危机的几率就较高，外汇风险也较大。近年来，新兴市场先后爆发了1997年东南亚金融危机、1998年俄罗斯金融危机、1999年巴西雷亚尔货币危机、2001年土耳其金融危机和2002年的阿根廷金融危机，其中，阿根廷金融危机先后席卷乌拉圭、巴西、秘鲁、墨西哥、哥伦比亚、厄瓜多尔等国，在拉美素以金融体系健全、经济政策稳健而著称的智利也未能幸免。

随着金融一体化进程加快，汇兑限制的发生往往没有任何征兆，任何微小的变化都有可能掀动大范围金融危机的爆发，因此外汇风险不可小觑。

3. 战争和政治性暴力事件。它指东道国参与的任何战争或者在东道国境内发生的革命、内战、叛乱、暴乱和政治性的大规模骚乱及恐怖活动致使外商及其资产蒙受重大损失，直至无法持续经营。

爆发大规模战争的可能性已经极小，但局部地区的战争冲突仍不可避免。[①] 例如，中东地区，长期饱受战乱之苦，20世纪90年代以来，伊拉克战争，阿富汗战争、黎以冲突等接连不断，不仅严重影响了战争所在国和地区的政治、经济、社会的发展，也给外国投资者造成了不可估量的损失。

政治性暴力事件日益显著，成为海外投资中不可忽视的风险。政治性暴力事件的驱动因素较多，部分源于东道国的民众诉求、党派斗争、宗教冲突等。在某些国家，社会财富和经济命脉由少数人把持，处于经济底层的本土居民势必因此产生受掠夺、受奴役的感受，进而转化为对控制市场的少数人群的怨恨乃至仇恨，如果局势失控，就很容易发展成为针对少数人群的种族清洗，例如历史上沙皇俄国血洗犹太人和20世纪末印度尼西亚的排华惨案等。

在各种政治性暴力事件中，比较有争议的是骚乱风险是否属于战争风险。骚乱大多是因政治目的或动因所引起的，是革命或暴力的前奏。发展中国家的骚乱发生频率很高，国外投资者经常受到骚乱的影响或损害。因此出于扩大对本国海外投资保护的目的有些国家将其列入政治风险的范畴。例如，美国海外私人投资

① 参见成金华、童生：《中国石油企业跨国经营的政治风险分析》，载于《中国软科学》2006年第4期，第24～32页。

公司原来并不承保骚乱风险，而1981年的《海外私人投资公司修订法案》却将其列为可以承保政治风险范围。但是骚乱毕竟没有战争或暴乱的破坏性大，但其发生的频率较之前两者要高得多，因此，不是所有骚乱都应列入政治风险的范畴，一般只有大规模的、具有暴力性质、具有政治动因的骚乱才属于政治风险之列，以实现劳工目的或学生目的为主的行动一般不属于这里的战乱风险。

另外，恐怖主义也是一种政治暴力行为。“9·11”恐怖事件发生后，世界范围内先后出现了印度尼西亚巴厘岛系列恐怖爆炸、西班牙火车站恐怖爆炸、英国伦敦连环恐怖爆炸等，世界变得更加不太平。为此，积极开展海外经营的企业不得不面对形形色色的恐怖主义风险。恐怖主义的风险在当前有日益严重的趋势。

4. 政府违约。政府违约指东道国政府非法解除与投资项目相关的协议或者违反、不履行与投资者签订的合同项下的义务的行为。

企业到海外投资，经常需要东道国政府出具或与之签订和投资有关的特定担保、保证或特许权协议，以此保障企业的合法权益。如果东道国政府非法解除、违反、不履行或者拒绝承认以上约定，投资者是无法与一国政府相抗衡的，损失也就不可避免。

对投资者来说，随着政府担保和承诺的增加，其履行担保和承诺的成本也随之增加，最后转化成项目不得不面对的政府信用风险，特别是一些大型基础设施项目，政治上较敏感，政府信用风险很难评估。投资者如果轻信政府，将决策完全建立在有关担保和优惠政策上，而不是基于科学合理的可行性研究，就容易遭受违约风险的影响，尤其是在一些政党轮流执政、政策缺乏连贯性的国家，新政府上台后往往对上届政府执政期间签署的合同多方刁难，甚至单方中止上届政府签署生效并已实施的合同或协议，使项目遭受重大损失。

对于东道国政府违约的风险，有些国家将其作为征收与国有化风险的一种，并不单独列出。比如美国关于征收的定义就明确包括违约。但是多边投资担保机构是将东道国政府违约的风险视为一种单独的政治风险加以承保的，受多边投资担保机构的影响，日本、中国等国也将政府违约作为一种独立的政治风险对待。

另外还须注意的是，多边投资担保机构承保的政府违约险还有一个要求就是，不仅东道国政府具有违约行为，而且“拒绝司法”。所谓“拒绝司法”是指：(1) 投资者无法提起诉讼或仲裁；(2) 司法或仲裁机构不能在合理的时间内做出裁决；(3) 判决或裁决不能执行。

以上四种政治风险，是最传统的政治风险种类，也是多边投资担保机构明确予以承保的政治风险，但实际上政治风险是多种多样的，并非只有这四种，而且随着国际政治经济关系的不断变化，政治风险表现形式也在发生一些新的变化，出现了许多新种类的政治风险。

二、中国能源企业对外直接投资中的政治风险

近几年来，中国公司对外投资的水平一直非常高。中国企业现已成为来自发展中国家最大的海外投资国。而在能源行业的对外直接投资一直也是中国对外投资的重点行业之一，中国石油天然气股份有限公司（以下简称“中石油”）、中国石油化工股份有限公司（以下简称“中石化”）等国家大型能源企业也一直走在国际化经营的前列，成为中国海外投资的中坚力量。尤其是2008年国际金融危机以来，业界专家一致认为能源将是近来中国海外投资的核心之一。从长远来看，中国能源匮乏的瓶颈还是存在的。因此我们可以利用目前庞大的外汇，抓紧利用短期能源价格较低的时间窗口，将短期的机会转变成长期的资源基础，投资较为稀缺的资源、能源，增强中国的话语权，不完全由卖方控制价格，保障中国的能源安全。事实证明，2009年以来，中国几大石油公司多次进行海外能源直接投资，投资地点广泛分布于非洲、中东、欧洲以及拉丁美洲。

然而，从中国能源领域对外直接投资的实践来看，虽然也有如中石油收购哈萨克斯坦石油公司等非常成功案例，[①] 但能源行业的对外直接投资一直都是遭受政治风险的“重灾区”。从当前国际政治经济形势、海外投资政治风险的发展趋势以及中国能源企业对外遭遇政治风险实例等方面综合分析，目前中国能源企业对外直接投资的政治风险主要体现在以下几个方面：

（一）国有化或征收的风险仍然是中国能源企业对外直接投资中面临的最主要风险

在能源领域，国有化或征收的风险发生的几率一直较高，在二十世纪六七十年代国有化的高峰期，许多国有化或征收就是针对能源行业。例如，在利比亚，卡扎菲政府上台后，利比亚政府于1971年和1973年两次颁布国有化法令，对利比亚境内的外国石油公司实行国有化，为此还专门设立了利比亚国家石油公司，接管了被国有化的外国公司的财产。从那之后，虽然国有化的风险大大降低，但是由于能源行业的特殊性，还是有很多国有化或征收的案例发生。比如，科威特政府在1988年9月就颁布法令实行国有，征收了外国石油公司。而且从近年来国际投资

① 2005年10月，哈萨克斯坦石油公司（PK公司）在加拿大阿尔伯塔省卡尔加里召开股东大会，经投票表决，以99.4%的高票通过了中国石油天然气集团公司下属全资子公司中油国际以每股55美元的价格100%收购PK公司，并获得该地方法院的最终裁决，批准本次收购，成为迄今为止中国企业完成的最大一起跨境并购。

仲裁案例的实践来看，绝大多数能源领域的投资纠纷都涉及征收以及补偿问题。

就中国能源企业遭受的国有化或征收风险而言，最近几年在拉美地区掀起“石油革命”，对外国石油公司进行国有化或征收，致使中国能源企业遭受重大损失就是典型案例。

拉美地区是中国石油企业最先走出国门开展国际合作的地方，已成为中国石油公司海外投资的重点区域之一。中石油、中石化、中化在拉丁美洲国家均通过竞标、并购、参股等方式在能源领域有直接投资。然而，从21世纪以来，拉丁美洲国家的“石油革命”大有蔓延的趋势。

在委内瑞拉，自查韦斯总统1998年执政以来，该国政府不断调整对外石油政策，以逐步实现国家对石油资源的全面控制。2001年11月，委内瑞拉政府颁布了新的《石油法》。该法规定石油矿区使用费率由原来的16.66%提高到30%，所得税率由67.7%降至50%；未来所有的外国投资必须以与委内瑞拉国家石油公司（PDVSA）组建合资公司的形式进行，而不再是原来的作业服务协议（OSA）、风险/利润分成协议（RPSA）或战略联合（strategic associations）协议，并且PDVSA在新项目中须拥有多数股份。2005年4月，委内瑞拉政府宣布：所有在委开发石油的外国公司和本国民营公司都必须按照2001年《石油法》的要求，在2005年12月31日前与委内瑞拉国家石油公司签署向建立合资公司过渡的临时性协议，逐步将32个OSA项目转变为合资协议；新的合资公司必须由委内瑞拉国家石油公司控股，且所持股份不低于60%，合资公司还必须接受新的财税安排；将参与奥里诺科重油项目的公司的所得税率由原来的34%上调至50%。这样，委内瑞拉政府将通过委内瑞拉国家石油公司掌管全国的石油勘探与开发权，提高石油开发收益。最终，不少外国石油公司，包括中石油在内，都被迫与委内瑞拉国家石油公司签订了合资协议。毫无疑问，中国企业在委内瑞拉的石油投资遭受了重大损失。

在厄瓜多尔，2006年4月，厄议会通过了一项石油改革法案，规定外国公司必须将因石油价格上涨而超出原销售合同基础价格的50%上缴厄政府。厄政府称，将根据修改后的《石油法》同外国公司就石油合同的转型和条款变更进行谈判。2007年10月，厄瓜多尔政府又突然宣布，进一步将因石油价格上涨而超出原合同基础价格的99%收缴政府，且没有任何补偿。这基本上将在厄投资的外国石油公司逼上了绝路，对于刚刚进入厄瓜多尔的中国石油公司来说，则面临着投资无法回收的困境。通过与厄政府的艰苦谈判，中国石油公司在厄瓜多尔的处境才有所转机。

在玻利维亚，2006年5月1日，玻利维亚总统莫拉莱斯签署法令，宣布对本国的石油天然气资源实行国有化，并派军队控制了全国油气田。该法令的主要内容包括：要求从2006年5月1日起，所有在玻利维亚从事石油和天然气生产活动的外国公司，都要向玻国家石油公司交出石油天然气生产经营权；在法令发布后的180天内，所有在玻运营的外国公司必须按照宪法和法律要求的条件，与玻利维亚国家石油公司重新签订合同，期限过后，没有重新签订合同的外国公司不能在玻继续从事油气生产活动；对于不遵守或者拒绝履行该法令的外国公司，玻国家石油公司将负责接管这些公司所属油气田的生产活动；在过渡期间，对于2005年日均产量达到1亿立方英尺的天然气田，其生产价值的82%归国家（包括18%的矿区使用费、32%的石油天然气生产税和32%的额外收益税），18%归外国公司（包括生产成本回收、投资收益等）；对现有的混合制公司实行必要的股份化重组，使玻国家石油公司在这些公司的股份不少于51%；玻国家石油公司全面负责全国石油天然气产品的管理和商业运作，包括确定贸易条件、国内市场和出口规模及价格等。①

据媒体报道，2009年中石油与中海油联手，向西班牙石油巨头雷普索尔－YPF公司（Repsol-YPF）提出了收购其阿根廷子公司YPF的收购提议。但这次收购也需注意，阿根廷作为拉美国家，国有化与征收的风险也比较高。2006年，受前述拉美地区“石油革命”的影响，阿根廷第一次“收回石油和天然气联邦大会”就曾提出：将石油和天然气以及所有的能源资源全面国有化；石油公司重新国有化；取消与外国石油公司的合同，反对延长合同；取消石油区块的招标；立即中止出口石油和天然气；取消允许石油公司将出口石油外汇的70%抽走；反对有国家和私人参股的假国有化的欺骗；调查所有的石油天然气谈判；通过国有企业实现拉美能源一体化；反对迫害石油工人和镇压他们的斗争。

从拉美国家石油革命的事例来看，由于能源领域的特殊性质，国有化或征收的风险将长期存在。而且需要注意的是，由于能源投资往往又与东道国当地环境问题密切相关，因此征收与国有化的风险不仅在发展中国家，在注重环境保护的发达国家也经常发生。以北美自由贸易区的投资仲裁案例来看，如Ethyl诉加拿大案就是涉及加拿大政府对美国Ethyl公司的政策构成了征收，而Ethyl公司正是一家经营能源产品的公司。

从征收的手段来看，在多数情况下，相关国家采取的间接征收的方法，比如强制性转变企业的经营模式、当地化措施、武断地大规模提高税费等，在少数情况下，也会采取军队直接控制等直接的国有化手段。

① 袁正之：《拉美石油投资的政治风险分析》，载于《国际石油经济》2008年第3期，第11～17页。

（二）能源资源引发的地区战争与军事冲突风险将长期存在

应该说，在国际和平与发展的大趋势下，局部战争的风险总体上来看有所缓和。但是，随着全球能源资源的日益紧缺，围绕能源资源的纷争更趋白热化，当然这其中首当其冲的就是石油资源。美国和平和世界安全问题专家迈克尔·克莱尔教授指出，资源流向而非政治或意识形态的分歧将成为引发未来冲突的主要导火线，在所有的资源中，没有哪一个能比石油更可能在21世纪挑起国家之间的冲突。① 1973年的石油危机，2000年以来的海湾战争、美伊战争，均表明军事冲突与经济安全问题之间的关系密切。在当今国际事务中，能源领域的竞争已经远超出了商业的竞争，成为各国经济、军事、政治斗争的筹码。尤其是国际大型能源跨国公司的形成，不仅加强了国际能源市场的垄断，而且事关国家的经济命脉，其商业利益得到了母国政府的支持，以至于当受到严重威胁时，政府不惜使用武力来进行干涉和保护。从地缘政治来看，世界上能源资源最丰富的地区也是最不稳定和矛盾最为复杂的地区。将来围绕能源的国际争夺仍会存在，而战争一旦爆发，中国能源企业的巨额投资将会受到严重威胁。

例如，在1997年，中国石油就与伊拉克签订了价值几亿美元的阿赫达布油田开发协议，该油田位于伊拉克中南部，储量达10亿桶。该协议采用的是产品分成合同的形式，双方计划投资6.4亿美元，建成后高峰产量为日产油9万桶，年产油450万吨。该合同具体由中石油和中国北方工业公司的下属合资公司绿洲石油公司执行。在合同签署后的几年间，中方为合同执行尽了最大努力，做了大量前期研究设计和评价工作，投入了大量财力人力。然而，由于其后伊拉克战争爆发，阿赫达布油田甚至无法破土动工。中石油的该项投资无疑遭到了重大的损失。

虽然伊拉克战争已经结束，但中东地区仍然是局部战争和地区武装冲突风险最大的地区。最近，我国中石油、中石化、中海油、中化四大石油公司纷纷在中东地区寻求能源投资的机会，比如，最近中石油就与英国石油公司（BP）联合竞标伊拉克南部地区的鲁迈拉（Rumaila）油田成功。但是，战争的风险必须是要加以考虑的因素。

（三）富集能源的东道国往往政局动荡、纷争不断，政治暴力风险更加突出

虽然传统意义上的战争风险的威胁有所降低，但是在和平环境中的其他政治

① ［美］迈克尔·克莱尔：《资源战争》，童新耕译，上海译文出版社2002年版，第27页。

暴力风险反而更加突出，例如内乱、骚动以及恐怖主义。

能源资源丰富的中东地区，历来是政局动荡、纷争不断的多事之地。比如在中国石油公司正在进行投资的伊拉克，伊战结束以来，恐怖暴力事件接连上演，宗派冲突愈演愈烈，民族矛盾日益尖锐，国内局势日渐混乱，而新政府未能对动荡不安的局面取得有效控制。在2008年7月，伊拉克内部再次掀起暴力高潮。北部石油重镇基尔库克的爆炸造成多人伤亡，首都巴格达的一起连环爆炸造成数十人死伤，伊拉克再次成为恐怖袭击的重灾区。暴力事件的回潮再次说明伊拉克局势动荡的根源依然存在。

非洲和拉美等能源丰富的地区，因贫富差距、分配不公以及民族问题所产生的尖锐社会矛盾，往往也会导致内乱、骚乱和恐怖事件，使投资者面临着很大风险，甚至成为直接的受害者。在非洲，近来针对中国能源企业的政治暴力事件也有加剧之势。例如，2006年尼日利亚南部产油区的武装分子在一个炼油厂外发动了汽车炸弹袭击，并特别警告中国政府和石油公司不要卷入尼日尔三角洲的石油生产。再如，2007年4月24日埃塞俄比亚的欧加登地区发生了一起针对30多名中国石油工人的武装袭击事件，造成9名中国石油工人死亡、7人被绑架。又如，2007年7月7日尼日尔叛乱分子绑架了中国的一家公司的一名主管人员，“尼日尔争取正义运动”组织认为：“在政府已经宣布的交战地带内，不能允许中国人在百姓遭到杀害的同时继续开采自然资源。”最近，中石化以总价72亿美元收购瑞士Addax石油公司，该公司的资产就集中于西非的尼日利亚、加蓬、喀麦隆和敏感的伊拉克库尔德地区，这些地区都是内乱、骚乱和恐怖主义风险较大的地区。

除上述地区外，其他能源资源丰富的国家或地区同样面临着内乱、骚乱以及恐怖主义的风险。比如，里海地区因为缺少海上出口通道，该地区生产的石油必须通过管线运输，这很容易成为东道国敌对势力的攻击目标。又如，印度尼西亚反政府武装“自由亚齐运动”，破坏埃克森美孚公司经营的印度尼西亚齐省油田设施，而类似的事件也在哥伦比亚、刚果、埃塞俄比亚等资源国发生过。

上述富集能源国家和地区也正是中国能源企业近年来努力争取或者已经进入的海外能源市场，其政治风险不言而喻。

（四）金融危机高发国汇兑限制风险较高

20世纪80年代以来，在世界性金融自由化浪潮的冲击下，大多数国家逐步开放了外汇管制，汇兑限制风险相应大幅度降低。目前中国为了鼓励海外投资，国家一直致力于简化对外投资审批程序。国家外汇管理局最近发布境内机构境外直接投资外汇管理规定（征求意见稿），也取消了外汇风险审查手续。

但由于20世纪90年代以来国际货币/金融危机频繁爆发，发展中国家和某些转轨国家的转移风险仍然不可低估。假如东道国不是国际储备货币发行国，资本账户和国内资产市场开放较快、较彻底，且国内资产市场过热，或外债负担较重，这样的国家爆发货币/金融危机的几率就较高，汇兑限制风险亦较大。比如，阿根廷就是比较典型的金融体系脆弱、汇兑风险较大的国家。而且，目前世界正在经历百年一遇的国际经济危机，在新兴市场国家发生汇兑限制的风险也急剧增加。另外，仍然有许多发展中国家根据其经济发展水平和对外开放程度，采取一定程度的外汇管制措施。因此，作为投资者的中国能源企业而言，对汇兑限制风险仍然要提高警惕。

（五）政府违约风险集中于发展中国家

政府违约的风险往往是与征收风险以及汇兑限制风险相结合，在法制比较健全的发达国家，这类风险发生的几率较低，而在发展中国家以及前苏联地区国家发生这类风险的可能性比较高。

比如前述拉美“石油革命”给中国能源企业带来的损失，一方面它属于国有化或征收风险，另一方面如果采用了违反合同并拒绝司法的形式，同时也构成了政府违约的风险。另一个例子是1997年亚洲金融危机期间，印度尼西亚政府提前中止了十几个电站的特许权协议，使在该国的外国投资者遭受了不同程度的损失。

2007年9月25日，菲律宾农业部因为担心合作协议威胁本国粮食安全宣布暂缓落实2007年1月与中国签署的三项农业协议备忘录，严重影响了中国在菲律宾开展农业合作计划。此前的9月22日，菲律宾总统阿罗约迫于贪污及腐败指控压力，已下令中止了该国政府同中国企业中兴通讯合作的一项宽带网络架设合约及一项网上教育计划，尽管其表示，“谨慎的”内部调查并无法确认全国宽带网络和网络教育方案涉及贿赂。而在此前一周阿罗约也曾坚称，阿罗约的政府是“一个尊重通过正当途径达成的合同和协议的政府”[①]。虽然这一案例并非发生在能源对外投资领域，但实际上，在能源领域遭遇政府违约风险的几率可能更大。

（六）第三国干预的风险日益上升

第三国干预风险可以划分为两类：一类是第三国政府直接采取制裁措施的风险，这种风险目前主要来自美国，企业如果到伊朗、苏丹等美国列举的所谓“无赖国家”进行能源投资，就有可能面临这项风险，其潜在损失包括无法进入

① 参见《深度报道：中兴通讯“菲律宾风波”调查》，http：//tech.163.com/07/0927/02/3PC4441E000915BE.html，最后访问日期2009年3月10日。

美国市场、不能在美国融资、企业高层管理人员不得进入美国，等等。当初中石油筹备海外上市赴纽约路演时，美国一些政治势力致函各大投资基金，以中石油在“邪恶国家”苏丹开发石油为由要求基金经理们抵制中石油，并在美国国会提出了正式的议案。2004年年初，中石化集团参与竞标伊朗油田时，也受到了美国的阻挠。企业如果在美国资本市场上市融资，或是对美国出口业务规模较大，或是从事战略性资源开发业务，或是从事敏感产业，面临的这项风险就较高。尽管美国的《赫尔姆斯—伯顿法》和《伯德法》受到了全世界绝大多数国家的抵制，但只要美国作为世界唯一超级大国的地位不变，美国的这种行为就不会停止。未来欧盟也有可能借口“人权高于主权”而对别国企业实施这种威胁。

另一类第三国干预风险并非由第三国直接采取制裁行动，而是在第三国干预行为的压力或引诱下，东道国政府违约的风险。由于日本参与，中俄石油管道工程方案多次反复，中石油在安大线上的前期投资全部落空，且损害了中国的能源战略，就是这一风险的典型案例。

近年来少数大国从现实主义理念出发，在舆论上散布“中国能源威胁论”，也使得这类第三国干预风险日益上升。而且这类风险不属于传统的政治风险，给投资者造成的损失也不一定都是直接损失，往往使得投资者无法通过传统的法律方法防范和弥补损失。因而，这类风险更值得我们警惕，很多时候只能通过中国政府出面加以解决。

从以上笔者列举的中国能源企业面临的主要政治风险的种类来看，这些政治风险一方面与企业内部条件密切相连，另一方面又与外部环境因素有关。因此，在政治风险的防控方面，一方面中国能源企业自身要采取一些积极措施予以应对；另一方面中国政府也需要有所作为，毕竟不是所有的政治风险都是企业自身能够避免的。因此，本章从能源企业和中国政府两个层面，从法律的角度对政治风险的防范提出相关建议。

三、中国能源企业对外直接投资政治风险的法律防范

（一）通过不同的能源投资的法律形式规避政治风险

当前海外能源投资的主要法律形式包括企业形式和非企业形式两大类，其中企业形式又可以分为全资子公司和合资公司两种，而非企业形式又分为特许协议（矿费税制合同）、产品分成合同、服务合同、回购合同等。

从企业形式来看，中方全资子公司方式主要是由中国石油企业直接购买国外已探明但尚未开采的油气储备或采用全部收购股权的方式。这种方式虽然表面上

看中国企业取得了完全控股权，但是遭遇政治风险的概率是最高的。因此，中国企业不适宜采取在海外设立全资子公司的方式，甚至不能认为股权比例越高越好，特别是对于政治动荡、民族主义斗争尖锐的国家。而合资方式则有两种情况，一种是与东道国石油公司的股权联合，另一种是与有经验的国际石油公司联合。与东道国石油公司合作的合资方式易于为东道国所接受，不仅可以提高投标的中标率，而且可以进一步掌握东道国的石油资源状况，熟悉当地的政治环境、经济状况和文化习俗。更重要的是它不会轻易引起东道国内部政策变动和可能性的民族主义斗争等政治风险。与有经验的国际石油大公司进行合资组建新公司进行联合投标或组队施工，不仅可以学习国外的管理经验、技术标准，历练国际投资经验，提高自己的国际影响，进一步还可以学习国际大公司规避政治风险的经验。

从非企业的投资形式，各种不同的合同其收益与风险的情况也是不同的。一般而言，特许协议（矿费税制合同）和产品分成合同的投资收益比较高，但相应地，它发生政治风险的可能性也是比较高的；相反，服务合同和回购合同的投资收益是较低或最低的，但遭遇政治风险的可能性也较低。①

另外，不少国家对能源投资的法律形式有明确的要求，只允许外国投资者以一种或者几种形式进行投资。比如，前述委内瑞拉在2005年之后就要求所有的石油项目必须以合资公司投资，而且委内瑞拉国家石油公司必须持股60%以上。②

因此，中国能源企业在进行对外资直接投资时，必须评估该地区的政治风险，结合收益大小、风险大小、东道国当地的法律要求等多个因素，综合考虑选择投资形式，以达到在规避政治风险的前提下，尽可能扩大收益的目的。

（二）投保海外投资保险

投保政治风险是一种比较积极的预防性策略，尤其是对于经营分散程度较小、大部分经营业务集中在单一外国的能源企业而言，就更有必要进行政治风险保险。

海外投资保险制度是指由国家对本国海外投资者在投资东道国进行投资时可能遇到的政治风险提供保险，投资者向海外投资保险机构投保后，如果承保的政治风险发生并使海外投资者遭受损失，则先由国内承保机构补偿其损失并取得代

① 参见赵庆寺：《石油企业跨国经营政治风险与法律防范》，载于《新疆大学学报（哲学·人文社会科学版）》2008年第3期，第23～27页。

② 参见《拉美石油投资的政治风险分析》，http：//www.askci.cn/Hmfbg/200804/1585555.html，最后访问日期2009年3月10日。

位求偿权，然后再由其向东道国追偿的一种法律制度。海外投资保险法律制度对于资本输出国而言，是一种较为理想的分散风险的手段，该项制度分担海外投资政治风险的基本方法就是在发生政治风险时，由海外投资保险机构按保险合同补偿投资者的损失，再由该机构向造成投资者损失的东道国代位求偿，从而为投资者的投资安全提供可靠保障。它是资本输出国保护和鼓励本国私人对外投资的重要法律制度。①

从实质上看，海外投资保险制度是一种“政府保证”，或称“国家保证”，具有与一般民间保险显然不同的特征：

（1）海外投资保险的承保人是政府机构或公营公司，与民间保险公司不同，其不是以盈利为目的，而是以保护投资为目的；

（2）海外投资保险的被保险人，只限于海外私人直接投资，而且私人直接投资只有符合一定条件才可作为被保险人。一般来说，作为保险对象的海外投资不仅须经东道国批准，而且还必须对资本输出国经济有利；

（3）海外投资保险的承保范围仅限于政治风险，主要包括征收险、外汇险、战争险等，不包括一般商业风险；

（4）海外投资保险的任务不单是像民间保险那样在于进行事后补偿，更重要的是防患于未然，这一任务通常是结合两国间投资保证协定来完成的；

（5）海外投资保险的承保人向被保险人支付了赔偿后，取得代位权，有权向东道国索赔。

海外投资保险制度作为应对海外投资政治风险的一项独特的法律制度，在保护国家对外投资，鼓励国际资本流动等方面有其独特的制度价值：海外投资保险制度首要的也是最直接的价值当然在于分散或者转移投资者对外投资的政治风险。这是海外投资保险制度创立的初衷，也是其最直接、最根本的效用。海外投资保险制度本质上仍然是一种保险制度，它本身当然具有分散、转移保险风险的作用，不同的是海外投资保险制度主要是通过政府吸收投资风险而不是投资者之间互担风险的渠道来应对投资政治风险的。另外，海外投资保险制度还具有对外投资的间接外交保护作用，该制度的存在避免了容易引发国家冲突的直接外交保护的发生。投保范围内的风险发生后，保险人向被保险人支付了赔偿并取得代位权，就有权向东道国要求赔偿，由于海外投资保险制度的保险人带有很强的政府属性，因此保险人对外索赔的过程其实也就是投资者所属国通过法律程序间接进行投资外交保护的过程。海外投资保险制度实现了从私力救济到公力救济的转化，同时避免了把投资者和东道国之间的纠纷提高或扩大到国与国的层面进行解

① 参见余劲松主编：《国际投资法》，法律出版社 2003 年版，第 185 页。

决，这样不仅有利于投资纠纷的解决，而且减少了国家之间的冲突。因此海外投资保险制度的创立实现了投资保护由直接外交保护方式到间接外交保护方式的转化。

在具有政治风险的领域中，通过对各种资产进行投保，能源企业可以将政治风险转嫁给保险机构，从而可以集中精力管理其经营业务。当前跨国公司母国为了保护本国企业在国外的投资安全，通常依照本国国内法的规定，对本国海外投资者实行一种以事后弥补政治风险损失的方式。例如，1969 年成立的美国“海外私人投资公司”，仅在 1977～1985 年间，就先后为德士古、莫比尔等 43 家石油公司在 24 个国家的石油、天然气投资项目保了险，保险总额超过了 40 亿美元，保险项目包括货币兑换、征收和国有化、战争和内乱等。[①]

在中国，经营海外投资保险制度的机构是中国出口信用保险公司（简称中国信保）。与其他国家的海外投资保险制度一样，中国信保承保的海外投资保险同样有着鲜明的政策性，不以盈利为目的。关于中国信保承保的海外投资保险要注意以下几个方面：

（1）承保的风险包括四种：征收、汇兑限制、战争及政治暴乱、政府违约。

（2）具有国家规定的境外投资资格的下列投资者，可以投保海外投资保险：中华人民共和国境内（香港、澳门、台湾除外）注册成立的金融机构和企业，但由在中国香港、澳门、台湾的企业、机构、公民或外国的企业、机构、公民控股的除外；在中国香港、澳门、台湾和中华人民共和国境外注册成立的企业、金融机构，如果其 95% 以上的股份在中华人民共和国境内的企业、机构控制之下，可由该境内的企业、机构投保；其他经批准的企业、社团、机构和自然人。

（3）合格的投资。可以享受保障的项目必须符合中国国家政策和经济、战略利益。下列形式的境外投资，不论是否已经完成，可投保海外投资保险：直接投资，包括股权投资、股东贷款、股东担保等；金融机构贷款；其他经批准的投资形式。

但是海外投资保险制度只能用于防范特定种类的政治风险，对于许多新出现的政治风险类型，海外投资保险制度未必都能予以承保。

（三）利用多边投资担保机构

1. 多边投资担保机构概述。政治风险可以通过上述投资者母国的自身安排（如海外投资保险制度）以及投资者母国与东道国之间的安排（如双边投资条约）来得到一定程度的避免。同时政治风险也可以通过多边组织提供担保的形

① 参见吴磊：《中国石油安全》，中国社会科学出版社 2003 年版，第 124 页。

式来降低。目前，这一机制就是世界银行集团的多边投资担保机构（Multilateral Investment Guarantee Agency，MIGA）。

由于各国的海外投资保险制度在投资者适格方面和担保能力上的限制，因此需要建立一个多边投资保险机制予以弥补。经过多年谈判，1985 年世界银行汉城年会通过了《多边投资担保机构公约》（亦称《汉城公约》），1988 年该公约生效，并据此成立了多边投资担保机构，其为世界银行的第五位成员组织。

MIGA 源于海外投资保险制度，又与该制度存在较大差异。其最大特点体现为它赋予每一个发展中会员国“双重身份”：一方面，它是外资所在的东道国；另一方面，它又是 MIGA 的股东，部分地承担了外资风险承保人的责任。这种双重身份的法律后果是：一旦东道国境内发生了 MIGA 所承保的政治风险，使外资受到损失，则作为侵权行为人的东道国，不但在 MIGA 行使代位权之后，间接地向外国投资者提供了补偿，而且，作为 MIGA 的股东，又必须在 MIGA 行使代位权之前，即 MIGA 向投保人理赔之际，就直接向投资者部分地提供补偿；此外，东道国作为侵权行为人还要面临机构其他成员国股东们的国际性责备和集体性压力。可见，MIGA 在实践中能够加强对东道国的约束力，对外资在东道国可能遇到的政治风险起到多重预防作用。MIGA 的上述优势，是各国国内海外投资保险机构所不具备的。

2. MIGA 对海外投资的保护。（1）投资保险的范围。《汉城公约》规定可为合格的投资就来自以下一种或者几种风险产生的损失做出担保：货币汇兑险、征收和类似措施险、违约险、战争与内乱险。

（2）合格投资者。《汉城公约》规定在下列条件下，任何自然人和法人都有资格取得机构的担保：第一，该自然人是东道国以外一会员国国民；第二，该法人在一会员国注册并在该会员国设有主要业务地点，或者其多数资本为一会员国或几个会员国或这一会员国国民所有，并且在上述任何情况下，该会员国都不是东道国。

（3）代位求偿权。《汉城公约》规定，在对被保险人支付或同意支付赔偿时，被保险人所拥有的有关承保投资的权利或索赔权应当由机构行使，保险合同应规定此种代位权取得和行使的条件。机构的代位权应得到全体会员国的承认。

（4）适格东道国。《汉城公约》第 12 条（d）款（iv）和第 14 条规定，MIGA 担保的适格东道国必须是发展中国家，而且必须是外资可得到“公正平等的待遇和法律保护”的发展中国家。

（5）适格投资。该要求主要是为了保证流入东道国的外资具有较高质量，并符合东道国经济发展需要。按照《汉城公约》以及 MIGA 董事会制定的《业务细则》的有关规定，适格投资在性质上必须符合以下三项要求：

第一，发展性。具体而言，就是指投资项目对东道国的经济和社会发展应有所贡献。

第二，经济上的合理性。按照《业务细则》第305条的解释，经济上的合理性是指在担保期限内，投资项目投入的技术在经济上和财政上必须可行。

第三，投资的合法性。《汉城公约》第15条规定，MIGA缔结任何担保合同必须得到东道国政府的同意。《汉城公约》第12条（d）款（ii）项规定，MIGA承保的投资必须"符合东道国的法律和条例"。这种双重把关机制反映了MIGA对投资合法性要求的重视。

MIGA的贡献可以归结为两个方面：一是为世界经济发展提供了一种国际投资担保机制，促进了资本在国与国之间尤其是向发展中国家的流动；二是通过代位求偿机制为投资争端解决提供了非政治化的解决方式。

3. 中国能源企业利用MIGA的优势。虽然中国现在已经建立了自己的海外投资保险制度，但是MIGA在提供政治风险担保这个方面仍是中国能源企业可以选择的一个有益的补充，而且他还具有一般国内海外投资保险制度不可比拟的优势。

第一，如前所述，MIGA的成员国都有双重身份，一方面，它是外资所在的东道国；另一方面，它又是MIGA的股东，部分地承担了外资风险承保人的责任。因此MIGA对东道国的约束性要强于一般海外投资保险制度，能对外资在东道国可能遇到的政治风险起到多重预防作用。

第二，如前所述，中国海外投资保险制度的投保人资格要求是非常严格的，如果中国的能源企业不是通过直接设在国内的公司对外投资，而是通过某个注册于中国港澳地区或者国外的机构进行投资，而中国企业的股权比例又不足95%，那么这项投资很可能无法得到中国海外投资保险机构的投保，这种情况下中国企业可以选择向MIGA投保。由此可见，MIGA比较适合于多国投资联合投资的项目投保政治风险保险。

第三，MIGA作为一个国际经济组织，在发生政治风险的情况下，由它出面进行斡旋或者调解，比较不容易引起东道国的反感，成功的可能性较大，从而有利于政治风险的化解。实际上，MIGA一直非常重视政治风险发生之后的调解工作，通过它的努力，也多次成功避免了政治风险的发生。

第四，MIGA承保的政治风险范围较一般海外投资保险要宽。除了上述四种政治风险之外，经投资者和东道国联合申请，并经MIGA董事会特别多数同意，承保范围还可扩大到其他非商业风险。

（四）利用投资者—东道国仲裁机制

政治风险虽然可以通过上述单边、双边以及多边安排得到一定程度的事前预防，但是在很多情况下政治风险的发生仍然是不可避免的。因此，笔者认为，政治风险的防范不仅在于事前预防，在政治风险发生之后如何尽可能减小损失，也是防范政治风险的重要方面。对于投资者而言，关键就在于采用一些公正合理的纠纷解决机制来化解政治风险发生之后的纠纷、弥补损失。

一般而言，如果发生政治风险，投资者出于对东道国当地法院公正性的怀疑，一般不愿意在东道国当地需求救济，而传统国际法上的外交保护制度又存在各种缺陷，从而被许多发展中国家所抵制，因此，目前最有效的解决国际投资政治风险纠纷的解决机制就是投资者—东道国仲裁制度。其实，一套完备投资者—东道国仲裁制度不仅能够起到事后补救、解决纠纷、防止损失的作用，而且通过这一争端解决机制在国际条约或投资合同中的事先采用，在一定程度上也能起到对东道国当局的警示作用，可能使东道国在从事某些行为时有所顾虑，从而达到防范政治风险的作用。

投资者—东道国仲裁制度目前不仅被广泛运用在各国之间签订的双边投资条约之中，而且一些著名的与投资相关的区域或多边国际条约，如《北美自由贸易协定》、ECT 也都将其作为首要的解决投资争议的机制。另外，世界银行集团还主持制定了《解决国家和他国国民投资争议公约》，依据该公约成立了“解决投资争议国际中心”（International Center for the Settlement of Investment Disputes, ICSID）作为专门解决投资者—东道国纠纷的机构。结合各种条约中的投资者—东道国仲裁制度进行分析，采用这一机制防范政治风险需注意以下内容：

1. 当事人之间有书面的仲裁协议。与其他仲裁制度一样，投资者—东道国仲裁同样需要投资者与东道国之间存在有效的仲裁协议。这一仲裁协议必须是书面的，而且必须表达了双方将争议提交仲裁的“同意”。传统上，仲裁协议主要形式包括合同中的仲裁条款以及双方当事人为特定事项提交仲裁而单独订立的仲裁协议书。从投资者—东道国仲裁的实践来看，争议双方提交仲裁的仲裁协议主要有三种方式：（1）投资合同中的仲裁条款；（2）东道国当地立法中的仲裁条款；（3）双边或多边条约中的仲裁条款。在这三种仲裁条款中目前最为广泛采用的是第三种，也就是东道国在与投资者母国的双边或多边条约中表达同意将某些投资争议提交仲裁的意愿，而在争议发生时，投资者通过书面文件向仲裁机构提交同意仲裁的意愿从而直接启动仲裁程序。这种方式显然与传统的仲裁协议订立的方式极为不同，因此也引起了很大争议。但从目前的实践来看，这种方式已经得到了国际上各大仲裁机构的认可。当然，投资者也需要注意在相关国际条约中，东道国是否明确表达了提交仲裁的同意，如果条约中仅仅含有表达东道国对于提交投资者—东道国仲裁给予认真考虑或者类似“非约束性”的仲裁条款，则不能构成有效的仲裁协议。

2. 提交仲裁的争议范围。因为仲裁庭的管辖权受到仲裁协议中提交仲裁争议范围的限制，因此东道国同意提交仲裁的范围就极其重要。从ICSID公约的规定来看，该公约将ICSID管辖权的范围仅限制在与“投资”相关的法律争议。而多数东道国当地立法中的以及双边或多边条约中的仲裁条款也将同意提交投资者—东道国仲裁的范围局限于“投资”争议。但是由于目前多数双边或多边条约对“投资”一词往往含义非常宽泛，因此投资者与东道国之间往往就特定争议是否属于“投资”争议发生纠纷。在传统上，我们一般认为普通的货物买卖合同不属于“投资”，然而在ECT投资者—东道国仲裁的Petrobart v. Kyrgyz仲裁案中，斯德哥尔摩商会仲裁院的仲裁庭就认为，一个普通的能源贸易合同也可以构成ECT中的“投资”。[①] 所以，各方在制定仲裁条款时，一定要注意对提交投资者—东道国仲裁的范围予以更加明确的界定。

3. 投资者—东道国仲裁与当地救济的关系。利用投资者—东道国仲裁还需注意该纠纷解决机制与其他纠纷解决机制的关系。因为在各种国际投资条约中，往往对投资者与东道国之间的纠纷设置了多种纠纷解决机制，这些解决机制的关系各不相同，投资者必须加以注意。有很多投资条约规定投资者—东道国仲裁与东道国当地的司法救济是相互排斥的，即投资者一旦选择了向东道国当地法院起诉，则丧失了提起投资者—东道国仲裁的权利；另一些投资条约则规定提起投资者—东道国仲裁的前提条件是要求用尽东道国当地的行政救济程序，如行政复议。但也有一些条约对此问题规定比较复杂，比如ECT。

根据ECT第26条，如果投资者与东道国之间的争议不能得到友好解决，那么投资者可以选择通过下述三种途径解决争议：（1）向东道国法院或者行政法庭提出争议解决；（2）根据双方先前同意的、可用的争议解决程序解决；（3）根据本条约规定投资者—东道国仲裁程序解决。对于这三者之间的关系，ECT进一步规定，缔约方给予提交投资者—东道国国际仲裁的无条件同意；但是缔约方如果将自己列入条约附件ID，那么在投资者选择了前两种争议解决方式中一种的情况下，缔约国将不给予上述提交投资者—东道国仲裁的无条件同意。这一规定说明，如果缔约国未列入附件ID，那么东道国当地法院救济、行政救济与投资者—东道国仲裁并不排斥，投资者可以在通过东道国当地救济得不到满意结果后继续寻求国际仲裁；相反，如果缔约国列入了附件ID，则缔约国可以自行决定各种纠纷解决机制的关系。目前，ECT的正式缔约方中有22个都将自己列入附件ID。

4. 不同仲裁机构的选择。如前所述，从ICSID公约的规定来看，该公约将

① Final Arbitral Award Rendered In 2005 In Scc Case 126/2003, Petrobart Ltd v. The Kyrgyz Republic.

ICSID 管辖权的范围仅限至在与“投资”相关的法律争议，而且中心秘书长在受理案件登记时，还可以对案件进行初步审查，因此，如果前述 Petrobart v. Kyrgyz 仲裁案是向 ICSID 提出的仲裁申请，案件可能根本不会被登记；相反以斯德哥尔摩商会仲裁院为代表的民间常设国际商事仲裁机构却没有此项受理案件范围的限制，因此 Petrobart v. Kyrgyz 仲裁案才会得到这一结果。可见仲裁机构的选择对案件的结果可能产生重要影响。而且从仲裁裁决的承认与执行来看，仲裁机构的选择也非常重要。ICSID 作为国际公约建立的国际组织，根据公约规定，其仲裁裁决在缔约国境内应该具有该国终审判决同样的效力，缔约国不得以任何理由拒绝承认与执行；而其他普通国际商事仲裁机构的裁决，在相关国家却可能被以一定的理由拒绝承认与执行。因此，仲裁机构的选择，对于政治风险能否得到有效防范具有非常重要的意义。

中国能源企业对外直接投资时，如果希望利用投资者—东道国仲裁防范政治风险，首先要注意中国与相关国家之间是否签订有双边投资条约，因为在中国签订的双边投资条约中一般都有将争议提交投资者—东道国仲裁的条款。如果从该条款的措辞来看，明确赋予了投资者单方面提起仲裁的权力或者明确表达东道国提交仲裁的同意，那么在争议发生之后，投资者即可单方面以书面形式表达其提交仲裁的同意并提起仲裁；另外也有一些条款，并未明确表达东道国提交仲裁的同意，那么就需要投资者与东道国另行达成仲裁协议，否则不能提起仲裁。如果中国能源企业对外投资的相关东道国与中国之间并无双边投资条约，那么一定要力争在投资合同中以仲裁条款的形式加以明确约定，否则在政治风险发生之后，东道国一般很难同意将争议提交仲裁。

其次还需要注意，在中国签订的双边投资条约中，投资者—东道国仲裁的前提条件一般是要求用尽东道国当地的行政救济程序，如行政复议。但是，投资者—东道国仲裁往往与东道国当地的司法救济是相互排斥的，即投资者一旦选择了向东道国当地法院起诉，则丧失了提起投资者—东道国仲裁的权利。

例如，中国与贝宁之间签订的双边投资协议就规定:① “二、如争议自争议一方提出协商解决之日起六个月内，未能通过协商解决，争议可按投资者的选择提交投资所在国管辖权的法院或国际仲裁解决。三、在提交国际仲裁的情形下，争议可按投资者的选择提交：（一）依据 1965 年 3 月 18 日在华盛顿签署的《解决国家和他国国民之间投资争端公约》设立的“解决投资争端国际中心”；（二）按照《联合国国际贸易法委员会仲裁规则》设立的专设仲裁庭，前提是争

① 《中华人民共和国政府和贝宁共和国政府关于促进和保护投资的协定》，http://tfs.mofcom.gov.cn/aarticle/h/aw/200405/20040500218061.html，最后访问日期 2009 年 3 月 10 日。

议所涉及的缔约方可以要求有关投资者在提交国际仲裁之前，用尽该缔约方法律和法规所规定的国内行政复议程序。四、一旦投资者决定将争议提交本条第二、三款规定的投资所在国的有管辖权的法院、‘解决投资争端国际中心’或专设仲裁庭，对上述三种程序之一的选择应是终局的。”

再次，要注意选择对自己最有利的仲裁机构进行仲裁。如前所述，ICSID 仲裁裁决的效力比一般商事仲裁要高，其费用也较为低廉，但其受理案件范围有所限制；相反一般的商事仲裁机构受理案件范围并无限制，但是费用较高，仲裁裁决的效力也低于 ICSID 仲裁。但是这种仲裁庭的选择一般也是终局的，因此投资者必须谨慎考虑。中国签订的双边投资条约一般都赋予了投资者选择仲裁机构的权利，比如前述中国贝宁双边投资协议就允许投资者选择 ICSID 仲裁或者 UNCITRAL 仲裁。

最后，投资者—东道国仲裁不能用来防范所有的政治风险，如战争与内乱的风险由于是东道国无法控制的，因此不能通过投资者—东道国仲裁加以防范。

四、中国政府防范中国能源企业对外投资政治风险的法律措施

（一）从立法层面建立健全政治风险评估和预警机制

中国能源企业在进行对外投资决策之前一定会进行经营风险的评估和防范，但是，对于经营风险之外的政治风险，企业往往很难预测和控制，从而导致损失的发生。可见，建立和健全能够随时了解海外政治经济最新动态的政治风险评估和预警机制是非常必要的。

但是，如果由政府部门提供别国政治风险评估可能会引起国家之间的纷争，因此，从世界各国的实践来看，通常来说都是由一些专业机构进行政治风险的评估，比较著名的有：总部位于中国香港的政治经济风险顾问公司（PERC）、美国的商业环境风险情报机构（BERI）、英国的《经济学人》信息部（EIU）、英国政治风险服务机构（PRS）等。

从中国的情况来看，目前对海外投资风险进行评估的咨询机构主要还是针对金融、财政等方面的风险，较为缺乏对政治风险的关注。但是，从 2005 年 12 月以来，中国信保每年都发布一份《国家风险分析报告》，以中国视角对全球 60 个国家和地区的基本情况、内政、社会安全、地缘政治、外交关系、经济状况、投资环境和双边贸易等重要方面进行透彻分析、客观评估及合理预测，并据此对其政治风险做出整体评价和风险评级。此外，《报告》还从企业角度，全面、客

观地展现了中国企业出口和投资所面临的国际环境，并提示有关风险点。该报告引起社会各界对政治风险的重视，提高海外投资企业的风险意识和内部风险管理水平，并坚持滚动推出、定期发布，免费向有需要的政府部门、金融机构和企业提供。中国信保在这方面的努力有助于建立起具有中国特色的政治风险“晴雨表”和政治风险评级体系，填补了中国在政治风险分析和评级方面的空白。对于中国海外投资企业在政治风险防范方面来说，这的确是一利好消息。另外，商务部还实行国别投资经营障碍报告制度，在保护企业商业秘密的前提下，发布有关报告内容，提醒企业规避投资风险，在一定程度上起到了预警作用，但相比健全的政治风险预警机制而言，该报告制度的作用还是十分有限的。

从以上情况来看，中国在建立政治风险评估和预警机制方面已经迈出了第一步，但仍不够健全。笔者认为，虽然由政府部门提供别国政治风险评估可能会引起相关国家的不满，但是我们仍然可以在立法层面上对政治风险评估制度进行完善，比如在相关立法中通过各种措施明确支持和鼓励相关咨询机构、国内的国际问题研究机构和有条件的企业，加强海外政治经济风险的评估工作，建立相关的职业化的评估机构，尽快建立起自己的评估咨询体系和专业人才队伍。为政府、民间的国际合作项目和“走出去”的企业提供切实可行的预防风险、抵御风险的有效方案，降低海外投资政治风险，切实保证全球化形势下的中国经济安全。

（二）进一步完善中国的海外投资保险制度

如前所述，中国海外投资保险制度的框架基本形成，尽管规定较简单，但有许多规定采纳了国际上的先进做法，但是仍有若干值得完善之处。

首先，虽然中国信保已经开始承包海外投资保险，但中国海外投资保险法至今缺位，已签订的保险合同主要依据政府政策及中国信保的《投保指南》，因此海外投资保险操作缺乏系统性、稳定性和可预见性。美国、日本等国的海外投资保险制度无不以相应的立法为依据，如美国的《对外援助法案》、日本的《输出保险法》为相关制度的建立提供了坚实的法律基础。由于海外投资保险与一般的商业性保险有很大不同，中国应在海外投资法律体系的建设中，借鉴美国、日本等国的立法经验，启动专项立法明确海外投资保险的宗旨，经营原则、管理方法，以及相关当事人的权利、义务和操作程序，以规范相关方的行为、明确各自的全责，为海外投资提供稳定的法律保障。

其次，承保范围还不够完善。中国信保的海外投资保险承保范围与各国海外投资保险制度基本一致，具有一定的先进性。但笔者认为，还是有值得完善之处。第一，关于征收险，间接征收是否包括在内并不明确。如美国关于征收行为的规定包括直接和间接征收、政府违约等行为以及“蚕食性征收”行为；日本则限于直接征收行为，而不包括间接征用。如前所述，现在直接征收的政治风险已经较小，而比较严重的是东道国的间接征收风险，因此我们应明确将间接征收纳入承保范围。第二，没有明确规定不予承保的范围。为明确海外投资保险的目的和性质，许多国家的海外投资保险都明确规定了不予承保的范围，比如美国的“战争及内乱险”就明确将因实现劳工及学生目的为主的行动排除在外。比如，中国信保的战争及政治暴乱险包括投资所在国发生的战争、革命、暴动、内战、恐怖行为以及其他类似战争的行为，范围很广，具有先进性，但是仍应考虑海外投资保险制度的目的，将非政治性的骚乱，如纯粹由劳工权益问题或学生活动引起的骚乱排除在外。另外如投资者不轨行为如行贿、腐化或侵害东道国民族尊严等引起的政治风暴等，也应该明确排除在外。第三，未来承保的范围还应该与时俱进，不断针对国际政治风险的变化进行调整，达到维护中国投资者利益，鼓励中国企业海外投资的目的。

再次，关于外海投资保险的代为求偿权问题。海外投资保险代位求偿权是指在海外投资发生政治风险后，由海外投资保险机构向海外投资者（被保险人）支付或承诺支付保险金，从而代位取得海外投资者向东道国政府索赔之权利。所以说，海外投资保险代位权与一般保险代位权并没有本质区别。但是在海外投资保险中，保险公司的代位权行使必须有国际法上的依据，否则，东道国完全可能否认该代位权的合法性。所以，各国的海外投资保险机构行使代位权往往有两个方面的依据，一是双边投资条约，二是传统国际法上的外交保护制度。根据代位权依据的不同，各国的海外投资保险制度分为了美国模式和日本模式。美国模式又称为“双边保证模式”，它要求投资的东道国必须是与美国签订有双边投资条约国家，否则不予承保，美国模式的主要目的就是为了使保险公司行使代为求偿权具有条约依据。而日本模式又称为“单边保证模式”，它不要求投资的东道国必须与日本签订有双边投资条约。在这种情况下，如果发生索赔，只能由国家通过外交保护的渠道行使代位求偿权。目前中国并未将投资东道国与中国签订有双边投资条约作为承保条件之一，这有利于鼓励中国投资者进行海外投资，具有一定合理性，但是，考虑到一些能源资源丰富的国家，如委内瑞拉以及很多非洲国家，迄今为止并未与中国签订双边投资条约，而这些国家往往都是政治风险极大的国家，因此如果完全不加以任何限制的承保，可能给国家利益带来很大损失。

因此，笔者认为有些学者建议的“折中模式”比较合理，即“双边投资保证模式为原则，以单边投资保证模式为例外”，其理由为，中国已与一百多个国家签订了双边投资保护协定，以投资保护协定作为承保海外投资保险的前提已具有相当基础。同时，在要求以双边投资保护协定为法定条件的前提下，规定若干例外，经过有关机关特别批准，也可以对向未与中国签订双边投资条约的国家进行的投资承保，以增加法律规定的灵活性。

（三）完善中国投资保护条约群

投资者母国通过与其他国家缔结国际投资协定（International Investment Agreement，IIA），为政治风险提供条约担保，使其成为国家政府的共同保证，与其国内法的保证相互配合，加强其保证的效力。东道国为了吸引外资，营造良好的投资环境，也通过该方式给予外国投资者以法律保护，保障外国投资者所期待的投资利益的实现。晚近的IIA一方面包括投资者保护的实体性规则，另一方面也包括投资者遭受损失的纠纷解决措施。

国际投资协定分为双边投资协定、区域投资协定和多边投资协定。近年来双边投资协定、区域投资协定都得到了迅猛发展。20世纪80年代末，全世界只有385份双边投资保护协定，而到2008年世界范围内签署的双边投资保护协定已达2 600多个。[①] 双边投资保护协定已经成为国际社会普遍接受的促进、保护对外投资的方式之一。而在东盟、北美自由贸易区、南方共同市场等著名的区域经济一体化组织内，都签订有区域性投资保护协定或者类似条款。这些投资保护协定的内容通常包括外国投资者公正待遇、国民待遇与最惠国待遇、国家征收补偿、战争或动乱补偿、资本与收益汇出保证、第三方裁决与执行等。在多边投资协定方面，综合性的多边投资协定（MAI）的谈判目前没有进展，但是ECT作为能源部门一个重要的多边条约，其中一个重要的方面就是能源投资的内容。

中国已和一百多个国家签署了双边投资协定。在中国完善政治风险防范机制的工作中，完善投资保护协定具有特殊的重要性，这是因为在可预见的未来，中国仍将继续保持大量吸收外资的发展中国家地位和日益上升的国际投资母国的双重身份。从传统上来看，中国在签订投资保护条约时，通常站在资本输入国的立场考虑，对过高的投资自由化和投资保护标准持否定态度。但笔者认为，一方面，随着中国对外投资规模的日益扩大，尤其是能源投资等重要的对外投资领域又属于高政治风险领域，在投资条约中强化对中国投资者的保护显得日益重要；另一方面，中国长期以来坚持对外开放国策，对外国投资一直持宽容态度，在可以预见的将来也不会发生大规模的政治风险，因此加强投资者的保护也不会增加中国的额外负担。因此，我们在签订或修改投资条约时应当逐步转变观念，强调投资条约中的投资者保护内容。具体而言，有以下几个方面：

（1）完善双边投资保护机制。一方面要与更多的国家和地区签署双边投资保护协议，尤其是那些能源资源丰富、政治风险较高的国家。另一方面需要从以

---

① UNCTAD，World Investment Report 2008.

下方面着手来充实、完善双边投资保护协定的内容：补充、加强关于保护中国公民免受恐怖主义威胁方面的内容；补充关于东道国政策稳定性保证的内容；对东道国违约的风险应当进一步明确规定，以确保中国海外投资保险机构在这方面的代位求偿权；完善争端解决机制，一方面要进一步明确投资者—东道国仲裁的适用范围，另一方面要赋予投资者选择仲裁机构的权利，尝试引入斯德哥尔摩商会仲裁院等普通商事仲裁机构仲裁，以便中国投资者选择更有利的机构仲裁，并提高争端解决的效率。

（2）建立区域投资保护机制。目前中国已经与东盟签订了中国—东盟自由贸易区投资协议，以后中国还应当考虑在符合以下标准的区域经济一体化组织内建立区域投资保护机制：首先是中国在该组织内拥有决定性影响力，能够主导制定符合中国利益的规则；其次是该组织其他成员方是中国重要经贸伙伴，至少在可预见的未来将成为中国海外投资的重点。

（3）积极探讨未来多边投资框架。尽管“贸易与投资”议题因为不符合发展中国家实际而被剔除多哈回合谈判议程，但对全球国际投资法律争端解决体系的客观需求仍然存在并将持续增长。在未来世贸组织新一轮谈判中，该项议题仍有可能被纳入谈判议程。在多哈回合谈判中，中国在大多数议题上采取了与其他大多数发展中国家同样的立场。然而，鉴于中国出口贸易规模远远超过其他发展中国家，海外投资也在快速增长，中国与其他大多数反对该项议题的发展中国家存在一定的利益差异，从现在到世贸组织下一轮多边谈判期间，这种趋势还将进一步发展。在这种情况下，中国必须积极探讨未来多边投资框架，为未来的谈判做好准备。关于未来多边投资框架内容，应当确保对发展中国家和最不发达国家实行特殊待遇的原则、制约第三国干预风险等。总体而言，一个多边投资框架对于中国而言是利大于弊，在未来的谈判中，中国应该在充分研究的基础上积极参与。

（四）构建区域能源合作机制并参与多边能源合作对话机制

为了规避能源投资领域的政治风险，另一条途径进行国际能源合作。一方面，在区域层面上要进一步体现有所作为的积极态势，加强地缘政治经济的塑造能力，着眼于构建区域全面合作的能源法律制度框架；另一方面，对于目前国际上已经有一些多边国际能源合作与对话机制，中国也要积极参与努力维护中国的利益。

（1）在区域合作层面，中国可以重点开展以下三个方面的工作：第一，深化与俄罗斯、中亚各国的合作。通过上海合作组织，建立石油安全战略联盟。上海合作组织成员国的石油资源总储量占世界总储量的20%，天然气储量已超过了世界已探明总储量的50%。它自身也已发展成一个具有完善的法律基础、稳定的合作机制和有效的工作机构的地区性国际组织。第二，推动与东盟的能源合作。目前，中国和东盟的能源合作已上升到战略层面，合作内容正从单一的石油天然气贸易向以油气资源的联合勘探与开采、保护能源运输通道的安全以及建设新的能源运输通道为主过渡。[①] 第三，推动东北亚能源共同体的建立。近几年东北亚各国都加强了在世界各能源产地的外交和投资力度，大都采取排他性的竞争手段以保证自身的能源供应安全，很可能使东北亚国家陷入恶性竞争的不利局面。东北亚国应联合起来缓和竞争、加强合作，才能最大限度地避免政治风险，实现共赢。

（2）在多边能源合作层面，中国也可以开展以下三个方面的工作：第一，适时启动ECT谈判。ECT主要内容涉及能源领域的国际投资、贸易、过境运输和争端解决办法四个方面。条约对包括公平权利和公正待遇、投资一贯保障和安全、禁止歧视性措施、最惠国待遇、立即付款、国有化或没收政策充分有效的赔偿等问题提供了坚实的保障。作为一个在加强国际社会能源领域合作方面具有重要意义的多边协议，该条约旨在建立一个面向21世纪开放的、非歧视性的国际能源市场，为所有缔约方之间的能源贸易和在能源投资、过境运输、能源效率、能源环境以及能源供应安全等领域合作创造一个良好的环境。由于目前中国的许多邻国，如中亚国家、蒙古、日本、俄罗斯都已经签署了该项条约，因此如果中国不加入该条约，中国能源企业到这些国家投资可能难以享受与成员国同样的待遇而处于不利地位。因此我们可以考虑加入ECT保护能源领域的海外利益，提高能源供给的安全性、稳定性、多样性和灵活性。

同时，如前所述，在能源部门该条约也是一个重要的多边投资协定，其在投资方面主要内容包括：规定了一个极为广泛的受保护的投资的范围；确保外国投资者的非歧视待遇；保护外国投资者免受重大政治风险的影响，这些风险包括征用、违反投资协议、战争和类似事件、资金转移的不公正限制；授权投资者选择雇用从事投资活动的主要职员；完善的解决投资争端的条款。因此，从完善中国的投资保护条约的角度，也应该考虑加入该条约。

第二，适度参与国际能源机构（IEA）。国际能源机构确立了维护能源安全的多边合作国际机制，有着一套较为完善的石油风险共担机制。中国短期甚至中长期都不太可能成为IEA成员国，但中国仍可以适度开展与国际能源机构的合作，从而获取相关信息、学习相关经验，以增加中国能源企业抵御政治风险的能力。

---

① 参见李晨阳：《中国与东盟的能源合作》，载于《世界知识》2006年第8期，第28页。

第三，加强与石油输出国组织（OPEC）等国际组织的沟通和联系。石油输出国组织的很多成员国都是能源投资的输入国，中国能源企业也在很多石油输出国组织的成员国有大量的投资。作为全球石油消费第二大国，中国在世界石油市场上的作用日益受到石油输出国组织的重视，中国不仅要与相关的能源输出国建立起更密切的双边联系，而且也应加强与石油输出国组织的直接对话和讨论，最大限度地避免政治风险的发生。

（五）适时为中国能源企业提供外交保护，维护国家利益

外交保护是指本国国民在国外遭到损害，依该外国国内法程序得不到救济时，本国可以通过外交手段向该外国要求适当救济。外交保护的主要特点是将投资者同东道国之间的争议上升为国家之间的争议，在国际法水平上加以解决。由于这种方法又被视为一种政治性的争议解决的方法。有些学者出于某些发达国家给予政治目的滥用外交保护，干涉东道国内政的角度，强烈抨击外交保护这一争端解决机制。[①] 然而，不可否认的是，外交保护是国际法赋予国家的重要权力，是一种重要的国际法制度，不仅有其合理性，而且必将长期存在。实际上，由于国际法的基本性质和特点，决定了不论一个国际法律框架设计如何完备，对国际法的执行最终仍然是基于相关国家自身的善意，国际法迄今没有一套统一的、强制性的执行机制。因此，外交保护制度仍然有其存在的重要意义。在国际层面，投资者仍然与东道国不可能完全处于平等地位，当投资者的权利通过各种其可能采用的法律手段仍然不能得到保护时，其只能寻求自己的母国进行外交保护。

中国长期以来处于发展中国家阵营，反对发达国家利用外交保护干涉他国内政，但是我们也要注意到，随着近年来中国国际交往的急剧增多，中国国民在海外受到侵害的案例也同比急剧增加，中国政府理应负担起保护中国国民海外人身、财产安全的义务。在能源投资领域同样如此，中国政府不仅要积极引导能源企业进行对外投资，更要利用和平外交等手段，为中国能源企业的海外经营提供实质性的保障机制，必要时还须给予外交保护。从外交保护的必要性来看，一方面能源领域属于政治风险高发领域，一些政治风险，已经远远超越了能源本身的经营范畴，而涉及相关国家之间的政治经济利益，这就需要政府来进行政治协调和外交保护；另一方面，能源企业的投资活动直接关涉中国的能源安全，维护中国能源企业的财产安全，就是在维护中国的能源安全。从外交保护的可行性上看，随着中国政治、经济、军事实力的增强，有能力对中国的能源企业进行有效的保护。实际上，近年来，中国政府已经开展了积极而富有成效的外交活动，为

① 参见余劲松主编：《国际投资法》，法律出版社 2003 年版，第 317 页。

中国能源企业在东道国投资创造了良好的政治环境，这也说明中国政府完全有能力实施有效的外交保护。

当然，中国政府在行使外交保护权时应当注意遵循国际法关于外交保护的要求，比如国际继续规则、用尽当地救济规则，还需要尊重投资者与东道国之间达成通过某项国际争议解决机制（如投资者—东道国仲裁）解决纠纷的协议。另外，当然也需注意行使外交保护的方式方法，以达到解决纠纷而不是激化矛盾的效果。

第十章

中国国有能源公司的治理与改革问题

2006年中国石油净进口量16 286万吨，石油消费对进口的依赖程度已经达到47.3%[①]。2007年，这个数据为18 328万吨。2008年达20 067万吨。预计至2020年中国石油的对外依存度将高达60%，超过美国目前50%的水平[②]。毋庸置疑，能源安全不仅成为影响国民经济健康、快速、持续发展的重要因素，而且成为关系到中国经济安全、军事安全和国家安全的重大课题。然而，近几年先后发生的中石油"重庆开县井喷事故"、中航油"巨亏和天价薪金事件"、中石油"吉化爆炸和环境污染事故"、2005～2006年"持续两年的区域性油荒和政府补贴中石化150亿元"等事件，迫使我们在思考能源安全的同时，不得不深切关注中国国有能源公司的治理问题。

自卡德伯里报告（Cadbury Report）诞生，尤其是安然丑闻以来，公司治理问题已越来越成为法学和经济学共同关注的焦点，并且研究成果丰硕。但是，在已有的这些研究中，从经济学角度进行研究的居多，法学的偏少；研究共性问题和单一公司的居多，面向国有企业和集团公司的偏少。因此说，尽管国有能源公司的治理问题已经迫在眉睫，却并没有引起理论界的应有关注。当前，关于国有能源公司集团治理问题的研究，无论是经济学界、还是法学界，都相当缺乏。

本章拟通过深入分析中国国有能源公司治理问题的现状和特殊性，运用历史

---

① 中国经济网：《2001～2006年中国能源进出口贸易情况的分析》http://www.cnnc.com.cn/2007-03-23/000148040.html，最后访问日期2009年4月5日。

② 熊聪茹、储国强：《2020年中国石油对外依存度将超过美国》；http://chanye.finance.sina.com.cn/zy/2005-10-13/264005.shtml，最后访问日期2009年4月5日。

研究、比较研究、实证研究、交叉研究等多种方法，以全球的视角、发展的眼光，对中国国有能源公司法人治理结构中存在的问题作出探究，并提出相关的完善建议，以确保中国的能源安全和经济安全。

一、外国能源公司治理模式及中国国有能源公司治理的特殊性

（一）外国能源公司治理结构之比较

从美国《石油情报周刊》（Petroleum Intelligence Weekly，PIW）公布的2005年世界最大50家石油公司综合排名[①]可以看出，在这50家石油公司中，完全私有化的跨国石油公司23家，完全国有化的国家石油公司17家，国家享有控制权的上市公司10家。

1. 完全私有化的跨国石油公司。完全私有化的跨国石油公司主要集中在美国、欧洲等发达市场经济国家。既包括一直以来都完全私营的“美系”公司，如埃克森美孚公司、雪佛龙德士古公司；也包括历史上曾是国家石油公司但后来完全私有化了的“欧系”公司，如英国石油公司、法国道达尔公司、意大利埃尼集团和西班牙莱索普公司等。这些公司在治理方面的共性包括：

（1）奉行“股东至上主义”，追求股东价值最大化和运行效率最优化。完全私有化的跨国石油公司都是公开交易的上市公司，在法律性质上，与一般上市公司无异，属于“私法人”的范畴。

（2）股权结构高度分散，英国石油公司（BP）有35.6万多股东[②]。公司的绝大部分股份被机构投资者持有，雪佛龙德士公司的机构投资者持股比重高达60.9%，但最大股东的持有比例也仅占总股份的4.09%[③]。

（3）董事会中内部董事的人数越来越少，外部独立董事的人数越来越多。目前，埃克森美孚公司的12名董事中，除董事长兼首席执行官、总裁外，其余9名董事均为外部董事[④]；道达尔公司的15名董事中，除了董事会主席和首席执

---

① Energy Intelligence：*PIW Ranks the World's Top Oil Companies*，http：//www.energyintel.com/DocumentDetail.asp？document_id=137158. 最后访问日期2007年4月12日。

② International Labor Organization：*National Framework for Globalization*，http：//www.itcilo.org/actrav/actrav-english/telearn/global/ilo/frame/national.htm#Direct%20Sale%20of%20Entire%20Company%20to%20Public. 最后访问日期2007年4月12日。

③ 参见苏琦、姜岳新主编：《公司治理经典案例》，机械工业出版社2006年版，第197页。

④ Exxon Mobil home page：Exxon Mobil Corporation Board of Directors，http：//www.exxonmobil.com/Corporate/InvestorInfo/Corp_II_Board.asp. 最后访问日期2007年4月12日。

行官外，其余13名董事全部为独立董事[①]；英国石油公司的17名董事中，外部独立董事占10名[②]。

（4）董事会之专门委员会各司其职，独立性强。埃克森美孚公司的董事会下设审计、捐赠咨询、董事会事务、执行、公共事务、薪酬、财政7个常务委员会；除执行委员会以外的其他委员会，均由外部独立董事担任；公司的日常业务由董事会主席兼首席执行官领导的总裁班子负责[③]。

（5）在组织机构方面，均采用一级法人为主的事业部制结构（M型结构）。英国石油公司总部共有11个职能部门和4个事业部（分别为油气勘探开发、炼油与营销、化工、天然气与发电及可再生能源），事业部按专业和地区管理其在全球的43家分公司（或子公司）、150个基层单位[④]。

（6）根据市场环境的变化，及时调整公司管理模式和层级。英国石油公司曾在1955年、1981年、1998年进行三次翻天覆地的重组，每次重组都起到了非常好的效果；在1998年的重组以前，集团总部与基层经营单位之间有7～8个管理层次，重组后公司的管理层次已经减少至3个层次，运行效率显著提高[⑤]。

（7）高度重视质量、健康、安全、环保工作（QHSE），是全球范围内倡导和推动社会责任的中坚力量[⑥]。在美国《财富》杂志最新公布的“2006年企业社会责任评估”排名中，英国石油公司和壳牌石油公司连续名列前三名[⑦]。

2. 完全国有化的国家石油公司。目前世界上有70多个国家设有国家石油公司，绝大部分国家只设一家国家石油公司，仅有极少数国家（如挪威、罗马尼亚等）设有2～3家国家石油公司[⑧]。典型的国家石油公司主要集中在中东、拉美、非洲等产油国，这些产油国90%以上的经济收入来自石油。国家石油公司

① Total Group home page：Members of the Board of Directors，http：//www.total.com/en/group/presentation/organization/corp_governance/board_directors_843.htm. 最后访问日期2007年4月12日。

② BP Group home page：The board of BP Group，http：//www.bp.com/subsection.do? categoryId = 12&contentId = 2014400. 最后访问日期2007年4月12日。

③ Exxon Mobil Corporation home page：Board Committees，http：//www.exxonmobil.com/Corporate/InvestorInfo/Corp_II_Committees.asp. 最后访问日期2007年4月12日。

④ 参见中国石油集团经济和信息研究中心编：《国外大石油公司内部管理体制研究》，中国石油集团经济和信息研究中心出版（内部发行），第43页。

⑤ 参见中国石油集团经济和信息研究中心编：《国外大石油公司内部管理体制研究》，中国石油集团经济和信息研究中心出版（内部发行），第36～42页。

⑥ James L. Gunderson：Corporate Governance in the Oil，Gas and Energy Industries，Oil，Gas & Energy Law Intelligence，Volume I，issue #02 – March 2003.

⑦ 中国新闻网：《财富公布企业社会责任排名，中石油国家电网倒数》，来自 http：//news.163.com/06/1114/02/2VRSKH01000120GU.html，最后访问日期2006年12月18日。

⑧ 参见刘克雨：《国外石油工业管理体制的基本情况及启示》，载于杨朝红主编：《情系石油经济——〈国际石油经济〉创刊十周年专集》，石油工业出版社2003年第1版，第178页。

治理结构的共同特点有：

（1）设立依据为本国特别法、而不是普通公司法，属于典型的“公法人”。比如：墨西哥国家石油公司依据1936年的《石油国有化法案》成立、并根据1992年《墨西哥国家石油公司及其下属机构组织法》进行改组[①]。沙特国家石油公司的成立依据为1988年的王室法令，安哥拉国家燃料公司的成立依据为1978年的《安哥拉石油法》。

（2）政企合一，国家石油公司既是政策和法令的制定者、又是具有绝对垄断地位的市场参与者；对内代表国家统一管理全国的石油产业，对外代表国家签署合作或合资合同。

（3）经营者官员化。沙特国家石油公司的董事长由石油大臣兼任，董事会11名成员中的8名由政府任命。委内瑞拉国家石油公司的董事、总裁、副总裁全部由总统任命。

（4）公司的最高权力机构为最高石油委员会。沙特最高石油委员会（或称为最高理事会）成立于1989年，直属大臣会议（即政府内阁），并由国王兼任理事会主席。阿布扎比国家石油公司的最高石油委员会由13名组成，包括主席1名（王储兼任）、委员11名和秘书长1名（国家石油公司总经理兼任）[②]。

（5）越来越多的国家（如沙特、委内瑞拉、墨西哥、印度尼西亚）采用董事会负责制。墨西哥国家石油公司管理委员会（相当于董事会）由11名组成，其中6名由总统直接任命，其他5名为石油工会的代表；委内瑞拉国家石油公司董事会由12名组成，包括8名常务董事和4名候补董事。有的国家仍然采用总经理负责制，如阿布扎比国家石油公司[③]。

（6）少数国家采用一级法人为主的事业部制结构，如墨西哥国家石油公司。大部分国家采用多级法人的母子公司体制，如委内瑞拉国家石油公司，该公司1997年改组前拥有9个国内全资子公司、14个国外全资或持控股的子公司，1997年改组后仍然拥有3大控股公司和16个经营单位[④]。

（7）一个明显的趋势是，在过去10多年里，各主要国家石油公司均对自身的组织结构进行改革和重组，力图通过建立与跨国石油公司相类似的法人治理结

---

① 参见王正立、刘伟、张迎新编：《世界部分国家能源管理机构简介》，中国大地出版社2005年版，第126页。

② 参见中国石油集团经济和信息研究中心编：《国外大石油公司内部管理体制研究》，中国石油集团经济和信息研究中心出版（内部发行），第61页。

③ 参见中国石油集团经济和信息研究中心编：《国外大石油公司内部管理体制研究》，中国石油集团经济和信息研究中心出版（内部发行），第50～62页。

④ 参见中国石油集团经济和信息研究中心编：《国外大石油公司内部管理体制研究》，中国石油集团经济和信息研究中心出版（内部发行），第50～53页。

构来提升公司的运行效率和盈利能力，以改善公司形象和国际竞争力。

3. 国家享有控制权的上市能源公司。这类能源公司均源于传统意义上政企合一的国家石油公司，是国家石油公司私有化、改制上市的产物。其发展方向是越来越私有化、市场化和国际化，之所以没有完全私有化，主要是因为石油产业对这些国家的政治、经济、文化的影响太深远。在治理方面，这类公司兼具前两者的部分特点。

（1）可定性为“转型中的国家石油公司”。一方面，这些企业已经完成改制、并在证券市场公开交易，在形式上是按照普通《公司法》成立的“私法人”；另一方面，历史的烙印、政府的影响依然十分强大，国家仍然享有控股权或绝对控制权，在实质上仍然被归入“政府控制”或“政府代表”的范畴。

（2）股权结构逐渐多元化。挪威国家石油公司（Statoil）原本是根据挪威《公共有限公司法》于1972年成立的“公法人”，当国家决定向公众出售该公司股份时，政府于2001年召开了一个特殊的大会，宣布将该公司转为一家公开上市公司；从2001年至今，政府对Statoil的持股比重已经从100%下降至70.9%①。巴西石油公司的情况也基本类似。

（3）政企分开，独立的石油工业管理体制逐步形成。以挪威为例，议会是石油产业政策的制定者；石油能源部负责石油工业的宏观调控和具体管理，代表国家维护资源所有者权益，负责油气区块招标和许可证发放，监管国家参股的大型企业等；财政部主要负责对国家石油基金的管理；劳动和社会事务部主要负责石油工业的安全、紧急情况应对和工作环境维护②。

（4）这类公司的法人治理结构在形式上已与跨国石油公司基本无异，只是政府仍然有很大的发言权和影响力。例如，巴西石油公司的董事长仍然由总统任命并拥有否决权；挪威国家石油公司的董事长仍然由石油能源部部长任命，其总裁兼首席执行官虽由董事长聘任，但仍须报政府批准。

（二）中国国有能源公司治理问题的特殊性

中国国有能源公司脱胎于原国家石油工业部，从国家石油工业部演变、发展至上下游一体化的国有控股上市公司，先后经历了“行业公司—政企分开—改制上市”三个重要阶段。

在1998年之前，中石油、中石化、中海油三个总公司是依据特别法或特别

---

① Statoil ASA home page：Corporate Governance/Shareholders，http：//www.statoil.com/fin/svg03595.NSF？OpenDatabase&lang=en. 最后访问日期2007年4月12日。

② 王正立、刘伟、张迎新编：《世界部分国家能源管理机构简介》，中国大地出版社2005年版，第83~88页。

决定成立的“政企合一”的行业垄断公司，公司虽然也有营利目标，但其主要宗旨却是为了执行国家的产业政策、行使石油工业部撤销之后的行业管理职责，因此，三个总公司属于“公法人”应无疑义。但在1998年重组、尤其海外上市之后，中国石油企业的法律属性则略显多样和模糊。

第一，中石油天然气股份有限公司和中国石油化工股份有限公司是按照中国《公司法》、《国务院关于股份有限公司境外募集股份及上市的特别规定》设立的公司，其股票在中国大陆、中国香港、纽约、伦敦的证券交易所上市交易，因此必须遵守中国大陆、中国香港、美国、英国的证券法律法规和相关的强制性规定。《中国石油化工股份有限公司章程》第二章第11条明确规定公司的经营宗旨是“公司利润最大化、股东回报最大化”，因此可以断定，至少在形式上，中石油、中石化的上市子公司应属于“私法人”的范畴。

第二，中国石油天然气集团公司、中国石油化工集团公司是根据《全民所有制工业企业法》成立的国有企业，是国家授权投资的机构和国家控股公司。其主要职责是：对其全资企业、控股企业、参股企业的有关国有资产行使资产受益、重大决策者和选择管理者等出资人的权利，对国有资产依法进行经营、管理和监督，并相应承担保值增值责任。因此，虽然中石油、中石化两大集团已经剥离了行政管理职能，但其定位仍属于国家石油公司；从法律属性上来看，它们是企业法人、而非行政单位，但它们又不是一般的企业法人，应当属于特殊的企业法人；虽然它们在许多方面、尤其是在经营方面具有“私法人”的诸多特征，但在本质上，两大集团应属于“公法人”的范畴。

第三，对于未上市的存续企业，则要具体情况具体分析。根据资产性质，未上市存续企业可分为两大类：一类是海外业务、工程技术服务、生产服务、机械加工等经营性资产，另一类则是社会服务、综合保障等非经营性单位。非经营性资产不以营利为目的，其作用多数属于公益性质或社会保障性质，应属于“公法人”的范畴；而经营性资产大部分已经按照中国《公司法》进行改制，有的虽然尚未改制、但也已经独立核算和市场化运作，这类企业大体上应属于“私法人”的范畴。

从以上分析可知，中国国有能源公司是典型的企业集团，是一个复杂的“集合体”，其法律属性具有多样性，兼具公法人和私法人的特点，是“公共性”与“营利性”的统一体。从1998年改革至今，虽然中国石油企业的政策性使命逐年淡化、营利性使命逐年增强，但是其“公共性”的本质没有变，只是“营利性”的成分更多一些而已。因此，中国国有能源公司在本质上应属“公法人”范畴。当然，其法律属性还将继续随着国家对其功能定位的改变而变化。

中国能源公司的治理除了要解决公司治理的一般性问题——委托代理问题以

外，还要面对中国特殊国情和历史背景下，国有能源公司治理目标多元化、母公司（企业集团）治理及母子公司关系等特殊问题。

1. 治理目标多元化之冲突与协调。对于国有企业的治理目标，有的国家直接以法律的形式进行明确规定[①]，有的虽然没有法律的直接规定，但其治理目标和设立目的无外乎：一、政治性目的：即维护和巩固国家政权，抵御外敌入侵或对外侵略；二、财政性目的，即扩大财源以满足国家机关活动经费和供统治者挥霍的需要；三、经济性目的；即通过国有企业调节宏观经济运行，促进国民经济的稳定和发展；四、社会性目的，如扩大就业，维持社会稳定等。对于中国能源公司而言，上述四个目的兼而有之，其治理目标依次为：

（1）确保能源安全。石油是工业经济的血液，没有石油的充足供应，就没有经济的快速发展，没有能源的安全，就谈不上国家的经济安全和军事安全。2006 年中国石油的对外依存度已经高达 47.3%。因此，走出国门，构筑多元、稳定、安全、可持续的能源供应渠道，不仅已经成为中国国家领导人出访和能源外交的核心点，也必然成为中国国有能源公司义不容辞的首要治理目标。

（2）执行产业政策。石油是基础性工业，石油价格牵一发而动全身，因此国家依然对石油价格进行调控和管制。某些时候，为了执行国家政策、确保国民经济快速健康发展，即使是明知亏损、毛利倒挂也要生产，2005～2006 年度炼油环节的政策性亏损就是一个例证。另外，对于某些新产品和新技术（如新能源）的研发，即使在一定时间内不能盈利、不能增加收入，为了国民经济长远发展和总体利益，国有能源公司也必须安排专项资金进行研发。

（3）追求合理利润。作为中国规模最大、资产最优的行业之一，股东（国家）当然希望国有能源公司同时也是一个出色的“经济人”，有比私营企业更好的资本使用效率、更好的企业盈利水平、更强的市场竞争能力。毕竟，最近几年中国国有企业利润的 1/3 来自石油行业。

（4）承担社会责任。例如保障供应、稳定物价、扩大就业、保护环境、支持落后地区发展（如“西气东输”项目），以及继续承担历史遗留下来的部分“企业办社会”职能等。

在长远和整体利益上，国有能源公司的四个治理目标具有统一性；但在现实操作中，四个治理目标往往会出现冲突。因此，在“适度”的范围内把握好四个目标之间的“平衡与和谐”、必将是能源公司治理过程中不得不解决的特殊问题。

---

① 新西兰 1986 年《国有企业法》规定，国有企业应实现三个目标：（1）在利润和效率方面可以与私营企业相比较；（2）做一个“好雇主”；（3）关注当地社区的需求和利益，表现出社会责任感。

2. 母公司治理及母子公司关系。中国的国有能源公司是由多个企业法人组成的经济联合体，是典型的企业集团。因此，谈论国有能源公司治理的时候，不仅仅是国有能源上市公司的治理，而且应当包括母公司和未上市存续企业的治理。对于母公司而言，其治理问题的特殊性主要有以下两点。

首先，母公司（两大集团）是国家授权的投资机构、国家控股公司，在本质上是“公法人”；因此，其法人治理结构既不同于按照《公司法》设立普通公司，也不同于一般的国有企业。作为国家授权的投资机构，两大集团对上必须理清与真正出资者（国家）、及其管理机构（国资委）之间的以行政为纽带的非经济性委托代理关系；对下必须切实履行“国有资产出资人代表”的职责。

其次，母公司是企业集团。目前，中国石化集团除了拥有中石化股份的控股权以外，还直接管理 89 家全资或控股企业、3 000 多家关联企业。集团治理是在单一企业治理基础上形成的，旨在协调企业间关系、更好实现企业间交易的一种制度安排。集团治理的边界已经超越了法人边界，母公司的意志不仅可以在子公司的行为中得到体现，同时还可以对关联公司施以影响，是在不同治理主体之间的权力、责任的配置。因此，在集团治理中的主体、客体都是法人，承担的是一种“法人”间的说明责任[①]。由此可见，与单一企业相比，集团治理问题要复杂得多，这种复杂性主要体现在母子公司关系方面。

（1）控制关系。为了确保集团公司整体利益和效率的最大化，中石油、中石化两大集团基本控制了下属上市公司的股东会、董事会、监事会；上市公司的高级管理层也基本由母公司指定。这种控制关系不仅使上市子公司的独立性受到严重挑战，而且极有可能造成子公司小股东、债权人等第三者的利益损害。

（2）同业竞争。不仅存在于母公司与上市子公司之间，还大量存在于上市子公司和未上市存续企业之间。最多的时候，中石化集团除了控股中国石油化工股份有限公司外，旗下还拥有另外 11 家上市公司，这 11 家上市公司的业务范围大多与中石化股份重叠，存在严重的同业竞争，因而饱受争议和批评。

（3）关联交易。主要表现在：上市子公司的业务在很大程度上依赖于母公司或关联企业提供的产品和服务，子公司对此选择有限；上市公司收购或租赁母公司的资产；上市公司将资金存入母公司全资拥有的财务公司之中[②]；母公司代替上市子公司承担某些特别的社会义务，如 2006 年中石油集团代替中石油股份

---

① 参见李维安主编：《公司治理学》，高等教育出版社 2005 年版，第 258 页。

② 参见华尔街日报中文版：《中海油田纠纷凸显大陆企业治理问题》；http：//digest. icxo. com/htmlnews/2004/11/03/941384. htm，最后访问日期 2007 年 4 月 13 日。

支付25.53亿元的职工一次性住房补贴①。

因此，如何解决因企业集团的复杂性带来的企业集团（母公司）治理，以及母子公司关系等特殊问题，不仅是理论界、立法界和企业界所面临的新课题，也是国有能源公司所必须解决的特殊问题。

二、中国国有能源公司治理之缺陷

尽管中石油、中石化的股份公司曾获得《欧洲货币》、《亚洲金融》等机构评选的最佳治理公司，且在满足美国《萨班斯·奥克斯莱法案》（Sarbanes-Oxley）的进程中，其法人治理结构不断规范，财务报告和信息披露、公司内部制衡机制也有持续改善。但由于行业的特殊性，以及国有企业改革的复杂性和艰巨性，中国国有能源公司的法人治理结构还存在许多亟须改进的问题，这些问题突出地表现在以下四个方面。

（一）能源管理体制不健全，公司治理的法制环境有待完善

中国现行能源管理体制存在四大弊端。一是缺乏集中的、统一的、协调的、高级别的能源管理机构，能源勘探、开发、生产、运输、销售等环节分散在政府各部门，其直接后果就是多头管理、政出多门，宏观调控乏力，管理效率低下；二是能源产业内部各自为政，缺乏集中统一的协调和管理，缺乏统一的总体规划和政策指导，特别是缺少长远战略和规划管理。三是能源战略管理和决策机制明显弱化，难以适应复杂多变的能源安全形势发展需要。四是能源统计跟不上形势发展，难以进行完整、准确的能源生产和消费基础数据统计，信息失真、缺失问题严重，影响国家能源宏观决策。

虽然国家在2005年修改了《公司法》、《证券法》，但是对于国有能源公司而言，孱弱的法律体系事实上已经阻碍了公司治理的持续改善；这是因为《公司法》的主要适用对象是普通公司（私法人），针对国有能源公司这类特殊企业法人（国家授权投资机构、公法人）的规定极少。而在《公司法》之外，尽管有一些规定，但这些规定大都以《通知》、《暂行办法》的形式出现，不仅效力偏低，而且内容也过于原则和抽象，不具有可操作性。因此，制定和出台高级别、具有可执行性的《国有资产法》、《公共公司法》、《国有资本授权投资和经营法》等法律法规就显得十分紧迫和必要。

① 参见中国石油天然气股份有限公司2006年的《年度报告》。http：//www.petrochina.com.cn/chinese/tzzgx/2006nb.htm，最后访问日期2007年3月30日。

（二）上市子公司股权高度集中，董事会和监事会流于形式

股权结构会直接影响公司的价值和绩效。当前，国家仍然直接或间接持有中石油股份 90% 的股份、中石化股份的 77.42% 的股份、中海油 70.6% 的股份[①]。诚然，保持对石油石化行业的绝对控制权是中国国有企业改革的既定方针，但如此高度集中的股权结构，必然会诱发种种弊端，必然会造成“内部人控制”现象，必然造成上市公司监管的缺失，必然妨碍科学的法人治理结构的建立。

董事会治理是公司治理的关键。然而，中国国有能源上市公司的董事会构成却极不合理。(1) 纽约交易所公司治理第 303A.01 项规定：上市公司董事会的大多数董事必须是独立董事。很显然，中石油、中石化的上市公司都没有达到该要求[②]。目前，中石油股份的 13 名董事中，独立董事仅 3 名；中石化股份的 11 名董事中，独立董事仅 3 名[③]。(2) 中石油 10 名内部董事与母公司领导班子高度重叠，这使得上市公司的董事会形同虚设，基本成为母公司领导班子的翻版。(3) 现有董事会是对“大股东至上主义”的一种坚定执行，对其他利益相关者（少数股东、职工、债权人）的考虑明显不足，即少数股东代表，也没有职工董事、更没有公共利益代表。(4) 绝大部分董事的背景雷同（如 30 年的石油行业工作经验），不够多元化，尤其缺乏法律人才和国际化人才。(5) 根据纽约交易所公司治理第 303A.04 项规定：上市公司必须设立提名/公司治理委员会。但中石油和中石化的上市公司都没有设立该委员会。

按照公司法的规定，由股东大会选举的监事会的职责是对董事会和高级经理层的违法乱纪行为进行监督约束。但在国有能源上市公司，监事会实际上成了摆设、无法真正发挥作用。其原因包括：一、绝大部分监事为母公司派遣的内部监事和职工监事。二、监事会成员在母公司的职务都低于董事会成员、总裁及副总裁[④]，在母公司内部是一种事实上的上下级关系；这种人员结构使得监事会的监督功能无法有效实现。三、公司法和公司章程关于“监事会会议的任何决议均须获得三分之二或以上的监事同意，方可获得通过”的规定，实际上排除了独立监事的作用。

---

① 资料均来源于三家公司 2005 年度的《年度报告》。其中就中石化而言，中国石化集团持股 71.23%，国家开发银行和国有资产管理公司持股 6.19%；中石油和中海油均直接由母公司代表国家持有。

② 中石油、中石化两家股份公司未达到要求的抗辩理由为：若某公司超过 50% 的表决权被某个人、集团或另一公司持有（“被控股公司”），则该公司无需遵守第 303A.01 项规定。

③ 资料均来源于三家公司 2005 年度的《年度报告》。

④ 中石油股份的董事长为母公司总经理兼党组书记，监事会主席仅为母公司党组成员、纪检组长，这实际上就是一种上下级关系；董事为母公司领导班子成员，监事为母公司的部门经理，这实际上也是一种上下级关系。中石化的情况也基本类似。

（三）母公司尚未改制，未上市关联企业的治理任重而道远

母公司仍然是按《全民所有制工业企业法》注册的国有企业，尚未进行公司制改革，母公司实行总经理负责制。这种治理结构的主要问题是：(1) 母公司总经理、党委书记和所属上市公司的董事长集三权于一身，决策职能、执行职能与监督职能合一，这种大家长式的管理方式不仅与建立现代企业制度的改革方向不符，而且角色和利益冲突以及缺乏监督的权力极有可能形成权力滥用。(2) 整个管理班子都由上级统一任命和管理，这种做法会影响公司的决策效率，并且实际上也很难约束总经理的独断决策。(3) 虽然国资委向中石油集团、中石化集团派遣了外部监事会，并且监事会的人、财、物直接隶属于国资委，但是这种监督更多的是一种事后监督。国家审计局虽然已经对中石化进行审计、并且正在对中石油进行审计，但是这种审计仍然是一种事后监督、且间隔时间长。

未上市存续企业的历史包袱过重，中国石油集团在1999～2000年进行战略重组时，改制上市的中石油股份吸收了母公司60%的优良资产，但其人员仅为总职工的30%；而未上市部分的存续企业只有集团公司40%资产，但在册职工有106万人、约占集团总人数的70%[①]。因此，对于未上市的存续企业而言，其首要任务就是进行大刀阔斧的减员分流和社会职能的分离[②]。此外，除了海外业务、工程技术服务、生产服务、机械加工等优良资产能够自负盈亏外，绝大部分存续企业还需要母公司持续不断的输血，即使是盈利的存续企业，其绝大部分收入也来自于与上市公司之间的关联交易，这种持续输血和关联交易的做法，不仅容易引起争议，而且也不是长久之计。

（四）经营者"准官员化"，激励与约束"双重软化"

虽然中国《公司法》确认了经理层人员的选拔和聘任机制。然而事实上，中国国有能源公司（不仅包括母公司，而且包括上市子公司）的经理层仍然由中组部和国资委双重管理和任命，这些任命仍然是中国官僚体系中的一个环节。这些企业领导人关心的最主要的还是仕途，这些企业经营者仍然是准官员，而并

① 严绪朝：《中国石油大重组》，石油工业出版社1998年版，第67页。

② 2004年3月10日颁布的《国务院办公厅关于中央企业分离办社会职能试点工作有关问题的通知》，提出以中国石油集团公司、中国石化集团公司和东风汽车公司为试点，将学校、公检法、医院等社会职能机构从企业分离出去，成建制地移交地方实施属地化管理。这类政策，是系统解决历史遗留性问题，支持中央企业轻装上市、实施整体改制和深化存续企业改革的重要举措。

非真正意义上的企业家[①]。

基于对上述路径的依赖，中国对国有能源公司经营管理者的激励与约束机制基本上沿袭了改制前的模式，即“软激励”与“软约束”同时并存。在这种情况下，国家对能源公司的控制，表现为行政上的“超强控制”和产权上的“超弱控制”同时并存。

三、中国国有能源公司治理之完善

中国国有能源公司要建立和完善产权清晰、权责明确、政企分开、管理科学的现代企业制度和法人治理结构，当前必须重点解决四个问题：第一，选择符合自身功能定位和发展方向的治理模式；第二，清晰界定政府三种不同的角色；第三，从本质上而非形式上改进国有能源上市子公司的治理；第四，强化母公司（企业集团）治理和企业的社会责任。下面分别述之。

（一）构筑基于“利益相关者”的共同治理模式

中国的《公司法》倡导的“股东至上主义”治理模式是对计划经济体制下“行政主导企业、企业漠视效益”的一种修正，是对普通企业（私法人）营利性本性的理性回归。然而，对于国有能源公司而言，鉴于其本质上是公法人，“股东至上主义”对其进行的修正就有些过犹不及。基于“利益相关者”的共同治理模式才是中国国有能源公司治理模式的最佳选择。

1. 共同治理模式的理论基础和现实意义。首先，从功能定位来看，国家对国有能源公司的治理期望决定了其治理不仅要关注股东的利益，而且要关注员工、债权人、消费者、供应商、社区等利益相关者的合法权益，这就决定了其治理的终极目标不是企业利润最大化和股东回报最大化，而是确保能源安全、确保国家和社会整体福祉的最优化。正如布鲁金斯在《所有制与控制权：重新思考21世纪的公司治理》一书中所称：“将股东视为公司的所有者是一个错误，公司经理应该对公司的长远发展和全部利益相关者负责”。国有能源公司则更是如此，其“公法人”的法律属性决定了它必须对全社会共同福利负责，国家绝不会允许以牺牲职工利益、社会利益、环境利益、安全保障为代价，来换取股东回报的最大化。另外，由于所有者的实质虚位，利益相关者的参与对于国有能源公

---

① 几个明显的例证就是：现中央政治局常委周永康原系中石油集团总经理，现海南省委书记卫留成原系中海油总公司的总经理，现国家安全监督管理局局长李毅中原系中石化集团的总经理；中石油集团现在的总经理原为青海省副省长。

司而言，将“得以避免公司内部之决策权限为少数公司管理层所把持，致产生权力滥用的事情[①]”。

其次，从法律层面上讲，从单边治理走向共同治理，符合各国公司法改革之趋势。国内而言，《上市公司治理准则》的第六章已专门对“利益相关者”进行规定，该准则第 81 条规定“上市公司应尊重银行及其他债权人、职工、消费者、供应商、社区等利益相关者的合法权利”；第 82 条规定“上市公司应与利益相关者积极合作，共同推动公司持续、健康地发展”；第 86 条规定“上市公司在保持公司持续发展、实现股东利益最大化的同时，应关注所在社区的福利、环境保护、公益事业等问题，重视公司的社会责任”。国外而言，美国有 29 个州修改了公司法，通过设置一系列的约束措施，要求企业必须考虑利益相关者的利益[②]；OECD《公司治理原则》（2004）第Ⅳ条规定“公司治理框架应当承认利益相关者的各项经过法律或共同协议而确立的权利，并鼓励公司与利益相关者之间在创造财富和工作岗位以及促进企业财务的持续稳健等方面展开积极合作……在利益相关者的利益或权利受到侵害时，应能够获得有效赔偿”[③]。

最后，从实践层面上来讲，公司业绩是股东与其他利益相关者共同创造的。比起在“股东至上主义”模式下不和谐的“伙伴关系”，共同治理模式不仅能发挥内部伙伴（经理人和雇员）的主观能动性和创造力，而且能够更多地满足外部伙伴（顾客、供应商、债权人、社区）的现实需要；利益相关者对企业目标的更多关注，还能减少员工的偷懒行为降低企业激励监督的成本；因此，必然能够获取更高的效率、更多的共同财富和更长久的发展。从某种意义上说，共同治理模式能够“解决市场失灵问题，解决社会分配不公问题，激发人们参与的积极性”[④]。

2. 共同治理模式的法律价值。美国法学家庞德指出，“法的价值问题是法律科学所不能回避的问题”。探讨共同治理模式也不例外。笔者认为，基于“利益相关者”的共同治理模式体现了经济公平和经济民主的价值观。

（1）经济公平。经济公平最基本的含义是指，任何一个法律关系的主体，在以一定的物质利益为目标的活动中，都能够在同等的法律条件下，实现建立在价值规律基础之上的利益平衡[⑤]。经济公平最基本的要求就是机会平等。

---

① 刘连煜：《公司治理与公司社会责任》，中国政法大学出版社 2001 年版，第 119～123 页。

② 于潇：《美日公司治理结构比较研究》，中国社会科学出版社 2003 年版，第 142 页。

③ 经济合作与发展组织：《OECD 公司治理原则》（2004），张政军译，中国财政经济出版社 2005 年版，第 19～20 页。

④ ［英］加文·凯利、多米尼克·凯利、安德鲁·甘布尔编：《利害相关者资本主义》，欧阳英译，重庆出版社 2001 年版，第 137 页。

⑤ 李昌麒：《寻求经济发展真谛之路》，法律出版社 2003 年版，第 79 页。

之所以说共同治理模式体现了经济公平的价值要求，是因为共同治理否定了传统的股东利益最大化的观点，引起了公司内部的权利转移，减少了物质资本所有者（股东）的权利，增加了其他资本所有者（职工等利益相关者）的权利，从体制上和制度上为所有生产要素供给者提供了平等的机会参与公司决策，避免利益相关者不至沦为“股东利益至上”的牺牲品①。更重要的是，由于广大的利益相关者所代表的利益非简单的个人利益，相对于个别投资者——股东而言代表着大多数社会成员的福祉，因而利益相关者参与公司治理能够确保实现大多数社会成员的福祉，这正是法律所企盼的公平价值。

（2）经济民主。邓小平同志曾经指出，“现在中国的经济管理体制权力过于集中，应该有计划的大胆下放，否则不利于充分发挥国家、地方、企业和劳动者四个方面的积极性，也不利于实行现代化的经济管理和提高劳动生产率”②。从这句话里，邓小平同志极其深刻地揭示了经济民主的含义。

经济民主意味着主体多元化、经济利益多元化。经济民主的意义在于它考虑并尊重了不同利益主体的意志，在于它构筑了实现各种利益之间最佳协调的机制、并找出调整复杂利益关系的理性规则。从某种意义上说，利益相关者参与公司治理的深度和广度是衡量公司民主化进程的重要标尺。正如英国学者安东尼·巴尼特在《迈向利害相关者民主》一文中指出，“利害相关模式意味着权利共享”③。又如保罗·赫斯特在《从经济到政治》中指出的，“利益相关者概念将民主原则的范围从政治领域扩展到更广泛的社会组织中，主张像对待普通公民一样，对待组织中的成员，这包括该范围内一切利益受到影响的人们”。由此可见，基于“利益相关者”的共同治理模式体现了经济民主的价值观。如果一家公司不仅最大限度地为股东谋利，而且还最大限度地增进股东之外的其他利益相关者的利益和社会的整体福祉，那么这家公司就可以称为民主的公司、具有社会责任的公司。

3. 共同治理模式的基本要求和实现渠道。利益相关者共同治理的核心就是通过公司内的正式的制度安排来确保每个产权主体具有平等参与公司治理的机会，同时又依靠相互监督的机制来制衡各产权主体的行为。通过适当的投票机制和利益约束机制来稳定利益相关者之间的合作，并达到所有产权主体的行为都集

---

① 刘黎明、张颂梅：《“利益相关者”公司治理模式探析》，国际经济法网：http：//www. intereconomiclaw. com/article/default. asp？ id = 2499，最后访问日期 2007 年 4 月 8 日。原载于《西南政法大学学报》2005 年第 2 期。

② 邓小平：《邓小平文选》（1975 ~ 1982），人民出版社 1993 年版，第 135 页。

③ ［英］加文·凯利、多米尼克·凯利、安德鲁·甘布尔编：《利害相关者资本主义》，欧阳英译，重庆出版社 2001 年版，第 117 ~ 118 页。

中于提高公司效率的目标上[1]。与传统“利益相关者”模式相比，本章阐述的共同治理模式的主要特点包括：

（1）国有能源公司共同治理模式的立足点是“企业的可持续发展”和“社会整体福祉的最大化”。

（2）与一般企业不同，政府是国有能源公司的共同治理机制的重要参与者，并将从股东、立法、行业监管三个角度发挥重要作用。

（3）不仅包括“新三会”，还包括“老三会”。因此需要寻求“新三会”和“老三会”共同治理的平衡与和谐。

就实现渠道而言，第一，构建董事会中的共同治理机制。传统的“由股东大会根据一股一票的原则选举产生、体现股东意志的董事会构架”显然不再符合利益相关者逻辑下国有能源公司的治理要求。因此，董事会制度的改革是必然的，而“改革往往意味着变法”。一方面，要通过法律或章程规定，国有能源上市公司要有非“控股股东”的股东董事，正如 OECD《公司治理原则》（2004）第Ⅲ条规定，“公司治理框架应当确保所有股东（包括少数股东和外国股东）受到平等的对待。当其权利受到侵害时，所有股东应能够获得有效赔偿”。这里所讲的平等对待股东，应是实质上的平等，而非“一股一票”的形式平等。另一方面，应在董事会引入职工董事、银行董事、独立董事等非股东董事；笔者尤其呼吁，基于能源行业的高 HSE 风险（国内外的惨痛教训已经证明了这一点），应在国有能源公司的董事会中引入代表健康、安全、环保的公共利益董事。

第二，构建监事会中的共同治理机制。利益相关者进入监事会对于改善监事会对董事会和公司经理人员的监督效率是有明显益处的。职工监事在公司的内部，拥有信息优势，较容易观察到董事与经理人员的行为，有助于通过监事会及时做出预防性措施或惩罚性决定。银行监事则可通过银行账户及时观察到企业的资产负债状况、资金流转情况和偿债能力，并通过监事会约束公司决策者的行为。独立监事则有利于监事会的内部制衡和整个法人治理结构的平衡。

第三，构建“新三会”和“旧三会”的共同治理机制。完善国有能源公司的法人治理结构，必须与发挥企业党组织的政治核心作用、加强职工民主管理结合起来，形成“三位一体”的共同治理模式。一方面，保证党对国有企业的领导是一个重大的政治原则，不论国有企业的领导体制和组织管理制度怎么变，这条原则都不能动摇；另一方面，国有企业党组织也应适应现代企业制度的要求，明确职能定位，探索发挥政治核心作用的有效途径和方式。

---

① 杨瑞龙：《中国企业治理结构的改变——由“股东至上”到“共同治理”》，载于《光明日报》2006年4月26日第8版。

（二）政府承担"股东、立法、行业监管"三重角色

只有清晰界定政府的行业监管、法律制定、股东角色，切实完善中国的能源监管体系、特殊法人制度、股东监督方式，才能真正为国有能源公司创造良好的治理环境，才能促进国有能源公司走入良性治理的快车道。

1. 落实股东应有的收益权和监督权。过去几年，尽管中石油连续 3 年的利润超千亿元中石化、中海的盈利状况也非常好。但是作为股东的国家，不仅没有收取股东红利，反而在多年来一直从政府那里获得高额补贴。收益权作为股东最重要的权利，国家理应享受和落实。对此，笔者建议：

第一，由财政部代表国家收取股东回报。财政部可以成立一个类似"国家投资基金"公共基金委员会，这个投资基金应该建立专门的条例，规定投资只能用于公共领域，比如社会保障等。

第二，加强对国有能源公司的预决算管理。尽快出台《国务院关于试行国有资本经营预算的意见》（正在制定中），授权财政部和国资委负责母公司（国家授权投资机构）的预决算管理，子公司的预决算则由母公司按照有关规定进行。

第三，增强企业自身的造血功能，逐步减少和坚决杜绝国家财政贴补国有能源公司的做法。

至于股东的监督权，其要求一是监督要独立、专业、日常化；二是要违规监督和效益监督并举；三是要监督法定，监督权的行使不能妨碍企业正常的经营活动，这些监督应当包括：

首先，国资委的监理。国资委对国有能源公司的监理包括两个方面，一方面通过撤换不合格的董事和高级管理层来实现；另外一方面，通过向国有能源公司派遣特派员和外部监事会来实现。

其次，审计署的审计。第一，在现有制度下，国务院审计署要提高对国有能源公司的审计频率、审计力度和审计范围，不仅要审计其经营行为的合法性，还要审计重大决策的合理性。第二，在条件许可的情况下，实行独立审计员制度，由审计署派专职审计员长驻国有能源公司。第三，法律应采取措施保护审计员依法独立行使职权，并通过立法赋予其独立的地位和特别的权力。

最后，财政部也可依法对国有能源公司的预决算进行监督管理。在出现特殊情况时，还可由全国人大或国务院授权成立专门调查或监督委员会，检查企业的生产经营状况。在必要的时候，国家还可以聘请专业的会计师事务所和律师事务所对国有能源公司进行周期性审计。

2. 填补"特殊法人制度"的法律真空。对国有能源公司这类特殊的企业法人，目前的法律处于一个"青黄不接"的状态。一方面，《全民所有制工业企业

法》是计划经济体制下的立法产物，其立法精神和思路已经不符合社会主义市场经济的本质和国际惯例，已经造成了法律适用的困惑。另一方面，《公司法》的适用对象是普通公司（私法人），对于特殊的企业法人（公法人）显然也是爱莫能助。因此，笔者建议，择机废止《全民所有制工业企业法》是及其配套制度，对于国有企业采取分类管理的办法。一方面，竞争性的国有企业完全适用普通公司法；另一方面，制定《公共企业法》来规范特殊的企业法人。

对特殊法人（或公共企业）立法，国外有两种主要做法，一种是制定统一的《国有企业法》，如土耳其（1983 年）、新西兰（1984 年）、澳大利亚（1994 年）等；另一种是“一对一”分开立法，如日本对 103 个国有特殊企业法人分别制订 103 个特殊法进行规范。基于中国国情，笔者建议宜采取统一的《公共企业法》和不同公共领域的单项立法相结合的方式。无论是统一的《公共企业法》，还是针对国有能源公司的单项立法，其基本内容至少应包括：

（1）企业的设立目的、经营原则、治理目标，以及业务范围与发展计划；

（2）企业与政府的关系，企业享有的权利和应承担的义务；

（3）企业的法人治理结构，议决机构、执行机构和监督机构的组成与任命程序及其职责；

（4）企业资本结构、财务监督机制和信息公开制度；

（5）重大事项的审批程序等。

此外，还应抓紧出台《国有资产法》（已在制定中）、《国有资本授权经营管理办法》（已在制定中）等法律法规，进一步理顺国有资产管理体制，解决公司所有者缺位的问题，确保出资人到位，这是完善中国国有能源公司法人治理结构的前提和基石。

3. 建立“政监分离”的能源监管体系。能源监管体系应包括完善的法律法规、能源政策、组织机构、监管方法等，其核心是能源监管活动的法治化。应尽快完善以《能源法》、《石油法》为核心的能源法律框架，建立“政监分离”的能源监管体系。

首先，按照“政监分离”的原则，改革能源领域政府机构的设置。一方面，以国家能源委员会和国家发改委能源局为基础，组建国家能源部，将分散在政府各个部门中的能源战略、政策法规、能源开发、市场消费、能源储备、节约替代、环境保护、对外合作、新能源和可再生能源发展等宏观管理职能整合在一起，建立起集中统一的“大能源”综合管理体制，以应对面临的严峻挑战，确保国家能源安全。另一方面，国家应组建集中统一的综合性能源监管机构——国家能源监管委员会，专门行使市场监管职能，保证能源行业的健康发展和有序竞争；其性质类似于银监会、证监会、保监会、电监会等。将政府政策制定职能与政府监管职能分离，不仅是国外尤其是发达国家的通行做法；而且明确分工，权责清晰的“双层结构”有利于真正实现政企分开、政监分离。

其次，要转变能源监管方式。具体包括：（1）由以往的经济性监管为主、社会性监管为辅的旧监管模式，转向以社会性监管为主、经济性监管为辅的新监管模式。（2）改变当前“重事前准入，轻事中监管”的局面。在前置审批环节，应强调政策的导向性、公开性和透明性；在事中环节，应健全能源审计机制，重点是监督、监管和检查；在事后环节，重点是查处和纠正违规。（3）政府管理能源的方式，应从“供应侧”为主向“供应、需求侧”并重转变。改变以往偏重于资源开采、加工生产等能源“供应侧”管理的局面，逐步加强能源节约、能源效率、能源技术等“需求侧”的管理①。

最后，在监管内容方面，应包括：完善市场准入监管，公开准入制度，取消所有制歧视，提高政策的透明度，建立合理的申诉制度。完善价格监管，改革价格形成机制，对自然垄断环节实行有限监管，做到保护性监管与激励性监管的有机结合。加强社会性监管，监管重心是提高资源利用效率，确保能源供应安全、提高资源利用效率、保护生态环境等。加强市场秩序的监管，重点是反垄断，促进有效竞争，对可能影响市场结构的重大购并案件进行审查等。

（三）从实质上改进上市子公司的法人治理结构

相对于母公司和未上市存续企业来说，国有能源上市子公司的治理相对要规范许多，至少在形式上已经和国际先进接轨。但上市子公司要想获得长久的竞争力和生命力，必须完成从形式到实质的蜕变。

1. 致力于股权结构多元化。要真正落实股东大会作为公司最高权力机构的法律地位，首先必须通过调整公司股权结构，实现投资主体的多元化。对于国有能源上市公司而言，股权结构多元化的途径有：一是在证券市场继续发行股票；二是引入机构投资者，包括社保基金、养老基金，以及国家的政策性银行等；三是发展职工持股制（或称为“雇员股份制”），即公司内部职工出资购买本公司的股份，并委托给公司的持股会进行集中管理。股权结构的多元化不仅可以筹集企业发展所需要的巨额资金，更是良好法人治理结构的基石。此外，上市公司还可以考虑向国内外投资者发行公司债券。

其次，从制度上、法律上保证股东大会的各项职权的落实。第一，严格按照

① 谢伏瞻：《在能源财税政策研讨会上的发言》（内部文件）；http：//www. efchina. org/csepupfiles/workshop/2006102695218131. 02843593911444. pdf/Xie_Fuzhan_Nov - 16. pdf，最后访问日期 2007 年 3 月 15 日。

《公司法》规定的程序召开股东大会，选举董事，组成董事会；避免大股东单独控制股东大会，彻底消除董事会产生的随意性、董事长兼任总经理以及董事会成员与经理层高度重合的现象。第二，在表决程序和制度上，采取适当保护小股东的措施，如累计投票制度、网上投票制度等，提高股东代表诉讼制度的可执行性。第三，设立董事向股东大会述职制度和股东大会对董事质询、调查和罢免制度，加强对董事的监督制衡。

2. 建立专业、独立、敬业、制衡的董事会和监事会。首先，按照“三三制”的原则，致力于董事会和监事会结构的多元化。“三三制”即：由股东从员工中指派三分之一的董事，从社会知名的财务、管理、金融及法律专业人士中聘任三分之一的独立董事，由政府选派三分之一的公共利益董事。在股东选派的董事当中，只有董事长一人来自于母公司，其他董事均不能在母公司担任任何职务。独立董事由董事会下属的提名与任命委员会推荐。基于能源行业的高 HSE 风险，应由法律授权政府从国家环保总局、国家安监总局、劳动和社会保障部，以及相关的行业协会或公益机构中选派三分之一的公共利益董事，并授权他们在涉及质量、健康、安全、环保等问题上的行使否决权。监事会的组成原理董事会基本类似。

其次，大力提高董事（监事）的专业素养和敬业水平。董事会（监事会）的质量如何，董事（监事）是否积极主动地履行义务，将是衡量国有能源公司法人治理结构优劣的标志，也是保证公司业绩，实现股东和利益相关者利益的关键。选择懂经营、懂法律、有国际化经验和不同背景、有足够时间和精力履行职责的人担任董事（监事）。采用“累计投票制”，使中小股东能有机会选出他们信任的董事（监事）；确保董事会（监事会）集体决策，防止内部合谋行为。

最后，健全对董事（监事）的激励与责任追究制度。当前的现状是，一方面，董事（监事）应该从公司得到的没有得到；另一方面，董事（监事）应该承担的责任、特别是赔偿责任没有承担起来。为了改变这种既无激励、又无约束的现状，建议改变现有的工资模式，采用与国际接轨的股票期权制，由股东大会和薪酬委员会按照董事（监事）的贡献大小，确定他们的报酬和股票期权。与此同时，要落实董事（监事）因自己的过错对公司、股东、第三方的赔偿责任，以提高其工作责任心，避免权利滥用。

此外，国有能源上市公司还应按照纽约交易所《公司治理规定》第 303A. 09 项规定，制定《公司治理指引》；根据纽约交易所《公司治理规定》第 303A. 04 项规定，设立提名/公司治理委员会。

3. 确保“高管层”的非官员化，构建良好的激励和约束机制。职业化、国际化、专业化，而非官员化的管理者队伍，是确保中国国有能源公司政企分开、真正走向国际化的关键。在这方面可借鉴德国和法国的做法。德国政府规定，国有企业最高经营管理人员及其下属不能来自政府机构（即企业直接经营者的非政府官员化原则）；法国法律规定，政府的部长或议员不得参加董事会，国有企业的董事长和总经理虽然要由政府委派，但必须按其资历选自企业界。法国国有企业的领导人基本上都具有工商管理硕士学位、在企业界有长期丰富实践经验的经营管理专家。

进一步完善国有能源上市公司"高管层"的运作机制，建立有效的激励机制、约束机制和选拔聘任机制。既保证那些具有经营才干的高层经理人员放手经营，又不至于让所有者丧失对公司的最终控制。对"高管层"的激励和约束，可借鉴美国的做法，一方面，"高管层"的报酬应与公司经营业绩挂钩，对其贡献应参照跨国石油公司的标准给予应有的认可和回报，实行股票期权制度。另一方面，打破国有能源公司中的"实际终身制"，大力培育和发展的"经理人市场"，实现"高管层"的良性竞争和流动。

（四）加强母公司治理和国有能源公司的社会责任

母公司治理和母子公司关系的规范，是完善国有能源公司法人治理结构的重要环节。而倡导增加公司的社会责任，则通常会被看成与倡导"利益相关者共同治理模式"是一回事①。

1. 母公司和未上市关联企业的治理。国有能源公司之母公司（国家授权投资的机构）"公法人"的性质决定了其治理的主导权在国家，关键在于有法可依、依法治理。然而，目前国家对国有资本授权经营的法律制度尚属空白，有限的一些规范性文件也只以《通知》、《暂行办法》的形式出现。因此，建议国家抓紧制定《国有资本授权经营法》（或类似的法律法规），该法在宏观层面应当重点解决"由谁授权、授什么权、授权后如何考核和监管"等问题，核心是以授权经营合同为手段确立双方的权利、义务和责任②；在微观层面，应当规定国家授权投资机构的组织形式和法人治理结构，应当明确国家授权投资机构的组织形式为特殊的公法人，采用董事会负责制，董事会采用三三制：即国家委派三分之一（代表股东利益）、由职工代表大会选举三分之一（代表广大职工的利益）、再推举三分之一的独立董事。监事会为常设机构，均为与企业没有直接关系外部

① ［英］约翰·帕金森：《公司法与利害相关者管理体制》，载于加文·凯利、多米尼克·凯利、安德鲁·甘布尔编：《利害相关者资本主义》，欧阳英译，重庆出版社 2001 年版，第 186 页。

② 参见顾功耘等：《国有经济法论》，北京大学出版社 2006 年版，第 215 ~ 227 页。

监事（部分来自于授权机关、部分来自于财政部和审计署、部分来自于独立监事）。在条件成熟的情况下，可参照墨西哥的经验，制定《中国国家石油公司组织及其下属组织机构法》。

未上市存续企业治理的成功与否，关系到中国整个能源产业改革的成败。如果存续企业改革能够取得成功，中国国有能源公司的国际竞争力将会得到质的飞跃。相反，如果存续企业改革严重滞后或改革失败，不仅已有的改革成果有可能会前功尽弃，甚至还可能会引发严重的社会问题（主要是考虑到职工众多这一因素）。应对未上市存续企业的资产进行分类，将有竞争力的资产再次进行整合，按照业务类别（如工程技术服务、生产服务、机械加工等）重组成专业化的公司，这类专业化的公司应严格按照《公司法》组建，进行现代企业制度的改革，建立完善的法人治理结构；对于条件合适的，可以选择上市（就像中海油田服务公司在国内A股和香港H股成功上市一样）。此外，存续企业应致力于业务结构多元化、逐步减少对上市公司的依赖；并切实规范存续企业和上市企业之间的关联交易。对于历史遗留下来的“企业办社会职能”，应按照《国务院办公厅关于中央企业分离办社会职能试点工作有关问题的通知》，有计划、有步骤地将学校、公检法、医院等社会职能机构移交地方政府，实施属地化管理。

2. 母子公司关系和关联交易的法律规制。理性的母子公司关系既要实现企业集团整体利益和效率的最大化，又要依法行事、保护子公司和关联企业少数股东、债权人等利益相关者的合法权益。国有能源公司集团母子公司关系的法律规制，应重点从控制关系、同业竞争、关联交易三方面入手。下面以关联交易的法律规制为例予以说明。

首先，对关联交易的效力进行法律控制。将关联交易分为正常的关联交易和不合营业常规的非公允关联交易。正常的关联交易在按照法律、公司章程规定的原则和程序履行相应手续后，受到法律的保护；而不合营业常规的非公允关联交易不受法律保护（即使在形式上履行了相关的程序），是无效或可撤销的。

其次，要用法律的手段防范非公允关联交易的产生。措施包括：（1）应在公司章程中详细阐明关联交易条款，包括但不限于对关联关系，关联交易的审查程序、批准程序，非公允关联交易的责任及处罚措施等内容。（2）规定公司与关联方的交易行为应当得到股东大会的批准方能生效，并且实施关联方回避、排除表决权制度。（3）授予上市公司监事会对关联交易的监督审查之职责，这样将填补关联交易事前审查制度的缺失，使整个关联交易都处在一个有效的审查监督之下。（4）确保所有的信息都得到充分、准确、及时的披露。制度是保障关联交易公正与公平的关键。

最后，如果非公允关联交易，损害了小股东、债权人或第三方的利益，法律应授予受害者寻求救济的权力，可适用股东派生诉讼、法人人格否定等制度，将子公司和母公司视为同一法律主体，判决母公司对子公司的少数股东、债权人或其他第三者负责。

3. 加强能源安全与国有能源公司的社会责任。公司的社会责任指公司董事作为公司各类利害关系人的受托人，而积极的实施利他主义的行为，以履行公司在社会中的应有角色[①]。公司所要承担的社会责任是由历史、文化以及制度之间的互相关系所决定的。对于中国国有能源公司而言，其行业的特殊性和“公法人”的本质，决定了它应履行比普通企业更多的社会责任，决定了它最首要的社会责任就是确保能源安全。由于在一定条件和时期内，企业创造的财富总量是既定的、有限的；因此，协调国有能源公司的多重治理目标、确保目标之间的和谐和社会整体利益最大化就显得十分重要。

首先，明确母公司和上市子公司的定位。对于国有能源上市子公司而言，要加快实现自身经济目标的速度和质量，以高产出和高经济效益为实现社会目标创造物质条件，为目标之间的和谐和良性循环奠定坚实的基础。对于母公司（国家授权投资机构）而言，应在总体上把握经济目标和社会责任之间的平衡，当两者出现矛盾的时候，应优先考虑能源安全和社会责任。

其次，用法律的方式界定国有能源公司社会责任的内涵，明晰其承担社会责任的范围。公司的社会责任分为相关的社会责任和不相关的社会责任。前者是指公司为了增进那些受公司经营活动影响的利害关系人的福利而付出的努力；后者是指超出公司的经营活动的范围，纯粹是解决某一方面的社会问题，增进那些与公司经营活动没有直接利害关系的社会集团的福利而实施的行为。在现阶段，前者更加重要一些。

最后，国家应考虑国有能源公司不同时期的生产力发展水平和承受能力，并根据国家能源安全、国际能源形势、宏观经济调控、国家财税收入的需要，合理的确定其社会责任的承担水平，并利用市场经济的方法理顺社会贡献和优势扶持之间的关系，量化和明确两者的价值利益，寻求一个理性的和谐与平衡。

尽管以上对中国能源公司的治理问题提出了若干相关的完善建议，但笔者认为，只有从体制上彻底改革，才能完全消除上述问题。因此，从长远来看，中国能源企业最终改革的目标应将能源的生产、储备和进口由国家来控制，具体的管理和实施者可以是国家的相关政府部门或专门的国有企业，这样国家的能源战略

① 刘俊海：《公司的社会责任》，法律出版社 1999 年版，第 2 页。

能够完全得到贯彻实施，而将能源的流通和国内销售市场化，放开经营，完全由非国有的企业参与竞争。具体地说，应彻底改变目前中石化、中石油这种生产和销售、进口和国内销售不完全分家，上市部分和不上市部分混为一体这样的局面。只有完全理顺了这些关系，中国能源公司目前存在的诸多弊病也就不复存在了，国家的能源安全就能得到切实的保障，同时市场化的竞争也能予以充分开展。

第十一章

中国能源战略储备制度研究

自20世纪70年代初国际石油危机首次爆发以来，国际社会及诸多发达国家均将能源战略储备制度视为确保其能源供应安全的重要手段。虽然能源战略已经由过去长期的“开源”战略，经过效率战略，走向持续战略，各国对能源供应安全的界定更是多元化的考虑，能源供应的经济性、可靠性、清洁性之间相互影响，但保障能源供应依然是各国能源政策长期以来最基本的追求目标，确保能源供给的可持续性是其终极目标。能源战略储备制度作为发达国家在历次国际能源危机中应对策略的产物，其目的旨在应对各种突发事件，以降低或避免因石油等能源供应突然中断使社会经济遭受巨大损失。根据国际能源机构制定的标准，当石油供应中断量达到需求量7%的时候，就是能源安全的警戒线。随着国际能源问题的不断演变发展，在诸如2005年卡特里娜飓风引发能源供应危机等类似事件中，能源战略储备制度在稳定能源市场等方面确实发挥了重要作用。能源战略储备制度受重视的程度也随之与日俱增。所谓能源战略储备制度是“行政主体依法确定特定地区一定质量和数量的能源资源及其产品非经特许不得开发利用的法律制度”①。它对实施主体、能源的储备定额与种类、储备方式、能源储备的释放条件与程序等均有特定的要求。但是，各个国家在构建能源战略储备制度方面的做法并不完全一致。因此，本章拟通过对国际社会及主要发达国家能源战略储备制度的梳理和比较分析，试为中国构建能源战略储备制度提供有益的参考。

① 肖乾刚、肖国兴编著：《能源法》，法律出版社1996年版，第84～85页。

一、国际社会及主要发达国家能源战略储备制度考察

自20世纪70年代以来，国际能源危机的演变发展使工业化国家深切地认识到必须在本国建立起一定数量的战略能源储备。历时30余年，各国能源战略储备制度经过历次国际能源危机的检验，日臻完善，无疑已经成为各国能源安全战略的重要组成部分。但是，由于各国自然资源禀赋的差异和政治体制的迥异，各国能源战略储备制度也各有特点。不但是能源进口大国和能源出口大国之间的能源战略储备制度存在差异，即使是同为能源进口大国的美国和日本，其能源战略储备制度也并不完全相同。不过，各国建立能源战略储备制度的根本目标却是相同的，手段是相近的。因而，各国能源战略储备制度也呈现出诸多共性特征。

（一）具有较为完善的能源储备法律体系

各国都强调依法建立其能源战略储备体系。美国早在50年前就已认识到需要建立国家石油储备，1973～1974年阿拉伯国家石油禁运事件直接推动美国建立其战略石油储备制度。美国国会于1975年12月通过了《能源政策与节能法》(Energy Policy and Conservation Act，EPCA)，宣布战略石油储备（SPR）为美国国家政策，正式授权政府建立一个高达10亿桶的战略石油储备。其目的在于应付可能发生的严重石油供应中断，并满足国际能源机构成员国至少90天石油进口量的储备要求。美国政府于1977年设立了战略石油储备制度。之后，美国《1992年能源政策法》和《2005年能源政策法》也均对能源战略储备制度作了明确规定。2003年3月，美国专门成立了隶属于其国土安全部（U. S. Department of Homeland Security，DHS）的联邦应急管理中心（Federal Emergency Management Agency，FEMA)，其主要任务是保护美国免受危害，降低所有危害造成的生命财产损失，包括自然灾害、恐怖袭击和其他人为灾难。另外，就管理战略储备项目而言，能源部化石能源办公室最主要的目标是依据总统的指令保证应急用石油储备准备就绪。从1993年到2000年确保战略石油储备的完好状态至少持续到2025年是能源部最优先的选择。

日本由于国内资源极为贫乏，战后其经济的快速增长严重依赖于国外石油等资源的进口，日本从1968年起即开始启动建立石油储备体系的计划。而1973年爆发的第一次国际石油危机结束了战后日本经济20年快速的增长，社会经济受到严重影响。为此，日本更加重视石油等战略石油储备体系的构建，其《能源基本计划》指出，石油战略储备是日本能源安全政策的重要支柱，并在1977年8月提出建立国家石油储备体系。其主要法律依据有：1973年制定的《石油需

求与供应法》、1978 年修订的全国《石油协会法》和 1983 年修订的《石油储备法》等。而日本初具规模的国内石油战略储备使其在 20 世纪 70 年代末的第二次国际石油危机中没有受到太大的影响。

欧洲经济共同体理事会 1968 年制定的《第 414 号法令》（1972 年以第 425 号法令形式加以修订）则是欧盟国家建立能源战略储备制度的主要依据之一。此外，欧盟各成员国也都有相应的法律规定，如德国于 1965 年颁布《石油制品最低储量法》，规定所有从事石油及石油制品进口和生产的企业，必须拥有“应对石油供应短期中断”的储备。[①] 德国于 1966 年开始构建有法律约束力的石油应急储备体系。1970 年德国政府决定建立一千万吨“政府石油储备”，委托德国工业管理公司管理，1978 年德国颁布了《石油及石油制品储备法》（1987 年与 1988 年两度修改），1981 年又颁布了《发电厂储备规定》。时至今日，德国石油需求几乎全部依赖进口，而石油在国家能源消费结构中的比重仍接近 40%，这种现象亦从另一个角度说明德国重视能源战略储备的原因所在了。这些法律基本上都是在建立能源战略储备体系之前制定的，对建立石油战略储备的一些重大问题，如建立石油战略储备的宗旨、规模、管理体制、管理方式、建设与运营资金、动用条件等均在法律中作出明确规定。其中，大多数国家对政府储备与企业储备均作了明确规定，但美国仅对其政府储备作了专门规定。

此外，值得一提的是国际能源机构（IEA）[②] 的应急响应机制。国际能源机构自 1974 年成立以来的核心使命一直是对石油供应中断作出应急响应，作为国际能源机构成立依据的 1974 年《国际能源纲领协定》的目标之一就是维护和改进旨在应对石油供应中断问题的系统。在国际能源机构成立之前，所发生重大世界石油供应中断事件有 3 起，包括：1956 年 11 月至 1957 年 3 月的苏伊士运河危机，造成每天 200 万桶的供应损失；1967 年的 6 日战争，造成每天 200 万桶的供应损失；1973 年 10 月至 1974 年 3 月的阿拉伯 - 以色列战争和阿拉伯石油禁运，造成每天 430 桶供应损失。[③] 国际能源机构的应急响应机制虽未补充《国际能源纲领协定》中确定的机制，但已经对协调动用应急石油储备、需求抑制措施和其他可以应对石油供应中断的措施作出灵活安排。

---

① 《美国、德国和法国的石油储备》，中华人民共和国外交部网站 2004 年 10 月 26 日。

② 国际能源机构（IEA）目前有 28 个成员国，包括：澳大利亚、奥地利、比利时、加拿大、捷克、丹麦、芬兰、法国、德国、希腊、匈牙利、爱尔兰、意大利、日本、韩国、卢森堡、荷兰、新西兰、挪威、波兰、葡萄牙、斯洛伐克、西班牙、瑞典、瑞士、土耳其、英国和美国。由于国际能源机构是一个和经济合作与发展组织相联系的自治机构，这些成员国也是经济合作与发展组织的成员。另外，欧盟委员会也参与国际能源机构的工作。

③ 国际能源署：《国际能源署应对石油供应紧急状况体系》，2008 年 12 月，http://www.iea.org/textbase/nppdf/free/2008/fs_response_system_chinese.pdf，第 11 页。

（二）以石油储备为核心，促使储备能源种类的多样化

从该制度产生的历史背景和各国的实践情况来看，能源战略储备制度的核心内容是石油战略储备。以加强发达国家在能源领域的合作与发展为目的而成立的国际能源机构在创建之初，就是为了敦促其成员国建立战略石油储备，其主要活动之一即是围绕石油安全问题，在出现石油供应中断（因灾害性天气等）紧张情况下，某个或某些成员国的石油供应短缺7%或以上时，该机构理事会可作出决定，是否在成员国间实行“紧急石油分享计划”，国际能源机构还会动用储备投入市场以提高备用能力。而且，不管当前还是今后相当长一段时间内，石油战略储备会因国际石油市场潜在的多变态势和频繁的油价波动而继续成为各国能源战略储备制度的核心组分。几乎所有国家都把能源安全，尤其是石油安全置于能源战略的核心位置，其重要的内容就是保障能源数量和价格上能满足社会经济持续发展所需要的能源供应。

通常情况下，石油战略储备的品种一般都是原油、成品油和燃料重油兼备。油品储备具有在危机发生时快速作出反应，立即弥补消费市场缺额的优点，但储备成本较高。原油储备的成本一般较低，但其应急效果取决于储备基地与炼油厂之间运输条件，以及储备国的炼油能力。但是，石油战略储备的品种具体还应依国情而定。如美国因具有大量经济实用的盐丘可以作为石油储备的设施，且拥有比较充足的炼油能力及发达的原油运输管网和海运系统，可以保障储备原油顺利运往炼油厂，因此选择了以储备原油为主的方式，20世纪70年代开始主要是将原油储备在位于德州与路易斯安那州的四个巨大的地下巢穴内，并在阿拉斯加建立国家石油储备区。“美国即使勘探出国内的石油资源，也因战略储备暂不开发，即使开发成油井也将其封存，以备若干年后享用，仅在1998年美国就封闭了13万口国内油井。”[①] 日本官方石油战略储备也全部都是原油，这与拥有充足的炼油能力和便利的运输体系有关，其十大储备基地比较均匀地分散在全国各地。不过日本企业则储备了大量油品。而德国则因为对进口油品的依赖程度较高，约有30%的油品需要依赖进口，所以选择了以油品储备为主的战略，其石油储备协会的战略储备中约有60%为油品。法国战略储备主要是成品油，包括车用汽油、航空煤油、柴油、家用燃油、照明煤油、喷气发动机燃油和重油。

但需要注意的是，石油战略储备只能是国家能源战略储备的一种。过度依赖石油战略储备会减损能源战略储备制度在防范国际能源危机方面的制度成效，难以有效地保障国家能源安全。为化解这一风险，许多国家都在加强石油战略储备

① 史路宁：《中国能源安全的战略探讨》，载于《华中农业大学学报》2006年第4期，第72页。

的同时，强调战略储备能源的多样化，如煤炭、天然气、稀有金属等其他矿产资源也被纳入能源战略储备的范畴。世界上不少国家都建立起了煤炭储备机制。例如，煤炭在日本能源消耗中所占比率较低，但日本仍然从国外进口大量优质煤，并不是为了使用，而是为了储备。日本国内也有部分煤炭资源，但大多已经关闭，不再开发，而是作为一种储备手段，留到需要时开采。而美国，尽管其煤炭产量远不及中国，但是美国具有世界上最大的煤炭储备，欧洲能源观察机构的新研究表明，美国有60%煤炭集中在3个州：伊利诺伊州、蒙大拿州和怀俄明州。美国电煤库存率一直保持在11%左右，库存量稳定在1亿吨以上，能够满足电厂45～50天的发电需求。①

（三）能源储备形式的多元化：国家储备与企业储备相结合

按照国际能源机构的分类，目前世界上大致有公司储备、政府储备和中介组织储备三种储备体系，每个国家又有不同的组合。中介储备机构实际上是承担政府赋予职责的非营利公司。加强政府战略储备与企业储备的相互配合，发挥官方储备和商业储备的各自优势，降低国家能源战略储备的成本，是许多发达国家的普遍做法。“到目前为止，在所有建立石油储备的国家中，德国是唯一由政府、储备机构和石油公司三方共同承担石油储备的国家。德国的石油储备由储备联盟储备、政府储备和企业储备三部分组成。”② 虽然官方能源储备与商业储备的终极目标可谓是一致的，但是在具体分工上仍有差别。通过立法维持和加强国内的石油战略储备和商业储备体系，其中，美国石油战略储备和商业储备体系，亦称为应急石油储备，主要是为了应对因政治对抗、军事对抗和随时可能发生的石油危机，商业储备则主要是为了增强国内原有供应的调节能力，稳定国内油品市场，降低国际油价剧烈波动而给国内经济带来的损失。

发达国家非常重视调动民间的战略储备能力，特别是那些与战略能源的进口有直接利益关系的企业，往往实行政企结合、政府控制的方式。企业储备一般得到政府财税支持并接受政府核查和依法支配。如日本相关法律规定，所有从事石油及石油制品业务的企业都必须储备石油或石油制品，还要定期向政府有关部门报告储备情况。如果没有达到法律规定的储备量，相关部门就会发出通告，责令限期将石油储备量提高到法律规定的最低标准，否则将采取制裁措施。在2004年年底，美国联邦政府的石油储备在美国石油储备中比例为41%。在日本的石

---

① 《电煤储备需要“强制性”》，新华网 www. news. cn，最后访问日期2008年3月18日。

② 孙国强：《石油战略储备管理模式的建立》，载于《北京石油管理干部学院学报》2006年第3期，第14页。

油战略储备中，企业储备达 50%。官方储备通常是由政府或准政府机构管理，如美国的能源部、日本石油天然气与金属矿产资源机构（2002 年改组之前称为全国石油公司）、德国石油储备联合会等，但是也有一些国家的官方能源储备由国营企业代管，如奥地利、芬兰、希腊、爱尔兰、意大利、葡萄牙、西班牙等。

（四）强调能源供应渠道的多元化

能源供应渠道的多元化，对保障国家能源安全具有重要意义。针对这一目标，诸多发达国家充分利用其外交手段积极展开地缘政治。

高度依赖国外资源供应的日本，迄今其仍有 88% 的石油进口来自于中东地区。但是，中东地区的动荡局势及美国对中东地区石油的垄断迫使日本更加重视从其他地区的石油进口。为降低对中东地区石油的依赖，日本正积极展开新一轮的能源外交，以进一步拓宽其能源供应渠道，降低国家石油安全的风险。其中，日本非常重视将俄罗斯争取为其未来能源的主要供应国，这一趋向不仅仅表现在日本从中俄“安大线”的筹议中半道杀出，它还积极参与萨哈林油气资源的开发，而这一切都只不过是其 1997 年提出的“欧亚大陆外交”新战略行动的一部分罢了。此外，日本在冷战之后还加强了对非洲和中南美洲的官方援助，并大力发展与东南亚国家之间的友好合作关系。而且，日本在保障石油进口问题上，已不再是消极被动地等待进口，而是积极主动地利用自身的资金和技术优势与石油生产国合作开发石油资源，甚至争取获得石油资源的优先开采权。

德国是世界上继美国、中国、俄罗斯和日本之后的第五大能源市场，但是其除了拥有丰富的无烟煤和褐煤资源之外，石油、天然气相当贫乏。而德国目前社会经济发展对石油和天然气资源的依赖程度非常高，其中石油需求几乎全部依赖于进口。虽然德国政府努力通过发展可再生能源等能源多元化方针来降低对石油等传统能源和国外能源的依赖程度，但是，这是一个相对长期的发展战略，在较短时期内，确保其能源供应来源非常重要。因而，德国政府强调建立多元化的能源供应渠道，以降低和分散风险。实际上，2006 年年初，俄罗斯与乌克兰之间的天然气纷争，已经使欧盟各成员国充分看到过度依赖国外能源，尤其是过度依赖某一能源供应渠道的潜在风险。而拓展能源供应渠道，也是确保能源战略储备制度得以正常运行的一种必要手段。为此，德国逐步降低对中东地区和 OPEC 成员国的石油进口依赖，目前俄罗斯、挪威和英国是德国最大的原油进口国。但是，目前德国进口能源中，有 35% 的原油和 40% 的天然气来自于俄罗斯。此外，为降低能源供应风险，德国能源运输方式是海上运输和管道运输并重。就管道运输建设而言，德国早在 20 世纪已建成了 7 条总长度达 3 250 公里的输油管道。2005 年 9 月 8 日，德国与俄罗斯还签署了一项协议，即同意在两国之间兴建一条50亿美元的海底天然气管道，总长度超过1 000公里，这条送气管道将从俄罗斯的圣彼得堡经过波罗的海的海床，然后到达德国的北部海岸地区。①

（五）明确规定能源战略储备定额及能源储存形式多样

1. 能源战略储备定额。为应付石油供应中断的突发事件，能源战略储备应当有一个合理的数量。国际能源机构要求属于石油净进口国的每个成员国保持一定的战略石油储备定额，具体标准已由最初的至少60天提高至最低90天的净进口量。每一成员国立法规定在紧急情况下有4亿桶油可动用，其中，1.5亿桶油在政府的直接控制之下。到2001年，国际能源机构各成员国的战略石油储备和商业石油储备大约为113天，但也有几个成员国的石油储备量低于90天的底线要求。② 截至2008年7月底，国际能源机构成员国的石油库存总量共计约40亿桶，相当于近150天的净进口量。每个成员国维持的总体石油库存水平必须相当于至少90天的净进口量，但是在满足这一要求方面存在灵活性，原油和成品油均可使用。各成员国要保证这一最低义务的履行，可以通过专门的库存管理机构来持有库存，把其作为政府应急储备，或通过石油行业设置最低的库存持有义务。各库存管理机构持有或成员国政府直接拥有的库存被称为公共库存，到2008年年中，专门用于应急而持有的公共库存达到了15亿桶。25亿桶的工业库存包括为履行政府的库存持有业务而持有的库存和出于商业目的而持有的库存。由于国际能源机构成员国的最低库存持有义务是以净进口量为依据的，所有净出口成员国（加拿大、丹麦和挪威）没有库存持有义务。③

“国际能源机构成员国的公共库存，无论是在数量还是在国际能源机构成员国总库存中所占的份额方面，都一直在增长。如今，国际能源机构库存总量的近70%都是公共库存。而在1984年，公共库存只占24%。”④ “单是国际能源机构成员国的公共库存量就具备长期供应大量石油的潜力。例如，按每天200万桶的消耗速度计算，单是公共库存就能维持24个月。按每天400万桶的消耗速度计算，公共库存将可维持一年。因此，国际能源机构对公共库存和强制性工业库存的应急石油储备的动用，无论在规模上还是在可持续性上都足以应对迄今为止所

---

① 《德俄签署海底天然气管道协议》，BBC Chinese. com/国际新闻2005年9月8日。

② National Energy Policy-Report of the National Energy Policy Development Group, May 2001, P. 8 – 17.

③ 国际能源署：《国际能源署应对石油供应紧急状况体系》，2008年12月，http://www.iea.org/textbase/nppdf/free/2008/fs_response_system_chinese.pdf，第7页。

④ 国际能源署：《国际能源署应对石油供应紧急状况体系》，2008年12月，http://www.iea.org/textbase/nppdf/free/2008/fs_response_system_chinese.pdf，第8页。

经历的历史上最大的供应中断。”① 但事实上，各国战略能源储备的额度普遍超过国际能源机构的要求（见下表）。

截至 2009 年 3 月 IEA 成员国的石油储备情况

国家	总计	工业储备	政府储备
加拿大	净出口国	0	0
美国	139	78	61
IEA 北美地区总计	139	78	61
澳大利亚	91	91	0
日本	150	67	82
韩国	168	81	87
新西兰	107	98	8
IEA 亚太地区总计	147	72	75
奥地利	114	114	0
比利时	97	61	36
捷克共和国	125	35	89
丹麦	净出口国	0	0
芬兰	159	106	53
法国	102	41	61
德国	116	31	85
希腊	98	98	0
匈牙利	157	57	100
爱尔兰	114	39	75
意大利	115	115	0
卢森堡	102	102	0
荷兰	213	146	67
挪威	净出口国	0	0
波兰	113	98	15
葡萄牙	109	79	30

① 国际能源署：《国际能源署应对石油供应紧急状况体系》，2008 年 12 月，http://www.iea.org/textbase/nppdf/free/2008/fs_response_system_chinese.pdf，第 9 页。

续表

国家	总计	工业储备	政府储备
斯洛伐克	159	79	80
西班牙	97	62	35
瑞典	143	143	0
瑞士	148	148	0
土耳其	94	94	0
英国	2 288	2 288	0
IEA 欧洲地区总计	124	82	42
IEA 总计	162	99	63
IEA 净进口国总计	134	79	55

资料来源：IEA，Closing Oil Stock Level in Days of Net Imports-Archives：March 2009，http：//www. iea. org/netimports. asp.

美国战略石油储备最初计划至少储存 7.5 亿桶原油。[①] 1977 年 7 月 21 日，首批石油——大约 412 000 桶沙特阿拉伯轻油——被送至战略石油储备库。目前，战略石油储备能力为 7.27 亿桶，储存设施与原油储备投资大约 220 亿美元，其中设施 50 亿美元，储备原油 170 亿美元。美国战略石油储备最初打算主要通过在公开市场上购买原油来完成储备定额要求。对担心美国难以应对再次石油供应中断的忧虑，促使联邦政府在 20 世纪 70 年代末和 80 年代初大量购买原油，而这一时期世界油价多数情况下超过了每桶 30 美元。因联邦预算赤字，1994 年克林顿政府中止直接购买原油，在 1996 年和 1997 年，为削减预算赤字大约出售了 2 800 万桶原油。[②] 美国石油进口持续增加，但由石油储备所提供的保护却随着储备量不足 6 亿桶而持续下降，1994 年年底美国购买战略储备石油总计 5.917 亿桶。1999 年，能源部和内政部利用一个联合计划重新开始补充战略储备石油，这一安排被称为资源特许使用费计划（Royalty-in-kind program），即享有美国联邦政府特许权的石油生产企业可以将部分原油以向政府支付特许使用费的形式补充美国战略石油储备，该部分原油占该石油生产企业所产原油总量的比重由 12.5% 提高到 16.7%。这一计划自 1999 年以来分阶段实施。布什政府也支持利用资源特许使用费计划来增加战略储备石油，2001 年 11 月，他宣布要将战略储备石油增至 7 亿桶，到 2005 年 8 月 26 日这一目标已达到，并且这一储备水平持续了一周左右。2009 年 1 月，战略储备原油直接购买又重新启动，资金是自

①② U. S. Department of Energy，Filling the Strategic Petroleum Reserve-Direct Purchase，RIK，and Exchanges，http：//www. fossil. energy. gov/programs/reserves/spr/spr-fill. html.

2005 年卡特里娜飓风后释放储备的可得收益，能源部耗资 5.53 亿美元购买了 1 070 万桶原油。《能源政策法案》（2005）指令能源部长完成战略石油储备 10 亿桶，这就要求能源部选择必要的储藏地以将战略石油储备额增至 10 亿桶。

日本于 1972 年 4 月规定从事石油进口和石油提炼业务的企业必须储备相当于自身需求 60 天的石油，但是随后的《石油储备法》中规定政府必须储备可供 90 天、民间必须储备可供 70 天消费需求的石油。在 2003 年日本石油战略储备总量已经相当于 171 天的消费量。"日本 1981 年《石油储备法》修订之后，确定天然气进口业从业者，每年有 50 天的储备义务。国家储备任务是到 2010 年达到 150 万吨。"① 法国为保障其能源储备额度的灵活性，有关能源战略储备的定额问题是以规章条例的形式加以规定的。法国政府 1992 年通过的相关法案规定，法国本土石油战略储备的数量应为前一年销售总额的 27%，大致相当于 95 天的石油消费量，海外石油战略储备的数量应为前一年销售总量的 20%，大致为 73 天的石油消费量。

德国 1978 年《石油及石油制品储备法》要求石油储备协会建立可满足德国 65 天成品油消费的储备，德国所有石油及成品油进口贸易公司和炼油厂，作为石油储备协会的会员在完成其成员义务的同时，应建立相当于 25 天进口或加工数量的企业储备。德国 1981 年《发电厂储备规定》还要求各燃油发电厂必须拥有能够满足 30 天正常发电的燃油设备。德国《石油及石油制品储备法》1987 年修正案将石油储备协会的义务储备标准由 65 天提高到 80 天，但将石油和成品油进口贸易公司和炼油厂的义务储备标准降至 15 天。而 1998 年修正案因决定由石油储备协会承担国家石油储备，所以在取消企业法定储备义务的同时，将石油储备协会的储备义务由 80 天提高至 90 天。② 此外，诸多发达国家还有其电煤储备，一般能源能够满足 40 ~ 50 天的发电需求。③

2. 战略能源储存方式。各国储存石油等战略能源的方式相对多样。到目前为止，日本已在不同地区规划并建造了 10 个国家储备基地，且租赁私营储罐进行石油储备。日本国家石油储备方式各种各样，如地下、半地下、海上和地下洞穴等，并最大限度地利用基地的地形特征来进行工程设计，其中，日本在其西南环岛附近的 2 处海上储油基地，是由多艘巨大的储油轮排列而成。

在德国，原油储备方式以地下岩洞储存为主，成品油储备则多以地面油罐形式储存。原则上，不允许利用运输或生产设施进行储存，但在港口等待卸货的油

① 孙顺利、杨殿：《日本能源安全政策及对中国的启示》，载于《中国矿业》2006 年第 2 期，第 13 ~ 14 页。

② 《美国、德国和法国的石油储备》，中华人民共和国外交部网站 2004 年 10 月 26 日。

③ 《电煤储备需求"强制性"》，新华网 www.news.cn，最后访问日期 2008 年 3 月 18 日。

轮除外。但是，德国与比利时、法国、意大利等周边国家都签订了石油储备互动协议，必要时，德国石油储备协会可以租用这些国家的储备设施。法国约有10%的石油储备是在本土以外通过政府间协议的方式来完成的。

美国联邦政府控制的石油储备储存在沿墨西哥湾海岸线巨大的地下盐穴内。墨西哥湾是必然的石油储藏地，这里沿海岸线集中了500多个盐丘，而且美国许多炼油厂和油轮、驳船和管线分布在这里。1977年4月，政府获得了几个现有的盐穴作为首批储存地点，首批地表储存设施建设始于1977年6月。根据《能源政策法案》（2005）的要求，能源部为将战略储备额由当前7.27亿桶的能力扩展至10亿桶而开始选择必需的储藏地，2006年12月8日有关战略石油储备扩展选址的最终环境影响评价报告发布，2007年2月14日举行听证，随后与密西西比州和美国鱼类及野生动物保护局（U. S. Fish and Wildlife Service）进行了商讨，在2008年1月23日能源部向密西西比州通告了其决定，即准备一个附加环境影响评价报告以解决关于浸出洞穴（leaching caverns）的水源和位于里奇顿（Richton）规划选址的特定设施所在地引发的新问题。美国地下储存天然气的方式主要有：枯竭油气田、天然蓄水层、盐穴和废弃的矿场。目前，美国天然气储存大多是在接近消费中心的枯竭油气田内。一个油气田从生产转换为储存，利用了现有油井、收集系统和管道连接。枯竭的油气库多用于地下储存点。在一些地区，特别是在美国中西部地区，天然的蓄水层已转换为天然气储存库。利用盐穴来储存天然气主要是在墨西哥湾地区，不过东北部地区、中西部地区和西南地区各州也采取此种措施。美国也有利用废弃的矿场来储存天然气的先例，而且目前正在对硬岩层洞穴（hard-rock cavern）用于商业储存天然气的潜力进行测试，目前尚未达到商业化运营。美国地下天然气储存设施的所有人或运营商主要是：（1）州际管道公司（interstate pipeline companies）；（2）州内管道公司（intra-state pipeline companies）；（3）地方分销公司（local distribution companies）；（4）储存服务独立供应商（independent storage service providers）。

（六）明确规定能源战略储备的启动条件与程序

各国建立能源战略储备的目的是为了防范和应对能源供应危机。在海湾战争爆发期间，国际能源机构于1991年1～3月首次实施了应急计划。受2005年卡特里娜飓风影响，2005年9月美国能源部放出战略储油。国际能源机构也受理了美国关于紧急释放储备石油的申请，于2005年9月2日正式宣布每日释出200万桶紧急储备油，包括美国战略石油储备的100万桶，其他100万桶为国际能源总署其他成员国之汽油或原油支援。显然，能源战略储备往往是在发生能源供应中断等紧急情况才会动用。“虽然供应短缺可能造成价格上涨，但价格不会触发集体响应行动，因为价格的攀升可能是由其他因素所引起的，况且响应行动的目标是弥补实际的石油短缺现象，而不是对价格波动做出响应。"① "在评估启动协调行动的必要性时，国际能源署考虑了除该事件造成的峰值供应总损失以外的多项因素。其做出的决定取决于石油供应中断的预期持续时间和严重程度，同时，还考虑了产油国可能投放市场的任何额外石油。"②

因而，许多国家都在其相关法律中明确规定了动用能源战略储备的条件、权限与程序。"国际能源机构协调行动中对库存的使用可能涉及公共库存、工业库存或者二者的结合，具体情况取决于成员国的库存管理体系。公共库存可以通过投标或者借贷提供等方式得以释放。可以通过临时减少库存持有义务来使用那些用以满足最低库存持有要求而持有的工业库存。"③ 虽然动用能源战略储备的方式各不相同，但大致可以归为两类，即通过市场分配和依靠行政手段分配。美国的《能源政策与节约法》规定，石油战略储备的动用和分配在能源部部长向国会提交的石油储备计划中提出，总的原则是竞价销售。即：基本依靠市场来完成，以招标购买方式大原油拍卖给出价最高的购买者。美国采用这种方法，既是出于其市场经济的理念，也是由于石油购买商数量庞大，采取行动手段分配比较困难。但是，为了防范市场分配可能出现的缺陷，《能源政策和储备法》也规定，在"极端情况"发生时，能源部长有决定权10%销售量的买主，销售价格为市场价格的平均值。尽管美国基本上是采取依靠市场分配的方法来分配储备，但是需要注意的是，对其储备是否动用享有决定权的只有总统一人。"国会对总统动用储备提出的限制是，无论怎样动用，战略石油储备总量都必须保持在5亿桶以上，一次释放的储备总量不得超过3 000万桶，且必须在2个月内全部释放完毕。历史上美国战略石油储备的动用出现过四种方式：紧急动用（Emergency）、实验性销售（Test Sales）、原油置换（Crude Oil Exchange）和非紧急销售（Non-Emergency Sales）"。④

（七）能源战略储备的管理、融资与运营

1. 能源战略储备的管理。各国能源战略储备的管理模式不尽相同。美国石油战略储备实行"能源部、石油储备办公室、储备基地"三级管理模式，运行

① 国际能源机构：《国际能源机构应对石油供应紧急状况体系》，2008年12月，http://www.iea.org/textbase/nppdf/free/2008/fs_response_system_chinese.pdf，第3页。

② 国际能源机构：《国际能源机构应对石油供应紧急状况体系》，2008年12月，http://www.iea.org/textbase/nppdf/free/2008/fs_response_system_chinese.pdf，第11页。

③ 国际能源机构：《国际能源机构应对石油供应紧急状况体系》，2008年12月，http://www.iea.org/textbase/nppdf/free/2008/fs_response_system_chinese.pdf，第8页。

④ 《美国、德国和法国的石油储备》，中华人民共和国外交部网站2004年10月26日。

中实行严格的计划管理，其石油战略储备建设和石油收储资金主要来自财政拨款。“日本石油储备采取经济产业省资源能源厅、国家石油储备中心、国家储备公司（或民间储备）、储备基地四级管理模式”①，其运行也实行严格的计划管理。

德国于1978年在汉堡成立了石油储备协会（EBV）。德国石油储备协会的最高权力机构是会员大会，并下设有监事会和理事会。德国石油储备协会的日常工作是由理事会负责处理的。根据德国《石油及石油制品储备法》的规定，石油储备协会承担国家法定的石油储备义务，其储备量为3年（或上一年）日平均进口和炼油量的90倍，即保证德国90天成品油供应需求。储备品种为汽油、中间馏分油和重油（燃油）。其中成品油和原油各占一半。另外，按照1981年生效的《发电厂设备规定》，各燃油发电厂必须拥有能满足30天正常发电的燃油设备。实际上，在1998年之前，德国各石油及成品油进口贸易公司和炼油厂还承担着法定的15天储备义务。

法国则专门成立了法国石油战略储备行业委员会。该协会的唯一任务就是建立和维持国家的战略石油储备。

2. 能源战略储备的融资。融资对建立能源战略储备制度具有至关重要的意义。各国筹措资金的方法各有千秋。

美国政府长期包揽了建立能源战略储备制度的资金投入，其中购买石油的费用、储备设施建设与维护费用、管理费用分别占75.4%、22.9%、1.7%。为了减轻巨额的能源战略储备费用给财政带来的沉重负担，美国政府正在探索战略石油储备商业化的道路。

德国法律规定，国家战略石油储备费用由政府承担，石油储备协会储备石油的费用来自银行贷款和会员缴纳的会费，企业储备费用则由企业自理。但石油储备协会的银行贷款实际上最终仍是由国家来承担的。根据规定，石油储备协会不需要偿还其所获得的银行贷款，只是需要支付贷款利息，在因国家法律修改而解散的情况下，其债务由政府承担。此外，石油储备协会的另外一个资金来源亦非常有保障，德国石油储备法规定所有炼油厂、石油进口公司和经销公司是EBV的法定会员，会员必须在每月底前向协会申报本月进口或生产的数量和品种，并于下月底前缴纳相应的会费。会费标准的制定和修改由会员大会决定后经联邦经济部长与财政部长批准。但是，值得注意的是，德国石油储备协会的法定会员定期所缴纳的会费最终实际上是由消费者承担的，石油储备协会的会员依法可以将其缴纳的会费纳入石油商品的售价中，仅需在发票上注明“此价格含法定储备

① 杨彬：《关于建立战略石油储备的思考》，载于《北方经贸》2006年第8期，第116页。

费用”即可。

日本政府石油战略储备资金主要来源于政府开征的石油税，政府对其能源政策中有关部门的石油项目设立了专门账户，该资金主要用于JNOC购买储备所需的原油建造国家储备基地和国家石油储备工程管理。而民间石油储备资金则由各企业自行承担，但费用给予必要的财政金融支持，但是，“政府通过日本石油公司对石油公司的资助过于包揽，即不管其是否真正发现了石油均给予资助”。而这种做法又被证明是低效和代价高。据最新报告显示，266家从日本石油公司接受资助的企业中154家已经破产，剩下的112家公司中只有13家没有因负债陷入困境。

3. 能源战略储备的运营。虽然能源战略储备的经济效益不是建立该制度的优先考虑事项，它只能是在保障国家能源供应安全的前提下适当顾及。但是，能源战略储备实施及储备资源管理的高额成本，促使各国开始对其能源战略储备进行经营，即在国际石油价格走高时卖出部分储备能源，价格走低时再买入能源，以提高其管理效益。如美国为降低石油战略储备费用，曾于20世纪90年代中期国际石油价格走低时卖出部分战略石油储备。德国也曾于1997年提出出售全部联邦储备的方案，以减少对战略石油储备的开支负担，2000年德国政府决定不再保留政府石油储备，并将其储备的700万吨石油售出。根据德国法律规定，德国石油储备协会可在不干扰国内油市的前提下，将其超过义务储量的储备油出售，收入归已，尽管该项收入数额并不大，但是石油储备协会在购买储备油和超额油时，可免交“石油税”和“增值税”。①

（八）加强与国际能源机构成员国及其他国家的协调与合作

各国都非常重视同他国之间在能源领域的协调与合作。国际能源机构建立能源战略储备制度的目的也旨在构建一个国际能源安全网络。目前，国际能源机构的成员国已由最初成立时（1975）的16个国家发展至26个（2002），欧洲共同体委员会也参加会议。该机构各成员国根据相互协议分享石油库存，限制原油消耗，向市场抛售库存等。

日本为了在确保其能源安全的同时，提高能源战略储备的管理效益，其经济产业省拟定的《国家能源新战略》提出：“重视石油和天然气储备且储备充足，并提出应在亚洲国家加强石油储备的基础上，建立相互调剂余缺的亚洲石油储备机制。”美国国会1975年通过的《能源政策与节能法》决定美国加入国际能源机构。美国国际能源政策为维持其石油紧急储备数量充足，“一方面要求国际能

① 《美国、德国和法国的石油储备》，中华人民共和国外交部网站2004年10月26日。

源机构的成员国承担各自应该维持的紧急供应储备的义务；另一方面和亚太经合组织等其他机构保持合作，以敦促其他大的进口国增加它们的石油储备。”① 德国政府通过参与国际能源机构框架内的多边合作，建立双边、多边、地区性或国际性石油能源合作机制，鼓励能源企业到国外去发展，通过贸易、投资和吸引资金等形式与石油开采国建立“相互依赖”的关系，来谋求更为稳定的能源安全保障网。

二、中国建立能源战略储备制度实践与立法评价

从20世纪70年代首次国际石油危机爆发到20世纪90年代中期，先后三次国际能源危机均未对中国产生明显影响。但是，随着中国改革开放的不断深入，尤其是加入WTO之后，中国国内能源市场的波动受国际能源市场影响日益明显，最近一轮的国际油价上涨对中国的波及和国内油价的涨幅已经充分印证了这一点。诸多发达国家在历次国际能源危机的冲击中，逐步建立和完善了自己的能源战略储备制度，以降低国际能源危机对国内社会经济的冲击和影响。然而，作为世界第二大能源消费国的中国，却是少有的没有能源战略储备的国家。

（一）中国构建能源战略储备制度的必要性、迫切性

早在20世纪80年代就有人探讨中国应否建立能源战略储备制度，其焦点集中在石油战略储备方面。但是，那个时代的中国尚是一个能源出口大国，对外开放程度较今天而言还存在明显的局限性，因而国内能源市场基本上不受国际能源市场的影响。而且，在那一历史时期能源供给基本上仍是政府行政配置，计划经济色彩还很浓厚。构建能源战略储备制度的理由似乎不是那么充足，能源战略储备制度的构建就这样被搁置起来。

自1993年开始，中国开始由一个原油出口国转变为一个原油进口国，对外依存度逐年提高，原油、成品油、天然气等能源的进口更是急剧增长。从2000年到2004年，中国原油、成品油、液化石油气的进口情况看，中国能源进口几乎年年大幅增加，2004年进口原油数量为1999年的2.3倍，金额增加6.3倍。中国原油进口依存度也由1995年的7.6%增加到2003年的34.9%，成为全球第二大石油进口国。2004年中国对原油的进口依存度进一步攀升至42.8%，原油消费占世界6.9%。当前中国石油需求对国外供应依存度较高，也说明国际石油

① 罗振兴：《美国在中亚—里海地区的能源政策评析》，载于《美国研究》2005年第2期，第119页。

危机对中国当前的现实影响及未来一定时期内的潜在威胁，在风云变幻的国际政治格局中，如何确保石油的稳定供应，已经成为一个现实问题。而2008年年初，中国南方遭遇的冰雪之灾，又再次彰显除石油之外煤炭供应安全在国民经济和社会发展中的重要性，而这次凸显的煤炭储备不足将危及应对突发事件的能力。目前，中国大部分地区尚未建立起煤炭储备机制，即使已经建立起来的，储备数量也非常有限，无法在煤炭供应短缺时通过动用储备煤炭平抑价格、稳定市场。而煤炭储备机制的缺位也是煤炭供应过剩与煤炭供应短缺现象频繁交替出现的重要原因之一。

更为重要的是，中国已经正式加入了世界贸易组织。这意味着中国承诺遵守WTO的规则约束，将全方面地开放国内市场。能源市场自然也不例外。加入WTO使中国能源安全保障“机遇与挑战”并存。良好的契机在于世界贸易组织对规定的某些条款，不仅会促使中国在更高标准要求之上加强并改善能源资源管理，促进能源的可持续发展和良好的能源环境保护，也有助于中国积极开展对外能源合作，保障国家能源安全。然而，贸易自由化对中国能源发展的潜在负面影响也是始终存在的，尤其是在国内能源需求持续增长的情况下，很显然，能源问题已经从国内问题演变成了国际问题。这就需要从观念和体制上适应这种形式的变化。作为拥有13亿庞大人口的发展中国家，中国能源安全的保障正面临这来自内部发展和外部影响的双重挑战。美国、日本、欧盟等国家和地区经过历次国际能源危机的考验，无论是经济结构还是应变能力，都有很大提高，且均非常重视并建立了自己的能源战略储备制度，而中国无论是在产业结构还是在技术水平上，都尚不能适应这种竞争格局。那么，如若中国继续没有完善的国内能源战略储备，其潜在的风险是可想而知的。

（二）中国建立能源战略储备的初步实践

1996年全国人大通过的《国民经济第九个五年计划和2010年远景规划》中就明确提出，要“建立国际战略石油储备，维护国家能源安全”。中国《能源发展“十一五”规划》应急体系建设部分提出，“未来5年内，中国要加快政府石油储备建设，适时建立企业义务储备，鼓励发展商业石油储备，逐步完善石油储备体系。”2003年4月，国家发改委成立能源局，明确赋予其管理国家能源战略储备的责任，2007年12月18日，经国务院批准，国家石油储备中心正式成立。这是中国石油储备管理体系的执行层，宗旨是为维护国家经济安全提供石油储备保障，职责是行使出资人的权利，负责国家石油储备基地建设和管理，承担战略石油储备收储、轮换和动用任务，检测国内外石油市场供求变化。

2003年国家战略石油储备问题首先被提上了议事日程。从2004年开始，中国政府石油储备工程正式启动，浙江宁波镇海、舟山，山东黄岛和辽宁大连四个首批入围的国家石油战略库全面动工。届时，宁波镇海石油储备基地将从 1 000 万桶的储存量开始，最终达到 1.5 亿桶的储备量。2006 年 10 月 6 日，国家能源领导小组办公室副主任徐锭明在北京透露，中国已经开始向建设总投资约 37 亿元，储备能力为 520 万立方米的镇海石油储备基地注入原油。[①] 在国家能源战略储备计划正式启动之后，地方政府也开始谋划建设自己的能源战略储备体系。如广东省出台的《广东省石化工业 2005 ~ 2010 年发展规划》提出了在惠州、茂名、湛江或珠海等地点选点建设国家储备油库的计划，并已向国家发改委能源局和国家石油储备办公室递交了申请。据报道，2007 年 11 月四川储备物资管理局与万州区政府签订投资协议，将在万州投资建设国家战略石油储备库项目，这是迄今在西南地区首个曝光的战略石油储备库，同时也是西南地区一处重要的战略石油储备选址地。[②]

此外，2005 年 6 月下发的《国务院关于促进煤炭工业健康发展的若干意见》明确提出要建立煤炭资源战略储备制度。目前，一批煤炭储备基地正在建设之中。上海市提出以天然气储备为主，辅之以石油、煤炭和新能源设备。山东省将定位于建设中国煤炭储备基地。尤其是在经历了 2008 年年初中国南方冰雪灾害中“保电煤”的考验之后，一些地方日益重视煤炭战略储备建设。尤其是煤炭资源大省山西，从煤炭供应紧张中缓过劲之后，即开始酝酿构建煤炭资源的战略储备体系。其中，陕西省政府发展研究中心的一份研究报告构想的煤炭资源战略储备体系包括三个层面：资源储备、现货储备和产能储备。[③] 但是，整体上看，目前中国的能源战略储备体系还是以商业储备为主，国家战略储备体系刚刚起步。

从当前国内能源战略储备的实践情况来看，与国际社会主要发达国家能源战略储备制度相比较，突出的问题主要表现在：

1. 储备额度明显偏低。目前总储油规模为 1 000 万 ~ 1 200 万吨，计划于 2008 年基本竣工，届时将形成共约 10 余天消费量的石油战略储备能力，再加上全国石油系统内部 21 天的商用石油储备能力，储备能力约为 30 天的进口量。中国国家发展和改革委员会副主任陈德铭在博鳌亚洲论坛 2007 年年会上透露，到 2010 年中国将建成相当于 30 天进口量的石油战略储备规模。[④]

2008 年年初中国南方地区遭受了冰雪灾害，导致能源运输严重受阻，由于

---

① 《中国战略石油储备基地已注入第一桶国内原油》，新华网 www. news. com，2006 年 10 月 8 日。

② 《战略石油储备布局内地，四川将建战略石油储备库》，新华网 www. news. com，2007 年 11 月 27 日。

③ 《山西省构建煤炭资源战略储备体系》，中华商务网 www. chinaccm. com，2008 年 4 月 2 日。

④ 《中国将建立相当于 30 天进口量的石油战略储备》，新华网 www. news. com，2007 年 4 月 21 日。

电煤储备不足，湖南郴州等严重受灾区域不同程度地面临煤炭安全供应问题，一些地方的火力发电厂不得不停止发电，如2008年1月24日贵州宣布进入大面积二级停电事件应急状态，这不但进一步体现煤炭在保障国内能源供应安全中的重要地位，而且充分反映出煤炭储备能力及调控机制本身存在的诸多问题。目前中国发电总量的70%尚来自于火力发电，对煤炭依赖程度依然较高的现实状况说明，一旦电煤供应不足很容易造成大面积的限电、停电现象。德国媒体报道，中国的煤炭储备只够未来的12天，这比一个月前又减少了3天。到4月20日止，中国官方统计的煤炭库存数量比3月初约减少了630万吨，下降到4 669万吨，降幅为12%。特别是河北、安徽、重庆等省份，煤炭库存量已下降到不足消耗一周的水平。对此现象，早有煤炭专家呼吁尽快建立煤炭储备机制。根据北京市发展和改革委员会《2007年北京市国民经济和社会发展报告》，北京市制定了《北京市电煤供应管理暂行办法》，电煤四方协调机制进一步完善，煤炭产运需衔接须进一步加强，2007年1～10月全市电煤库存保持在正常天以上的天数占70%，创历史最好纪录，同时完善冬季煤炭储备制度，在过去20万吨供暖煤炭储备的基础上，增加10万吨电煤储备，用于供暖和发电。

2. 储备形式与储备种类，均较为单一。“中国的石油储备多以石油罐的形式储备，除了储量的局限性，其实还不完全具备真正意义上的战略保障性。”[①] 于2007年12月4日发布的《中华人民共和国能源法（征求意见稿）》设专章“能源储备”对拟构建的中国能源战略储备制度作了制度设计。该草案强调能源设备应包括能源产品储备和能源资源储备，其中，能源产品储备包括石油、天然气、天然铀产品等；能源资源储备包括石油、天然气、天然铀、特殊和稀有煤种等资源；[②] 国家能源产品储备分为政府储备和企业义务储备；[③] 省级人民政府可根据需要建立本地区的能源产品政府储备；[④] 等等。值得一提的是，该草案还在“能源储备”一章中特设一条“石油储备建设及管理”对石油的政府储备和企业义务储备作了专门规定，由此可以看出当前政府及社会各界对构建石油储备的重视程度显然高于煤炭等其他战略能源。我们不怀疑重视石油战略储备的重要性和迫切性，但是，同样需要看到煤炭等资源战略储备建设的迫切性。

3. 国际能源合作尚须进一步拓展空间。2007年12月13日中美两国政府宣布，中美已经同意加强在战略石油储备建设和治理方面的合作，其中包括与国际能源机构的合作。美国财政部长强调协调战略石油储备的使用可以在供给中断时

① 蒋万全：《石油战略储备：期待本质安全》，载于《中国石油报》2007年8月16日。
② 《中华人民共和国能源法（征求意见稿）》第63条。
③ 《中华人民共和国能源法（征求意见稿）》第64条。
④ 《中华人民共和国能源法（征求意见稿）》第68条。

增加石油进口的能源安全，但是中美双方都没有对合作内容作出进一步说明。[①]近年来，中国能源外交，尤其是石油外交全面展开，中东地区在近期内仍将是中国进口石油的主要源地，但是，中东地区时局的激烈动荡和变化促使中国积极拓展能源供应渠道。中国与俄罗斯、非洲、南美洲、中亚等地区的能源外交业已展开，2004 年胡锦涛出访非洲三个重要的产油国——埃及、加蓬和阿尔及利亚。随后，阿尔及利亚和埃及与中国签署了石油合同，而中石化将首次从中非国家加蓬进口石油。而中哈石油管线——西起哈萨克斯坦里海沿岸的阿特劳，经肯基亚克和阿克苏，最终到达中国新疆的独山子石化公司，全长 3 000 多公里，投资 30 亿美元，输油能力达到 2 000 万吨——堪称中国能源外交的典范，它可以将中亚里海地区和俄罗斯的石油输送到中国。

在国际能源合作方面，有关国际组织的作用是不容忽视的，如石油输出国组织（OPEC），能源进口国之间的组织国际能源机构（IEA）设立了石油紧急共享机制。而能源进口国与能源出口国之间的对话和合作机制包括国际能源会议、世界能源理事会、世界石油大会和世界能源宪章等。也有一些能源合作是在有关国际组织的论坛和对话框架内进行的，如八国集团、亚太经合组织、东盟等。尽管中国与全球和区域层面的国际能源组织几乎都有合作，但主要是一般性合作和对话性合作，实质性的合作并不多。

（三）能源战略储备制度良性发展的制度因素

能源战略储备制度的建立和健全，并不是一蹴而就的事情，这是一项长期而复杂的系统工程。而且在建设过程中，受国际国内两个能源市场的影响，其间的变数始终是存在的，这直接影响到中国的能源战略储备系统在应对突发情况时，是否及时、有效、安全和可靠。为提高预防和处置突发公共事件的能力，国务院已经编制了《国家突发公共事件总体应急预案》，目标是：“在‘十一五’期间，简称覆盖各地区、各行业、各单位的应急预案体系，健全分类管理、分级负责、条块结合、属地为主的应急管理体制”[②]，“加强与有关国家、地区及国际组织在应急管理领域的沟通与合作，参与有关国际组织并积极发挥作用，共同应对各类跨国或世界性突发公共事件。”[③]

但是，随着中国能源战略储备制度的全面展开，法律制度的欠缺已经成为制约该项制度理性发展与良性运行的重要制度障碍。在现行《矿产资源法》、《煤

---

① 《中美首次达成合作意向，战略石油储备机制协调破冰》，www. czsi. gov. cn，2007 年 12 月 18 日。

② 《国务院关于全面加强应急管理工作的意见》（国发［2006］24 号）（二）“工作目标”。

③ 《国务院关于全面加强应急管理工作的意见》（国发［2006］24 号）（二十四）“开展国际交流与合作”。

炭法》等法律中难以为建立能源战略储备制度找到必要法律依据。2006 年商务部发布的《原油市场管理办法》、《成品油市场管理办法》，旨在加强原油、成品油市场监督管理，规范原油、成品油经营行为，维护原油、成品油市场秩序，保护原油、成品油经营者和消费者的合法权益。虽然这些规定有助于稳定国内能源市场，但是也不足以为能源战略储备制度提供法律基础。2007 年 12 月 4 日发布的《中华人民共和国能源法（征求意见稿）》首次在国家立法中明确提出设立能源储备制度和能源应急制度。

三、构建中国能源战略储备制度的立法建议

从该制度产生的历史背景和各国的实践情况来看，构建符合国情的能源战略储备制度对保障中国未来之能源安全具有战略意义。因此，本章拟在剖析中国能源战略储备制度供给不足之基础上，结合国外能源战略储备制度的立法经验，试提出构建中国能源战略储备制度的立法构想。

毫无疑问，为中国能源战略储备制度的健康发展提供必要的法律制度支撑，利用法律和财政手段规范政府和民间石油储备的义务和权利，对国家石油战略储备的建设、维护、使用作出明确规定，健全和完善一整套石油战略储备管理体系，是当务之急。中国也已经启动了能源基本法、石油天然气法的制定、1996 年《煤炭法》的修改等相关能源立法工程。但应当注意的是，中国建立能源战略储备制度的时机与条件明显不同于发达国家，除受制于国家财力等因素限制外，国际能源市场远比 20 世纪 70 年代复杂得多。虽然当前中国已有一批石油储备基地，煤炭储备基地、天然气储备基地正在建设之中，但国际能源市场能源价格波动剧烈，价格不断攀升。在这样的时代背景下，促使中国能源战略储备制度理性发展，其重要性不言而喻。因而，中国应以当前能源立法为契机，对能源战略储备制度作出明确的法律规定。能源战略储备制度的基本内容至少应涵括以下内容。

（一）明确能源战略储备制度的基本定位

能源战略储备制度是国家建立国家能源安全应急机制的重要组成。据中国能源结构的特点，从国内外应对能源安全的经验来看，能源战略储备制度的基本定位应在于提高能源供给的安全性、可靠性、经济性，提高国家在变动中的世界经济格局中处置能源经济波动和突发事件的能力，降低能源市场剧烈波动对社会经济的强烈冲击。

（二）能源战略储备规划的制定与适时调整

为促使能源战略储备制度有序发展，制定科学的国家能源战略储备规划是不可替代的工具手段。中国制定能源战略储备规划，应由政府统筹规划，科学论证，合理布局，分步实施，逐步扩大储备规模，形成符合中国国情的能源战略储备体系。在国家能源战略储备规划中，明确划定重要能源资源国家规划区、重要经济价值矿区，确定特殊的能源品种，实施统一规划和保护性开采，应有计划地将那些勘探好或开发好的油气田、矿山封存或减量开采，或把开采成本高于进口价的边际性油气田、矿山等作为探明储量储备于地下，暂时不予开采，以作为战略储备资源。其中，就煤炭资源而言，"必须改变目前中国煤炭资源的无序开采和盲目扩大出口导致优质资源肥水外流的状况，立足优质煤炭资源的保护性开发和在规划阶段建立煤炭资源的战略储备制度。同时，在经济全球化特别是资源全球化的新形势下，中国能源供应需要在一个更加开放的体系中配置，煤炭资源供应的国际化延伸战略与资源保护性开采和储备战略，是当前中国煤炭资源开发最迫切实施的战略"①。

（三）确立合理的能源战略储备体系，选择符合国情的储备模式

从国外建立能源战略储备制度的经验来看，纯粹的官方能源战略储备体制，能源储备调用迅速，但是国家资金占用量大，管理程序非常复杂，且灵活运用市场机制提高管理效益的能力明显较弱。相比而言，政府储备与企业储备相结合的模式，较好地改变了这种状况，也是国际社会的通行做法。而且，像日本现行能源战略储备制度也是在最初主要由企业进行储备的基础上形成的。1971～1974年间在政府的干预下日本民间石油储备开始实施，具有民间储备义务的包括石油精制业、石油买卖业以及石油进口业的从业者。而且，日本民间储备在1981～1988年间一直高达90天。虽然自1993年其日本政府开始削减民间储备任务，但迄今其储备任务仍高达70天。

从中国国情和能源供需现状来看，建立政府储备和民间企业储备相结合的模式具有更强的可行性，而且，发动民间企业能源储备不失为提升中国能源战略储备能力的一条捷径。政府可以通过财政、税收、金融等调控手段支持企业进行能源战略储备设施建设。中国能源战略储备应当兼顾安全、经济、可靠等多方面的约束要求，能源储备基地应分散布局，储备方式因地制宜。

---

① 卢新德：《研究煤炭资源全球战略的力作——评〈论中国煤炭储备与供应国际化延伸战略〉》，载于《山东工商学院学报》2006年第4期，第122页。

（四）能源战略储备种类的多样化

目前，中国对石油的需求仍在迅速激增，对国外的依赖程度也较其他能源要高。但是，中国石油储备数量却极为有限。加强石油战略储备无疑要成为中国能源战略储备的重点领域。但是，中国能源结构中煤炭仍占有相当高的比重，中国能源战略明确提出在今后相当长一段时期内仍将以煤炭为基础能源，更何况中国历次国内能源市场的波动也均与煤炭资源有关。这意味着煤炭作为战略资源对中国能源安全的潜在影响不可低估。事实上，石油短缺已成为一种事实，而煤炭在稳定国际能源市场中的地位在不断提升。在未来的几十年内，在石油资源日趋枯竭的时刻，世界范围内煤炭资源作为一个主要能源的时代将再次出现，煤炭的竞争将变得十分激烈。美国、日本虽然资源禀赋迥异，但都日益重视煤炭在保障其国家能源安全中的重要作用，煤炭战略储备量不断提升。因而，在建立能源战略储备制度中，片面追求、夸大石油战略储备的功效，忽视其他种类能源战略储备的做法是不可取的。显然，煤炭战略储备在中国能源战略储备制度中应占有举足轻重的地位。除了石油、煤炭资源外，中国能源战略储备的能源类型还应包括天然气、铀矿等重要或稀有的能源资源品种。

（五）合理确定与适时调整能源战略储备定额

世界各国并无绝对统一的能源战略储备数量。目前，中国国内对能源战略储备的数量问题也无一致意见，而且，缺乏对不同种类能源战略储备数量的统筹安排。其中，就石油战略储备的数量而言，意见也不统一。同时根据中国对进口原油的依赖程度，有的专家预测政府石油储备数量应以达到全国当年约 90 天的净进口量为宜，也有专家认为达到 60 天的进口量即可。此外，在企业储备定额问题上也尚无一致的看法。实质上，各国对能源战略储备目标的管理是动态的。影响各国确定或调整其能源战略储备目标的因素主要有：国际能源供需状况与变化趋势、国际能源市场的变化、国际能源机构规定的能源储备义务、本国企业储备的规模、能源储备资金的筹措等。因而，加强能源市场调查研究是合理确定中国能源战略储备量的重要前提。

（六）能源战略储备的动用与应急程序

授权有关能源行政主管部门建立相应的能源安全预警机制，划分预警等级，制订相应的预警方案。只有在能源市场出现动荡或突发性事件发生致使国家能源安全达到一定预警等级或相关国家或地区之间为进行能源安全合作需要协调行动之时，能源战略储备方能动用。而且，一旦能源安全应急程序启动，各级人民政府及相关部门、公民、法人和其他组织均负有协调、配合运作的义务。但要使广大企业和能源用户普遍能从释放能源战略储备中获得必要的安全和确切的实惠，完善能源战略储备应急预案以及建立企业化的能源安全应急机制非常必要。

（七）能源战略储备的管理与运营

如果与有关专家所预测的一样，中国政府石油战略储备量应当以达到全国当年约 90 天的净进口量为标准，石油战略储备总量大概会在 3 500 万吨左右。而要完成上述这样一个安全储备量，大约需要建 15 个 500 万吨的石油战略储备库。显然，构筑完备的能源战略储备体系必然要有可观的资金予以支撑。以石油储备为例，有人提出“国家石油储备必须实行政府储备与民间储备相结合的储备模式，实行高度集中、统一管理的管理体制，及政府储备和民间储备分开运行的运作管理模式”[①]。但从国际社会的经验来看，提高能源战略储备的管理效益已经呈现出明显的发展态势。对正在构建能源战略储备制度的中国而言，能源战略储备自然也是一项长线工程，能源战略储备实现必要的保值与增值是保证能源战略储备有效实施的重要因素。

① 孙国强：《石油战略储备管理模式的建立》，载于《北京石油管理干部学院学报》2006 年第 3 期，第 13 页。

第十二章

中国能源安全预警与应急法律机制的构建

一、问题的提出

近年来，能源安全问题逐渐成为中国各界所关注的一个重要议题。关于什么是“能源安全”，众说纷纭，目前还没有一个公认的定义。其实，能源安全是一个内涵广泛而且不断演化的概念，它依赖于各国安全观念的变化以及人类对能源安全问题的认识程度。随着安全价值观的变化和对能源安全认识的发展，各国在不同时期采取不同的能源安全战略。在20世纪70、80年代，能源安全是指减少石油进口并防范与石油进口有关的风险。而现在，这一术语还涵盖到其他类型能源的供应安全、能源使用引起的环境损害、针对能源设施的恐怖活动，以及能源价格波动等风险，这些风险都有可能影响以合理的价格和环境友好的方式持续的供应和使用能源。

当前，一般认为，能源安全可概括为：一、能源的经济安全（供应安全），是指满足国家生存与发展正常需求的能源供应保障的稳定程度；二、能源的生态环境安全（使用安全），是指能源消费及使用不应对人类自身的生存与发展环境构成任何大的威胁。[①] 其中，能源供给保障是国家能源安全的基本目标，是“量”的概念，是相对于一定的时间并受一定的技术经济水平限制的，而能源的使用安全则是国家能源安全更高目标，是“质”的概念，它实质上涉及可持续

① See Hanns. W. Maull, *Raw Material*, *Energy and Western Security*, The Macmillan Press Ltd 1984, P. 4.

发展问题。[①]

由此可见，能源安全问题不限于一国境内，而是一个国际性的问题。能源安全所涉及的外部（地缘政治）、内部（运转和投资）以及时间（短期、中期和长期）要素，则要求以一种多维度的政策来保护能源体系免于崩溃。在此背景下，国家就要特别对影响能源供应和使用的各种因素进行动态监测并研究其变化规律和发展趋势，当能源供应和使用可能出现严重危机时，发出预警信号，并采取一定应急措施对能源供应和使用进行适当调控，来保护本国的能源体系免于崩溃。这种机制的法律表现，就是能源安全预警与应急法律机制。

当前，建立健全统一指挥、功能齐全、信息通畅、反应灵敏、保障有力、运转高效的能源安全预警和应急法律机制，是确保中国能源安全所必不可少的一项措施；其制度构建更是当务之急。为此，强调构建中国能源安全预警与应急法律机制的现实必要性，找寻构建该机制的理论基础，借鉴国外相关实践经验，并在此基础上设计中国的能源安全预警与应急法律机制意义重大。

二、构建中国能源安全预警与应急法律机制的现实必要性

目前，中国正处于经济社会高速发展时期，经济的快速发展、工业化和城市化的不断深入，对中国能源的供应和使用安全提出了更高的要求。然而，中国能源供应和使用过程中的不稳定和不确定因素在持续增加，能源安全预警与应急机制尚未健全，这使得中国的能源安全面临着更大的风险。

（一）中国能源供应和使用过程中不稳定和不确定的因素在增加

1. 能源需求不断增长，能源供求关系继续紧张。中国能源资源总量比较丰富，但人均占有量较低，特别是石油、天然气人均资源量仅为世界平均水平的7.7%和7.1%。随着国民经济平稳较快发展，城乡居民消费结构升级，能源消费将继续保持增长趋势，资源约束矛盾更加突出。[②] 从2003~2006年中国初次能源生产量分别为48.9、56.4、63.0和67.7兆英热单位（Quadrillion Btu），而初次能源消费量分别为50.6、60.0、66.8和73.8兆英热单位（Quadrillion Btu）。[③④] 可见，近年来中国能源缺口不断扩大，能源供求关系继续紧张。

① See David Deese and Joseph Nye, *Energy and Security*, Ballinger Publishing Co. 1988, P. 5.

② 参见中华人民共和国国家发展与改革委员会：《能源发展“十一五”规划》，2007年4月。

③ 1兆英热单位（Quadrillion Btu）约等于2.93兆亿千瓦/时。

④ U. S. A Energy Information Administration（EIA），*China Energy Profile*, available at http://tonto.eia.doe.gov/country/country_time_series.cfm?fips=CH#prim.

2. 能源对外依存度不断上升，能源进口供应链欠安全。一方面，中国石油对外依存度从1995年的7.6%增加到2000年的31%。2003年中国石油消耗量为2.1亿吨，其中进口9 112万吨，石油对外依存度为35%。2004年石油消耗量为2.85亿吨，其中进口1.2亿吨，对外依存度上升到42%。到2010年，中国石油需求量预计将达到3.5亿吨，其中50%左右需要进口。到2020年，中国石油需求量预计将为5亿吨，其中60%需要进口。中国能源对外依存度不断增高和国际能源市场的不可预测性，将给中国的国家安全和经济安全带来巨大威胁。[①] 另一方面，中国能源进口来源地比较单一，供应链存在威胁。中国进口石油的70%的来自中东地区，90%以海运方式进行，其中的60%要经过马六甲海峡这条咽喉要道。中东地区政治形势复杂多变，马六甲海峡地缘政治复杂，海盗猖獗，过分依赖这条通道对中国的能源安全无疑是潜在的重大威胁。[②]

3. 能源结构不合理，能源环境问题日趋严重。煤炭消费占中国一次能源消费的69%，比世界平均水平高42个百分点。以煤为主的能源消费结构和比较粗放的经济增长方式，带来了许多环境和社会问题，经济社会可持续发展受到严峻挑战。二氧化硫和二氧化碳排放量已居世界第一位，而以燃煤为主的能源结构是造成大气质量严重污染的主要原因。据统计，烟尘和二氧化碳排放量的70%、二氧化硫的90%、氮氧化物的67%来自于燃煤。20世纪90年代中期酸雨区面积比80年代扩大了100多万平方公里，年均降水PH值低于5.6的区域面积已占全国总面积的30%左右。由于较严重的环境污染，造成高昂的经济成本和环境成本，并对公众健康产生较明显的损害。国内外研究机构成果显示，大气污染造成的经济损失占中国GDP的3%～7%。[③]

4. 能源技术相对落后，能源利用效率低下。中国能源技术虽然已经取得较大进步，但与经济发展的要求相比还有较大差别。可再生能源、清洁能源、替代能源等技术的开发相对滞后，节能降耗、污染治理等技术的应用还不广泛，一些重大能源技术装备自主设计制造水平还不高。与发达国家相比，中国能源利用效率很低。据测算，中国每创造1美元GDP所消耗的能源分别是美国的4.3倍，日本的11.5倍，意大利的8.6倍，法国和德国的7.7倍。能源利用率仅为美国的26.9%，日本的11.5%[④]。能源利用效率的低下，一方面增加了能源消费的总量；另一方面带来能源环境污染问题，影响能源安全。

---

① 参见高辉清编写：《中国能源战略发展报告》，载于《财经界》2005年第12期，第50页。

② 参见李伟安、柳文：《中国能源发展备忘录》，载于《决策与信息》2006年第5期，第6页。

③ 参见付瑶：《中国能源安全现状与对策》，载于《合作经济与科技》2007年4月号上，第69页。

④ 参见雷仲敏：《能源形式与能源战略》，载于《资源与发展》2005年第3期，第13页。

（二）中国能源安全预警与应急法律机制尚未建立

机制是以系统为载体，以一定的规则规范系统内部各个组成要素之间的联系、协调各要素间的关系，以维护和发挥系统整体功效为目的的规则、程序的总和。法律机制，是指从法律规范的形成、实施到产生调整社会关系效果的整个运行过程的综合原理。法律机制有系统和过程的意义，它是从法律的各个方面的系统性联系和从法律的动态上来考察法律对社会关系的调整功能的运行过程。[①] 可见，法律机制是有机系统与动态过程的统一体，它从联系而非孤立、从动态而非静态的角度上关注法律在现实社会中的运行状态及其实施效果。

根据上述机制和法律机制的定义，结合能源安全的特点，我们认为能源安全预警与应急法律机制是指：对预防、应急处置能源危机及其事后恢复所产生的社会关系进行调整的相关法律原则、体制和制度组成的有机联系的综合体。能源安全预警与应急法律机制可以划分为结构体系与功能体系两个既独立又密切相关的系统。[②] 所谓结构体系，就是指一国预警与应急的内部运作体系，即决策、信息、执行、保障四大系统的处理机制。内在结构体系并非单纯的线性逻辑抑或平面关联，而是一个全方位、立体化、多层次和综合性的应急管理网络。所谓功能体系，主要是指对应于风险甚至危机的发展周期而在不同阶段所采取的措施，即预防、反应、恢复和总结等内容。功能性体系是结构性体系重要的外显性表征，但和后者不是一一对应的，而是方方面面的联系。

与中国能源安全面临的各种挑战相比，中国能源安全保障体系，特别是中国能源安全预警与应急法律机制的欠缺则更令人担忧。从近几年的油荒、电荒以及2008年年初的雪灾导致的大面积停电，可以看出中国能源应急能力还非常有限。以应对大规模电网事故和石油天然气供应中断为核心的能源安全预警与应急机制亟待完善。煤矿生产安全欠账比较多，电网结构不够合理，石油储备能力不足，有效应对能源供应中断和重大紧急事态的预警应急体系有待进一步完善和加强[③]。

具体来说，中国能源安全预警与应急法律机制的问题表现在以下几个方面：

1. 中国能源安全预警与应急机制的法制不健全。能源安全预警与应急机制的建立、能源安全战略的顺利实施和能源安全的实现，离不开法律的保障。能源安全作为一项事关国家与产业安全的战略性工作，必须做到法制化和规范化，通

---

① 参见王启富、陶髦主编：《法律辞海》（第三版），吉林出版社1998年版，第1063页。

② 参见甘华山：《政府危机管理模式下的突发公共卫生事件应急机制构建》，四川大学硕士学位论2004年，第12页。

③ 参见中华人民共和国国务院新闻办公室：2007年12月《中国的能源状况与政策》。

过立法，对能源安全预警与应急体制的机构、功能、原则、体制和制度等方面进行强制性的规范，以促进能源安全战略的建立和实施。发达国家在建立本国能源安全预警与应急机制的过程中，普遍坚持“立法先行”的原则，使能源安全预警与应急工作建立在法制的轨道上。

虽然《宪法（2004 年修订）》为进入紧急状态的方式应对非常态的能源风险和危机事件提供了宪法依据，能源、环境保护、安全生产等领域的法律和法规中也有部分内容涉及突发事件应急的规定，这些规定都可以用于调整能源安全预警与应急活动。但是，从总体上看现有的法律体系还存在诸多缺陷。首先，现行宪法对包括能源风险和危机等突发事件问题关心不够，宪法对国家能源安全预警与应急的义务和有关机关的职责的规定是原则的或隐含，而且紧急状态下应急权力的分配和底线没有明确规定。其次，缺乏全面调整能源安全预警与应急的综合性法律规定。中国的能源法律体系尚未建立，缺乏能源基本法，即使在现有的相关法律中，也很难找到与能源安全预警与应急有关的明确规定。最后，《突发事件应对法（2007 年）》从突发事件的预防与应急准备、监测与预警、应急处置与救援、事后恢复与重建等方面详细的规定如何应对突发事件，为应对能源风险，加强能源储备与应急管理提供了指导，但从该法对突发事件的界定来看似乎并没有将能源安全事件的应对纳入其中。由此可见，中国现有法律对如何构建能源安全预警与应急机制的规定非常欠缺。这种局面持续下去，必将阻碍中国能源安全目标的实现。

2. 中国的能源安全预警与应急体制有待完善。中国目前的能源管理体制不顺，条块分割，缺乏一个强有力的宏观管理和协调机构，在能源安全预警与应急方面更是如此。另外，能源企业大多为国企，历史遗留问题多，改革的难度大。2005 年 6 月，中国成立了由国务院总理任组长的国家能源领导小组，其作为国家能源工作的高层次议事协调机构，实际上是国家最高能源决策机构。[①] 2008 年 8 月 8 日国家能源局正式挂牌成立。国家能源领导小组和国家能源局的成立在一定程度上改变了中国能源管理体制混乱的局面。但拥有能源管理权限的部门还有商务部、国土资源部和电监会等，这种分散的能源管理体制不利于制定并实施科学、全面、统一的能源战略，导致能源方面的法律法规不相一致。煤炭工业下放地方管理，形成了高度的分散状态，石油、天然气及电力工业的垄断格局虽已打破，但竞争机制尚未真正形成，资源仍未得到合理配置。主要能源行业之间的整体规划及结构调整，也缺少统一的管理和协调。与此同时，分散的管理体制，对

① 参见魏和：《寄望国家能源领导小组》，引自 http：//www.cpechina.com/houtai/info_view.asp?id=1338。

国际能源供求的变化也难以及时采取有力的应对措施，更难以考虑可能发生的突发事故，例如，战争的威胁、海上禁运等。此种情形显然难以保障国家能源的长期安全。

3. 重要的能源安全与应急制度缺失。能源安全预警与应急体制，需要有一系列重要的能源安全预警与应急制度作为支撑。而中国由于能源安全预警与应急法制建设的落后，一些重要的能源安全预警与应急制度（例如应急预案制度、环境安全预警制度、信息沟通制度、应急保障制度、交流与合作制度）严重缺失。例如，为了应对国际事务的风云变化，以避免能源价格的剧烈波动对国民经济的稳定造成影响，发达国家的通行经验就是建立和健全本国的能源安全应急预案制度。中国自 2003 年 SARS 事件后，相继开始在公共卫生、环境、铁路、粮食、食品安全等领域建立了各种安全应急预案制度，但却迟迟未能建立起能源安全应急预案制度。近几年，中国已经意识到这个问题，开始建立本国的能源战略储备制度，但是由于对某些基本问题的认识上存在分歧，进展缓慢。

可见，导致中国能源供应和使用不稳定和不确定的风险逐年增多；但是，由于法制、体制以及制度等多方面的欠缺，中国根本无法对这些风险及其活动规律进行有效监测和及时预警，也不可能对各种不安全的情势作出快速正确的应对。在这种情况下，构建中国能源安全预警与应急法律机制已经是势在必行，刻不容缓！

三、构建中国能源安全预警与应急法律机制的理论基础[①]

从某种意义上讲，安全的对立面是非安全，亦即风险。与能源安全相对的，就是能源风险（或者是能源安全风险）。能源风险发展到了一定程度，就构成了能源危机。或者说，风险是常态的危机，而危机是极端的风险。能源安全的风险很多，归纳起来主要来自于以下六方面：资源、政治、经济、运输、军事以及可持续发展。[②] 这些方面的风险交互作用，共同影响一国能源的安全。要从制度设计的角度，通过建立合理有效的能源安全预警与应急法律机制，来防范各种能源风险的发生，及时应对和最大程度减轻能源风险的危害，必须对风险及风险社会的基本理论进行分析，以便为能源安全预警与应急法律机制的构建提供理论上的依据和指导。

---

① 本部分的论述得到了武汉大学环境法研究所李启家教授的启发，并参考了廖建凯著《突发环境事件应急法律机制研究》（武汉大学硕士学位论文，2006 年）第四章的部分内容，在此一并致谢。

② 参见吴巧生、王华、成金华：《中国可持续发展油气资源安全系统研究》，湖北人民出版社 2004 年版，第 3 页。

（一）风险、风险社会与风险社会理论

“风险”（Risk），就是发生特定危害事件的可能性及事件结果的严重程度。能源风险是指由自然原因或人类行为引起的，能对能源的供应和使用产生特定危害乃至毁灭性后果的风险。能源风险分为自然能源风险和人为能源风险，前者指自然界的客观运动引发地震、海啸、飓风等事件的可能性及其可能造成的能源供应和使用危害的程度；后者指人类行为（如战争、海盗、政局动荡、外汇浮动等）给能源供应和使用造成危害的可能性及其严重程度。

从现代社会来看，随着人类认识和改造自然能力的不断增强，人类的决策和行为成为风险的主要来源，风险的结构和特征也随之发生了根本性的变化。这主要体现在两方面：一是风险的“人化”，人类活动对社会生活和自然的干预范围和深度不断扩大和加深，人为风险超过自然风险成为风险结构的主导内容；二是风险的“制度化”和“制度化”的风险，借助现代化的各种治理手段和治理制度，人类应对风险的能力提高了，有了应对风险的制度化保障，但同时又面临着各种制度运转失灵的风险，从而使风险的“制度化”转变成“制度化”风险。人类社会从传统的“工业社会”步入到“风险社会”。

面对“风险社会”中，人为风险不断增多、危害日益严重的状况，西方许多学者对此进行了深入的研究与思考，我们把围绕风险展开的这些研究与思考统称为风险社会理论。其中，以德国学者乌尔里希·贝克（Urlich Beck）和英国学者安东尼·吉登斯（Anthony Giddens）的思想最具有代表性。

1. 乌尔里希·贝克关于风险社会的认识。乌尔里希·贝克在《风险社会》一书中，首次提出“风险社会”的概念。在该书中，贝克把“风险社会”定义为一系列特殊的社会、经济、政治和文化因素，这些因素具有普遍的人为不确定性原则的特征，它们承担着现存社会结构、体制和社会关系向着更加复杂、更加偶然和更易分裂的社团组织转型的重任。[①] 据贝克的理论，我们正处在从古典工业社会向风险社会的转型过程中，或者说，我们正处在从传统（工业）现代性向反思现代性的转型过程中。贝克指出，马克思和韦伯意义上的“工业社会”或“阶级社会”概念围绕的一个中心论题是：在一个匮乏社会中，“社会性地生产出来的财富是怎样以一种社会性地不平等但同时也是合法的方式被分配的”。而“风险社会”则建立在对这个问题的解决基础之上：“作为现代化一部分的、系统性的生产出来的风险和危害怎样才能被避免、最小化或引导？”从一个匮乏

① 参见周战超：《当代西方风险社会理论引述》，载于《马克思主义与现实》2003 年第 3 期，第 54 页。

社会中以财富分配为主导的逻辑，转向晚期现代性中以风险分配为主导的逻辑，意味着“风险社会”的来临。① 因此，贝克用“风险社会”来指称当代社会区别于“工业社会”的形态及性质。

贝克认为，为了适应风险社会，需要一种新的政治形态——亚政治。② 亚政治意味着自下而上的社会形成。在风险社会中，风险具有普遍性、扩展性、知识依赖性等特征，一旦风险实际发生，没有人不被包括在内，因此，任何人都应有发言的权利，每个人都需要积极参与风险决策。也就是说，国家需要和社会及个人重组关系，并把风险决策的责任与社会、个人共同分担。在风险社会中，“权威性的决策和行动的国家让位于协商性的国家；协商性国家的作用是搭台唱戏、安排对话并给予指导”。政府的新任务是培育“社会利益团体的协商能力”③。

2. 安东尼·吉登斯对风险社会理论的阐述。吉登斯认为风险是现代社会的重要特征，风险是随着现代化的发展而出现的。他区分了两种类型的风险：外部风险与被制造出来的风险。“外部风险就是来自外部的、因为传统或者自然的不变性和固定性带来的风险”；“被制造出来的风险，指的是由我们不断发展的知识对这个世界的影响所产生的风险，是指我们没有多少历史经验的情况下所产生的风险。”④ 他认为传统的工业社会以及此前的社会，人们所担心的是外部风险，而在当代，被制造出来的风险取代外部风险占据主导地位，由此标志着进入风险社会。

综观吉登斯的现代社会“风险”思想，我们不难发现其内在的逻辑性和鲜明的现实性。他不仅阐述了对现代性问题的深刻反思，同时也指明了认识现代性本质的新的路径。它一方面向人们展示了现代社会的各种不确定性，另一方面又为人们指出了通过社会改革，不断积极探索的前进方向。无论是对现代性现状的认识，还是对现代性未来的把握，吉登斯都不是盲目乐观或者消极悲观的，正如他自己所说的那样：其风险思想“已经超越了乐观主义和悲观主义之分。风险既是我们生活的动力机制，也是我们面临的新两难困境的中心难题……在机遇和风险之间，能否达到有效的平衡，就取决于我们自己了”⑤。

3. 风险社会理论的实质。西方风险社会理论的出现与兴起不是孤立的，风

---

① 参见杨雪冬：《风险社会理论述评》，载于《国家行政学院学报》2005 年第 1 期，第 88 页。

② 参见［德］乌尔里希·贝克、［英］安东尼·吉登斯、［英］斯科特·拉什：“自反性现代化”，《现代社会秩序中的政治、传片和美学》，赵文书译，商务印书馆 2001 年版，第 29～30 页。

③ ［德］乌尔里希·贝克、［英］安东尼·吉登斯、［英］斯科特·拉什：“自反性现代化”，《现代社会秩序中的政治、传片和美学》，赵文书译，商务印书馆 2001 年版，第 50 页。

④ ［英］安东尼·吉登斯：《失控的世界》，周红云译，江西人民出版社 2001 年版，第 22 页。

⑤ 汪建丰：《风险社会与反思现代性——吉登斯的现代社会‘风险’思想评析》，载于《毛泽东邓小平理论研究》2002 年第 6 期，第 120 页。

险被置于现代社会的宏观考察之中，风险社会理论是与西方理论界反思与批判现代性思考密切相关的。风险社会的出现不仅仅是知识增长的问题，还是整个工业社会的生产方式以及和这种生产方式连在一起的工业社会的制度体系的问题，更是一个涉及社会制度、社会组织体系、社会认识和社会实践的复杂的问题。归根结底，风险社会凸显了当今人类的生存危机，这种危机不是“天灾”而是“人祸”。它是人们的生产方式以及生产方式背后的思维方式和价值观念的失误造成的。[①] 因此，必须从制度和文化两个方面思考风险社会、反思现代化。

贝克和吉登斯的风险社会理论表现出一种强烈的制度主义倾向，即在其风险社会理论中把制度性和规范性的东西凸显出来并给予恰当的定位。他们所关注的并不是要不要在全社会对激进的思想进行控制，而是怎样用改革和改良的方法对风险进行有效控制。他们的理想是能够在制度失范的风险社会建立起一套有序的制度和规范，既能增加对风险的预警机制又能对社会风险进行有效的控制。

（二）风险社会理论对能源安全预警与应急法律机制构建的意义

讨论西方风险社会理论的目的，就是期待其能为能源安全预警与应急法律机制的构建提供理论指导，换句话说就是其对能源安全预警与应急法律机制的构建有何意义。

1. 风险社会理论拓宽了能源安全预警与应急法律机制构建的视野。风险社会理论是站在整个社会转型的高度上，对人类决策和行为给人类社会和自然生态造成的影响进行论述的，为能源安全预警与应急法律机制构建提供了宽广的社会背景，使能源安全预警与应急法律机制的构建能够把握时代发展的脉搏，跳出就事论事、一事一应的制度构建窠臼，从而使能源安全预警与应急法律机制更具前瞻性和全面性。

2. 风险社会理论奠定了能源安全预警与应急法律机制构建的意识基础。风险社会理论是围绕现代社会的风险展开，其对现代社会风险的内涵、特征、来源都有深刻独到的论述。它打破了人类片面注重科技与工业发展积极作用的传统思想意识，促使人类对现代化进行反思和自省，这既影响着人们的思维方式，又增强了人们的风险意识，从而为能源安全预警与应急法律机制构建奠定意识基础。

3. 风险社会理论指明了能源安全预警与应急法律机制的参与主体。风险社会理论强调现代社会的重要特征之一是风险具有普遍性、人为性、知识依赖性、日常性、扩展性和不可预测性，在这样一个社会中任何单一主体都不可能有效的防范和应对能源风险；再加上“能源风险是一个伟大的平均主义者”，能源风险

① 宋友文：《风险社会及其价值观前提批判》，载于《天津社会科学》2005 年第 1 期，第 20 页。

一旦转化为现实危害各个阶层都将受其害，因此，能源安全预警与应急法律机制必须也应当有政府、企业、公众等主体的共同参与。

4. 风险社会理论为能源安全预警与应急法律机制中的国际合作原则提供了理论依据。在“世界风险社会”中，能源风险的影响经常超出国界，而表现出全球化的特征，传统的以民族国家为单位的能源风险治理机制，已日益不能适应“世界风险社会”对风险治理的要求。因此，加强国际合作，建立应对能源风险甚至是危机的国际合作制度已势在必行。这种国际合作制度应充分尊重各国主权和考虑各国文化价值差异，明确政府在应对跨国能源风险中的权利和义务，以便开展公平、合理、有效的国际合作。

四、国外有关能源安全预警与应急的政策与法律实践

由 1973 年第四次中东战争和 1979 年伊朗伊斯兰革命引发的两次石油危机，使主要能源消费国家意识到保障石油供应，确保本国“能源安全”的重要性。以石油为基础的能源储备制度随之成为各国应对能源危机、确保能源安全的重要措施。经过几十年的发展，欧、美、日等主要发达国家和地区通过内部立法和国际合作建立起以石油储备为核心的能源安全预警与应急法律机制。发达国家和地区建立能源安全预警与应急法律机制的发展过程和发展状态，值得参考和借鉴。

（一）欧盟有关能源安全预警与应急的政策与法律实践

欧盟（欧共同体）对能源安全问题的认识经历了从强调能源供应安全，发展到能源供应安全和使用安全并重的发展过程。它通过制定诸多的政策与法律及设立相关机构已建立起比较完善的能源安全预警与应急制度。

1. 相关政策与法律。第一次石油危机爆发后，以欧共体成员国和美国为核心的经济合作与发展组织成员国于 1974 年签署《国际能源纲领协议（IEP）》，并成立落实该计划的国际能源机构（IEA）。根据 IEP，IEA 成员国不仅应建立战略石油储备这一短期应急机制，还应提高能效和开发石油替代能源，以防范石油危机和保障能源长期安全。1998 年 7 月，欧盟颁布 98/93/EC 指令，要求成员国建立相当于上一年度 90 天消费量的石油储备。这一阶段欧盟所制定的能源政策与法律主要是围绕能源的使用安全。

从 2000 年《欧盟能源供应安全绿皮书》开始，欧盟逐年发表能源政策绿皮书，将能源的供应安全与使用安全紧密联系起来。根据绿皮书，欧盟的能源战略应该确保所有消费者以能支付的价格获得稳定的能源供应，并同时关注环境问题

和寻求可持续发展。①

2006年7月，欧盟颁布“强制成员国承担维持最低原油和/或石油产品储备义务”的2006/67/EC指令，该指令是欧盟目前应对石油危机的最主要法律文件。其主要内容包括：（1）成员国有义务建立和维持最少相当于上一年度90天平均消费量的石油产品。（2）应确保石油储备为成员国所控制，以便在发生供应危机时其可以作出迅速的反应，并能将储备分配到最需要的部门。成员国有义务控制和监视储备，违反这些义务将受到处罚。成员国应该在每个月末向委员会提交有关储备的统计，说明它相当于上一年度多少天的平均消费量。（3）在石油供应危机中，委员会可以自己或根据成员国的请求，在成员国间组织咨商，以使储备协作运行。在咨商前，成员国一般不能将储备释放到最低储备要求以下，除非情况特别紧急。因此，成员国必须向委员会提交有关任何储备释放的信息，包括低于最低储备要求的日期、释放的原因、恢复储备的步骤等。② 2008年11月，欧盟委员会公布“欧盟能源安全与合作行动计划”，提出通过加强成员国之间及与供应国之间的关系，增加可用储备的可靠性和透明度，完善石油与天然气储备与危机应对机制。③

2003年6月，欧盟颁布“关于内部天然气市场的共同规则”的2003/55/EC指令。该指令承认关注作为公共服务义务的天然气供应安全是成员国的权利，建立欧盟内部天然气市场的共同规则，以使成员国在能源危机中采取必要措施确保天然气供应。2004年4月，欧盟颁布“关于保障天然气供应安全的措施”的2004/67/EC指令，要求成员国采取包括建立天然气储备、成立欧盟天然气协调小组等措施在内的安全措施。

2. 能源安全预警与应急法律制度。

（1）应急管理体制。欧盟并不直接管理石油或天然气储备，而由各个成员国根据欧盟的要求进行管理。就能源的整体监管而言，欧盟委员会制定能源战略和能源政策规则，欧盟能源委员会负责监督执行。各成员国政府根据欧盟能源政策法规和方针政策的总体框架，确定本国的基本能源政策和法规。欧盟委员会下设能源和发展总司，作为能源监管机构和欧盟委员会能源方面的参谋部。欧盟能源监管机构定期或不定期对成员国的能源企业进行突击检查，发现违规行为，便立刻予以纠正。④

---

① EU, *Green Paper on the security of energy supply*, available at http://europa.eu/legislation_summaries/energy/external_dimension_enlargement/l27037_en.htm.

② EU, Summaries of legislation—*Strategic oil stocks*, available at http://europa.eu/scadplus/leg/en/lvb/l27071.htm.

③ Commission of the European Communities, *An EU Energy Security and Solidarity Action Plan*, P. 10.

④ 参见徐建华：《欧盟能源一体化战略探析》，载于《特区经济》2008年7月，第27页。

(2) 应急程序与措施。1973 年，欧共体颁布的 73/238/EEC 指令规定，在出现石油危机时，委员会召集由成员国石油专家组成的“石油供应组”以协调采取的应对措施。“石油供应组”在供应危机中，分析石油市场状况及短期内的发展趋势，并讨论可以采取的措施。2004 年 4 月，欧盟颁布的 2004/67/EC 指令规定成立欧盟“燃气协调小组”。该小组旨在促进在发生重大供应中断时，在共同体层面协调供应安全措施，它也协助成员国在国家层面采取协调措施。协调小组在欧盟委员会的领导下，由各成员国、相关产业和消费者的代表组成。① 2004/67/EC 指令还要求各成员应制定和颁布相关的国家紧急状态条款，并通知委员会；并规定了应对重大燃气供应中断的“三步机制”：相关产业对供应中断的反应；如果不充分，成员国应采取解决供应中断的措施；只有当前两阶段的努力都失败后，才能在共同体层面上采取适当措施。②

(二) 美国有关能源安全预警与应急的政策与法律实践

美国是世界上最大的能源消费国和进口国，拥有世界上最多的石油储备，其以战略石油储备为基础的能源安全与预警制度已非常完善，值得中国参考和借鉴。

1. 相关政策与法律。1973 ~ 1974 年的石油禁运促使福特总统于 1975 年 12 月签署《能源政策与储备法》(EPCA)。该法旨在授权联邦政府建立战略石油储备以减少严重能源供应中断带来的影响，并执行美国在 IEP 中所承担的义务。1977 年的《能源部组织法》规定设立能源部，由其协调并集中全国能源方面的能力应对石油禁运引起的石油危机。1982 年的《能源紧急事态应对法》(EEPA) 要求美国总统以最少 20 万桶/天的量向战略石油储备购买、运输和注入石油产品，直到战略石油储备量达到 7.5 亿桶。该法还要求美国能源部分析在可用的石油产品实质性减少时对国内经济和石油价格的影响，并向国会报告。1992 年 10 月，美国总统克林顿签署《能源政策法 (1992)》。该法增加了紧急事态下释放战略石油储备 (SPR) 的新条件——石油供应大范围长时间减少，并且石油价格迅速增长可能对国内经济造成严重负面影响，允许能源部长向为 SPR 或非 SPR 储油设施供给石油产品的国有或非国有机构提前付款，赋予总统裁量权以具有竞争力的价格购买国内油井的石油。2005 年 8 月，布什总统签署《能源政策法 (2005)》，该法修正了 EPCA，授权永久运行 SPR 和参与 IEA 的紧急能源分享活

① Europa, *Summaries of legislation*: *Security of supply of natural gas*, available at http://europa.eu/scadplus/leg/en/lvb/l27047.htm.

② 参见龚向前：《欧盟能源市场化进程中供应安全的法律保障及启示》，载于《德国研究》2007 年第 2 期，第 47 页。

动。该法要求能源部在不产生过度成本和过于影响石油产品价格的情况下尽可能快的购买石油注入 SPR，以使 SPR 达到 10 亿桶。[①] 此外，国会通过不断修正《综合预算调节法》和《内政部和相关机构拨款法》持续为战略石油储备的运行拨款。[②] 2007 年 12 月，布什总统签署《能源独立与安全法》，该法通过促进清洁能源的生产、提高产品、建筑和汽车的能效以及推动温室气体捕获和储存技术的研究和应用，来改善美国能源的使用安全。[③] 2009 年 6 月，美国众议院通过了《美国清洁能源与安全法案》（ACESA），该法旨在通过减少对国外石油依存度来提升美国的国家安全，通过减少温室气体排放来减缓全球气候变化影响。[④]

2. 能源安全预警与应急法律制度。美国的能源应急法律制度由紧密联系的国际和国内两大部分组成。国际部分是根据《能源政策与储备法》的授权，在《国际能源纲领协议（IEP）》框架下，履行其作为 IEA 成员国的义务而建立起来的；国内部分是在《国家应对计划（NRP）》框架下，根据《紧急支持功能 12—能源附件（Emergency Support Function #12—Energy Annex）》建立起来的。

（1）《国际能源计划协议（IEP）》框架下的能源应急法律制度。根据 IEP 的规定，美国作为 IEA 成员国应当建立不低于 90 天净进口量的石油储备；在 IEA 某个或某些成员国的石油供应量短缺 7% 或以上时，根据 IEA 理事会的决定执行"紧急石油分享计划"，采取分享石油库存、限制原油消耗、向市场抛售库存等措施；向 IEA 秘书处报告其管辖范围内石油公司的财务、资本投资和原油成本等信息；以及实施有关节约能源、发展新能源和新技术等内容的"长期能源合作计划"等。由于"卡特里娜"飓风对美国墨西哥湾原油生产和炼油设施造成巨大破坏，导致国际成品油供应危机，2005 年 9 月，应 IEA 的请求，布什总统曾下令释放 3 000 万桶的 SPR 石油。

（2）《国家应对计划（NRP）》框架下的能源应急制度。根据布什总统的指令，美国国土安全部制定了《国家应对计划（NRP）》，该计划 2004 年 12 月为内阁各部门签署。NRP 旨在整合美国联邦各类机构、能力和资源，以形成一个统一的全方位的国内危机管理方式。[⑤]《紧急支持功能 12—能源附件（ESF#12）》

---

① Congressional Research Service, *Summary of Energy Policy Act of* 2005, available at http://www.govtrack.us/congress/bill.xpd? bill = h109 - 6&tab = summary.

② See U.S. Department of Energy: *Strategic Petroleum Reserve Annual Report for Calendar Year* 2007, P. 3 - 6.

③ Congressional Research Service, *Summary of Energy Independence and Security Act of* 2007, available at http://www.govtrack.us/congress/bill.xpd? bill = h110 - 6&tab = summary.

④ Congressional Research Service, *Summary of American Clean Energy and Security Act of* 2009, available at http://www.govtrack.us/congress/bill.xpd? bill = h111 - 2454&tab = summary.

⑤ See National Response Plan (2004), Preface.

是NRP危机分类应对体系的组成部分之一，它旨在恢复受损害的能源系统及其组成部分。ESF#12是能源部通过预防和恢复措施履行确保美国持续、可靠能源供应义务的重要组成部分。

第一，ESF#12的组织结构。ESF#12的组织结构主要由以下两部分组成：一是政府机构，政府机构包括三个层级：指挥中心、区域机构、州和地方政府。指挥中心由国土安全部国土安全运行中心（HSOC）、跨部门事故管理组（IIMG）、国家应对合作中心（NRCC）、地区应对合作中心（RRCC）以及联合现场办公室（JFO）的代表组成。目前能源部还没有设立区域应对机构，由其位于华盛顿的总部应对能源紧急事态。州和地方政府有责任确认恢复能源设施的优先次序，全程参与ESF#12的运行；二是私人部门，私人部门拥有和营运国家主要的能源基础设施，他们在事故发生后，快速恢复相关基础设施的服务中起主要作用。合格的私人部门参与ESF#12的规划和决策过程。

第二，ESF#12的行动。ESF#12的行动由事前、事中和事后三大方面的内容组成。事前的行动包括：与能源部门合作，制定和实施能源工业物理、运行和网络安全标准，资助能源工业发展网络安全软件，指导能源紧急事态演习；能源部协助各州制定能源紧急事态应对计划，监管能源基础设施，并与联邦、州和行业官员分享信息。事中的行动包括：能源部建立紧急事态管理组，并启动其危机应对程序；评估度能源短缺的范围和持续时间及其影响；根据需要向能源部紧急事态运行中心、IIMG、NRCC、RRCC和JFO报告；必要的话，组织好地区级的交通运输。事后的行动包括：进行事后危害减缓的研究以减少将来灾害的负面影响；根据需要协助DHS/EPR/FEMA确认能源工业请求与危机应对有关的补偿费用。

第三，ESF#12的参与机构及其职责。能源部是ESF#12中的主导机构，它的职责包括：作为能源危机应对事务和政策决策的中心；监督能源系统损坏的修复工作；收集、评估和提供有关能源供应、需求和价格的信息，编写应对情况和事后报告；确认恢复能源系统所需的资源；根据需要部署能源部应对小组到受影响地区协助应对和恢复工作等。ESF#12的支持机构包括：农业部、商业部、国防部、国土安全部、内政部、劳工部、国务院、交通部、环保署、核能管理委员会和田纳西流域管理局。这些支持机构在各自领域内，承担与应对能源危机有关的职责。①

美国联邦应急管理署（FEMA）在美国的能源应急体系中也扮演着重要角色。FEMA是美国专司灾害应急的独立机构，它直接向总统报告，负责包括能源

① See National Response Plan Emergency Support Function #12—Energy Annex.

危机在内的大型灾害的预防、监测、救援和恢复工作。

（三）日本有关能源安全预警与应急的政策与法律实践

日本是一个国内能源资源非常匮乏的发达国家，其能源消费几乎全部依赖于进口。严重依赖进口的能源消费状况，使日本极易受到能源价格上涨和供应中断的冲击。因此，日本非常重视通过制定相关政策和立法，来提高应对能源危机的能力，以确保本国的能源安全。

1. 相关政策与立法。1973 年 12 月，日本针对紧急状态下石油需求、石油价格等问题制定《石油供需优化法》和《稳定国民生活应急法》。《石油供需优化法》，规定在石油供应严重不足时，保障供应和限制需求；《稳定国民生活应急法》，规定在发生严重通货膨胀时，实施应急价格措施并调整重要日需物资的供需。[①] 1975 年 12 月，日本颁布有关石油战略储备的专项法律——《石油储备法》，以法律形式明确了民间石油储备的责任和义务，对义务储备者的最低储备量、储备油的种类、石油储备的主管机关和紧急事态下释放储备等事项都做了详尽的规定。1978 年日本颁布《石油公团法》，规定由兼有政府职能和国家石油公司特点的石油公团承担国家石油储备的责任和国家石油储备基地的建设任务。1989 年日本修改了《石油储备法》，明确石油储备以国家储备为主，并规定逐步降低民间企业法定的石油储备量。[②] 2002 年 7 月，日本国会通过《独立行政法人石油、燃气和金属矿产国家机构法》，并废止了《石油公团法》。2004 年 2 月 29 日，日本石油、燃气和金属矿产国家机构（JOGMEC）成立，从石油公团手中接管了国家石油储备的全部管理职责。石油公团的石油开发业务委托于民间，石油储备转为国家事业。2005 年日本政府解散了积累了大量不良资产的石油公团，重建石油开发业。[③] 在不断修改、废止和新的立法之中，日本能源安全预警与应急制度日益完善，为日本能源的稳定供应和经济社会的安全提供了有力保障。

2. 能源安全预警与应急法律制度。日本的能源安全预警与应急法律制度同样是在 IEA 的框架下，结合本国的实际建立起来的。

（1）主要参与机构。日本的能源安全预警与应急参与机构大致可分为三个层次：一是由经济产业省及其资源能源厅负责人组成的决策层。经济产业省负责石油供应中断应急处理，代表政府对石油储备行使决策权；负责制定石油储备政

---

① 参见冯春艳：《发达国家的石油供应应急机制》，载于《中国石化》2007 年第 1 期，第 45 页。

② 参见陈德胜、雷家骕：《法、德、美、日四国的战略石油储备制度比较与中国借鉴》，载于《太平洋学报》2006 年第 2 期，第 68 页。

③ 参见吴志忠：《日本能源安全的政策、法律及其对中国的启示》，载于《法学评论》2008 年第 3 期，第 123 页。

策，决定政府储备的收储、动用，审定石油储备预算等；协调政府部门之间的工作关系，并代表政府监管石油储备。二是由 JOGMEC 为主题构成的管理层。JOGMEC 全权管理经济产业省拥有的原油储备以及储备基地及其设施，对国家石油储备基地公司进行管理、投资，支付石油储备的管理费用以及石油资源的开发等。三是私有运营公司组成的执行层。它负责经营储备基地，是具体承担储备基地建设和负责储存储备石油的基层组织单位。①

（2）应急程序与措施。日本采取应急措施的基本政策是 IEA 框架下的国际合作：以适当的方式及时的收集和发布相关信息、释放石油储备、采取措施促使石油生产国增加产量、能源替代和需求限制。1998 年 8 月通产省石油委员会制定《应急反应导则》。该导则规定紧急事态下政府储备应该被作为“最后选择”，但在紧急事态的早期，当 IEA“协调应急反应措施程序”实施时，政府储备应该及时有效的投放到市场，以给市场宣示效应。

1999 年 12 月，基于《应急反应导则》，经济产业省和石油公团联合制定了《协调应急反应措施手册》，并建立协调应急反应措施体系。《协调应急反应措施手册》规定了在应急反应早期向市场释放储备的数量和程序：第一，释放数量。释放数量为 2 000 万立方米。第二，释放过程。它分为三个阶段：根据 IEA“协调应急反应措施程序”释放政府储备和/或减少企业义务储备；释放企业商业储备；释放政府储备。第三，释放基地。考虑到储备基地从运营状态向释放状态的转换需要必要的时间以及释放数量等因素，5 个政府储备基地和 6 个私人储备场所被选为在应急反应早期释放储备的基地。第四，销售程序。石油的主要分配方式是销售给最高竞价者，并且竞价销售必须在经济产业省做出释放命令后 2 个星期内完成。第五，投标者。根据石油储备法的规定石油公司和石油贸易公司允许通过申请参加竞标。②

此外，日本政府非常重视石油储备信息管理网络的建设，并不时进行应急储备释放的演练，以确保应急时的信息沟通和提高政府、企业和公众共同应对能源危机的能力。③

（四）澳大利亚有关能源安全预警与应急的政策与法律实践

澳大利亚煤炭和天然气资源丰富，是亚太地区重要的煤炭和天然气生产和出

① Naoaki Kurumada, *Outline of Petroleum Stockpiling and Emergency Response in Japan*, P. 6, Proceedings of Seminar on Oil Stocks and Emergency Response at Beijing 2002.

② Naoaki Kurumada, *Outline of Petroleum Stockpiling and Emergency Response in Japan*, Proceedings of Seminar on O il Stocks and Emergency Response at Beijing 2002.

③ 日本石油公团：“日本的石油储备”，载于《国土资源情报》2002 年第 1 期，第 38 页。

口国，但随着石油消费的增长和石油产量的降低，澳大利亚面临着越来越依赖石油进口的趋势。据澳大利亚政府估计，到 2010 年其石油进口依赖度将达 80%。[①]因此，澳大利亚的能源安全预警与应急法律制度主要围绕液体燃料建立。

1. 相关政策与立法

（1）《液体燃料紧急事态法》（1984）。《液体燃料紧急事态法》（1984）是澳大利亚政府处理重大液体燃料紧急事态的基本依据，该法于 2007 年进行了修订。在液体燃料短缺非常严重的情况下，澳大利亚政府可以根据《液体燃料紧急事态法》宣布国家液体燃料紧急状态。该法规定澳大利亚政府在与地方政府磋商后，有权在全国范围内调整燃料的生产与分配；有权指令燃料公司生产燃料的数量和分送的地区；有权命令将出口的原油转为内销；有权通过控制市场需求的水平，来确保关键用户的能源供给。此外，该法还对由于紧急权力的行使而直接受到影响的各方的赔偿问题做出了规定。

（2）国家液体燃料紧急事态应对计划。为了完善《液体燃料紧急事态法》，澳大利亚政府制定了"国家液体燃料紧急事态应对计划"。在长期广泛的燃料供应短缺中，该计划的目标是：确保关键用户的燃料供给；在可能的情况下，保证其他用户的燃料供给；确保燃料在澳大利亚各州和地区公平有效的分配；最小化燃料短缺对工业和商业的影响；确保澳大利亚履行其作为 IEA 成员国的义务；指明澳大利亚液体燃料供应管理的战略方向。该计划管理液体燃料紧急事态的措施包括：控制石油在澳大利亚境内的销售与流动，与此同时允许市场通过价格机制减少能源的需求；采取鼓励自愿减少需求的措施；直接的数量配额控制。澳大利亚政府意识到直接的配额控制方法所带来的额外成本，又建立起"零售配额计划"以协助其管理能源需求。"零售配额计划"在能源管理的四个阶段，根据不同的用户分类细分了不同的燃料供给数量。[②]

2. 能源安全预警与应急法律制度

（1）应急管理体制。第一，能源部长理事会。能源部长理事会（MCE）由澳大利亚政府委员会（COAG）于 2001 年设立。MCE 在 COAG 的能源政策框架下，是澳大利亚能源市场国家政策制定和实施的主体，负责为澳大利亚带来经济和环境的利益。MCE 由来自澳大利亚所有州和领地的负责能源事务的部长组成。

第二，资源、能源和旅游部。澳大利亚能源、资源和旅游部（DRET）负责发展和维持资源、能源与旅游产业的政府政策和规划。就确保能源安全来说，DRET 的具体责任包括：通过适当的法律和规则框架确保稳定、价优的能源供

---

① U. S. A Energy Information Administration（EIA）, *Australia Energy Data*, *Statistics and Analysis*, available at http://www.eia.doe.gov/emeu/cabs/Australia/Background.html.

② See Marie Taylor, *Australia's Approach to Managing an Oil Emergency*, P. 18–20.

应；通过国家能源安全评估规划未来5～15年电力、燃气和液体燃料的供需；制定能源白皮书应对长期的能源挑战，确保澳大利亚资源与能源安全。

第三，国家石油紧急事态委员会。国家石油紧急事态委员会（NOSEC）下属MCE，是澳大利亚联邦和各州政府液体燃料紧急事态管理的主要机构。NOSEC的职责包括：确保能源部长及MCE收到有关应对石油供应问题的信息和建议；作为政府与能源行业沟通的桥梁；监督石油市场的供需情况并做出评估；协助澳大利亚履行作为IEA成员国的义务；组织应急演习和评估《液体燃料紧急事态法》。NOSEC由来自联邦、州、领地和石油产业的人员组成。[①]

（2）应急程序与措施。澳大利亚政府一般不直接运用行政手段干预能源紧急事态，而是通过市场进行调节。当市场调节失败时政府才进行干预，干预的手段包括限制燃料购买、指挥燃料分配和价格控制等。

第一，液体燃料紧急状态的宣告。做出液体燃料紧急状态宣告前，有关部门应向NOSEC沟通和咨询，以确保信息的准确与及时。各州、领地能源部长协商后，认为宣告液体燃料紧急状态对于保护公共利益是必须时，由澳大利亚总督宣告进入国家液体燃料紧急状态，紧急状态不能超过三个月。各州、领地能源部长认为紧急状态不再符合公众利益时，可以在紧急状态的任何时间，通过总督提前结束紧急状态。液体燃料紧急状态宣告的内容包括：持续的时间、授予的紧急状态权力、采取的措施以及确定关键用户等内容。

第二，液体燃料紧急状态权力的行使。在紧急状态期间，能源部长可以以书面指令的形式要求相关公司或个人：在特定的地点维持特定数量和种类的液体燃料供应；将特定数量和种类的液体燃料在特定时间内运到特定地点；在贸易或商业活动中采取必要措施，确保特定用户可以购买到特定数量和种类的液体燃料；生产或精炼特定数量和种类的液体燃料；调节或禁止在贸易或商业活动中向一般或特定的用户供应液体燃料。没有正当理由，违反指令的公司或个人将被罚款。

第三，液体燃料紧急状态的结束。联邦和州、领地都可以要求结束紧急状态，结束紧急状态的一般步骤为：向NOSEC提出结束紧急状态的非正式咨询；如果有理由结束紧急状态，联邦和/或各州、领地进行磋商；磋商后，联系执行委员会办公室建议结束紧急状态，并确定总督签署结束紧急状态宣言和执行委员会同意签署的可行性；与总督办公室联系，起草执行委员会会议记录、宣言和备忘录；总督签署结束紧急状态宣言；通过联邦公报和新闻媒体予以发布。[②]

此外，为测试和完善“国家液体燃料紧急事态应对计划”，澳大利亚分别于

① Department of Resources, Energy and Tourism, *Emergency Response*, available at http: //www.ret. gov. au/energy/energy_security/emergency_response/Pages/EmergencyResponse. aspx.

② See Liquid Fuel Emergency Act 1984 and National Liquid Fuel Emergency Response Plan.

2003 年 6 月和 2008 年 6 月举行了全国性的液体燃料紧急事态演习。

从上面对欧、美、日、澳等国家和地区能源安全预警与应急法律制度的发展过程和发展状态的介绍不难发现：（1）它们的能源安全预警与应急制度都是在法律的规范和推动下建立和发展起来的；（2）通过法律和应急计划、导则等规范性文件建立起责任明确、分工合作、共同参与的能源安全预警与应急组织体系；（3）通过法律和应急计划、导则等规范性文件明确能源安全预警与应急的程序和措施，确保出现能源紧急事态时能够及时有效的应对；（4）注重应对能源危机的国际合作，尤其是在 IEA 的框架下通过石油储备、信息通报和储备调配等措施提高共同应对石油危机的能力。

五、确定中国能源安全预警与应急法律机制的体系和原则

（一）完善能源安全预警与应急的法律体系

国家进行安全预警与应急的基础是法律保障和制约。国外应急法制的经验表明，国家应当建立一套完整的能源安全预警与应急的法律体系。[①] 首先，宪法中应当就紧急状态下预警和应急情况的立法进行明确授权的调控；其次，拓展《突发事件应对法（2007)》的调整范围，将能源安全事件也纳入其调整范围；最后，完善能源方面的立法，突出能源安全预警与应急在整个能源法律体系中的重要位置。

如前所述，中国能源安全预警与应急的法制建设相对落后，法律体系并不健全。为此，有必要就中国能源安全预警与应急法律体系所存在的不足或缺陷，进行有针对性的法律制定或者修改。目前法制建设的重点应集中在能源安全预警与应急的专门立法方面。即使是专门立法，也有两种模式。一种是在目前正在起草的《能源法》中规定专门的章节，就能源安全预警与应急的基本体制和机制、各级政府及其相关部门的职责以及相关主体的权利和义务作出原则性的规定，并由有关部委制定相应的实施细则；另一种模式是制定专门的《能源安全预警与应急法》，就能源安全预警与应急所涉各项问题作出详细规定。除了专门立法，中国还需要对其他法律中的相关内容进行适当的修订，使之与专门立法相配套，并制定与之相适应的应急预案、导则等规范性文件。

① 参见韩大元、莫于川主编：《应急法制论》，法律出版社 2005 年版，第 8 页。

（二）确定能源安全预警与应急的目的和原则

能源安全预警与应急法律机制的目的指导着能源安全预警与应急法律机制原则的设计、组织体系和制度体系的构建，是整个应急机制的指南针。结合突发能源安全的概念以及中国能源的现状，可以将能源安全预警与应急法律机制的目的表述为：有效预防、及时控制和尽量消除能源危机的危害，保障公民人身财产安全，保护生态环境，维护经济秩序，维护社会稳定，促进社会全面、协调、可持续发展。目的指明了能源安全预警与应急法律机制前进的方向，而原则是能源安全预警与应急法律机制朝着正确方向前进的保障。

1. 预防为主、防应结合原则。预防为主、防应结合是指在预测自然因素和人类活动对能源安全会产生或会增加不良影响的前提下，事先采取防范措施，防止能源供应和利用的损害，或把不可能避免的不良影响控制在许可的限度之内，尽管能源危机具有爆发的突然性、形式的多样性等特征，但它的发展和发生大多与管理不当和预防措施欠缺有关，通过采取有效的预防措施可以减少能源危机发生以及减轻危害的程度。研究表明，风险预防的成本要明显低于风险和危机一旦发生后的应对成本。研究指出，从成本效益的角度看，即使对危机出现的预测成功率只有25%，其所取得的成效也可以抵消为采取各种预防性努力而产生的成本。[①] 另一方面，预防并不能完全避免问题的产生，因此还需要进行应急；特别是在中国预警机制尚不健全的情况下，应急更是非常重要。“防”在于防患于未然，“应”是事中缓解和事后补救。因此，必须将预防为主、防应结合的思想贯彻到能源安全预警与应急的制度设计和日常管理之中，通过制订应急预案，提高公众的防范意识，加强政府应急能力的建设等预防预警工作，将能源风险和危机的预防与应急处置有机结合起来。

2. 政府主导、共同参与原则。政府拥有垄断性的公共权力、掌握主要的社会资源，其行为或决策能给能源安全带来最为深远的影响，在能源安全预警与应急中政府理应承担主导作用。而能源风险或危机爆发的突然性、形式的多样性、处理的复杂性等特征决定政府难以独自承担应对的责任，政府在充分利用自身力量应对能源风险和危机的同时，应当调动全社会各方面的积极性，把政府管理同社会的共同参与有机的结合起来，形成政府、企业和公众共同参与的能源安全预警与应急机制。

3. 统一领导、分级管理原则。统一领导、分级管理原则具有两方面的含义。一是指对能源危机本身的分级管理，按照能源风险的严重性、紧急程度和影响范围，将其分为不同等级进行管理。从各国的经验看，一般把能源风险分为五级，按

① Chris Yiu and Nick Mabey: “Countries at Risk of Instability: Practical Risk Assessment, Early Warning and Knowledge Management”, PMSU Background Paper February 2005, P. 1.

照威胁从小到大的顺序分别用绿、蓝、黄、橙、红五种颜色表示。二是按照行政管理等级，实行不同层次的能源危机由不同层次的政府进行管理。能源安全应急涉及到诸多部门，单单依靠某一个机构力量难以有效的应对，应由人民政府统一指挥、集中领导，统筹所有应急处理工作。按照能源风险的严重性、紧急程度和影响范围，分别由中央政府或地方政府来负责突发环境事件的应急处理。对不同级别的突发事件由不同级别的政府统一领导，也符合突发能源危机属地管理、迅速及时的要求。

4. 公平与效率相结合原则。所谓公平，就是说为保障重大公众利益、维护正常的经济、社会和法律秩序，政府可以在面临能源危机时采取紧急措施；但是应急机构及其权力的行使、职责的履行必须依法进行，同时其行使不得限制或者剥夺公民的基本权利；不得以公共利益为名越权或者滥用权力；应急权力的行使必须有一定的限度，所采取的应急措施必须以有效控制能源危机为必要。但是，另一方面，能源危机必须迅速及时处理，时间就是生命和财富。这就要求能源安全预警与应急必须追求效率。所谓效率，就是说各个部门和利益相关者要综合协调、快速反应处置。能源危机一旦发生，政府及其所属部门必须立即协调有序的运转起来，企业和公众必须积极的予以配合。这就要求明确各部门的职责和权限、理顺政府和企业、公众之间的关系，以实现人力、物力和财力的有机整合，从而形成反应灵敏、功能齐全、协调有序、运转高效的应急机制。

5. 国际合作原则。国际合作作为能源安全预警与应急机制的基本原则有其发生的必然性。能源安全问题超越了一个国家的地理和政治疆界，已经由一国的内部事物和国内问题发展为全球性的话题，成为人类共同面临的难题。全球能源安全问题的规模之大、影响范围之广、危害之烈、持续之久、发生发展机理之复杂，远非单个国际的经济、技术和防治能力所能解决的。在能源安全问题的严重程度与各国有限能力间存在尖锐冲突的情况下，各国惟有携手合作、共同努力，才有实现全球能源安全之可能。国际合作遂成为能源安全预警与应急机制用来解决能源安全的必然途径。

六、理顺中国能源安全预警与应急的组织体系

如前所述，中国现行的能源管理体制还不完善，满足不了能源安全预警与应急的实际需要，“如果中国想成功的满足能源安全的需要，就必须改组其能源管理体制”①。就能源安全预警与应急来说，中国必须建立一个“职能明确、责权

---

① Kong Bo, “Institutional Insecurity”, *China Security*, A publication of the World Security Institute China Program, P. 66.

分明、运行灵活、统一高效的危机管理体制，并用法制化的手段明晰政府各职能部门各自的职责，以实现危机应对时这些部门间的高效协调运作”①。因此，能源安全预警与应急机制中组织体系的科学与否直接关系到预防、处置和消除能源危机的效果。能源安全是能源供应安全与使用安全的统一，但能源使用安全相对于能源供应安全来说，对国家经济发展和生态环境的影响往往是一个渐渐的过程，除少数能源使用过程中的工业事故以外，能源使用安全给国家带来的危害和影响远没有能源供应危机对国家安全的影响和危害来的急切、紧迫和严重。因此，能源安全预警与应急机制的侧重点应该是如何确保能源的供应安全。根据影响能源安全的因素、中国能源安全的现状，以及风险社会理论和国外实践经验的指导，我们认为一个合理完备的能源安全预警与应急机制组织体系，应当由指挥决策机构、管理执行部门、参谋咨询机构、支持保障部门以及企业和公众组成。

（一）指挥决策机构

指挥决策机构是能源安全预警与应急机制组织体系的核心。指挥决策机构能不能在最短的时间内做出反应，有效的领导、指挥应急工作，是衡量能源安全预警与应急机制是否灵敏高效的关键。2005 年 6 月，中国成立了由国务院总理任组长的国家能源领导小组，其作为国家能源工作的高层次议事协调机构，实际上是国家最高能源决策机构。② 由国家能源领导小组作为能源安全预警与应急机制的决策机构是目前比较可行的方法，但能源危机决策机构的发展方向，应该是在国家最高安全委员会下设立专门的能源安全委员会。

能源安全委员会一般由各级政府的核心成员组成：在中央，由国家主席、政府总理、政府核心部门的部长以及军队高级领导等组成。在地方，由地方政府首长、有关部门、当地驻军和人民武装部队的负责人组成。能源安全委员会的职责包括：决定能源战略规划和重大政策；审定能源安全应急预案；领导、指挥本辖区内特别重大、重大能源危机的应急工作；必要时建议有权部门宣布进入紧急状态等。由于能源安全委员会并不是一个实体性机构，因此有必要设立实体性的能源安全办公室。能源安全办公室平时负责能源安全委员会的日常工作，督办落实委员会的决定，跟踪了解能源安全状况，预测预警能源安全和重大问题，向委员会提出对策建议，一旦能源危机发生，能源安全办公室则成为处置能源危机的指挥中枢。在中国，由国家能源局承担这样的职能目前比较可行。

---

① 薛澜等：《危机管理：转型期中国面临的挑战》，清华大学出版社 2003 年版，第 111 页。

② 魏和：《寄望国家能源领导小组》，http：//www. cpechina. com/houtai/info_view. asp？id＝1338。

（二）管理执行部门

能源安全预警与应急机制的管理执行部门是指直接负责能源危机防范、监测和应对的职能部门或机构。它是能源安全预警与应急机制中的骨干和中坚力量，是能源安全预警与应急机制的直接行动力量。目前，中国涉及能源安全的管理执行部门包括发展与改革委员会、国土资源部、商务部、环保总局、电监会等十几个部委局，其中发改委是中国目前主要的能源管理部门。从发展与改革委员会在中国各级政府中的地位，以及在能源管理方面的人员配备和机构设置的优势来看，各级发改委应是中国能源安全预警与应急机制的主要管理执行部门。

作为能源安全预警与应急机制的主要管理执行部门，各级发展与改革委员会承担的能源安全预警与应急职责应包括：

1. 能源危机发生前的职责。拟订能源安全应急预案，报政府审批后组织实施；收集、分析、监测与评估能源安全相关信息，建立能源安全预警系统；调查、监测和分析能源发展的趋势；研究国民经济和社会发展对能源的需求，提出满足国民经济和社会发展需要和确保能源安全的能源发展战略①；通过宣传、教育，增强政府部门、企业及公众对能源危机的防范意识和相关心理准备，以提高社会各界防范、应对能源危机的能力；加强应对能源危机的专业技术人员和重要目标工作人员的培训与管理，培养一批训练有素的能源安全应急处置、检验、监测等专门人才；建立国家能源战略储备体系；发展国内石油期货市场，将市场作为获得石油产品的主要手段。

2. 能源危机发生时的职责。迅速确定能源危机的性质、程度和可能持续的期间，并向能源安全与决策机构提出应对的建议和措施；根据能源安全与决策机构的指示，调集应对能源危机所需物资和设备、具体开展能源危机的应急工作；干预能源市场，控制能源的生产、销售和分配，确保重要部门和企业的能源供应；及时向上级报告和向公众发布能源危机基本情况和应对工作的进展情况；在需要其他管理执行部门的力量支援时，向有关机关或组织提出援助请求。②

3. 能源危机结束后的职责。及时组织查明导致能源危机发生的原因，并形成调查报告；对应急过程中由于采取非常措施给企业和公众造成的损失给予适当补偿；对应急工作进行总结，找出预警和应急处置环节中的经验和教训；对能源危机的发生给社会生产生活以及生态环境造成的危害进行科学调查与评估，提出

① 参见国家能源局的主要职责，引自 http：//nyj. ndrc. gov. cn/jgsz/default. html。

② California Energy Commission，“Energy Emergency Response Plan”，October 2006，P. 3 – 5，http：//www. nemaweb. org/docs/national_response_plan. pdf.

恢复的对策与建议。

发展与改革委员会以外的其他管理执行部门，在各自的职权范围内从事与能源有关的管理工作，在能源安全预警与应急工作中主要是参与发改委牵头的各项应对工作。

（三）参谋咨询机构

能源危机的产生、能源危机的预警与应对，涉及政治、经济、技术、法律等诸多领域，有些问题的解决需要非常专业的知识和能力，能源安全预警与应急机制的决策机构和管理执行部门在履行自身职责时，往往需要外界提供智力支持。参谋咨询机构由各个领域的专家组成，专家对各自专业领域内的问题具有敏锐的识别和认知能力，易于发现和捕捉可能引发能源危机的隐患，专家可以为决策者提供专业的服务，使决策具有科学的依据，减少错误决策造成能源危机的发生和能源危机危害的扩大。因此，建立和完善政府序列之外的参谋咨询机构，是满足政府需要，提高政府应对能源危机的有力保障。参谋咨询机构的职责应包括：开展应急工作管理模式，能源危机预测、预防、预警和应急处置等事项的科学研究；了解、掌握国内外应对能源危机的相关知识和信息，以提供咨询服务；预测能源危机的发生、发展趋势，提出启动和终止能源安全应急预案的建议；指导、调整和评估能源危机的应急处理措施；参与能源危机应对工作的总结评估并提交评估报告等。①

（四）支持保障部门

能源安全预警与应急机制的支持保障部门是指政府系统内那些“自身拥有特殊的专业技能、业务范围、特定的资源、设备和能力，担负着紧急事务应对中的某些特殊任务”的职能部门，它们相当于能源安全预警与应急机制的“后勤系统”。能源危机的预防、应急和事后恢复都涉及诸多部门，“后勤系统”对能源安全预警与应急机制的决策机构和管理执行部门有效的开展应对能源危机的工作起着十分重要的支持和保障作用。

支持保障部门主要包括以下行业和业务主管部门：交通、通信、公共工程、信息、商业、物资支持、卫生和医疗服务、搜索和救援、财政、经贸、红十字会、银行、保险公司、审计部门等。② 他们的职责是协助能源安全预警与应急机

---

① Graham White，“The UK's experience in emergency response”，Department of Trade and Industry，United Kingdom，P. 13，http：//www. iea. org/Textbase/work/2002/beijing/WHITEPRE. PDF.

② 薛澜等著：《危机管理：转型期中国面临的挑战》，清华大学出版社 2003 年版，第 113 页。

制的决策机构和管理执行部门的危机应对工作，提供人力、物力、财力等各方面的服务。

（五）企业与公众

从能源风险自身的特征以及风险社会理论的指导可知，应对能源危机离不开企业（尤其是大型能源生产和使用企业）与公众的参与，企业与公众是能源安全预警与应急机制组织体系的重要组成部分。企业与公众在应对能源危机中的责任主要包括：约束自身和监督他人可能影响能源安全的行为，及时向政府相关部门和机构报告能源勘探、生产、储备、使用等相关信息以及协助、服从政府各部门和机构在应急处置能源危机时所实施的有关能源生产、分配和使用方面管制措施等。①

七、建立健全中国能源安全预警与应急的制度体系

一个有效的能源安全预警与应急机制，必然要有相应的制度体系做支撑。可以说，制度体系是整个能源安全预警与应急机制的基石。从能源风险和危机的发生、发展和应对工作的动态过程来看，健全的能源安全预警与应急制度体系，应包括能源应急预案制度、能源安全预警制度、信息沟通制度、应急保障制度和交流与合作制度。

（一）能源安全应急预案制度

制定和发布能源安全预警与应急预案可以规定和明确应急的步骤和措施，为应急过程中的行动和过程提供一个沟通的平台。能源安全应急预案是指预先制订的应对能源风险和危机的方案，能源安全应急预案制度则是对应急预案的编制、审批与备案、应急预案的内容以及应急预案的管理等事项作出规定的一系列规范组成的有机整体。

1. 能源安全应急预案的编制、审批与备案。各级人民政府都应当根据本地的实际情况制定能源安全应急预案，石油、煤炭、电力、冶炼等生产和使用能源的大型企业也应当根据本企业的实际情况制定能源安全应急预案。考虑到应对能源危机的专业性，能源安全应急预案的具体编制由各级能源主管部门负责，报所属人民政府审批。企业制定的本企业的应急预案，应接受相应级别能源主管部门

① Graham White, "The UK's experience in emergency response", Department of Trade and Industry, United Kingdom, P. 16, http://www.iea.org/Textbase/work/2002/beijing/WHITEPRE. PDF.

审查，并报相应级别人民政府备案。

2. 能源安全应急预案的内容。应急预案的内容应当包括：本地区或本企业有关能源生产和使用基本数据的收集、分析、报告或通报，应急的组织机构及其职责的确立，预警系统的建立，能源危机的预测、预警，有关能源风险及其应对知识的宣传教育，应急预案启动的程序，应急监测及信息的报送与处理，应急指挥与协调，应急终止及其条件，有关应对能源危机的经验与技术的国内外交流与合作，能源生产和使用关键企业和部门的认定及其权利，能源储备管理，应急资金筹措和使用等。[①]

3. 能源安全应急预案的管理。应急预案的管理主要包括：预案的编制主体采取适当的方式使政府工作人员、企业员工和公众便于了解预案的内容；根据能源生产和使用的发展变化及时调整、更新预案内容等。

应急预案制度是能源安全预警与应急机制其他各项制度的基础，其他各项制度实际上都是对预案中相关内容的具体化和系统化后形成的。

（二）能源安全预警制度

能源安全预警是指对本辖区内的有关能源安全的数据进行调查，以建立能源安全预警系统，当收集到有关信息证明能源危机即将发生或者极有可能发生时，及时发布预警公告、宣布进入预警状态。能源安全预警制度是对预警活动进行规制的一系列规范组成的有机整体。能源安全预警制度涉及能源安全预警系统的建立与运行、预警宣告以及应急预案的启动等内容。

1. 能源安全预警系统的建立与运行。

（1）能源安全预警系统的建立。各级能源主管部门在相关部门以及企业的协助下，对本辖区内的能源基础数据（包括能源生产和使用量、能源赋存量、能源储备量、能源结构等）进行调查，建立能源基础数据库；对本辖区内的可能引发能源危机的关键环节（包括能源的生产安全、能源运输路线管道安全等）进行普查，建立能源风险源数据库；在能源基础数据库和能源风险源数据库的基础上，选择适当的计算模型，对本辖区能源安全进行评估；建立信息中心及通信技术保障系统，确保本能源安全预警系统与其他各级各地区的能源安全系统以及其他公共事件安全预警系统之间信息及时准确的传递。

（2）能源安全预警系统的运行。能源安全系统的运行包括对可能引发能源危机的关键环节进行实时监控；对能源基础数据库和能源风险数据库不断更新；

① Kelly Milne, "Review of the Liquid Fuel Emergency Act 1984", P. 21, http://www.aciltasman.com.au/images/pdf/Final_report_16_December_2004.pdf.

定期发布本辖区内能源安全评估报告；为保证整个系统的正常运行，进行日常维护等。

2. 能源安全预警宣告。对收集到的可能发生能源危机的信息（如能源价格的非正常波动、能源需求量的突然增长、能源运输通道的中断等），能源主管部门必须及时进行评估，以确认能源危机可能发生的概率、波及的范围以及危害程度。当确认能源危机即将发生或者极有可能发生时由能源主管部门建议，人民政府宣告进入预警状态。预警宣告的内容包括预警级别、起始时间、可能影响范围、警示事项等。

3. 能源安全应急预案的启动。人民政府宣告进入预警状态后应立即启动相关应急预案、执行预案相关内容，包括：立即开展应急监测，随时掌握能源价格波动情况和能源的供给需求状况，并报告应急处置的进展情况；当能源价格出现非正常波动时，运用行政手段对能源市场进行干预，包括责令能源生产企业加大能源供给、将商业能源储备投放市场等；当能源供应出现短缺时，控制能源的分配、动用国家战略能源储备，限制非关键部门、企业和公众的能源使用，保证关键部门和企业的能源供给。[①]

（三）能源安全信息沟通制度

信息在应对能源危机中扮演着极其重要的角色，无论是能源危机的预防预警、应急处置，还是事后恢复都离不开相关信息的交流与沟通。信息沟通制度是指对有关能源危机的信息的报告、接收、发布和处理等活动进行规制的一系列规范组成的有机整体。信息沟通制度涉及信息的报送与处理、信息公开与发布等内容。

1. 信息报送与处理。信息的报送和处理的内容主要包括信息报送的主体及其权利义务、信息报送的时限和程序、信息报送的形式与内容、对报送的信息及时分析并做出决策等。信息的报送主体包括涉及能源管理的各职能部门，能源安全专家咨询机构、能源的大型生产和使用企业等。根据报送信息的紧急程度确定信息报送的时间限制。信息报送的形式包括内部咨询报告、能源生产使用现状报告、能源危机应对进展报告、事后评估报告等。报告的内容涉及能源勘探、生产、使用和储备的基本数据，能源危机的性质、程度和可能持续时间，能源危机应对过程中的能源生产、调动和分配计划等。

2. 信息发布。政府及相关部门及时、准确、完整的发布相关信息，既可以

① Graham White, "The UK's experience in emergency response", Department of Trade and Industry, United Kingdom, P. 11, P. 17 http: //www. iea. org/Textbase/work/2002/beijing/WHITEPRE. PDF.

矫正视听，避免信息传递失真，又可以提高政府公信力，维护社会稳定。信息发布涉及信息发布的主体、方式、对象和内容等事项。①

（四）能源安全应急保障制度

应急保障是能源安全预警与应急机制运行的物质基础，无论是能源危机的预防预警、应急处置，还是事后恢复都需要人力、物力和财力的支持与保障。应急保障制度是指对应急资金的筹集、管理与使用、应急物资的生产、储备、管理与使用，人员的培训与演练等活动进行规制的一系列规范组成的有机整体。

1. 应急资金的筹集、管理与使用。应急资金筹集的渠道应当多样化，包括：各级各类能源危机应急机关和部门根据应对能源危机的需要，提出项目支出预算，报财政部门审批后纳入各级财政预算；中央和地方各级人民政府设立能源危机应急专项基金；强制能源开发、使用的大型企业缴纳能源危机应急互助金等。

财政拨款由各级各类能源危机的应急机关和部门自行管理和使用；应急专项基金由各级政府管理，由能源危机应急指挥决策机构使用；应急互助金作为应急专用资金，由能源主管部门管理，应急指挥决策机构使用。各类应急资金主要用于建立能源储备体系，平抑能源市场价格，补贴相关能源企业、资助低收入家庭的能源消费等。② 所有资金的使用都应接受审计、财政部门的审计和监督。

2. 应急物资的生产、储备、管理与使用。建立能源储备体系，是确保短期能源安全的最有效方法。中国《能源发展“十一五”规划》就要求“加快政府石油储备建设，适时建立企业义务储备，鼓励发展商业石油储备，逐步完善石油储备体系。”③《中国能源发展战略报告》也强调逐步建立和完善石油战略储备制度和预警体系，完善石油市场体系建立形式多样、配置合理的石油战略储备制度，以适应不同层次的安全需要，争取在2010年完成相当40天需求量的战略储备，在2015年完成相当55天需求量的储备，并建立油田储备和产能储备制度。④

应急物资的生产、储备和管理由发展和改革委员会负责，相关部门配合；能源危机发生时，在应急指挥决策机构的指挥下组织应急物资的生产和调度，保证应急物资的供应。

---

① California Energy Commission, “Energy Emergency Response Plan”, October 2006, P. 13 - 14, http: //www. nemaweb. org/docs/national_response_plan. pdf.

② 美国加州的能源应急预案中就有专门的经济援助计划，参见 California Energy Commission，“Energy Emergency Response Plan”, October 2006, P. 9, http: //www. nemaweb. org/docs/national_response_plan. pdf.

③ 国家发展改革委：《能源发展“十一五”规划》，http: //nyj. ndrc. gov. cn/zywx/P020070410416322295969. pdf。

④ 国务院发展研究中心：《中国能源发展战略报告》，http: //market. 846. cn/2006/1 - 2/231938. html。

3. 人员的培训与演练。人力资源储备是应对能源安全的又一关键因素。政府部门、企业和社区要开展有关能源危机及其应对知识的宣传教育，提高相关人员和公众的防范意识和应急能力。医疗、消防、交通和通信等部门要加强各自应急专业队伍的建设，重视应对能源危机的专业技术人员和重要目标工作人员的培训与管理。

能源危机应对演练，对于测试能源安全预警和应急组织体系中个组成部分的能力和相互合作，制度体系中各项制度的正常运转十分关键。应急专业队伍的主管部门负责监督或组织各应急专业队伍的单项演练；各级政府要定期组织由各部门、各应急专业队伍，以及企业和公众共同参加的能源危机应急演习，以提高应对人员的应变能力，并根据演习的效果及时调整、修改能源安全应急预案。[①]

（五）能源安全交流与合作制度

能源危机影响的广泛性和复杂性，使能源生产者与消费者之间、政府机关与企业之间、部门之间、各地区之间、各国之间，以及国家和国际组织之间的交流与合作成为必然。只有加强各方的合作，才能应对能源危机的挑战，才能取得各方满意的结果。能源相关各方这种交流与合作包括国内和国际合作两个方面，涉及能源信息交流、能源共同开发以及共同制定能源政策等方面的内容。[②] 能源安全交流与合作制度旨在明确能源相关各方在交流与合作中的权利与义务，规范交流与合作的活动，以建立应对能源危机的交流与合作长效机制。

1. 能源安全的国内合作。国内的交流与合作应由能源主管部门牵头，政府大力支持，其他各部门积极协助，企业和公众积极配合。能源生产者应根据市场反映出的能源需求信息组织生产，以满足能源消费者的需求。能源生产和消费的大型企业应向能源主管部门及时准确的报送有关能源勘探、生产和使用等方面的信息，按照国家的能源产业政策组织生产经营；政府机关应支持能源企业建立商业能源储备、开拓海外能源市场。涉及到能源安全的各部门应定期召开能源安全工作会议，明确各自的职责，相互通报有关能源安全工作的进展情况；在处置能源危机的过程中应相互支持、共同应对。国内各地区之间，主要是作为能源生产大户的西部省份和作为能源消费大户的东部省份之间，加强在能源勘探、开发和利用方面的合作，进一步完善和落实“西气东输”、“西电东送”等工程。

2. 能源安全的国际合作。能源安全的国际合作包括双边和多边合作。双边

---

① Marie Taylor, “Australia’s Approach to Managing an Oil Emergency”, P. 21, http://www.iea.org/Textbase/work/2004/cambodia/bj_session4.3 - Australian%20paper.pdf.

② Fatih Birol, “World Energy Prospects and Challenges”, P. 6, http://www.iea.org/textbase/papers/2006/birol.pdf.

合作包括与能源出口国的合作，如共同修建石油管道、共同开发油气资源等；与能源进口国的合作，如共同维护石油运输线路的安全，共同应对国际能源市场的动荡，合作开发可再生能源和节能技术等。多边合作主要包括地区间的合作，如与日、韩、俄等国建立“东北亚能源共同体”；与国际组织的合作，如与国际能源署及其成员国之间就建立战略能源储备、开展石油市场情报和协商制度、促进全球能源市场稳定等方面的合作。①

八、结语

能源安全是国家经济发展和社会稳定的重要保障。能源安全的重要性，要求中国尽早建立和完善能源安全预警与应急的法律机制；能源危机发生发展过程的复杂性，决定了能源安全预警与应急的法律机制是一个庞大复杂的系统。能源安全预警与应急法律机制实际上是法律原则、组织体系和制度体系的综合体，它的建立和运行，需要协调各地各部门的利益关系，需要能源供给者和消费者的合作，需要全社会的共同参与。只有协调好各地各部门的利益关系，搞好能源供给者和消费者之间的合作，以及社会全体成员积极参与，中国的能源安全预警与应急机制才能建立，中国的能源安全才有保障，中国的经济和社会才能持续、健康、稳定发展。

① 参见杨泽伟：《中国能源安全保障的法律问题研究》，载于《法商研究》2005 年第 4 期，第 21 ~ 23 页。

附录

一、参考文献

（一）中文著作

1. 陈春生：《核能利用与法之规制》，（台湾）月旦出版社股份有限公司 1995 年版。

2.《能源百科全书》，中国大百科全书出版社 1997 年版。

3. 肖乾刚、魏宗琪著：《能源法教程》，法律出版社 1998 年版。

4. 朱达：《能源：环境的经济分析与政策研究》，中国环境科学出版社 2000 年版。

5. 贾文瑞等：《21 世纪中国能源、环境与石油工业发展》，石油工业出版社 2002 年版。

6. 安尼瓦尔·阿木提、张胜旺主编：《石油与国家安全》，新疆人民出版社 2003 年版。

7. 王丰、刘洪义、李建华：《石油资源战》，中国物资出版社 2003 年版。

8. 董秀成编著：《石油权力与跨国经营》，中国石化出版社 2003 年版。

9. 童晓光、窦立荣、田作基等：《21 世纪初中国跨国油气勘探开发战略研究》，石油工业出版社 2003 年版。

10. 吴磊：《中国石油安全》，中国社会科学出版社 2003 年版。

11. 傅庆云等编：《各国能源概况》，中国大地出版社 2004 年版。

12. 葛艾继等编著：《国际油气合作理论与实务》，石油工业出版社 2004 年版。

13. 中国现代国际关系研究院世界经济安全中心编：《全球能源大棋局》，时事出版社 2005 年版。

14. 中国现代国际关系研究院海上通道安全课题组编：《海上通道安全与国际合作》，时事出版社 2005 年版。

15. 倪健民主编：《国家能源安全报告》，人民出版社 2005 年版。

16. 查道炯：《中国石油安全的国际政治经济学分析》，当代世界出版社 2005 年版。

17. 蔡先凤：《核损害民事责任研究》，原子能出版社 2005 年版。

18. 王庆一主编：《能源词典》，中国石化出版社 2005 年版。

19. 王正立等编：《世界部分国家能源管理机构简介》，中国大地出版社 2005 年版。

20. 马栩泉编著：《核能开发与应用》，化学工业出版社 2005 年版。

21. 王革华等编著：《能源与可持续发展》，化学工业出版社 2005 年版。

22. 褚同金编著：《海洋能资源开发利用》，化学工业出版社 2005 年版。

23. 赖向军、戴林编著：《石油与天然气——机遇与挑战》，化学工业出版社 2005 年版。

24. 张希良主编：《风能开发利用》，化学工业出版社 2005 年版。

25. 叶荣泗、吴钟瑚主编：《中国能源法律体系研究》，中国电力出版社 2006 年版。

26. 鞠美庭等主编：《能源规划环境影响评价》，化学工业出版社 2006 年版。

27. 姚向君等编：《国外生物质能的政策与实践》，化学工业出版社 2006 年版。

28. 魏一鸣等：《中国能源报告（2006）：战略与政策研究》，科学出版社 2006 年版。

29. 中关村国际环保产业促进中心编著：《谁能驱动中国——世界能源危机和中国方略》，人民出版社 2006 年版。

30. 阎政：《美国核法律与国际能源政策》北京大学出版社 2006 年版。

31. 张秋明编：《中国能源安全战略挑战与政策分析》，地质出版社 2007 年版。

32. 钱学文等：《中东、里海油气与中国能源安全战略》，时事出版社 2007 年版。

33. 许勤华：《新地缘政治：中亚能源与中国》，当代世界出版社 2007 年版。

34. 姜润宇主编：《石油战略储备：欧盟的储备体制及其借鉴意义》，中国市场出版社 2007 年版。

35. 龚向前：《气候变化背景下能源法的变革》，中国民主法制出版社 2008 年版。

36. 吕振勇：《能源法简论》，中国电力出版社 2008 年版。

37. 何沙、秦扬主编：《国际石油合作法律基础》，石油工业出版社 2008 年版。

38. 黄进主编：《中国能源安全问题研究》，武汉大学出版社 2008 年版。

39. 全国人大常委会法制工作委员会编：《中华人民共和国节约能源法释义》，法律出版社 2008 年版。

40. 王才良等编：《世界石油大事记》，石油工业出版社 2008 年版。

41. 杨泽伟：《中国能源安全法律保障研究》，中国政法大学出版社 2009 年版。

42. 肖兴利：《国际能源机构能源安全法律制度研究》，中国政法大学出版社 2009 年版。

43. 高宁：《国际原子能机构与核能利用的法律规制》，中国政法大学出版社 2009 年版。

（二）中文译著

1. ［美］戴维·迪斯和约瑟夫·奈伊：《能源和安全》，李淼等译，上海译文出版社 1984 年版。

2. ［英］贝尔格雷夫主编：《2000 年的能源安全》，王能全等译，时事出版社 1990 年版。

3. ［美］迈克尔·埃克诺米迪斯、罗纳德·奥利格尼：《石油的色彩——世界最大产业的历史、金钱和政治》，刘振武等译，石油工业出版社 2002 年版。

4. ［澳］布拉德布鲁克等主编：《能源法与可持续发展》，曹明德等译，法律出版社 2005 年版。

5. ［俄］斯·日兹宁：《国际能源政治与外交》，强晓云等译，华东师范大学出版社 2005 年版。

6. ［美］戴维·古德斯坦：《石油危机》，王乃粒译，湖南科技出版社 2006 年版。

7. ［美］霍华德·格尔勒：《能源革命——通向可持续未来的政策》，刘显法等译，中国环境科学出版社 2006 年版。

8. ［美］美国能源信息署编著：《国际能源展望——未来国际能源市场分析与预测（至 2025 年）》，张军等译，科学出版社 2006 年版。

9. ［俄］日兹宁：《俄罗斯能源外交》，王海运等译，人民出版社 2006 年版。

10. ［英］瓦西利斯·福斯卡斯、［英］比伦特·格卡伊：《新美帝国主义：布什的反恐战争和以血换石油》，薛颖译，世界知识出版社 2006 年版。

11. ［美］保罗·罗伯茨：《石油恐慌》，吴文忠译，中信出版股份有限公司 2008 年版。

12. ［美］丹尼尔·耶金：《石油大博弈：追逐石油、金钱与权力的斗争》（上下册），艾平等译，中信出版社 2008 年版。

13. ［美］斯蒂文·佩尔蒂埃：《美国的石油战争》，陈葵等译，石油工业出版社 2008 年版。

14. ［美］维托·斯泰格利埃诺：《美国能源政策：历史、过程与博弈》，郑世高等译，石油工业出版社 2008 年版。

15. ［美］威廉·恩道尔：《石油战争：石油政治决定世界新秩序》，赵刚等译，知识产权出版社 2008 年版。

16. ［美］约瑟夫·托梅因、理查德·卡达希：《美国能源法》，万少廷译，法律出版社 2008 年版。

（三）英文论著

1. Works

1. Mason Willrich etc. , *Energy and World Politics*, The Free Press 1975.

2. Gregory F. Treverton, *Energy and Security*, Gower Publisher Company Limited 1980.

3. Charles K. Ebinger, *The Critical Link*: *Energy and National Security in the 1980s*, Ballinger Publishing Company 1982.

4. Abdelkader Maachou, *OAPEC*: *An International Organization for Economic Cooperation and An Instrument for Regional Integration*, Paris 1982.

5. International Bar Association Committee on Energy and Natural Resources, *Energy Law in Asia and the Pacific*, Matthew Bender 1982.

6. Vanda Lamm, *The Utilization of Nuclear Energy and International Law*, Budapest 1984.

7. Edward J. Donelan, *Energy and Mineral Resources Law in Ireland*, The Round Hall Press 1985.

8. Nobert Pelzer, *Status*, *Prospects and Possibilities of International Harmonization in the Field of Nuclear Energy Law*, Baden-Baden 1986.

9. International Bar Association, *Energy Law*: *Foreign Investment in Oil and Gas Exploration in the Middle East*, Graham & Trotman Ltd 1987.

10. Lawrence Scheinman, *The International Atomic Energy Agency and World Nuclear Order*, Resources for the Future Inc. 1987.

11. International Bar Association, *Energy Law*, London 1988.

12. Peter D. Cameron etc. ed. , *Nuclear Energy Law After Chernobyl*, London 1988.

13. S. Karkkainen and Y. Elmahgary, *Energy Storage Systems in Developing Countries*, Cassell Plc. 1988.

14. Richard W. Bentham, *Changing Patterns in Energy Law*: *International and National*, Dundee 1988.

15. Joseph P. Tomain etc. , *Energy Law and Policy*, Anderson Publishing

Co. 1989.

16. IBA Section on Energy and Natural Resources Law ed. , *Energy and Resources Law' 92*, Graham & Trotman Limited 1992.

17. International Energy Agency, *The Role of the IEA Governments in Energy: A Survey*, Paris 1992.

18. International Nuclear Law Association, *Nuclear Law and Nuclear Energy for the Future*, 1992.

19. Jan G. Laitos and Joseph P. Tomain, *Energy and Natural Resources Law in a Nutshell*, West Publishing Co. 1992.

20. Robert Mabro, *OPEC and the Price of Oil*, Oxford University Press 1992.

21. E. D. Brown, *Sea-bed Energy and Minerals: the International Legal Regime*, London 1992.

22. Mohamed Baradei etc. , *The International Law of Nuclear Energy: Basic Documents, Vo. I – II*, Dordrecht 1993.

23. David S. MacDougall, *European Community Energy Law*, London 1994.

24. Gao Zhiguo, *International Petroleum Contracts: Current Trends and New Directions*, London 1994.

25. Richard Scott, *The History of the International Energy Agency: The First Twenty Years (Origins and Structures of the IEA)*, Vol. I, Paris 1994.

26. Stephen J. Blank, *Energy and Security in Transcaucasia*, Carlisle Barracks 1994.

27. Thomas W. Walde, *International Oil and Gas Investment*, London 1994.

28. Keun-Wook Paik, *Gas and Oil in Northeast Asia: Policies, Projects and Prospects*, London 1995.

29. Richard Scott, *The History of the International Energy Agency: Major Policies and Actions of the IEA*, Vol. II, Paris 1995.

30. Richard Scott, *The History of the International Energy Agency: Principal Documents*, Vol. III, Paris 1995.

31. Stephen Blank, *Energy, Economics, and Security in Central Asia: Russia and Its Rivals*, Carlisle Barracks 1995.

32. R. de Bauw, *Energy Options in A Changing World*, Kluwer Law International 1996.

33. Paul Stevens, *A History of Transit Pipelines in the Middle East: Lessons for the Future*, Dundee 1996.

34. Thomas W. Walde ed., *The Energy Charter Treaty: An East-West Gateway for Investment & Trade*, Kluwer Law International 1996.

35. David Fischer, *History of the International Atomic Energy Agency*, Vienna 1997.

36. Thomas W. Walde, *Managing the Risk of Sanctions in the Global Oil and Gas Industry: Corporate Response Under Political, Legal and Commercial Pressures*, Dundee 1997.

37. Gerald Blake etc. ed., *Boundaries and Energy: Problems and Prospects*, Kluwer Law International 1998.

38. Zhiguo Gao ed., *Environmental Regulation of Oil and Gas*, Kluwer Law International 1998.

39. Mirian Kene Omalu, *NAFTA and the Energy Charter Treaty*, Kluwer Law International 1999.

40. Institute on International Conference Resources Law and Projects, *International Resources Law and Projects: Straddling the Millennium*, Denver 1999.

41. Daniele Barberis, *Negotiating Mining Agreements: Past, Present and Future Trends*, Kluwer Law International 1999.

42. Bernard Taverne, *Petroleum, Industry and Governments: An Introduction to Petroleum Regulation, Economics and Government Policies*, Kluwer Law International 1999.

43. Nathalie Louisa Johanna Theodora Horbach ed., *Contemporary Developments in Nuclear Energy Law: Harmonising Legislation in CEEC/NIS*, Kluwer Law International 1999.

44. Rex J. Zedalis, *International Energy Law: Rules Governing Future Exploration, Exploitation and Use of Renewable Resources*, Ashgate Publishing Company 2000.

45. International Association for Energy Economics, *Energy Markets and the New Millennium: Economics, Environment, Security of Supply*, Cleveland 2000.

46. Gordon MacKerron, *The International Energy Experience: Markets, Regulation and the Environment*, London 2000.

47. Patricia K. Wouters, *National and International Water Law*, International Water Resources Association 2000.

48. Hee-Man Ahn, *Transnational Pipeline Gas Projects in Northeast Asia: Factors Affecting the Development and International Legal Perspectives*, Dundee University 2000.

49. Paul B. Stares ed., *Rethinking Energy Security in East Asia*, New York 2000.

50. Robert A. Manning, *The Asian Energy Factor: Myths and Dilemmas of Energy, Security and the Pacific Future*, New York 2000.

51. Sergei Vinogradov, *Cross-Border Oil and Gas Pipelines: International Legal and Regulatory Regimes*, Dundee University 2001.

52. E. D. Brown, *Sea-bed Energy and Minerals: the International Legal Regime*, Kluwer Law International 2001.

53. Martha M. Roggenkamp etc. ed., *Energy Law in Europe: National, EU and International Law and Institutions*, Oxford University Press 2001.

54. Kurt Deketelaere ed., *International Encyclopaedia of Laws: Energy Law*, Kluwer Law International 2001 – 2004.

55. Ian Wybrew-Bond and Jonathan Stern ed., *Natural Gas in Asia: the Challenges of Growth in China, India, Japan and Korea*, Oxford University Press 2002.

56. Patricia D. Park, *Energy Law and the Environment*, London 2002.

57. Donald N. Zillman, *Human Rights in Natural Resource Development: Public Participation in the Sustainable Development of Mining and Energy Resources*, Oxford University Press 2002.

58. Philip Andrews-Speed etc., *The Strategic Implications of China's Energy Needs*, Oxford University Press 2002.

59. Adedoyin Olufunmilayo Kukoyi, *Joint Petroleum Development Arrangements In Disputed Maritime Boundaries: A Critique of the 2002 Timor Sea Treaty and Interim Arrangements for Joint Development of Petroleum Resources of the Timo*, Dundee University 2002.

60. Adrian J. Bradrook and Richard L. Ottinger, *Energy Law and Sustainable Development*, International Union for Conservation of Nature and Natural Resources 2003.

61. Carlton Stoiber etc., *Handbook on Nuclear Law*, Vienna 2003.

62. Sergei Vinogradov, *Transforming Potential Conflict Into Cooperation Potential: The Role of International Water Law*, Paris 2003.

63. Carsten Corino, *Energy Law in Germany: and its Foundations in International and European Law*, Verlag C. H. Beck Munchen 2003.

64. Choong-Yong Ahn and Chang-Jae Lee ed., *Northeast Asia Economic Cooperation: the First Step Towards Integration*, Seoul 2003.

65. Malgosia A. Fitzmaurice and Milena Szuniewicz ed., *Exploitation of Natural Resources in the 21st Century*, Kluwer Law International 2003.

66. Organization of American States, *Natural Resources, Energy, the Environ-*

ment, and International Law, Washington 2003.

67. Ibrahim Sidi-Aliyu, *Organization of the Petroleum Exporting Countries (OPEC) Pricing Policies: What Is the Role of the Spot Price?* Dundee 2004.

68. Barry Barton etc. ed., *Energy Security: Managing Risk in a Dynamic Legal and Regulatory Environment*, Oxford University Press 2004.

69. Craig S. Bamberger, *The History of the International Energy Agency: The First* 30 *Years*, Vol. IV (*Supplementto* Vol. I, *II & III*), Paris 2004.

70. Illias Bantekas etc., *Oil and Gas Law in Kazakhstan: National and International Perspectives*, Kluwer Law International 2004.

71. Philip Andrews-Speed, *Energy Policy and Regulation in the People's Republic of China*, Kluwer Law International 2004.

72. International Energy Agency, *Security of Gas Supply in Open Markets: LNG and Power at A Turning Point*, Paris 2004.

73. Janusz Bielecki, *Electricity Trade in Europe: Review of the Economic and Regulatory Challenges*, Kluwer Law International 2004.

74. Grace Wandoo Nomhwange, *Transboundary Pipelines: What Is the Role of the Energy Charter Treaty Regarding Dispute Settlement?* Dundee 2005.

75. Myron H. Nordquist etc. ed., *International Energy Policy, the Arctic and the Law of the Sea*, Martinus Nijhoff Publishers 2005.

76. Elizabeth Bastida, Thomas Walde and Janeth Warden-Fernandez ed., *International and Comparative Mineral Law and Policy: Trends and Prospects*, Kluwer Law International 2005.

77. Martha M. Roggenkamp etc. ed., *Energy Law in Europe: National, EU and International Law and Institutions*, Second Edition, Oxford University Press 2007.

78. Peter Duncanson Cameron, *Competition in Energy Markets: Law and Regulation in the European Union*, Seccond Edition, Oxford University Press 2007.

79. Xuanli Liao, *Politics of Oil behind Sino-Japanese Energy Security Strategies, Asia Paper*, Stockholm: The Institute for Security and Development Policy, 2008.

80. Xuanli Liao, China's Dealing with Energy Security: Domestic Reform and International Challenges, in Raimund Bleischwitz ed., *Sustainable Resource Management at A Global Scale*, Wuppertal Institute for Climate, Environment and Energy, Berlin 2009.

81. Xuanli Liao, China and Central Asia: A Strategic or Energy Partnership? in Jean-Marc F. Blanchard ed., *China's Search for Energy Security*, Cambridge Universi-

ty Press 2009.

82. Xuanli Liao, Perceptions and Strategies on Energy Security: the Case of China and Japan", in the Institute for Security and Development Policy of Sweden ed., *Spotlight on Asia's Energy and Security Challenges*, Stockholm 2009.

2. Article

83. J. D. Muir, *The Changing Legal Framework of International Energy Management*, The International Lawyer, Vol. 9, 1975.

84. R. Scott, *Innovation in International Organization: The International Energy Agency*, International and Comparative Law Review, Vol. 1, 1977.

85. M. Willrich, *The International Energy Agency: An Interpretation and Assessment*, American Journal of International Law, Vol. 71, 1977.

86. R. O. Keohane, *The International Energy Agency: State Influence and Transgovernmental Politics*, International Organization, Vol. 32, 1978.

87. F. Salverno, *The International Energy Agency*, *An Appraisal*, Italian Yearbook of International law, Vol. 4, 1978/79.

88. C. D. Mahaffie, *The International Energy Agency in Operation*, Huston Law Review, Vol. 17, 1980.

89. R. H. Lauwans, *Some Institutional Aspects of the International Energy Agency*, Netherlands Yearbook of International Law, Vol. 12, 1981.

90. G. N. Barrie, International Nuclear Energy Law—Present and Future, *Journal of South African Law*, No. 2, 1988.

91. Adrian J. Bradbrook, *Energy Law: The Neglected Aspect of Environmental Law*, Melbourne University Law Review, Vol. 19, No. 1, 1993.

92. Dennis C. Stickley, New Forces in International Energy Law: A Discussion of Political, Economic, and Environmental Forces Within the Current International Energy Market, *Tulsa Journal of Comparative & International Law*, Vol. 1, 1993 - 1994.

93. David Fischer, *The Safeguards System of the International Atomic Energy Agency after Iraq and North Korea*, Verification 1994.

94. Donald N. Zillman, *Energy Trade and the National Security Exception to the GATT*, Journal of Energy & Natural Resources Law, Vol. 12, No. 1, 1994.

95. Jerry H. Farrell and Paul F. Forshay, *Competition Versus Regulation: Reform of Energy Regulation in North America*, Journal of Energy & Natural Resources Law, Vol. 12, No. 4, 1994.

96. Elena Molodtsova, *Nuclear Energy Law and International Environmental Law*:

an Integrated Approach, Journal of Energy & Natural Resources Law, Vol. 13, No. 4, 1995.

97. Jasper Abramowski, *Mexican Energy Laws*, Journal of Energy & Natural Resources Law, Vol. 13, No. 1, 1995.

98. Mohamed Elbaradei etc. , *International Law and Nuclear Energy: Overview of the Legal Framework*, IAEA Bulletin, Vol. 37, No. 3, 1995.

99. Richard Scott, *The International Energy Agency: Beyond the First* 20 *Years*, Journal of Energy & Natural Resources Law, Vol. 13, No. 4, 1995.

100. Adrian J. Bradbrook, *Energy Law as an Academic Discipline*, Journal of Energy & Natural Resources Law, Vol. 14, No. 2, 1996.

101. Anna Papaioannou, *Reshaping Greece's Energy Legislation: the Gradual Adjustment to EC Standards and Objectives*, Journal of Energy & Natural Resources Law, Vol. 14, No. 1, 1996.

102. Anita Ronne, *The Road to a Competitive Energy Market: The Polish Draft Energy Law-Will It Work?* Journal of Energy & Natural Resources Law, Vol. 14, No. 1, 1996.

103. A. Linpinski and J. Otto, *New Polish Mining and Petroleum Legislation*, Journal of Energy & Natural Resources Law, Vol. 14, No. 3, 1996.

104. Nwosu E. Ikenna, "*International Petroleum Law*": *Has It Emerged as a Distinct Legal Discipline?* African Journal of International and Comparative Law, Vol. 8, No. 2, 1996.

105. Keun-Wook Paik, *Energy Cooperation in Sino-Russian Relations: the Importance of Oil and Gas*, the Pacific Review, Vol. 9, No. 1, 1996.

106. Oscar E. Arrieta, *New Petroleum Law of Peru*, Journal of Energy & Natural Resources Law, Vol. 14, No. 4, 1996.

107. Thomas W. Wälde, *International Energy Investment*, Energy Law Journal, Vol. 17, No. 1, 1996.

108. Seth Grae, *The Nuclear Non-Proliferation Treaty's Obligation to Transfer Peaceful Nuclear Energy Technology: One Proposal of A Technology*, Fordham International Law Journal, Vol. 19, 1996.

109. Judith N. Gardam, *Energy and the Law of Armed Conflict*, Journal of Energy & Natural Resources Law, Vol. 15, No. 2, 1997.

110. Leigh Hancher, *Energy Regulation and Competition in Canada*, Journal of Energy & Natural Resources Law, Vol. 15, No. 4, 1997.

111. Sheila Hollis, *International Energy and Natural Resources*, The International Lawyer, Vol. 31, No. 2, 1997.

112. Abba Kolo, *Managing Political Risks in Transnational Investment Contracts*, available at http://www. dundee. ac. uk/cepmlp/journal/html/Vol1/article1 –4. html, 1997.

113. R. Doak Bishop, *International Arbitration of Petroleum Disputes: the Development of A "Lex Petrolea"*, available at http://www. dundee. ac. uk/cepmlp/journal/html/Vol2/article2 –3. html, 1997.

114. Philip Andrews-Speed and Stephen Dow, *Regulating Energy in Federal Transition Economies: the Case of China*, available at http://www. dundee. ac. uk/cepmlp/journal/html/Vol2/article2 –4. html, 1997.

115. Zhiguo Gao, *Environmental Regulation of the Oil and Gas Industries*, available at http://www. dundee. ac. uk/cepmlp/journal/html/Vol2/article2 – 11. html, 1997.

116. Thomas Walde, *Investment Arbitration Under the Energy Charter Treaty: From Dispute Settlement to Treaty Implementation*, available at http://www. dundee. ac. uk/cepmlp/journal/html/Vol1/article1 –10. html, 1998.

117. Philip Andrews-Speed, *The Energy Charter Treaty and International Petroleum Politics*, available at http://www. dundee. ac. uk/cepmlp/journal/html/Vol3/article3 – 6. html, 1998.

118. Rainer Liesen, *Transit Under the* 1994 *Energy Charter Treaty*, available at http://www. dundee. ac. uk/cepmlp/journal/html/Vol3/article3 –7. html, 1998.

119. Adrian J. Bradbrook, *Energy and Sustainable Development*, Asia Pacific Journal of Environmental Law, Vol. 4, No. 4, 1999.

120. Don Greenfield and Bob Rooney, *Aspects of International Petroleum Agreements*, Alberta Law Review, Vol. 37, No. 2, 1999.

121. Keith F. Miller, *Energy Regulation and the Role of the Market*, The Albert Law Review, Vol. 37, No. 2, 1999.

122. Sergei Vinogradov, *Cross-Border Pipelines in International Law*, *Natural Resources and Environment*, Vol. 14, No. 2, 1999.

123. Philip Andrews-Speed, Stephen Dow and Zhiguo Gao, *A Provisional Evaluation of the* 1998 *Reforms to China's Government and State Sector: the Case of the Energy Industry*, available at http://www. dundee. ac. uk/cepmlp/journal/html/Vol4/article4 –7. html, 1999.

124. Thomas Waelde, *The Effectiveness of International Law Disciplines, Rules and Treaties in Reducing the Political and Regulatory Risk for Private Infrastructure Investment in Developing Countries*, available at http://www.dundee.ac.uk/cepmlp/journal/html/Vol5/article5-5.html, 1999.

125. Cesare P. R. Romano, *The Caspian Sea Dispute: the Role of International Law*, available at http://www.dundee.ac.uk/cepmlp/journal/html/Vol5/article5-10.html, 1999.

126. Paul Stevens, *Pipelines or Pipe Dreams? Lessons From the History of Arab Transit Pipelines*, Middle East Journal, Spring 2000.

127. International Energy Agency, *China's Worldwide Quest for Energy Security*, http://www.iea.org/textbase/nppdf/free/2000/china2000.pdf

128. Kepa Sodupe and Eduardo Benito, *Pan-European Energy Cooperation: Opportunities, Limitations and Security of Supply to the EU*, Journal of Common Market Studies, Vol. 39, No. 1, 2001.

129. Energy and International Law: Development, Litigation, and Regulation (Symposium), *Texas International Law Journal*, Vol. 36, 2001.

130. Karen McMillan, *Strengthening the International Legal Framework for Nuclear Energy*, Georgetown International Environmental Law Review Vol. 13, 2001.

131. Philip Andrews-Speed, *China's Energy Policy in Transition: Pressure and Constraints*, Journal of Energy Literature Ⅶ, 2001.

132. Anthony Connerty, *Dispute Resolution in the Oil and Gas Industry-Recent Trends*, available at http://www.dundee.ac.uk/cepmlp/journal/html/Vol8/Vol8-8.html, 2001.

133. Philip Andrews-Speed, *The Challenges Facing China's LNG Industry*, available at http://www.dundee.ac.uk/cepmlp/journal/html/Vol8/Vol8-11.html, 2001.

134. Thomas Walde, *Access to Energy Networks: A Precondition for Cross-Border Energy and Energy Services Trade*, available at http://www.dundee.ac.uk/cepmlp/journal/html/Vol9/Vol9-2.html, 2001.

135. The UNCTAD Secretariat, *Energy Services in International Trade: Development Implications*, available at http://www.dundee.ac.uk/cepmlp/journal/html/Vol9/Vol9-19.html, 2001.

136. Paul Stevens, *Consumer Governments, Energy Security of Supply and the Aftermath of the 11th September*, available at http://www.dundee.ac.uk/cepmlp/jour-

nal/html/Vol9/Vol9 – 23. html, 2001.

137. Dinos Stasinopoulos, *New Energy Policy for the United States*, Journal of Energy & Natural Resources Law, Vol. 20, No. 1, 2002.

138. Thomas Walde, *International Energy Law: An Introduction to Modern Concepts-Context, Policy and Players*, in Theobald Schneider ed. , Handbuch zum Recht der Energiewirtschaft, C. H. Beck 2002.

139. Kishor Uprety, *Transboundary Energy Security*, Journal of Energy & Natural Resources Law, Vol. 20, No. 4, 2002.

140. Richard Happ, *Disputes Settlement Under the Energy Charter Treaty*, German Yearbook of International Law, Vol. 45, 2002.

141. Philip Andrews-Speed etc. , Searching for Energy Security: the Political Ramifications of China's International Energy Policy, Woodrow Wilson International Centre, China Environment Series Issue 5, 2002.

142. Michael W. Lodge, *The International Seabed Authority's Regulations on Prospecting and Exploration for Polymetallic Nodules in the Area*, available at http: //www. dundee. ac. uk/cepmlp/journal/html/Vol10/Vol10 – 2. html, 2002.

143. Lee A. Kimball, *International Ocean Governance: Using International Law and Organizations to Manage Marine Resources Sustainably*, available at http: //www. dundee. ac. uk/cepmlp/journal/html/Vol11/Vol11 – 2. html, 2002.

144. Reinhard Drifte, *Japan's Energy Policy in Asia: Cooperation, Competition, Territorial Disputes*, available at http: //www. dundee. ac. uk/cepmlp/journal/html/Vol11/Vol11 – 3. html, 2002.

145. Paul Stevens, "*Resource Curse*" *and Investment in Oil and Gas Projects: the New Challenge*, available at http: //www. dundee. ac. uk/cepmlp/journal/html/Vol11/Vol11 – 8. html, 2002.

146. Alan D. Berlin, *Managing Political Risk*, available at http: //www. dundee. ac. uk/cepmlp/journal/html/Vol12/Vol12 – 5. html, 2002.

147. Andrew B. Seck, *Production Sharing Agreements As A Means of Drawing Large-Scale Investments Into the Energy, Mining and Other Sectors*, available at http: //www. dundee. ac. uk/cepmlp/journal/html/Vol12/Vol12 – 8. html, 2002.

148. Gaye White, *Energy Regulation*, SMU Law Review, Vol. 56, No. 3, 2003.

149. Mihai Ciprian Brinzoi, *Energy: Major Issue of World Politics in the Caspian Region*, Romanian Journal of International Affairs, Vol. 9, 2003.

150. Liao Xuanli, *Chinese International Relations Think Tanks and China; s Energy Security in Post - "9. 11"*, Institut Francais de Relations Internationales 2003.

151. Philip Andrews-Speed and Stephen Dow, *China's Developing Gas Industry: Policy, Institutional and Regulatory Requirements*, available at http: //www. dundee. ac. uk/cepmlp/journal/html/Vol13/Vol13 -4. pdf, 2003.

152. Philip Andrews-Speed, *Energy Security in East Asia: A European View*, available at http: //www. dundee. ac. uk/cepmlp/journal/html/Vol13/Vol13 -5. pdf, 2003.

153. Thomas Walde, Mediation/Alternative Dispute Resolution in Oil, Gas and Energy Transactions: Superior to Arbitration/Litigation from A Commercial and Management Perspective, available at http: //www. dundee. ac. uk/cepmlp/journal/html/Vol13/Vol13 -8. pdf, 2003.

154. Thomas Walde, *Methods for Setting Boundary Disputes Escaping from the Fetters of Zero-Sum Outcomes*, available at http: //www. dundee. ac. uk/cepmlp/journal/html/Vol13/Vol13 -9. pdf, 2003.

155. Anna K. Myrvang, *An Illustration of How Traditional Arbitration Is Being Changed By Modern International Investment Law: Investor-State Arbitration Under NAFTA Chapter XI and the Energy Charter Treaty*, available at http: //www. dundee. ac. uk/cepmlp/journal/html/Vol13/Vol13 -11. pdf, 2003.

156. Paul Stevens, *Cross-Border Oil and Gas Pipelines: Problems and Prospects*, available at http: //www. dundee. ac. uk/cepmlp/journal/html/Vol14/Vol14 - 6. pdf, 2003.

157. Barry Barton, Law, Government, and State: Trends in Energy Law, Yearbook of New Zealand Jurisprudence, Vol. 7, 2004.

158. Christopher M. Flynn, A Broad Framework for the Exploration of South China Sea Hydrocarbon Deposits in the Context of the Trans-ASEAN Gas Pipeline, Melbourne Journal of International Law, Vol. 5, 2004.

159. J. Nandakumar, *China's Energy Security and Taiwan Factor*, available at http: //www. dundee. ac. uk/cepmlp/journal/html/Vol14/Vol14 -6. pdf, 2004.

160. Philip Andrews-Speed, *China's Oil Import Strategies*, available at http: //www. dundee. ac. uk/cepmlp/journal/html/Vol14/Vol14 -6. pdf, 2004.

161. Keun-Wook Paik, *Pipeline Gas Introduction to the Korean Peninsula*, available at http: //www. dundee. ac. uk/cepmlp/journal/html/Volme15. html, 2005.

162. Gaye Christoffersen, The Dilemmas of China's Energy Governance: Recen-

tralization and Regional Cooperation, *The China and Eurasia Forum Quarterly*, Vol. 3, No. 3, 2005.

163. Glada Lahn and Keun-Wook Paik, *Russia's Oil and Gas Exports to North-East Asia*, available at http://www.dundee.ac.uk/cepmlp/journal/html/Volme15.html, 2005.

164. Nancy Turck, *Global Energy Trends and Challenges*, International Energy Law and Taxation Review, Issue 4, 2005.

165. Mark Raymont, *Timely Boost for Renewables in China*, International Energy Law and Taxation Review, Issue 10, 2005.

166. Peter Roberts and Martin V. Kirkwood, *The US Energy Policy Act of* 2005 *and What IT Means for the US Electric Sector*, International Energy Law and Taxation Review, Issue 11, 2005.

167. Christopher M. Flynn, *Energy Security and South-East Asia: Re-embracing Functionalism*, International Energy Law and Taxation Review, Issue 11, 2005.

168. O. Julia Weller and Michael E. Haddad, *Investment Opportunities Under the New US Energy Policy Act of* 2005, International Energy Law and Taxation Review, Issue 12, 2005.

169. Xuanli Liao, P. Andrews-Speed and P. Stevens, Multilateral Energy Cooperation in Northeast Asia: Promise or Mirage? *Oxford Energy Forum*, February 2005.

170. Xuanli Liao, The Driving Forces behind the Sino-Japanese Energy Competition, *Harvard Asia Pacific Review*, Summer 2005.

171. Xuanli Liao, *The Petroleum Factor in Sino-Japanese Relations: Beyond Energy Cooperation*, International Relations of the Asia Pacific, Vol. 00, 2006.

172. Xuanli Liao, A Silk Road for Oil: Sino-Kazakh Energy Diplomacy, *The Brown Journal of World Affairs*, Vol. XII, Issue II, 2006.

173. Xuanli Liao, Energy and Geopolitics: A Chinese Perspective, *Foreign Voices*, November 2006.

174. Xuanli Liao, Central Asia and China's Energy Security, *China and Eurasia Forum Quarterly*, November 2006.

175. Zha Daojiong, *China's Energy Security: Domestic and International Issues*, Survival, Vol. 48, No. 1, 2006.

176. Robert Pritchard, *Global Energy Security and Middle East Oil*, International Energy Law and Taxation Review, Issue 1, 2006.

177. Francesco M. Salerno, *The Energy Community Treaty: Reconnecting South-*

East Europe, International Energy Law and Taxation Review, Issue 2, 2006.

178. Peter Roberts, *China and LNG ReVolution*, International Energy Law and Taxation Review, Issue 4, 2006.

179. Xuanli Liao, The Petroleum Factor in Sino-Japanese Relations: Beyond Energy Cooperation, *International Relations of the Asia-Pacific*, Vol. 7, No. 1, 2007.

180. Yang Zewei, International Energy Law: Has It Emerged as a New Discipline of International Law? *AALCO Quarterly Bulletin*, Vol. 3, No. 3, 2007.

181. Xuanli Liao, Sino-Japanese Energy Security and Regional Stability: the Case of the East China Sea Gas Exploration, *East Asia: An International Quarterly*, Vol. 25, No. 1, 2008.

182. Yang Zewei etc., China's Energy Security: Challenges and Responses, *Oil, Gas & Energy Law Intelligence*, Vol. 6, Issue 1, 2008.

183. Climate Action Network (CAN) Military Advisory Board, Powering America's Defense: Energy and the Risks to National Security, CAN Analysis & Solutions May 2009, available at http://www.usclimatenetwork.org/resource-database/PoweringAmericasDefense.pdf.

184. Deborah Seligsohn, Robert Heilmayr, Xiaomei Tan, Lutz Weischer, China, the United States, and the Climate Change Challenge, World Resources Institute October 2009, available at http://www.wri.org/publication/china-united-states-climate-change-challenge.

185. Natural Resources Defense Council, From Crisis to Opportunity: How China is addressing climate change and positioning itself to be a leader in clean energy, July 2009, available at http://www.nrdc.org/international/Chinacleanenergy/09072901.asp.

186. Natural Resources Defense Council, Global Solutions to Global Warming: Recommendations for Leaders and Policy Makers in the United States and China, June 2009, available at http://www.nrdc.org/international/files/globalchina.pdf.

187. Kenneth Lieberthal and David Sandalow, Overcoming Obstacles to U.S.-China Cooperation on Climate Change, Washington: the Brookings Institution, January 2009, available at http://www.brookings.edu/~/media/Files/rc/reports/2009/01_climate_change_lieberthal_sandalow/01_climate_change_lieberthal_sandalow.pdf.

188. Kenneth G. Lieberthal, Challenges and Opportunities for U.S.-China Cooperation on Climate Change, Senate Foreign Relations Committee, June 2009, availa-

ble at http: //www. brookings. edu/testimony/2009/0604_china_lieberthal. aspx? sc_lang = en.

189. Kenneth G. Lieberthal, Climate Change and China's Global Responsibilities, Washington: the Brookings Institution, December 2009, available at http: //www. brookings. edu/opinions/2009/1222_china_climate_lieberthal. aspx.

190. Tao Wang and Jim Watson, China's Energy Transition: Pathways for Low Carbon Development, University of Sussex UK and Tyndall Centre for Climate Change Research 2009, http: //www. sussex. ac. uk/sussexenergygroup/documents/china _ report_forweb. pdf.

191. Tony Dutzik and Emily Figdor, The Clean Energy Future Starts Here: Understanding American Clean Energy and Security Act, Environment America Fall 2009, available at http: //www. usclimatenetwork. org/resource-database/clean-energy-future-starts-here. pdf.

192. Christopher Beddor etc. , Securing America's Future: Enhancing Our National Security by Reducing Oil Dependence and Environmental Damage, Center for American Progress, August 2009, available at http: //www. usclimatenetwork. org/resource-database/energy_security. pdf.

193. William S. Cohen, Maurice R. Greenberg, Smart Power in U. S. -China Relations: A Report of the CSIS Commission on China, Washington: Center for Strategic & International Studies (CSIS) March 2009, available at http: //csis. org/files/media/csis/pubs/090309_mcgiffert_uschinasmartpower_web. pdf.

194. Asia Society, Common Challenge, Collaborative Response: A Roadmap for U. S. -China Cooperation on Energy and Climate Change, Washington: Asia Society Center on U. S. -China Relations, Pew Center on Global Climate Change, January 2009, available at http: //www. pewclimate. org/docUploads/US-China-Roadmap-Feb09. pdf.

195. Eileen Claussen, Roadmap for a U. S. -China Partnership on Climate Change, March 6, 2009, available at http: //www. pewclimate. org/op-ed/us-china-roadmap.

196. The Center for Strategic and International Studies, U. S. -China Policy Group Calls for Mutual Respect, March 2009, available at http: //csis. org/press/csis-in-the-news/us-china-policy-group-calls-mutual-respect.

197. Tianjian Shi, Meredith Wen, Avoiding Mutual Misunderstanding: Sino-U. S. Relations and the New Administration, Washington: Carnegie Endowment, Jan-

uary 2009, available at http://www.carnegieendowment.org/files/beijing_final.pdf.

198. The Brookings Institution, China on the World Stage: Climate Change, Regional Blocs and Resource Investment, Washington: the Brookings Institution, November 30, 2009, available at http://www.brookings.edu/events/2009/1130_china.aspx.

199. Britt Childs Staley etc., Evaluating the Energy Security Implications of A Carbon-Constrained U. S. Economy, Washington: Center for Strategic & International Studies and World Resources Institute, January 2009.

200. Sarah Ladislaw etc., A Roadmap for A Secure, Low Carbon Energy Economy: Balancing Energy Security and Climate Change, Washington: Center for Strategic & International Studies and World Resources Institute, January 2009.

201. William J. Antholis and Charles K. Ebinger, The Status Report: Obama and Energy Security, the Brookings Institution, JANUARY 05, 2010.

202. available at http://www.brookings.edu/opinions/2010/0105_energy_security.aspx.

203. Alex Evans and David Steven, Hitting Reboot: Where Next for Climate after Copenhagen? Managing Global Insecurity (MGI), January 2010, the Brookings' Foreign Policy Studies and Global Economy and Development Programs. Peter N. Spotts, Did Copenhagen talks open door to a new global order? January 14, 2010, available at http://www.csmonitor.com/USA/Foreign-Policy/2010/0115/Did-Copenhagen-talks-open-door-to-a-new-global-order.

204. Jay Gulledge, Scientific Uncertainty and Security Risks of Climate Change, Feburary 2010, available at http://www.pewclimate.org/.

二、能源和能源法方面的期刊（Journal List for Energy and Energy Law）

Energy Journal
Energy & Environment
Energy Law Journal
Energy Policy
Environment Bulletin
Environmental Law & Management

Environmental Law Review

Environmental Policy and Law

Greens Environmental Law Bulletin

Institute on Oil and Gas Law and Taxation (Southwestern Legal Foundation)

International Energy Law and Taxation Review (Formerly Entitled Oil & Gas Taxation Review)

International Journal of Estuarine & Coastal Law (Now International Journal of Marine & Costal Law)

International Journal of Marine & Costal Law (Formerly International Journal of Estuarine & Coastal Law)

Journal of Energy and Development

Journal of Energy Literature

Journal of Energy and Natural Resources Law

Journal of Environmental Law

Journal of Planning & Environmental Law

Land Management & Environmental Law Report (Now Entitled Environmental Law & Management)

Marine Policy

Mining Magazine

Mineral Planning

Natural Resources Forum

Natural Resources Journal

Ocean Development & International Law

Oil & Gas Finance & Accounting

Oil & Gas Law & Taxation Review

OPEC Bulletin

OPEC Review

Petroleum Economist (www. petroleum-economist. com)

Petroleum Legislation

Petroleum Review

Public Land and Resources Law

Raw Materials Report

Resources Policy

Rocky Mountain Mineral Law Institute

Virginia Environmental Law Journal （Formerly Entitled Virginia Journal of Natural Resources Law）

Virginia Journal of Natural Resources Law （Now Entitled Virginia Environmental Law Journal）

三、能源和能源法及其相关机构的网站

1. Informational

Association of Intern. Petroleum Negotiators：http：//www. aipn. org

Australian Mining & Petroleum Law Ass.：http：//www. ampla. org

Barrows Company：http：//www. barrowscompany. com

BP Statistical Review：http：//www. bp. com/centres/energy2002

Canadian Petroleum Law Foundation：http：//www. conventionall. com

Centre for Energy Policy：http：//www. energy. ru

Centre for Energy and Resources Law：http：//www. law. unimelb. edu. au/cerl/

Energy Intelligence Group：http：//www. energyintel. com

Energy Law Net：http：//www. energylawnet. com

Energy and Mineral Law Foundation：http：//www. emlf. org

Independent Petroleum Association of America：http：//www. ipa. org

Institute of Energy Law：http：//www. iel@ cailaw. org

Rocky Mountain Mineral Law Foundation：http：//www. rmmlf. org

Oil-Gas—Energy Law Intelligence Service：http：//www. gasamdoil. com/ogel

Petroleum World：http：//www. petroleumworld. com

Platts：http：//www. platts. com

Scottish Knowledge：http：//www. scottishknowledge. com

The Centre for Energy，Petroleum and Mineral Law and Policy of the University of Dundee，Scotland：http：//www. cepmlp. org

International Council on Mining & Metals：http：//www. icmm. com

International Bar Association，Section on Energy，Environment，Natural Resources and Infrastructure Law：http：//www. ibanet. org/legalpractice/energy-environment-natural-resources-and-infrastructure-law

UNCTAD Mineral Resources Forum （MRF）：http：//www. natural-resources.

org/minerals

Sturm College of Law, Denver University Natural Resources Weblinks: http: //www. law. du. edu/naturalresources/weblinks

Natural Resources Research Information Pages: http: //www4. ncsu. edu/%7Eleung/nrrips. html

Florida State University College of Law, Environmental, Natural Resources and Land Use: http: //www. law. fsu. edu/academic-programs/environmental/index. html

The University of New Mexico School of Law (publish " Natural Resources Journal"): http: //lawshool. unm. edu

2. Regulatory

African Energy Commission (AEC): http: //www. afrec. mem-algeria. org

International Atomic Energy Agency (IAEA): http: //www. iaea. org

International Energy Agency (IEA): http: //www. iea. org

International Gas Union (IGU): http: //www. igu. org

Latin American Energy Organization (LAEO): http: //www. olade. org

National Energy Board of Canada: http: //www. neb. gc. ca

Organization of Arab Petroleum Exporting Countries (OAPEC): http: //www. oapec. org

Organization of Petroleum Exporting Countries (OPEC): http: //www. opec. org

U. S. Department of Energy: http: //www. envirotext. eh. doe. gov/

U. S. Federal Energy Regulatory Commission: http: //www. ferc. gov

World Coal Institute (WCI): http: //www. wci-coal. com

World Energy Council (WEC): http: //www. worldenergy. Org

World Petroleum Council (WPC): http: //www. world-petroleum. org

3. Country

Bangladesh: http: //www. petrobangla. org

Canada: http: //www. canadian-wellsite. com

Germany: http: //www. energylaw. de

India: http: //www. indiacode. nic. in or http: //www. petroleumbazaar. com

Israel: http: //www. zionoil. org/petroleumlaw

Kirgizsthan: http: //www. bisnis. doc. gov/bisnis/country/000112kzig

Mongolia: http: //www. pam. mn/main2_207

Myanamr: http: //www. energy. com. mm

New Zealand: http: //www. med. govt. nz/crown_minerals/petroleum

Philippines：http：//www. geocities. com/afdb/enerlaw

Romania：http：//www. namr. ro/rolover/law/oillaw

Thailand：http：//www. plastemart. com or http：//www. dmr. go. th

Turkey：http：//www. tpao. gov. tr

Suriname：http：//www. staatolies. com/bidding/petroleum_law

United States：http：//www. eia. doe. gov/oil_gas/petroleum_frame

Vietnam：http：//www. coombs. anu. edu. au

教育部哲学社會科学研究重大課題攻關項目

成果出版列表

书　名	首席专家
《马克思主义基础理论若干重大问题研究》	陈先达
《马克思主义理论学科体系建构与建设研究》	张雷声
《马克思主义整体性研究》	逄锦聚
《改革开放以来马克思主义在中国的发展》	顾钰民
《当代中国人精神生活研究》	童世骏
《弘扬与培育民族精神研究》	杨叔子
《当代科学哲学的发展趋势》	郭贵春
《服务型政府建设规律研究》	朱光磊
《地方政府改革与深化行政管理体制改革研究》	沈荣华
《面向知识表示与推理的自然语言逻辑》	鞠实儿
《当代宗教冲突与对话研究》	张志刚
《马克思主义文艺理论中国化研究》	朱立元
《历史题材文学创作重大问题研究》	童庆炳
《现代中西高校公共艺术教育比较研究》	曾繁仁
《西方文论中国化与中国文论建设》	王一川
《楚地出土戰國簡册［十四種］》	陳　偉
《近代中国的知识与制度转型》	桑　兵
《京津冀都市圈的崛起与中国经济发展》	周立群
《金融市场全球化下的中国监管体系研究》	曹凤岐
《中国市场经济发展研究》	刘　伟
《全球经济调整中的中国经济增长与宏观调控体系研究》	黄　达
《中国特大都市圈与世界制造业中心研究》	李廉水
《中国产业竞争力研究》	赵彦云
《东北老工业基地资源型城市发展可持续产业问题研究》	宋冬林
《转型时期消费需求升级与产业发展研究》	臧旭恒
《中国金融国际化中的风险防范与金融安全研究》	刘锡良
《中国民营经济制度创新与发展》	李维安
《中国现代服务经济理论与发展战略研究》	陈　宪
《中国转型期的社会风险及公共危机管理研究》	丁烈云
《人文社会科学研究成果评价体系研究》	刘大椿

书　名	首席专家
《中国工业化、城镇化进程中的农村土地问题研究》	曲福田
《东北老工业基地改造与振兴研究》	程　伟
《全面建设小康社会进程中的我国就业发展战略研究》	曾湘泉
《自主创新战略与国际竞争力研究》	吴贵生
《转轨经济中的反行政性垄断与促进竞争政策研究》	于良春
《面向公共服务的电子政务管理体系研究》	孙宝文
《产权理论比较与中国产权制度变革》	黄少安
《中国加入区域经济一体化研究》	黄卫平
《金融体制改革和货币问题研究》	王广谦
《人民币均衡汇率问题研究》	姜波克
《我国土地制度与社会经济协调发展研究》	黄祖辉
《南水北调工程与中部地区经济社会可持续发展研究》	杨云彦
《产业集聚与区域经济协调发展研究》	王　珺
《我国民法典体系问题研究》	王利明
《中国司法制度的基础理论问题研究》	陈光中
《多元化纠纷解决机制与和谐社会的构建》	范　愉
《中国和平发展的重大前沿国际法律问题研究》	曾令良
《中国法制现代化的理论与实践》	徐显明
《农村土地问题立法研究》	陈小君
《知识产权制度变革与发展研究》	吴汉东
《中国能源安全若干法律与政策问题研究》	黄　进
《生活质量的指标构建与现状评价》	周长城
《中国公民人文素质研究》	石亚军
《城市化进程中的重大社会问题及其对策研究》	李　强
《中国农村与农民问题前沿研究》	徐　勇
《西部开发中的人口流动与族际交往研究》	马　戎
《现代农业发展战略研究》	周应恒
《综合交通运输体系研究——认知与建构》	荣朝和
《中国独生子女问题研究》	风笑天
《中国边疆治理研究》	周　平
《边疆多民族地区构建社会主义和谐社会研究》	张先亮
《中国大众媒介的传播效果与公信力研究》	喻国明

书　名	首席专家
《媒介素养：理念、认知、参与》	陆　晔
《创新型国家的知识信息服务体系研究》	胡昌平
《数字信息资源规划、管理与利用研究》	马费成
《新闻传媒发展与建构和谐社会关系研究》	罗以澄
《数字传播技术与媒体产业发展研究》	黄升民
《教育投入、资源配置与人力资本收益》	闵维方
《创新人才与教育创新研究》	林崇德
《中国农村教育发展指标体系研究》	袁桂林
《高校思想政治理论课程建设研究》	顾海良
《网络思想政治教育研究》	张再兴
《高校招生考试制度改革研究》	刘海峰
《基础教育改革与中国教育学理论重建研究》	叶　澜
《公共财政框架下公共教育财政制度研究》	王善迈
《农民工子女问题研究》	袁振国
《当代大学生诚信制度建设及加强大学生思想政治工作研究》	黄蓉生
《处境不利儿童的心理发展现状与教育对策研究》	申继亮
《学习过程与机制研究》	莫　雷
《青少年心理健康素质调查研究》	沈德立
《WTO 主要成员贸易政策体系与对策研究》	张汉林
《中国和平发展的国际环境分析》	叶自成
*《中国抗战在世界反法西斯战争中的历史地位》	胡德坤
*《中部崛起过程中的新型工业化研究》	陈晓红
*《中国政治文明与宪法建设》	谢庆奎
*《我国地方法制建设理论与实践研究》	葛洪义
*《我国资源、环境、人口与经济承载能力研究》	邱　东
*《非传统安全合作与中俄关系》	冯绍雷
*《中国的中亚区域经济与能源合作战略研究》	安尼瓦尔·阿木提
*《冷战时期美国重大外交政策研究》	沈志华
……	

*为即将出版图书